Lernsituationen

W plus V

Schwerpunkt Wirtschaft & Verwaltung

Fachoberschule Wirtschaft Hessen
Fachoberschule und
Höhere Berufsfachschule Rheinland-Pfalz

12

Hans-Peter von den Bergen
Uta Eichborn
Kai Franke
Ariane Hoffmann
Petra Walenciak
Gisbert Weleda
u. a.

in Zusammenarbeit
mit der Verlagsredaktion

Cornelsen

Dieses Buch wurde erstellt unter Verwendung von Materialien von: Volker Brettschneider, Roland Budde, Norbert Damke, Oliver Dillmann, Peter Engelhardt, Markus Fleitmann, Christian Fritz, Marita Herrmann, Markus Hillebrand, Hans-Peter Hrdina, Franz-Josef Kaiser, Ludger Katt, Antje Kost, Antje Licht, Claudia Lang, Ute Morgenstern, Klaus Otte, Michael Piek, Roswitha Pütz, Dorothe Redeker, Ekkard Schenkewitz, Dr. Volkmar Schmechel, Heike Scholz, Alfons Steffes-lai, Insa Wenke, Ralf Wimmers, Carsten Zehm.

Wir weisen darauf hin, dass die im Lehrwerk genannten Unternehmen und Geschäftsvorgänge frei erfunden sind. Ähnlichkeiten mit real existierenden Unternehmen lassen keine Rückschlüsse auf diese zu. Dies gilt auch für die im Lehrwerk genannten Kreditinstitute, Bankleitzahlen und Buchungsvorgänge.

Verlagsredaktion:	Peter Sander
Bildredaktion:	Gertha Maly; Christina Scheuerer, Rohrbach
Außenredaktion:	Veronika Kühn, Köln
Layout:	sign, Berlin
Umschlaggestaltung:	vitaledesign, Berlin
Technische Umsetzung:	vitaledesign, Berlin
Titelfoto:	Shutterstock/Andresr

www.cornelsen.de/cbb

Die Webseiten Dritter, deren Internetadressen in diesem Lehrwerk angegeben sind, wurden vor Drucklegung sorgfältig geprüft. Der Verlag übernimmt keine Gewähr für die Aktualität und den Inhalt dieser Seiten oder solcher, die mit ihnen verlinkt sind. Dieses Werk berücksichtigt die Regeln der reformierten Rechtschreibung und Zeichensetzung. Ausnahmen bilden Original-texte, bei denen lizenzrechtliche Gründe einer Änderung entgegenstehen.

1. Auflage, 1. Druck 2018

Alle Drucke dieser Auflage sind inhaltlich unverändert und können im Unterricht nebeneinander verwendet werden.

© 2018 Cornelsen Verlag GmbH, Berlin

Druck: H. Heenemann, Berlin

ISBN 978-3-06-451266-5

PEFC zertifiziert
Dieses Produkt stammt aus nachhaltig bewirtschafteten Wäldern und kontrollierten Quellen.
www.pefc.de

PEFC/04-31-1156

Inhaltsverzeichnis

Hinweis: Zusätzliche Materialien und Korrekturseiten zu den „Lernsituationen 12" und zwei Musterprüfungen mit Lösungen stellen wir Ihnen im Internet als Download zur Verfügung. Geben Sie in Ihrem Internetbrowser www.cornelsen.de ein. Wählen Sie im Feld rechts oben die Option „Webcode" und geben Sie dann den folgenden Code ein:

451261-0_W+V_Fachkunde

Eine Betriebserkundung:
Die Fly Bike Werke GmbH

1 Unternehmensportrait

Jan Ullmann und Björn Ries, die Gesellschafter der Fly Bike Werke GmbH, sind seit frühester Jugend befreundet und hatten immer ein gemeinsames Hobby, das Radrennfahren. Die Väter der beiden Amateur-Rennfahrer waren schon frühzeitig im Fahrradmarkt ambitioniert. Dirk Ries, Vater von Björn Ries, betrieb in Oldenburg einen Fahrradeinzelhandel, wobei Rennräder für den Amateurbereich einen Schwerpunkt in seinem Sortiment darstellten. Klaus Ullmann, Vater von Jan Ullmann, produzierte in Oldenburg Standardfahrradrahmen aus Stahl für die Fahrradindustrie.

1967 übernahm Jan Ullmann von seinem Vater das Unternehmen Fahrrad Ullmann. 1982 gründete Jan Ullmann die Fly Bike Werke GmbH (als so genannte Ein-Mann-GmbH). Die Aufgaben eines Geschäftsführers übertrug er an den ebenfalls radsportbegeisterten Werner Klaussen, der zum Jahresende 2000 aus Altersgründen aus dem Unternehmen ausschied und dem Hans Peters nachfolgte. Hauptziel der Fly Bike Werke GmbH ist und waren immer die Produktion und der Absatz von hochwertigen, langlebigen Fahrrädern mit Gewinn.

Der Zwang zu modernen Fertigungsmethoden und die damit verbundenen Investitionen erhöhten den Kapitalbedarf zum Ende des ausgehenden Jahrhunderts erheblich. Da traf es sich gut, dass Jan Ullmann seinen alten Freund Björn Ries bei einem Radrennen traf und von seinen Sorgen erzählte. Der aufgrund eines erfolgreichen Berufslebens vermögende Björn Ries war spontan bereit, sich an der Fly Bike Werke GmbH zu beteiligen, und trat Anfang 2001 als weiterer Gesellschafter in die GmbH ein. Basis für die Geschäftstätigkeit der Fly Bike Werke GmbH ist der Gesellschaftsvertrag ab Seite 6.

Modellunternehmen Fly Bike Werke GmbH		
Rechtsform und Unternehmensgröße, Handelsregistereintrag	Gesellschaft mit beschränkter Haftung (GmbH) Kleine Kapitalgesellschaft gem. § 267 HGB Oldenburg HRB 2134	
Gesellschafter und Geschäftsanteile	Herr Jan Ullmann 200.000,00 €	Herr Björn Ries 100.000,00 €
Geschäftsführer	Herr Hans Peters	
Geschäftsjahr	Kalenderjahr (01.01. bis 31.12.)	
Umsatz Berichtsjahr	Ca. 6,9 Mio. €	
Bankverbindungen	Bank 3000 Oldenburg IBAN: DE67 3707 5020 2114 2536 66 BIC: 3000DENIXXX	
	Oldenburg-Bank IBAN: DE86 2804 0114 0112 3264 44 BIC: OLBADEOL261	
Kontakt	Post- und Lieferadresse: Rostocker Str. 334, 26121 Oldenburg Telefon 0441 885-0 Telefax 0441 885-9211 Internet: www.flybike-werke.de E-Mail: info@flybike-werke.de	
Absatzprogramm	Produktionsprogramm	Fahrräder: City-Räder, Mountainbikes, Rennräder, Jugendräder, Trekkingräder
	Handelswaren	Fahrradbekleidung, Fahrradzubehör, Fahrradanhänger
	Dienstleistungen	Vermittlung von Fahrradreisen
Stoffe, Vorprodukte, Fremdbauteile (Beispiele)	Rohstoffe	Rohre und Bleche aus Stahl und Aluminium
	Hilfsstoffe	Farben und Grundierungen, Schrauben und Kleinteile
	Betriebsstoffe	Strom, Gas, Wasser, Heizöl, Schmierstoffe
	Vorprodukte, Fremdbauteile	Räder, Beleuchtung, Sättel, Spezialrahmen, Federgabeln
Fertigungstypen und Fertigungsarten	– Fließ- bzw. Gruppenfertigung – Werkstattfertigung (Rennräder-Profi) – Serienfertigung – Einzelfertigung (Rennräder-Profi)	
Technische Anlagen und Maschinen (Beispiele)	Universalroboter, Rohrschneideanlage, Rahmenrichtmaschine, Schleifmaschine, Schweißmaschine, Montagebänder, Verpackungsanlage, Lackierautomaten	
Mitarbeiter	12 Arbeiter, 26 Angestellte, 2 Auszubildende	
Kunden	Großhändler, Filialisten, Cash-and-Carry-Märkte im Inland, Großhändler im Ausland	
Lieferanten	Industriebetriebe und Spezialgroßhändler im In- und Ausland	
Verbände	Oldenburgische Industrie- und Handelskammer, Oldenburg (Pflichtmitgliedschaft); NORDMETALL e. V., Hamburg, Geschäftsstelle Oldenburg, Bezirksgruppe Nordwest (Arbeitgeberverband)	
Betriebsnummer für die Sozialversicherung	26 550 966	
Steuer-Nr. USt-Id.-Nr.	112/8870/0057 DE 236667691	

2 Gesellschaftsvertrag

- Gesellschaftsvertrag -

§ 1 Firma und Sitz der Gesellschaft
(1) Die Firma der Gesellschaft lautet:
Fly Bike Werke Gesellschaft mit beschränkter Haftung
(2) Sitz der Gesellschaft ist Oldenburg.

§ 2 Gegenstand des Unternehmens
Gegenstand des Unternehmens ist die Herstellung von und der Handel
mit Fahrrädern, Fahrradteilen, Fahrradzubehör und Dienstleistungen im
Fahrradmarkt. Die Gesellschaft darf andere Unternehmen gleicher oder
ähnlicher Art übernehmen, vertreten und sich an solchen beteiligen;
sie darf auch Zweigniederlassungen errichten.

§ 3 Stammkapital und Stammeinlage
(1) Das Stammkapital der Gesellschaft beträgt 350.000,00 DM
(in Worten: dreihundertfünfzigtausend Deutsche Mark).
(2) Der alleinige Gesellschafter, Herr Jan Ullmann, Oldenburg, leistet seine Einlage, indem er alle Vermögenswerte der Einzelunterneh-
mung Fahrrad Ullmann in die Gesellschaft einbringt.

§ 4 Dauer der Gesellschaft, Geschäftsjahr
(1) Die Gesellschaft wird auf unbestimmte Zeit errichtet.
(2) Geschäftsjahr ist das Kalenderjahr.

§ 5 Geschäftsführung und Vertretung
(1) Die Gesellschaft hat einen oder mehrere Geschäftsführer. Sind
mehrere Geschäftsführer bestellt, so wird die Gesellschaft durch je
zwei Geschäftsführer gemeinschaftlich vertreten.
(2) Zum Geschäftsführer wird bestellt: Herr Werner Klaussen. Er ist
von den Beschränkungen des § 181 BGB befreit.

§ 6 Jahresabschluss
Innerhalb der ersten drei Monate nach Abschluss eines Geschäftsjahres
hat die Geschäftsführung den Jahresabschluss und den Lagebericht aufzustellen und zusammen mit einem Vorschlag zur Ergebnisverwendung dem
Gesellschafter vorzulegen. Der Jahresabschluss ist nach den gesetzlichen Vorschriften zu erstellen.

§ 7 Bekanntmachungen
Bekanntmachungen der Gesellschaft werden im Bundesanzeiger
veröffentlicht.

Oldenburg, 15. Februar 1982

Jan Ullmann

Änderungen des Gesellschaftsvertrages § 3 (1)
durch Gesellschafterbeschluss am 20.05.2000
Das Stammkapital der Gesellschaft wird auf 200.000,00 € (in Worten
zweihunderttausend Euro) erhöht. Die ausstehende Einlage ist zum of-
fiziellen Umrechnungskurs von 1,95583 DM je Euro bis zum 31.12.2000
auf das Konto der Gesellschaft durch den Gesellschafter Jan Ullmann,
Oldenburg, einzuzahlen.

Oldenburg, 20. Mai 2000

Jan Ullmann

Änderungen des Gesellschaftsvertrages §3 (1) durch Gesellschafterbeschluss am 15.12.2000:

(1) Zu Beginn des Geschäftsjahres 2001 tritt Herr Björn Ries in die GmbH ein. Der Gesellschafter Ries leistet eine Einlage von 100.000,00 € (in Worten einhunderttausend Euro). Das gezeichnete Kapital erhöht sich auf 300.000,00 €
(in Worten dreihunderttausend Euro). Davon übernehmen:
a) Herr Jan Ullmann, Oldenburg, 200.000,00 €,
b) Herr Björn Ries, Oldenburg, 100.000,00 €.
c) Herr Björn Ries leistet eine Kapitalrücklage in Höhe von 100.000,00 € für die erbrachten Vorleistungen von Herrn Jan Ullmann (Know-how, Firmenimage).

Ergänzung des Gesellschaftsvertrages um §3 (3) durch Gesellschafterbeschluss am 15.12.2000:

(3) Der Gesellschafter Björn Ries, Oldenburg, leistet seine Einlage in Geld. Seine Stammeinlage und die vereinbarte Kapitalrücklage sind zu Beginn des Geschäftsjahres 2001 zur freien Verfügung der Gesellschaft auf das Konto der Gesellschaft einzuzahlen.

Ergänzung des Gesellschaftsvertrages um §4 (3) durch Gesellschafterbeschluss am 15.12.2000:

(3) Jedem Gesellschafter steht ein Kündigungsrecht mit einjähriger Frist zum Jahresende zu.

Änderung des Gesellschaftsvertrages §6 Jahresabschluss durch Gesellschafterbeschluss am 15.12.2000:

Innerhalb der ersten drei Monate nach Abschluss eines Geschäftsjahres hat die Geschäftsführung den Jahresabschluss und den Lagebericht aufzustellen und zusammen mit einem Vorschlag zur Ergebnisverwendung der Gesellschafterversammlung vorzulegen. Der Jahresabschluss ist nach den gesetzlichen Vorschriften zu erstellen.

Ergänzung des Gesellschaftsvertrages um §8 durch Gesellschafterbeschluss am 15.12.2000:

§8 Gesellschafterversammlung, Stimmrecht und Erfolgsbeteiligung
(1) Alljährlich findet innerhalb von 6 Monaten nach Schluss des vorangegangenen Rechnungsjahres eine ordentliche Gesellschafterversammlung statt. Diese beschließt über die
- Feststellung des Jahresabschlusses für das vorangegangene Geschäftsjahr,
- Verwendung der Ergebnisse der Unternehmung,
- Entlastung des/der Geschäftsführer/s,
- Wahl eines eventuell zu bestellenden Abschlussprüfers.
(2) Je 500,00 € eines Geschäftsanteils gewähren eine Stimme.
(3) 10 % eines Jahresüberschusses fließen ab 2001 in die Gewinnrücklage. Die Gewinnverteilung erfolgt im Verhältnis des gezeichneten Kapitals.

Änderung des Gesellschaftsvertrages § 5 (2) durch Gesellschafterbeschluss am 15.12.2000:

Herr Werner Klaussen scheidet zum 31.12.2000 aus dem Unternehmen aus. Herr Hans Peters wird zum 01.01.2001 zum Geschäftsführer ernannt.

Oldenburg, 15.Dezember 2000

Jan Ullmann   *Björn Ries*

Der Gesellschaftsvertrag samt Änderungen wurde von Rechtsanwalt und Notar Dr. Heinfried Kampen, Oldenburg, notariell beglaubigt.

3 Absatzprogramm, Kunden, Preise

Das **Produktionsprogramm** der Fly Bike Werke GmbH umfasst zurzeit zwölf verschiedene Fahrradmodelle. Das Produktionsprogramm wird durch Handelswaren und Dienstleistungen zum **Absatzprogramm** erweitert.

Produktionsprogramm			
Modell	**Artikel-Nr.**	**Modell-Name**	**unverbindl. Preis**
City-Räder	101	City *Glide*	245,00 €
	102	City *Surf*	274,40 €
Trekkingräder	201	Trekking *Light*	299,25 €
	202	Trekking *Free*	350,00 €
	203	Trekking *Nature*	437,50 €
Mountainbikes	301	Mountain *Dispo*	393,75 €
	302	Mountain *Constitution*	598,50 €
	303	Mountain *Unlimited*	997,50 €
Rennräder	401	Renn *Fast*	1.260,00 €
	402	Renn *Superfast*	2.205,00 €
Kinderräder	501	Kinder *Twist*	196,88 €
	502	Kinder *Cool*	262,50 €

City-Rad Modell 102 *Surf*

Rennrad Modell 401 *Renn Fast*

Handelswaren und Dienstleistungsangebote der Fly Bike Werke GmbH		
Handelswaren	Textilien aus Gore Tex (x = Größen S, M, L, XL, XXL)	– 701 x Shirts *STEFF superfast* – 702 x Shorts *STEFF superfast* – 703 x Jacketts *STEFF superfast*
	Fahrradanhänger	– 601 Modell *Kelly* – 602 Modell *Mini* – 603 Modell *Max* – 604 Modell *Kids* – 605 Modell *Sven*
Dienst-leistungen	Vermittlung von Radtouren/Reisen (Veranstalter: UIT und Rebbel)	– 901 Brandenburg und Mecklenburg-Vorpommern (Alleestraßen) – 902 Rheinland-Pfalz (Mosel/Saar) – 903 Niedersachsen (Nordsee) – 904 Südtirol (Pässetour, Teilnahme an Dolomiti Open) – 905 Toskana (Kultur, Tour und Mee(h)r) – 906 Schweiz (Pässetour)

Mountainbike Modell 302 *Constitution*

Kinderrad Modell 502 *Cool*

Kunden der Fly Bike Werke GmbH	
Einzelhandel	Umsatzstarke Fachhandelsunternehmen mit eigenen Filialen und abgegrenzten Vertriebsgebieten in Deutschland
Großhandel national	Fahrradgroßhandelsunternehmen, die den Fahrradeinzelhandel in Deutschland beliefern
Großhandel Europa	Je ein Großhändler in Belgien, in den Niederlanden, in Österreich und der Schweiz, die dort landesweit den Fahrradeinzelhandel beliefern
Private-Label-Kunden	Eine Kaufhauskette und ein Cash-and-Carry-Konzern, die Fahrräder unter eigenem Markennamen (Private Label) vertreiben

Die Preise der Fahrräder werden von der Fly Bike Werke GmbH immer als unverbindliche Preisempfehlungen angegeben, zuzüglich Umsatzsteuer für den Endverbraucher. Auf diese Preise erhalten die Wiederverkäufer (Kunden der Fly Bike Werke GmbH) Preisnachlässe in Form von **Rabatten**, **Boni** und **Skonto**.

4 Bilanz und GuV

Fly Bike Werke GmbH

Bilanz der Fly Bike Werke GmbH, Oldenburg, zum 31.12.20XX (in €)

Aktiva	Vorjahr	Berichtsjahr	Passiva	Vorjahr	Berichtsjahr
A. Anlagevermögen			A. Eigenkapital	700.000,00	850.000,00
1. Grundstücke und Bauten	635.200,00	612.850,00	B. Verbindlichkeiten		
2. Technische Anlagen und Maschinen	224.904,00	131.870,00	1. Langfristige Bankverbindlichkeiten	639.000,00	602.000,00
3. Betriebs- und Geschäftsausstattung	138.371,00	97.505,00	2. Verbindlichkeiten aus Lieferungen und Leistungen	697.600,00	926.225,00
B. Umlaufvermögen			3. Sonstige Verbindlichkeiten	13.000,00	24.000,00
1. Roh-, Hilfs- und Betriebsstoffe	224.800,00	288.000,00			
2. Unfertige Erzeugnisse	36.000,00	48.000,00			
3. Fertige Erzeugnisse	72.900,00	140.000,00			
4. Handelswaren	0,00	4.000,00			
5. Forderungen aus Lieferungen und Leistungen	541.520,00	720.000,00			
6. Kasse	3.105,00	2.400,00			
7. Bankguthaben	172.800,00	357.600,00			
	2.049.600,00	2.402.225,00		2.049.600,00	2.402.225,00

Gewinn- und Verlustrechnung		
Gesamtkostenverfahren, Beträge in €	**Vorjahr**	**Berichtsjahr**
1. Umsatzerlöse	5.800.000,00	6.893.555,85
2. Erhöhung oder Verminderung an Erzeugnissen	18.000,00	105.500,00
3. aktivierte Eigenleistungen	3.000,00	3.600,00
4. sonstige betriebliche Erträge	–	4.000,00
5. Materialaufwand und Wareneinsatz	3.271.300,00	3.565.000,00
Rohergebnis	**2.549.700,00**	**3.441.655,85**
6. Personalaufwand	1.845.990,00	2.250.000,00
7. Abschreibungen	170.000,00	210.000,00
8. sonstige betriebliche Aufwendungen	324.000,00	344.000,00
Betriebsergebnis	**209.710,00**	**637.655,85**
9. Erträge aus Beteiligungen	–	–
10. Erträge aus anderen WP/Finanzanlagen	–	–
11. sonstige Zinsen	–	–
12. Abschreibungen auf WP des UV/Finanzanlagen	–	335.412,35
13. Zinsaufwendungen	60.480,00	47.628,00
9. bis 13. Finanzergebnis	**– 60.480,00**	**– 403.040,35**
14. Steuern vom Einkommen und vom Ertrag	47.230,00	82.115,50
15. Ergebnis nach Steuern	102.000,00	152.500,00
16. Sonstige Steuern	2.000,00	2.500,00
17. Jahresüberschuss/Jahresfehlbetrag	100.000,00	150.000,00

WP = Wertpapiere, UV = Umlaufvermögen

5 Organigramm

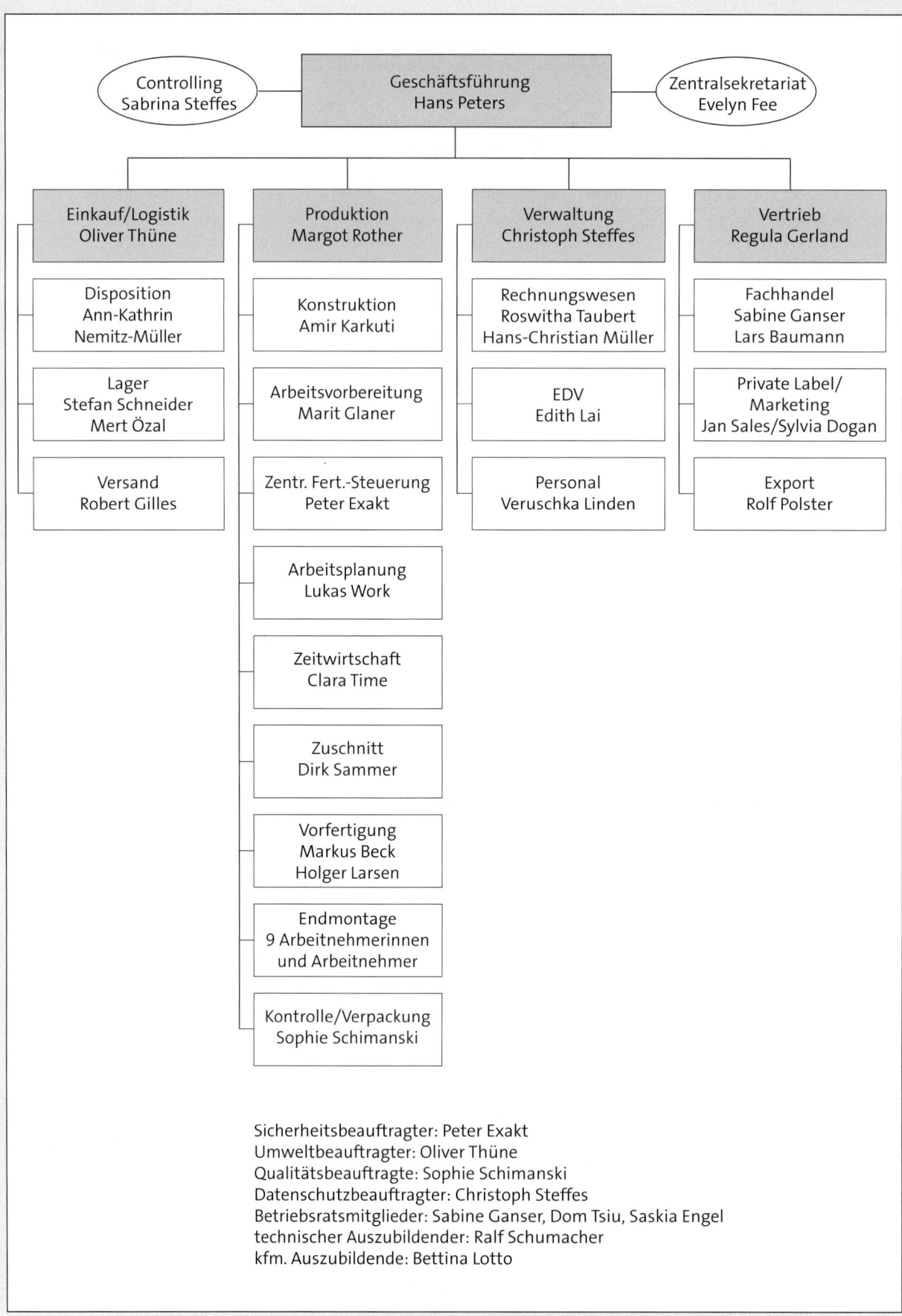

Sicherheitsbeauftragter: Peter Exakt
Umweltbeauftragter: Oliver Thüne
Qualitätsbeauftragte: Sophie Schimanski
Datenschutzbeauftragter: Christoph Steffes
Betriebsratsmitglieder: Sabine Ganser, Dom Tsiu, Saskia Engel
technischer Auszubildender: Ralf Schumacher
kfm. Auszubildende: Bettina Lotto

6 Kundenstammdaten der Fly Bike Werke GmbH

Kundenstammdaten der Fly Bike Werke GmbH

Kunden-Nr. Debitoren-Nr.	Firma Anschrift Telefon/Fax	Ansprechpartner Lieferanschrift Lieferart	Zahlungsbedingungen Zahlungsziel	Name der Bank IBAN BIC	Ansprechpartner FBW
10001 24001	Radbauer GmbH, Augsburger Str. 21, 80335 München, Tel. 089 224336(8), Fax 089 224337	Herr Rosenheim, Nymphenburgerstr. 42, 80335 München, Tel. 089 125340, Bahnfracht	2 % Skonto innerhalb von 8 Tagen 30 Tage Ziel	Argentum Bank München, IBAN: DE44 3478 9067 0043 622490, BIC: ARGEDEMUM02	Herr Baumann
10002 24002	Schöller & Co. OHG, Fahrradhandel, Parlamentsplatz 2, 60385 Frankfurt a. M., Tel. 069 49260, Fax 069 4926333	Herr Kleine, Mörfelder Landstr. 180, 60589 Frankfurt a. M., Tel. 069 6312488, Bahnfracht	2 % Skonto innerhalb von 8 Tagen 30 Tage Ziel	CVB, IBAN: DE73 5664 7823 0322 400021, BIC: CVERDEELXXX	Herr Baumann
10003 24003	Fahrradhandel Uwe Klein e. k., Am Wasserturm 4, 66113 Saarbrücken, Tel. 0681 685081, Fax 0681 68508222	Frau Geldert, Dudweiler Landstr. 157, 66123 Saarbrücken, Tel. 0681 3908966, Bahnfracht	2 % Skonto innerhalb von 8 Tagen 30 Tage Ziel	Saarbrücken-Bank, IBAN: DE307004 8912 0120 004569, BIC: SABADESBXXX	Herr Baumann
10004 24004	Zweirad GmbH, Herzogstr. 70, 40251 Düsseldorf, Tel. 0211 544222, Fax 0211 3750667	Herr Grünert, Gladbacher Str. 50, 41462 Neuss, Tel. 0211 544222, Bahnfracht	2 % Skonto innerhalb von 8 Tagen 30 Tage	Bank 3000, IBAN: DE17 3467 8375 2140 022679, BIC: 3000DENW891	Frau Ganser
10005 24005	Fahrrad & Motorrad GmbH, Alter Hellweg 46, 44379 Dortmund, Tel. 0231 61701, Fax 0231 6170333	Frau Dunkel, Alter Hellweg 46, 44379 Dortmund, Tel. 0231 617010, Bahnfracht	2 % Skonto innerhalb von 8 Tagen 30 Tage Ziel	Bank 3000, IBAN: DE78 2106 7845 0420 006799, BIC: 3000DENW672	Frau Ganser
10006 24006	Bike GmbH, Leipziger Chaussee 12, 39118 Magdeburg, Tel. 0391 621241S(6), Fax 0391 6212400	Herr Gründel, Am Hansehafen 5, 39126 Magdeburg, Tel. 0391 509061, Bahnfracht	2 % Skonto innerhalb von 8 Tagen 30 Tage Zie	Camino Bank, IBAN: DE49 6734 9003 0122 003344, BIC: CMNBDER4XXX	Herr Baumann
10007 24007	Zweiradhandelsgesellschaft GmbH, Unter den Linden 42, 10178 Berlin, Tel. 030 202080, Fax 030 20208100	Herr Wester, Rosenthaler Str. 40, 10178 Berlin, Tel. 030 30880011, Bahnfracht	2 % Skonto innerhalb von 8 Tagen 30 Tage Ziel	ProBank Berlin, IBAN: DE887856 3328 0010 046991, BIC: PROBDEB1KL2	Herr Baumann
10008 24008	Nordrad GmbH, Alter Markt 28, 18055 Rostock, Tel. 0381 4904416, Fax 0381 4904411	Frau Adams, Alter Hafen Nord 325, 18069 Rostock, Tel. 0381 8112770, Bahnfracht	2 % Skonto innerhalb von 8 Tagen 30 Tage Ziel	Bank 3000, IBAN: DE03 0467 8743 0012 300666, BIC: 3000DENW124	Herr Baumann
10009 24009	Sachsenrad GmbH, Bayreuther Str. 20, 01277 Dresden, Tel. 0351 427450, Fax 0351 427451	Frau Zeisig, Bodenbacher Str. 81, 01277 Dresden, Tel. 0351 254037, Bahnfracht	2 % Skonto innerhalb von 8 Tagen 30 Tage Ziel	TopBank, IBAN: DE93 8842 6790 0669 20051, BIC: TOPBDEBW842	Herr Baumann
20010 24010	EGZ Einkaufsgenossenschaft, Bonner Landstr. 512, 50996 Köln, Tel. 0221 934622, Fax 0221 934622300	Herr Kleinheisel, Bonner Landstr. 523, 50996 Köln, Tel. 0221 934622220, Spedition	3 % Skonto innerhalb von 10 Tagen 30 Tage Ziel	TEMPUS Bank, IBAN: DE26 5543 7920 0240 006692, BIC: TEMPDE1SXXX	Frau Ganser

Kundenstammdaten der Fly Bike Werke GmbH

Kunden-Nr. Debitoren-Nr.	Firma Anschrift Telefon/Fax	Ansprechpartner Lieferanschrift Lieferart	Zahlungsbedingungen Zahlungsziel	Name der Bank IBAN BIC	Ansprechpartner FBW
20011 24011	Radplus GmbH, Gütersloher Str. 102, 33415 Verl, Tel. 05246 45950, Fax 05246 4595111	Herr Reichenbach, Gütersloher Str. 122, 33415 Verl, Tel. 05246 4591200, Spedition	3 % Skonto innerhalb von 10 Tagen 30 Tage Ziel	Wiedenbrücker Kreisbank, IBAN: DE71 6332 7845 0000 245398, BIC: WEKBDED2WDB	Frau Ganser
20012 24012	Südrad e. G., Schleißheimer Str. 20, 85221 Dachau, Tel. 08131 78071, Fax 08131 7807211	Herr Huber, Münchner Str. 70, 85221 Dachau, Tel. 08131 515130, Spedition	3 % Skonto innerhalb von 10 Tagen 30 Tage Ziel	Stadtbank Dachau, IBAN: DE79 4389 8874 0000 624099, BIC: SBDAER4DAC	Herr Baumann
20014 24014	Interrad e. G., Großbeerenstr. 30, 12107 Berlin, Tel. 030 747920, Fax 030 7479231	Herr Brand, Westfalenring 75, 12207 Berlin, Tel. 030 3007886, Spedition	3 % Skonto innerhalb von 10 Tagen 30 Tage Ziel	PrcBank Berlin, IBAN: DE317554 3293 0122 000567, BIC: PROBDEBIH46	Herr Baumann
30031 24031	Europarad N.V., Zandvoortstraat 16, 2800 Mechelen, Belgien, Tel. +32 15 209481, Fax +32 15 209411	Herr van der Kracht, Zandvoortstraat 16, 2800 Mechelen, Belgien, Tel. +32 15 209481, Spedition	1,5 % Skonto innerhalb von 14 Tagen 60 Tage Ziel	L. S. T. Bank, IBAN: BE98 6443 1226 3600, BIC: LSTBBEK1LST	Herr Polster
30032 24032	Jansen Import B.V., Groot Bollerweg 10, 5928 NS Venlo-Blerick, Niederlande, Tel. +31 77 3822640, Fax +31 77 3824241	Herr van Erp, Groot Bollerweg 10, 5928 NS Venlo-Blerick, Niederlande, Tel. +31 77 3822640, Spedition	1,5 % Skonto innerhalb von 14 Tagen 60 Tage Ziel	O. C. B. Nemo Bank, IBAN: NL27NEMO 0904 242835, BIC: NEMONL3V	Herr Polster
30033 24033	Austria Fahrradhandels-gesellschaft AG, Rautenweg 182, 1220 Wien, Österreich, Tel. +43 1 226597, Fax +43 1 2206705	Frau Czech, Rautenweg 182–184, 1220 Wien, Österreich, Tel. +43 1 226598, Bahnfracht	1,5 % Skonto innerhalb von 14 Tagen 60 Tage Ziel	ZETAG P.S.K., IBAN: AT56 7790 4231 7234 648, BIC: ZETAATKK	Herr Polster
30034 24034	Velo AG, Binzstr. 15, 8045 Zürich, Schweiz, Tel. +411 4638596, Fax +411 4637070	Frau Alpi, Binzstr. 16, 8045 Zürich, Schweiz, Tel. +411 4638599, Bahnfracht	1,5 % Skonto innerhalb von 14 Tagen 60 Tage Ziel	Zürcher Bank, IBAN: CH71 0427 5419 2031 42281, BIC: ZRCHCHJFXXX	Herr Polster
40021 24021	Hofkauf AG, Emdener Str. 4, 50735 Köln, Tel. 0221 7122400, Fax 0221 71240399	Herr Thönnes, Lagerzentrum, Frankfurter Str. 40, 51065 Köln, Tel. 0221 71240333, Spedition	2 % Skonto innerhalb von 10 Tagen 45 Tage Ziel	Rhein-Bank Köln, IBAN: DE79 4905 5532 0240 852122, BIC: RBNKDEK1XXX	Herr Sales
40022 24022	Metro AG, Altenessener Str. 611, 45472 Essen, Ruhr, Tel. 0201 343170, Fax 0201 34317222	Herr Kunster, Zwischenlager Mülheim, Kruppstr. 60, 45472 Mülheim a. d. Ruhr, Tel. 0208 43430, Spedition	2 % Skonto innerhalb von 10 Tagen 45 Tage Ziel	Essener Stadtbank, IBAN: DE947823 9475 0012 000399, BIC: 5BESDE8E3XXX	Herr Sales

7 Lieferantenstammdaten der Fly Bike Werke GmbH

Lieferantenstammdaten der Fly Bike Werke GmbH

Liefer.-Nr. / Kreditoren-Nr.	Firma / Anschrift / Telefon/Fax	Ansprechpartner / Lieferanschrift / Lieferart	Name der Bank / IBAN / BIC	Lieferprogramm
73014 / 44014	Ruhrwerke GmbH, Lohrheidestr. 72, 44866 Bochum, Tel. 02327 3521, Fax 02327 352998	Frau Rieser, Lohrheidestr. 72, 44866 Bochum, Tel. 02327 352974, Spedition	HypoUnion Bank, IBAN: DE49 6332 8535 0079 2003 41, BIC: HYUNDEBO894	Lenker, Vorbauten, Metall-ausstattungen (Ständer, Gepäckträger usw.)
73015 / 44015	Frikawerke GmbH & Co. KG, Gertenstr. 19, 58739 Wickede/Ruhr, Tel. 02377 5770, Fax 02377 577319	Herr Stoll, Gertenstr. 19, 58739 Wickede/Ruhr, Tel. 02377 577124, Spedition	Werler Kreisbank, IBAN: DE13 6690 3844 0039 722611, BIC: KBWRDEH1WRL	Lenker, Vorbauten, Metall-ausstattungen (Ständer, Gepäckträger usw.)
74016 / 44016	Sella SA, Via San Pietro 22–24, 10121 Torino, Italien, Tel. +39 11 4679121, Fax +39 11 4679127	Sig. Maletti, Lieferanschrift, Via San Pietro 22–24, 10121 Torino, Italien, Tel. +39 11 4679224, Bahnfracht	HypoUnion Banca di Roma, IBAN: IT69 H8B0 5300 4656 4566 1261174, BIC: HYUNIT23428	Sättel, Sattelstützen, Satteltaschen
75020 / 44020	Union Elektro AG, Landsberger Str. 66, 12623 Berlin, Tel. 030 5628333, Fax 030 5628321	Herr Kraprich, Landsberger Str. 67, 12623 Berlin, Tel. 030 5628362, Spedition	IKL-Bank, IBAN: DE35 1001 0700 0160 923309, BIC: IKLBDE10XXX	Beleuchtungssysteme
76022 / 44022	Kunststoffwerke AG, Hans-Böckler-Str. 49–52, 28277 Bremen, Tel. 0421 399550, Fax 0421 3995613	Herr Danielesen, Hans-Böckler-Str. 49–52, 28277 Bremen, Tel. 0421 39955666, Spedition	TopBank, IBAN: DE24 7856 4439 0714 900209, BIC: TOPBDEBW125	Kunststoffausstattungen (Schutzbleche, Kettenschutz, Griffe usw.) und Kunststoffverpackungen
77024 / 44024	Druckerei & Design, Wolfgang Krause, Cloppenburger Str. 450, 26133 Oldenburg, Tel. 0441 47011, Fax 0441 47111	Herr Krause, Cloppenburger Str. 450, 26133 Oldenburg, Tel. 0441 47011, Spedition	Oldenburg-Bank, IBAN: DE83 1009 7463 0100 023309, BIC: OLBADE98XXX	Abzüge, Drucksachen aller Art
78026 / 44026	Marwik GmbH, Den Haager Str. 1a, 28259 Bremen, Tel. 0421 576631, Fax 0421 57663222	Herr Kleinreich, Den Haager Str. 1b, 28259 Bremen, Tel. 0421 57663289, Spedition	TopBank, IBAN: DE54 6670 9340 0314 911311, BIC: TOPBDEBW785	Hochwertige Antriebs- und Bremssysteme
80027 / 44027	Metallwarenfabrik Köller GmbH, Altendorfer Str. 411, 45143 Essen (Ruhr), Tel. 0201 627761, Fax 0201 6277666	Herr Wiesel, Altendorfer Str. 67, 45143 Essen (Ruhr), Tel. 0201 6277512, Spedition	Essener Stadtbank, IBAN: DE62 1089 4510 0360 923555, BIC: SBESDEU7567	Kleinteile aus Metall (Schrauben, Unterlegscheiben, Muttern, Anlötteile, Ausfallenden usw.)
80030 / 44030	apv Augsburger Papier-veredelungsgesellschaft mbH, Gumpelzhaimerstr. 3–5, 86154 Augsburg, Tel. 0821 5466660, Fax 0821 5466610	Frau Obermann, Gumpelzhaimerstr. 3–5, 86154 Augsburg, Tel. 0821 5466622, Bahnfracht	Vereinsbank Südost, IBAN: DE28 8210 6501 0013 195681, BIC: VBSODEAU467	Verpackungen aus Papier und Karton
90032 / 44032	Cycle-Tools-Import GmbH, Am Sandtorkai 30, 20457 Hamburg, Tel. 040 378231, Fax 040 37823200	Herr Weeseler, Am Sandtorkai 30–32, 20457 Hamburg, Tel. 040 37823372, Spedition	Bankhaus Schwerzmann, IBAN: DE90 0003 4845 2 0420 003989, BIC: BHSMDEDIXXX	Fremdbauteile und Handelswaren aller Art für die Fahrradindustrie (Weltmarktproduktionen)
90034 / 44034	Fahrradteile International GmbH, Borgwardstr. 16, 28309 Bremen, Tel. 0421 83091, Fax 0421 8309344	Herr Itze, Borgwardstr. 17, 28309 Bremen, Tel. 0421 8309567, Spedition	TopBank, IBAN: DE96 8945 0014 0700 982228, BIC: TOPBDEBW701	Fremdbauteile und Handelswaren aller Art für die Fahrradindustrie (Weltmarktproduktionen)

Lieferantenstammdaten der Fly Bike Werke GmbH

Liefer.-Nr. / Kreditoren-Nr.	Firma / Anschrift / Telefon/Fax	Ansprechpartner / Lieferanschrift / Lieferart	Name der Bank / IBAN / BIC	Lieferprogramm
60001 / 44001	Stahlwerke Tissen AG, Karl-Kleppe-Str. 19, 40474 Düsseldorf, Tel. 0211 45899917, Fax 0211 45899942	Herr Greiner, Tor 1, Karl-Kleppe-Str. 20, 40474 Düsseldorf, Tel. 0211 45899 0224, Spedition	Bank im Westen, IBAN: DE40 7654 002 000 0240 033712, BIC: WESTDEDD452	Stahlrohre, Bleche
60002 / 44002	Mannes AG, Herner Str. 406, 44807 Bochum, Tel. 0234 904980, Fax 0234 9049871	Herr Özman, Herner Str. 405, 44807 Bochum, Tel. 0234 92468333, Spedition	HypoUnion Bank, IBAN: DE70 1254 0809 0079 914368, BIC: HYUNDEBOXXX	Stahlrohre
60003 / 44003	AWB Aluminiumwerke AG, St. Augustiner Str. 30, 53225 Bonn, Tel. 0228 464770, Fax 0228 46477711	Herr Köllen, Trier Str. 16, 53115 Bonn, Tel. 0228 617934, Spedition	CVB, IBAN: DE87 5400 7638 0077 998246, BIC: CVERDEELXXX	Aluminiumrohre
60004 / 44004	Shokk Ltd., 401 Charcot Ave., San Jose, CA95131, USA, Tel. +1 4 0843573466, Fax +1 4 0843457477	Mr. Temp, Keine Rücksendungen, Schiffsfracht	Diamond Bank N. A., SWIFT-Code (BIC): DIABUS01, Account Number: 77 892346	Spezialfedergabeln
60005 / 44005	Hans Köller Spezialrahmenbau e.K., Lorenzstr. 10, 18148 Rostock, Tel. 03 81 69040, Fax 03 81 6904777	Frau Reiz, Lorenzstr. 10, 18148 Rostock, Tel. 0381 6904341, Bahnfracht	Bank 3000, IBAN: DE32 2904 5784 45 0012 300241, BIC: BN30DENWXXX	Spezialfahrradrahmen und Spezialfedergabeln
62007 / 44007	Farbenfabriken Beyer AG, Am Beyerwerk 144, 51333 Leverkusen, Tel. 0214 301, Fax 0214 30 211	Herr Gräulich, Am Beyerwerk 144, 51333 Leverkusen, Tel. 0214 30799, Spedition	Leverkusen-Bank, IBAN: DE88 4990 6324 0607 000372, BIC: LEBADEK9LEV	Lacke, Grundierungen
62008 / 44008	Color GmbH, Hafenstr. 125, 67061 Ludwigshafen am Rhein, Tel. 0621 582664, Fax 0621 582666	Frau Reineke, Hafenstr. 190, 67061 Ludwigshafen am Rhein, Spedition	TEMPUS Bank, IBAN: DE26 7880 9543 0099 763298, BIC: TEMPDE12XXX	Lacke, Grundierungen
71009 / 44009	Tamino Deutschland GmbH, Immermannstr. 24, 40210 Düsseldorf, Tel. 0211 162166, Fax 0211 162199	Herr Freundlich, Immermannstr. 24, 40210 Düsseldorf, Tel. 0211 162150, Spedition	The Okane Bank, IBAN: DE93 3500 10245 0042 299633, BIC: OKABDEDDXXX	Schaltungen, Laufräder, Bremssysteme, Antriebssysteme (vollständige Systemkomponenten)
71010 / 44010	Tamino INC, 3–77 Oimatsuchu, Sakei 590–77 Osaka, Japan, Tel. +81 6 722233280, Fax +81 6 722233282	Mr. Wasabi, Tamino Deutschland GmbH, Immermannstr. 24, 40210 Düsseldorf, Tel. 0211 162150, Schiffsfracht	Hakkojo-Ichi-Bank, SWIFT-Code (BIC): HAKKJPIZ, Account No.: 702-4598321	Schaltungen, Laufräder, Bremssysteme, Antriebssysteme (vollständige Systemkomponenten)
71011 / 44011	Dax AG, Rudolf-Diesel-Str. 25, 97424 Düsseldorf, Tel. 0211 80170, Fax 0211 801799	Herr Sachse, Rudolf-Diesel-Str. 70, 97424 Düsseldorf, Tel. 0211 801 7326, Spedition	CVB, IBAN: DE43 7102 8304 0404 002193, BIC: CVERDEELXXX	Schaltungen, Laufräder, Bremssysteme, Antriebssysteme (vollständige Systemkomponenten)
72012 / 44012	Schwalle KG, Märkische Str. 36, 44135 Dortmund, Tel. 0231 52810, Fax 0231 528155	Herr Rille, Märkische Str. 38, 44135 Dortmund, Tel. 0231 5281936, Spedition	Stadtbank Dortmund, IBAN: DE43 5530 9433 0204 400123, BIC: SBDODEK9011	Reifen (Decken), Schläuche mit Ventilen, Felgenbänder
72013 / 44013	Continent AG, Vahrenwalder Str. 99, 30165 Hannover, Tel. 0511 927411, Fax 0511 927411	Herr Rieger, Vahrenwalder Str. 102, 30165 Hannover, Tel. 0511 927411, Spedition	Bank 3000, IBAN: DE74 1028 4983 0124 446711, BIC: 3000DENWXXX	Reifen (Decken), Schläuche mit Ventilen, Felgenbänder

Eine Marktforschung mittels Fragebogen planen und durchführen

---

Von: Regula Gerland

An: Sylvia Dogan, Jan Sales

Betreff: Marktforschung – neue Fragebogenaktion

Liebe Frau Dogan, lieber Herr Sales,

anbei erhalten Sie die monatlichen Berichte unserer Vertriebsmitarbeiter Sabine Ganser und Rolf Polster. Da es sich nur um punktuelle, unstrukturierte Eindrücke handelt, sollten wir eine systematische Befragung unserer Kunden durchführen, um herauszufinden, wie zufrieden unsere Kunden mit uns wirklich sind.

Bitte entwickeln Sie hierzu einen geeigneten Fragebogen für unsere Kunden. Beachten Sie dabei: Der Fragebogen sollte für den Kunden interessant aufgebaut und nicht zu lang sein. Da unser Kundenstamm sehr groß ist, sollte der Fragebogen so strukturiert sein, dass er einfach ausgewertet werden kann. Aber es sollen natürlich alle relevanten Informationen abgefragt werden.

Ich erwarte Ihre Vorschläge inklusive einer schriftlichen Begründung bis zur nächsten Abteilungsleiterkonferenz, sodass wir gegebenenfalls sinnvolle Maßnahmen einleiten können.

Mit den besten Grüßen

Regula Gerland

Bericht der Vertriebsmitarbeiterin Sabine Ganser:

Fly Bike Werke GmbH

Notizen

- Herr Reichenbach von der Radplus GmbH war verärgert, da die kürzlich gelieferten Textilien unsauber genäht waren.
- Herr Grünert von der Zweirad GmbH berichtete, dass Kunden zusätzlich nach Mountainbike-Touren mit einem Ziel in Küstennähe fragen. Dies wird bisher von uns nicht angeboten.

Bericht des Vertriebsmitarbeiters Rolf Polster:

Fly Bike Werke GmbH

Notizen

- Frau Czech von der Austria Fahrradhandelsgesellschaft AG aus Wien beschwerte sich, dass die Lieferung der letzten Rennräder fast vier Wochen gedauert habe.
- Herr von der Kracht der Europarad N.V. berichtet von stark sinkender Nachfrage nach Rennrädern. Er vermutet, dass dies an den Preisen liegt, und versucht deshalb unsere Verkaufspreise zu drücken.

Arbeitsauftrag

1. Entwickeln Sie aus den gegebenen Informationen einen möglichen Forschungsschwerpunkt für eine Marktforschung. Entwerfen Sie einen entsprechenden Fragebogen und beachten Sie dabei die Qualitätsansprüche für Fragebögen. Nutzen Sie die Arbeitsblätter 37.1 und 37.2. als Hilfsmittel.

Arbeitsblatt 37.1 | Fragebogenerstellung

Fly Bike Werke GmbH

Zielsetzung der Befragung:

Zielgruppe der Befragung:

Einleitungstext an die Befragten (z. B. eine kurze Erklärung zum Zweck der Befragung, Zusage der Anonymität, Dank):

Eisbrecherfrage:

Sachfragen mit den jeweiligen Antwortmöglichkeiten:

Notwendige Fragen zur Person:

Arbeitsblatt 37.2 | Checkliste Fragebogen erstellen

Prüfen Sie:	ja	nein
1. Ist die Zielsetzung der Befragung klar formuliert?	☐	☐
2. Sind Hypothesen gebildet worden? (Beispiel: „Ein Kiosk könnte durch ein breiteres Sortiment mehr Umsatz machen.")	☐	☐
3. Ist die Zielgruppe eindeutig definiert?	☐	☐
4. Ist die Zielgruppe erreichbar?	☐	☐
5. Passt die Zielgruppe zur Zielsetzung der Befragung?	☐	☐
6. Gibt es einen Anreiz für die Respondenten (Kandidaten der Befragung), an der Befragung teilzunehmen?	☐	☐
7. Ist ein Begleitschreiben oder ein Einleitungstext zum Fragebogen formuliert worden?	☐	☐
8. Sind die Fragen eindeutig und einfach formuliert, sodass die Befragten nicht überfordert werden?	☐	☐
9. Sind die Fragen kurz?	☐	☐
10. Ist die Länge des Fragebogens zumutbar für die Befragten?	☐	☐
11. Sind suggestive Fragen vermieden worden?	☐	☐
12. Sind zu persönliche oder „gefährliche" Fragen vermieden worden? (Beispiel: „Ist jemand aus Ihrer Familie kriminell?")	☐	☐
13. Sind Fragen zu einem Themenkomplex zusammen gruppiert?	☐	☐
14. Haben Sie sichergestellt, dass immer nur nach einem Sachverhalt gefragt wird?	☐	☐
15. Sind die Antwortkategorien, die vorgegeben sind, auch vollständig, d. h., sind sämtliche möglichen Antworten, die auf geschlossene Frage kommen können, vorgesehen?	☐	☐
16. Haben Sie überprüft, ob die Antwortkategorien trennscharf sind, d. h., die Antworten so gestellt sind, dass sie sich nicht überschneiden?	☐	☐
17. Ist die Gestaltung bzw. das Layout des Fragebogens ansprechend?	☐	☐
18. ...	☐	☐

Verbesserungsvorschläge: _____

_____

_____

Aufgaben

Aufgabe 1

Befragungen können schriftlich, telefonisch, persönlich und online durchgeführt werden. Nennen Sie jeweils Vor- und Nachteile der angesprochenen Möglichkeiten.

Aufgabe 2

Nennen Sie jeweils zwei Beispiele für eine ökoskopische und eine demoskopische Marktforschung.

Aufgabe 3

Begründen Sie anhand eines Beispiels den engen Zusammenhang zwischen einer Marktanalyse und einer Marktbeobachtung.

Aufgabe 4

Begründen Sie, welche der folgenden Vorgänge eine Marktbeobachtung darstellen.

a Im Vorfeld der Markteinführung erprobt ein Süßwarenhersteller den neuen Schokoriegel zunächst längere Zeit auf einem Testmarkt.

b Im Zuge eines Preisausschreibens wird der Name für einen neuen Artikel gesucht.

c Die Außendienstmitarbeiter unterrichten die besuchten Einzelhändler über die Produktneuheiten im kommenden Jahr.

d Der Geschäftsführer einer Unternehmung besucht einmalig den örtlichen Wochenmarkt und beobachtet dort, wie auf einem Marktstand die verschiedenen Obstsorten angeordnet werden.

Aufgabe 5

Erläutern Sie den Begriff Konkurrenzforschung und führen Sie anhand eines selbst gewählten Beispiels genauer aus, warum diese Art der Marktforschung bedeutsam ist.

Aufgabe 6

Erkundungsauftrag: Beschreiben Sie, wie in einem Betrieb Ihrer Wahl (z. B. Ihr Praktikumsbetrieb) Marktforschung betrieben wird, und beantworten Sie dazu folgende Fragen:

a Gibt es in Ihrem Betrieb eine eigene Abteilung, die nur die Aufgabe der Marktforschung besitzt?

b Mit welchen Fragestellungen hat sich Ihre Marktforschung bzw. eine von Ihrem Betrieb beauftragte Marktforschung in der letzten Zeit befasst?

c Wenn Sie keine Marktforschung in Ihrem Betrieb betreiben, worin liegen nach Ihrer Meinung neben dem Kostenargument die Gründe dafür?

Aufgabe 7

Begründen Sie, welche der folgenden Aussagen zutreffen.

a Es ist schwierig, Fragebögen online zu erstellen und auszuwerten, weil für die Erstellung umfangreiche Programmierkenntnisse nötig sind.

b Ein Panel erhebt Daten zu einem ganz bestimmten Zeitpunkt. Deshalb kann man diese Erhebungsmethode der Marktanalyse zuordnen.

c Die Erhebungsmethode des Testmarktes ist der Marktanalyse zuzuordnen.

d In der Marktforschung gilt: Primärforschung ist günstiger als Sekundärforschung.

Aufgabe 8

Die Fly Bike Werke GmbH möchte Informationen über Kunden, Konkurrenz und wirtschaftliche Rahmenbedingungen einholen (siehe Tabelle unten). Beurteilen Sie, welche Methode der Marktforschung sie jeweils verwenden sollte. Begründen Sie Ihre Entscheidung.

Die Fly Bike Werke GmbH wünscht folgende Informationen:	Welche Methode der Marktforschung schlagen Sie vor?
a Welche Verbesserungsvorschläge haben die Kunden der Fly Bike Werke GmbH?	
b Die Fly Bike Werke GmbH plant, in Fachzeitschriften verstärkt Werbeanzeigen zu schalten. Sie möchte gerne wissen, ob das Einfluss auf das Kaufverhalten ihrer Kunden hat.	
c Die Fly Bike Werke GmbH plant die Aufnahme eines neuen Artikels in ihr Sortiment.	
d Die Fly Bike Werke GmbH möchte sich über die Insolvenzrate von Fahrradgeschäften in Deutschland informieren.	
e Die Fly Bike Werke GmbH möchte sich über saisonale Schwankungen der Nachfrage nach den Artikeln ihres Sortiments informieren.	

Aufgabe 9
Definieren Sie die Begriffe Marktpotenzial und Absatzpotenzial.

Aufgabe 10
Die fix & fertig GmbH mit Sitz in Nürnberg ist eine Lebensmittelgroßhandlung, die sich auf den Vertrieb von Fertigprodukten aller Art spezialisiert hat. Der fix & fertig GmbH wird für die Länder A und B die Alleinvertriebslizenz für ein neuartiges Fertigdessert angeboten. Das Dessert wird in Packungen zu 0,2 l vertrieben. Aufgrund des Geschmacks und der Zusammensetzung eignet es sich grundsätzlich zum

Verzehr für Personen ab 14 Jahren. Die fix & fertig GmbH ist an der Lizenz interessiert, möchte sich aber auf eines der beiden Länder beschränken. Sie werden beauftragt, die beiden Ländermärkte zu analysieren.

a Überprüfen Sie für das Land A den angegebenen Schätzwert für das mengen- und das wertmäßige Marktpotenzial und erläutern Sie Ihre Vorgehensweise.

b Entscheiden Sie, für welches der beiden Länder die fix & fertig GmbH die angebotene Vertriebslizenz erwerben sollte, wenn die Kosten in beiden Fällen gleich sind. Begründen Sie Ihre Entscheidung.

Sie beschaffen sich dazu die folgenden Informationen:

	Land A	Land B
durchschnittliche Preisbereitschaft zu Endverbraucherpreisen für 0,2 l Fertigdessert	0,80 €	0,70 €
durchschnittliche Menge, die Fertigdessertverwender pro Tag essen	0,2 l	0,2 l

Schätzwerte	Land A	Land B
mengenmäßiges Marktpotenzial (in Mio. Liter)	3.460,20	4.725,29
wertmäßiges Marktpotenzial (in Mio. €)	13.840,80	16.538,515

Bevölkerungsstruktur (in Mio.)		
Altersklasse	Land A	Land B
0 bis 14 Jahre	12,60	15,27
14 bis 19 Jahre	4,80	5,02
20 bis 29 Jahre	7,20	7,64
30 bis 39 Jahre	10,20	11,42
40 bis 49 Jahre	9,60	11,40
50 bis 59 Jahre	5,40	9,35
60 bis 69 Jahre	5,40	10,40
70 Jahre und älter	4,80	9,50
gesamt	**60,00**	**80,00**

Verbrauch von Fertigdesserts in Mio. Liter		
Jahr	Land A	Land B
vor 5 Jahren	1348,45	1060,94
vor 4 Jahren	1364,63	1113,99
vor 3 Jahren	1367,36	1225,39
vor 2 Jahren	1356,42	1372,43
letztes Jahr	1340,14	1578,30

Endverbraucherumsatz mit Fertigdesserts in Mio. €		
Jahr	Land A	Land B
vor 5 Jahren	5.528,65	3.182,82
vor 4 Jahren	5.526,75	3.453,37
vor 3 Jahren	5.496,79	3.921,25
vor 2 Jahren	5.439,24	4.529,02
letztes Jahr	5.360,56	5.524,05

Bruttoinlandsprodukt pro Kopf in €		
Jahr	Land A	Land B
vor 5 Jahren	27.340,00	25.228,00
vor 4 Jahren	27.110,00	25.480,00
vor 3 Jahren	26.996,00	25.608,00
vor 2 Jahren	26.920,00	25.761,00
letztes Jahr	26.885,00	25.864,00

Marktanteile der 10 größten Anbieter von Fertigdesserts (in %)		
Rangplatz	Marktanteil	
	Land A	Land B
1	40,00	10,00
2	30,00	8,00
3	25,00	7,00
4	2,00	3,00
5	1,00	2,00
6	0,50	1,80
7	0,20	1,60
8	0,10	1,50
9	0,05	1,40
10	0,03	1,30
Summe	**98,88**	**37,60**

Lernsituation **38**

**Produktlebenszyklus und Deckungsbeitrags-
rechnung für produkt- und sortiments-
politische Entscheidungen nutzen**

Situation

Die Abteilungsleiterin des Vertriebs, Regula Gerland, hat aus dem Controlling der Fly Bike Werke GmbH neue Absatzzahlen bekommen. Sie hat die Daten von Produkten herausgesucht, bei denen sie vermutet, dass produktpolitische Maßnahmen notwendig sind. Zusätzlich hat sie von der letzten „Eurobike"-Fahrradmesse neue Informationen zu Trends und Entwicklungen auf dem Fahrradmarkt mitgebracht.

Entwicklung der Absatzzahlen in Stück von ausgewählten Produkten der Fly Bike Werke GmbH:

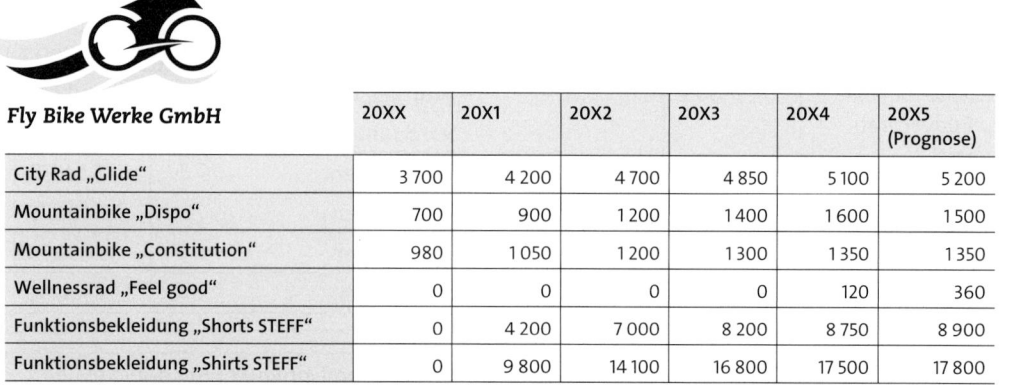

Fly Bike Werke GmbH	20XX	20X1	20X2	20X3	20X4	20X5 (Prognose)
City Rad „Glide"	3 700	4 200	4 700	4 850	5 100	5 200
Mountainbike „Dispo"	700	900	1 200	1 400	1 600	1 500
Mountainbike „Constitution"	980	1 050	1 200	1 300	1 350	1 350
Wellnessrad „Feel good"	0	0	0	0	120	360
Funktionsbekleidung „Shorts STEFF"	0	4 200	7 000	8 200	8 750	8 900
Funktionsbekleidung „Shirts STEFF"	0	9 800	14 100	16 800	17 500	17 800

Von:	Regula Gerland		
An:	Sabine Ganser, Jan Sales, Sylvia Dogan, Ralf Polster	Cc:	Margot Rother
Betreff:	**Gesammelte Informationen von der Eurobike**		

Liebe Mitarbeiter,

hier finden Sie die Informationen, die ich von der Eurobike mitgebracht habe:

– In den letzten Jahren waren die Farben Anthrazit und Weiß ein großer Trend; jetzt wird es erheblich bunter. Speziell bei Kinderfahrrädern sind die Farbe Schwarz und Neonfarben im Trend. Ausreichende Zubehör- und Zulieferteile gab es dazu auf der Messe.
– Zu den kommenden Produkthighlights werden nach Branchenrecherchen und Ergebnissen aus Marktforschungen vor allem „E-Bikes" mit immer vielfältigerem Einsatzbereich gehören. „E-Bikes" verfügen über sparsame zusätzliche Elektromotoren. Bisher war das Image dieser Räder unpassend für die bisherige Zielgruppe der Fly Bike Werke GmbH. Aktuell gibt es E-Bike-Versionen aber auch bereits von einzelnen anderen Anbietern als: E-Mountainbikes (sogenannte „X-Flyer"), kompakte Elektro-Stadtflitzer sowie Nachrüstsets.
– Die bereits vor zwei Jahren neu eingeführte Funktionsbekleidung mit starker Körperbetonung bleibt ein weiter zunehmender Trend. Zu der Funktionsbekleidung ist generell anzumerken, dass die Kunden hohen Wert darauf legen, ein passendes Ensemble zu erwerben. Vielfach werden jeweils eine Shorts und mehrere T-Shirts erworben.
– Klassische Mountainbikes gehören insgesamt zu den Verlierern am Markt. Der Trend geht in Richtung City- oder Fitness-Räder, was auch am zunehmenden Umweltbewusstsein liegt.
– Hinzu kommen in kleineren Stückzahlen Fahrräder für spezielle Bedürfnisse, z. B. Transporträder.

Mit freundlichem Gruß

Regula Gerland

Arbeitsaufträge

1. Zeichnen Sie in zwei verschiedenen Farben die Produktlebenszyklen für die Ware „Shirts STEFF" und für das Produkt Mountainbike „Dispo".
2. Bestimmen Sie anhand der gezeichneten Produktlebenszyklen, in welcher Phase des Lebenszyklus sich die Produkte befinden.
3. Entwickeln Sie aufgrund der vorliegenden Messe-Informationen und eigener Überlegungen begründete Vorschläge für produktpolitische Maßnahmen für die Fly Bike Werke GmbH. Präsentieren Sie Ihre Vorschläge in angemessener Form.

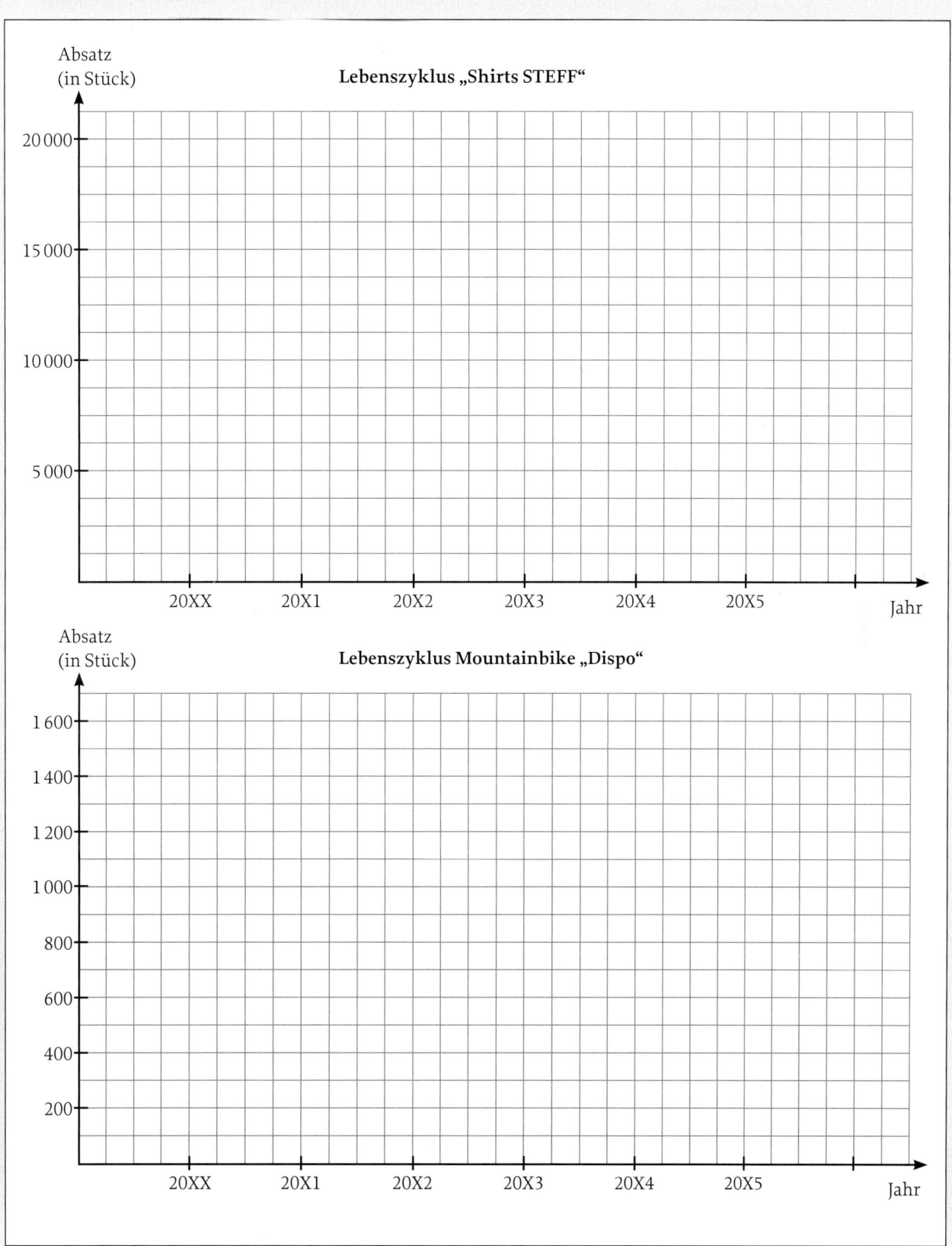

Folgesituation

Frau Gerland wünscht sich in Bezug auf zu eliminierende Produkte eine rechnerische Überprüfung.

	City-Rad „Glide"	Mountain-bike „Dispo"	Mountainbike „Constitution"	Wellnessrad „feel good"	Shorts „STEFF"	Shirt „STEFF"
Ø Verkaufspreis (je Stück)	145	190	350	400	22,4	19,8
Absatzmenge (in Stück)						
Umsatz (in €)						
Var. Kosten (in € je Stück)	135	198	270	260	21,7	17,2
Var. Kosten (in € gesamt)						
Deckungsbeitrag I (in €)						
Erzeugnisfixe Kosten (in €)	30.000	30.000	50.000	30.000	10.000	10.000
Deckungsbeitrag II (in €)						

Arbeitsaufträge

1 Ermitteln Sie mithilfe der Tabelle die Deckungsbeiträge für die einzelnen Produkte. (Hinweis: Der Deckungsbeitrag ist der Betrag, den ein Produkt zur Deckung der fixen Kosten leistet. Er ergibt sich nach Abzug der variablen Kosten von den Umsatzerlösen.)

2 Benennen Sie das Produkt bzw. diejenigen Produkte, die nach der Deckungsbeitragsrechnung eliminationsverdächtig sind.

3 Beurteilen Sie, welches Produkt bzw. welche Produkte unter Berücksichtigung aller Informationen tatsächlich eliminiert werden sollten. Gehen Sie davon aus, dass die erzeugnisfixen Kosten zumindest mittelfristig abgebaut werden können eliminiert werden sollten. Gehen Sie davon aus, dass die erzeugnisfixen Kosten zumindest mittelfristig abgebaut werden können.

Berechnungshinweise: Umsatz = durchschnittlicher Verkaufspreis je Stück · Absatzmenge; Variable Kosten (gesamt) = variable Kosten je Stück · Absatzmenge; Deckungsbeitrag I = Umsatz − variable Kosten (gesamt) Deckungsbeitrag II = Deckungsbeitrag I − erzeugnisfixe Kosten

Arbeitsblatt 38.1 | Produktpolitische Maßnahmen

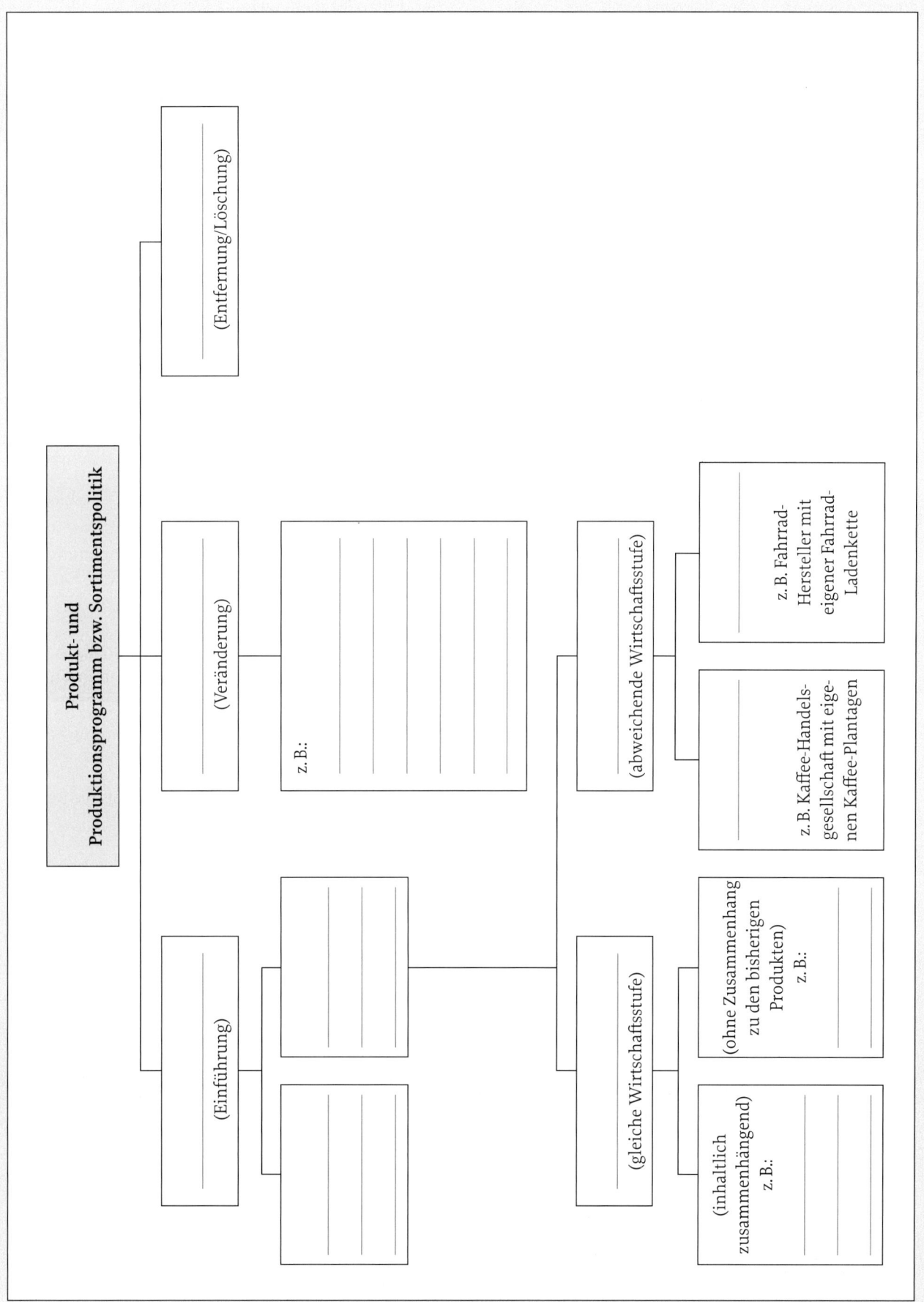

Aufgaben

Aufgabe 1
Produkte können sich auch abweichend vom idealtypischen Produktlebenszyklus entwickeln. Nachfolgend sehen Sie drei abweichende Produktlebenszyklen. Beschreiben Sie die Abweichungen und nennen Sie jeweils Produkte, die zu den verschiedenen Lebenszyklen passen.

a

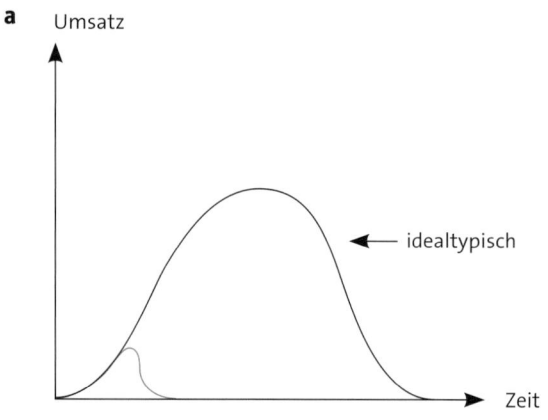

b

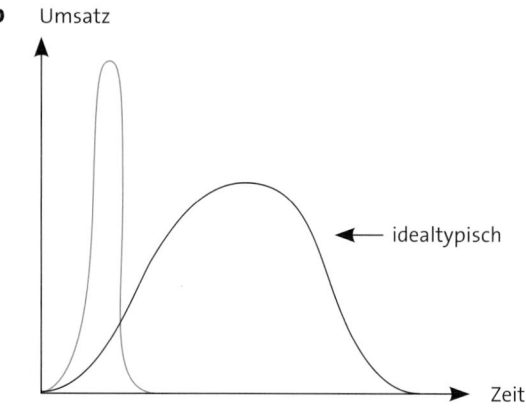

c

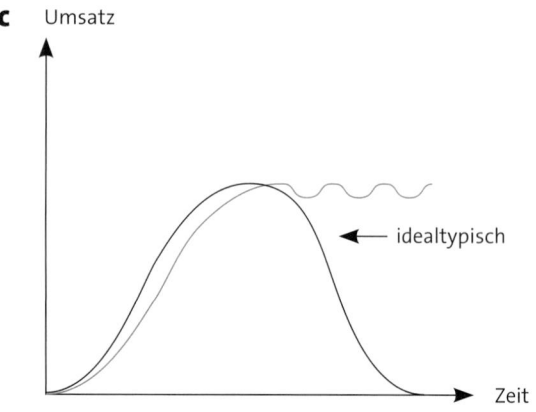

Aufgabe 2
Beurteilen Sie die folgenden Portfolios.

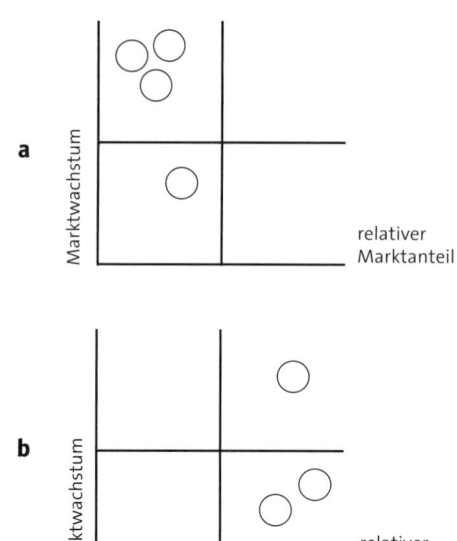

Aufgabe 3
Nennen Sie drei Kriterien zur Zielgruppenbildung bzw. Marktsegmentierung.

Aufgabe 4
Beschreiben Sie das Sortiment Ihres ehemaligen Praktikumsunternehmens, indem Sie die in Ihrem Unternehmen gehandelten Artikel den verschiedenen Sortimentsarten zuordnen.

Aufgabe 5
Erklären Sie jeweils anhand eines Beispiels die Begriffe der Sortimentstiefe und -breite.

Aufgabe 6

Ordnen Sie den Aussagen **a** bis **e** die folgenden Begriffe zu. Begründen Sie Ihre Antworten.

Breite – Tiefe – Differenzierung – Diversifikation des Produktionsprogramms bzw. Sortiments

a Ein Süßwarenproduzent erweitert eine seit Jahren gängige Produktlinie um die Geschmackssorte „Apfel".

b Ein Spirituosenfachgeschäft bietet dreißig verschiedene Weine an.

c Ein Kaffeehändler bietet neben Kaffee seit Kurzem auch Haushaltsgeräte und Freizeitartikel an.

d Ein Supermarkt wirbt in einem Prospekt für Konserven, Getränke, Zeitschriften, Süßwaren, Kurzwaren und Tiefkühlgerichte.

e Ein Buttermilch-Produzent bietet jetzt auch die neue Geschmacksrichtung „Tropic" an.

Aufgabe 7

Viele Artikel werden in typischen Erscheinungsformen vermarktet. Erläutern Sie, welche Gestaltungsmerkmale bei den folgenden Artikeln besonders beachtet werden müssen.

a Tiefkühlgerichte
b Fahrräder
c Papier
d Oberbekleidung
e Handys

Aufgabe 8

Ein Großhandelsunternehmen führt regelmäßig sogenannte Renner-Penner-Listen, bei denen die Produkte nach ihrer Umschlagsgeschwindigkeit sortiert werden. Aufgrund der unten aufgeführten Renner-Penner-Liste für die Artikelgruppe „Rucksäcke" wurde die Entscheidung getroffen, den Artikel 16-8 (Rucksack „Wild Life") im Sortiment zu belassen.

a Begründen Sie diese Entscheidung.
b Erläutern Sie drei Maßnahmen, um diesen Artikel zu fördern.

Rang	Artikel	Verkaufte Zahl/Stück	Verkaufspreis (brutto)	Umsatz (brutto)	Handelsspanne	Rohertrag (gesamt)	Rohertrag/ Stück
1	16-1	270	19,90 €	5.373,00 €	74,6 %	3.456,32 €	12,80 €
2	16-2	248	29,90 €	7.415,20 €	91,5 %	5.847,56 €	23,57 €
3	16-3	241	49,90 €	12.025,90 €	44,1 %	4.567,90 €	18,95 €
4	16-4	225	59,90 €	13.477,50 €	30,0 %	3.489,45 €	15,51 €
5	16-5	220	66,89 €	14.715,80 €	53,2 %	6.751,80 €	30,52 €
6	16-6	70	88,90 €	6.223,00 €	76,9 %	4.125,89 €	58,94 €
7	16-7	65	129,90 €	8.443,50 €	47,4 %	3.450,20 €	53,08 €
8	16-8	25	159,90 €	3.997,50 €	74,0 %	2.550,45 €	102,02 €
				71.671,40 €		34.239,57 €	

Lernsituation **39**

Verkaufspreise ermitteln und Preisstrategien beurteilen

Situation

Frau Gerland, die Vertriebsleiterin der Fly Bike Werke GmbH, hat auf der Messe einen Hersteller von Funktions-bekleidung kennengelernt. Die Produkte haben ihr gut gefallen, sie erfüllen alle Anforderungen an Funktionswä-sche und sind zudem mit einer Anti-Geruchsfunktion versehen und modern im Design. Derartige Produkte sind von Kunden in letzter Zeit häufiger angefragt worden. Für eine Entscheidung, ob die Produkte in das Sortiment aufgenommen werden sollen, muss eine Preiskalkulation erstellt werden. Der Barverkaufspreis des Lieferanten für langärmlige Renn-Shirts beträgt 23,80 € je Stück (Frei-Haus-Lieferung).

Arbeitsaufträge

1 Bestimmen Sie einen möglichen Barverkaufspreis für die Fly Bike Werke GmbH und erläutern Sie die Preisstra-tegie, die Sie hiermit verfolgen.

2 Ermitteln Sie zusätzlich die kurz- und langfristige Preisuntergrenze für die Fly Bike Werke GmbH.

Übliche Musterkalkulation für Handelsgeschäfte:

Barverkaufspreis des Lieferanten		23,80 €
+ Bezugskosten		0,00 € (Frei-Haus-Lieferung)
= Bezugs-/Einstandspreis		23,80 €
+ Handlungskostenzuschlag	25 %	
= Selbstkosten		
+ Gewinnzuschlag	15 %	
= **Möglicher Barverkaufspreis (Angebotspreis)**		

Ermittlung der variablen Kosten der Fly Bike Werke GmbH:

Bezugspreis (Einzelkosten)	
+ variable Gemeinkosten (= 20 % der Handlungskosten)	
= **Variable Kosten**	

Ermittlung der Deckungsbeiträge:

Recherchierter Marktpreis[1] je 1 000 Stück	39,80 €
– variable Kosten der Fly Bike Werke GmbH	
= Deckungsbeitrag	

Recherchierter (einmaliger) Konkurrenzpreis[2]	34,90 €
– variable Kosten der Fly Bike Werke GmbH	
= **Deckungsbeitrag**	

[1] Durchschnittspreis aller bekannten Anbieter in Deutschland.
[2] Preisgünstigster Anbieter in Deutschland.

Arbeitsblatt 39.1 | Übersicht über Aspekte der Preisbildung

Preisbildung			
Kostenorientierte Preisbildung	**Nachfrageorientierte Preisbildung**	**Konkurrenzorientierte Preisbildung**	**Preisuntergrenze**
• Ermittlung der _____ durch _____	• Es wird durch _____ der Preis ermittelt, zu dem _____ kaufen.	• Bezugspunkt zur _____ Konkurrenz.	• Stellt den Preis dar, _____
• Diese Preisbildung folgt dem Prinzip _____	• Diese Preisbildung folgt dem Prinzip _____	• Preisveränderungen der Konkurrenz führen zu _____	• Bei der _____ Preisuntergrenze ist der Deckungsbeitrag
• Sie dient der Ermittlung der Preise, die der Unternehmer _____ _____ müsste.	• Die ermittelten Preise müssen zwingend _____ _____ leisten.		• Die _____ Preisuntergrenze liegt in Höhe der _____

Preisstrategie = _____

Merkmale der Penetration-Strategie	**Merkmale der Skimming-Strategie**
• _____	• _____
• _____	• _____
• _____	• _____
• _____	• _____
• _____	• _____

Aufgaben

Aufgabe 1

Häufig werden Unternehmen zu Preiskämpfen herausgefordert bzw. von Großkunden zu Sonderpreisen gedrängt. Erläutern Sie in diesem Zusammenhang die Bedeutung der kurz- und der langfristigen Preisuntergrenze und beschreiben Sie die Berechnung beider Größen.

Aufgabe 2

Die Wagner KG handelt mit Spielzeugautos. Folgende Kalkulationsdaten werden zur Preisfestsetzung herangezogen:

Einzelkosten	17,06 €
Handlungskostenzuschlag	30 %
Gewinnzuschlag	8 %
Kundenrabatt	15 %
Kundenskonto	2 %

a Benennen und begründen Sie, welche Art der Preisfestsetzung die Wagner KG betreibt.

b Bestimmen Sie den Barverkaufspreis pro Stück (netto).

Aufgabe 3

Nennen Sie aus Sicht eines Unternehmens je ein Beispiel für folgende Preisdifferenzierungsarten und geben Sie die zwingend notwendigen Voraussetzungen dafür an:

a räumlich
b sachlich
c zeitlich
d persönlich

Aufgabe 4

Ein Großhändler für Herrenbekleidung bietet dem Facheinzelhandel Polohemden mit einem sehr bekannten Firmenlogo zu einem empfohlenen Verkaufspreis von 69,00 € an. Absolut vergleichbare Polohemden (Qualität, Schnitt, Farben), aber ohne Logo bzw. auf Wunsch des Kunden mit beliebigem Logo bietet der Großhändler zu einem empfohlenen Verkaufspreis von 39,00 € an. Die Käufer (Einzelhändler) zahlen 50 % des empfohlenen Verkaufspreises an den Großhändler.

a Erläutern Sie, welches Ziel der Großhändler bei den Polohemden mit seiner Preisgestaltung verfolgt.

b Schätzen Sie die Gefahren ab, die diese Art der Preisgestaltung mit sich bringt.

Aufgabe 5

Erläutern Sie, um welche Form der Preisdifferenzierung es sich in den folgenden Fällen handelt:

a Beim Kauf einer Palette Fliesen (50 m²) kostet der Quadratmeter statt 10,95 € nur noch 8,50 €.

b Ein China-Restaurant bietet ein Sonntagsbüfett zum Preis von 12,00 € je Person. Personen unter 14 Jahren zahlen die Hälfte.

c Personen, die nach 13:45 Uhr erscheinen (Büfett bis 14:30 Uhr), zahlen ebenfalls die Hälfte. Auf alle Speisen gemäß Karte erhalten alle Kunden, die das Essen „außer Haus" mitnehmen, 10 % Rabatt auf den Kartenpreis.

Aufgabe 6

a Berechnen Sie die Preiselastizität der Nachfrage für die beiden folgenden Güter.

b Zeichnen Sie die Nachfragekurven in das unten stehende Diagramm ein.

c Begründen Sie, ob es sich jeweils um eine elastische oder unelastische Nachfrage handelt.

Gut 1	
Preis	verkaufte Menge
P1: 3,00 €	20 Stück
P2: 4,00 €	10 Stück

Gut 2	
Preis	verkaufte Menge
P1: 20,00 €	100 Stück
P2: 25,00 €	95 Stück

Aufgabe 7
Gelegentlich versuchen Anbieter mit niedrigen Einführungspreisen Marktanteile zu gewinnen, um anschließend eher auf eine Hochpreisstrategie zu wechseln. Erläutern Sie, welches Risiko in dieser Vorgehensweise liegt.

Aufgabe 8
Erläutern Sie, welcher der unten abgebildeten drei Nachfragekurven Sie jeweils die Güter Mineralwasser, Betablocker (Medikament gegen Bluthochdruck) und Kinokarte zuordnen würden.

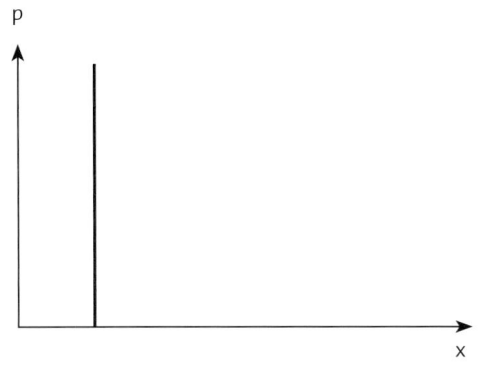

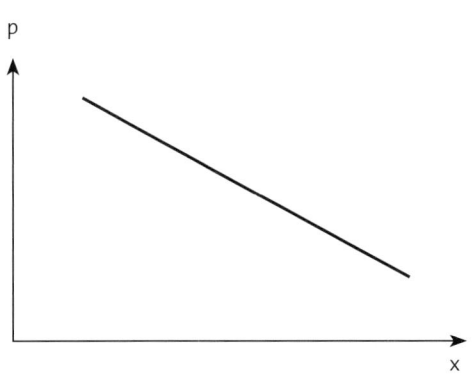

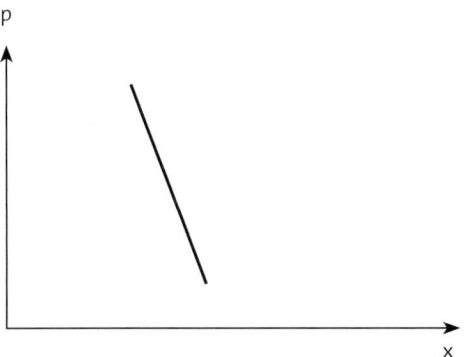

Aufgabe 9
Ein Handelsunternehmen verkauft Haartrockner einer bekannten Herstellermarke. Je Monat entstehen 25.000,00 € fixe Kosten, die variablen Kosten je Stück betragen 5,00 €.

	Januar	Februar
Absatzmengen	4 000 Stück	3 600 Stück
Verkaufspreise	15,00 €	15,75 €

a   Berechnen Sie den Gewinn im Monat Januar.
b   Berechnen Sie den Gewinn im Monat Februar.
c   Erläutern Sie, wie sich die Preiserhöhung auf den Gewinn ausgewirkt hat.
d   Berechnen Sie die Preiselastizität der Nachfrage.
e   Bestimmen Sie rechnerisch, welcher Verkaufspreis zu empfehlen ist, wenn nach einer Marktanalyse bei einem Verkaufspreis von 14,60 € ein Absatz von 4 200 Stück möglich ist.

Lernsituation 40

Konditionenpolitische Entscheidungen treffen

Situation

Frau Gerland hat auf der Messe auch noch einen Vertrag mit einem Kunden über 500 Fahrradanhänger abgeschlossen. Dazu hat sie folgenden Beleg mitgebracht und bittet Herrn Baumann, eine Kalkulation für das Controlling zu erstellen.

Bestellungsaufnahme durch den Vertriebsmitarbeiter:

Fly Bike Werke GmbH

Aufnahme einer Kundenbestellung

Per Pedes AG
Bachstr. 104
64291 Darmstadt

Bestellung vom: 20.04.20XX   **Liefertermin bis:** 24.04.20XX

Artikel-Nr.	Artikelbezeichnung	Bestellmenge/Einheit
605	Fahrradanhänger Modell *Sven*	500 Stück

Der Kunde machte die Erteilung seines Auftrages davon abhängig, dass er über den günstigsten Staffelpreis von 146,20 € hinaus und zusätzlich zum Skontosatz von 3 % noch einen Sonderrabatt auf das Nettoauftragsvolumen erhält. Ich konnte ihn hier von den ursprünglich geforderten 20 % auf 15 % drücken. Ich habe mich auf den Sonderrabatt eingelassen, da die Per Pedes AG ein neuer Kunde ist und außerdem weitere Aufträge in einem Volumen von ca. 80.000,00 € in Aussicht gestellt hat.

gez. Gerland, 20.04.20XX

Auszug aus der Preisliste der Fly Bike Werke GmbH:

Artikel Nr.	Bezeichnung	Mengenstaffelpreise (€) (Preise für jeweils 1 Stück)		
		1–10 St.	ab 11 St.	ab 101 St.
605	Fahrradanhänger Modell *Sven*	168,90	154,70	146,20

Arbeitsaufträge

1 Ermitteln Sie für jeweils 500 Fahrradanhänger Modell Sven kalkulatorisch, ob Frau Gerland im Sinne der Fly Bike Werke GmbH gehandelt hat, als sie sich auf den Sonderrabatt eingelassen hat.
Gehen Sie dabei von einem Handlungskostenzuschlagssatz von 15 % und einem Gewinnzuschlagssatz von 12,5 % aus. Der Einstandspreis für 500 Fahrradanhänger beträgt 54.810,00 €.

2 Berechnen Sie den maximalen Rabatt, den Frau Gerland hätte gewähren dürfen, damit zumindest die Selbstkosten abgedeckt gewesen wären.

3 Beurteilen Sie, ob Sie den Auftrag an der Stelle von Frau Gerland angenommen hätten. Beziehen Sie außer dem Preis noch weitere Aspekte in Ihre Überlegungen ein.

4 Entwerfen Sie Alternativen, wie man dem Kunden in dieser Situation außer mit einem Rabatt noch hätte entgegenkommen können.

Arbeitsblatt 40.1 | Überblick über die Konditionenpolitik

Preisstellungssysteme	
_____ Listenverkaufspreis – _____ = _____	_____ _____ preis in Abhängigkeit von der _____ _____

Preisnachlässe		
_____ Preisnachlass, der sofort in der Rechnung offen ausgewiesen wird, z. B. 1. _____ 2. _____ 3. _____ 4. _____ 5. _____	_____ Preisnachlass, der _____ _____ _____ _____	**Skonto** Preisnachlass, der _____ _____ _____ _____

Preiszuschläge		
Beim _____ system ergeben sich Preisaufschläge bei niedrigen _____ mengen bereits durch die Preis _____	In den Lieferungsbedingungen des Verkäufers findet man häufig preiserhöhende _____ oder _____	Dieser Preiszuschlag erfolgt immer dann, wenn der Lieferort außerhalb der _____ des Verkäufers liegt.

Serviceleistungen, die zusätzlich erbracht werden können			

Aufgaben

Aufgabe 1

Einem Unternehmen wird ein neuer Artikel besonders günstig angeboten. Der Einstandspreis beträgt 25,00 €. Üblicherweise kalkuliert das Unternehmen seine Waren mit 20 % Handlungskostenzuschlag, 5 % Gewinnzuschlag, 2 % Kundenskonto und 20 % Wiederverkäuferrabatt.

a Berechnen Sie den Preis, mit dem diese Ware in der Verkaufspreisliste angeboten werden könnte.

b Nach einer Kostenanalyse wird festgestellt, dass sowohl die Bestellkosten als auch die Lagerkosten für diese neue Ware geringer ausfallen werden als bei den anderen Waren des Sortimentes. Berechnen Sie den Angebotspreis für die Verkaufspreisliste, wenn ein Handlungskostenzuschlag in Höhe von 12 % zur Deckung der Kosten ausreichen würde.

c Nach einer Absatzmarktanalyse wird festgestellt, dass die Konkurrenz vergleichbare Waren zu einem Barverkaufspreis von 32,00 € anbietet. Berechnen Sie den Gewinnaufschlag in Euro und in Prozent, wenn der Konkurrenzpreis um 5 % unterboten werden soll.

d Beurteilen Sie, welcher Angebotspreis in der Verkaufspreisliste (abzüglich 2 % Kundenskonto und 20 % Wiederverkäuferrabatt) angegeben werden sollte. Begründen Sie Ihre Entscheidung.

Verkaufskalkulation	Kalkulation **a**		Kalkulation **b**		Kalkulation **c**	
	Betrag in €	Prozent	Betrag in €	Prozent	Betrag in €	Prozent
Einstandspreis						
+ Handlungskosten						
= Selbstkostenpreis						
+ Gewinn						
= Barverkaufspreis						
+ Skonto						
= Zielverkaufspreis						
+ Rabatt						
= Angebotspreis						

Aufgabe 2

In einem Bruttopreisstellungssystem gewährt ein Großhändler für Haushaltsgeräte gleichzeitig folgende Preisnachlässe:

Wiederverkäuferrabatt:	20 % zuzüglich
Mengenrabatt :	ab 100 Stück 10 %
	ab 500 Stück 15 %
Skonto:	bei Zahlung innerhalb von 8 Tagen 3,0 %
Jahresbonus:	bei Nettoumsätzen über 100.000,00 € 2,5 %
Jahresbonus:	bei Nettoumsätzen über 500.000,00 € 3,0 %

Ein Einzelhändler kauft in einem Großauftrag 2 000 Haushaltsgeräte zum Stückpreis von je 500,00 €.

a Ermitteln Sie den Nettoverkaufserlös.

b Berechnen Sie den Gewinnzuschlag, den der Großhändler bei diesem Auftrag realisiert hat, wenn er mit durchschnittlichen Selbstkosten in Höhe von 300,00 € je Haushaltsgerät kalkuliert.

c Berechnen Sie den Gewinnzuschlagssatz in Prozent, wenn ein Mitarbeiter im Personalverkauf ein Haushaltsgerät unter Abzug von 30 % Personalrabatt auf einen Bruttoverkaufspreis von 595,00 € inkl. 19 % Umsatzsteuer direkt beim Großhändler kauft.

Aufgabe 3

Entwerfen Sie Vorschläge, wie ein Unternehmen den Absatz von unrentablen Kleinmengen beschränken kann.

FK → TAF 12.1 | Kap. 5

Absatzweg: Entscheidung zwischen Reisendem und Handelsvertreter treffen

Situation

Die Fly Bike Werke GmbH will zusätzliche Absatzmittler einstellen, um die Bearbeitung des deutschen Marktes auszuweiten. Nach einer Anzeige in einem Fachmagazin liegen der Personalabteilung verschiedene Angebote vor. Überraschenderweise ist auch ein Schreiben von Sabine Ganser, der angestellten Reisenden der Fly Bike Werke GmbH, unter den Bewerbungsunterlagen.

Vertragsverhältnis mit Umsatzbeteiligung

Sehr geehrte Frau Linden,

als Reisende komme ich häufig mit Kolleginnen und Kollegen ins Gespräch, die auch in dieser Branche tätig sind. Dabei ist mir aufgefallen, dass die meisten von ihnen im Status eines Handelsvertreters, oft auch nur für ein einziges Unternehmen, tätig sind. Für mich ist das eine interessante Idee, denn ich wollte schon immer den Erfolg meiner Arbeit direkt, also auch an meinem Einkommen, messen können.

Ehe ich mich näher damit beschäftige, würde mich Ihre grundsätzliche Einstellung dazu interessieren. Vielleicht wäre es ja möglich und auch für die Fly Bike Werke GmbH interessant, mein Vertragsverhältnis umzuwandeln? Auf jeden Fall wäre eine solche Umsatzbeteiligung für mich ein enormer Anreiz, den im vorigen Geschäftsjahr erzielten Umsatz von 700.000,00 € noch deutlich zu steigern.

Ich bin gespannt auf Ihre Stellungnahme.

Mit freundlichen Grüßen
Sabine Ganser

Arbeitsaufträge

1 **a** Ermitteln Sie die Einkommensalternativen (Fälle 1 bis 5) von Frau Ganser als Reisende oder als Handelsvertreterin. Nutzen Sie dazu ein Tabellenkalkulationsprogramm oder das Schema auf der folgenden Seite. Beachten Sie, dass Reisenden 13 Monatsgehälter (nur Fixgehalt) im Jahr bezahlt werden.

  b Stellen Sie die Einkommensentwicklungen in Abhängigkeit vom Umsatz auch grafisch dar.

  c Entscheiden Sie, welche Entgeltregelung für Frau Ganser optimal wäre, wenn sie selbst von einem Umsatz von 900.000,00 € im Folgejahr ausgeht .

	A	B	C	D	E	F	G
1	Entlohnungsalternativen für Frau Ganser						
2	Als Reisende			Fixgehalt		Provision	
3	Fall 1: unveränderte Entlohnung (Fixgehalt)			2.430,00	€/Monat	0,0 %	Provision
4	Fall 2: Fixgehalt			1.500,00	€/Monat	2,0 %	Provision
5	Fall 3: Fixgehalt			1.000,00	€/Monat	3,0 %	Provision
6	Als Handelsvertretrin						
7	Fall 4: kein Fixgehalt			0,00	€/Monat	6,5 %	Provision
8	Fall 5: kein Fixgehalt			0,00	€/Monat	8,5 %	Provision
9		Jahresverdienst in €					
10	Jahresumsatz	Fall 1	Fall 2	Fall 3	Fall 4		Fall 5
11	700.000,00						
12	750.000,00						
13	800.000,00						
14	850.000,00						
15	900.000,00						
16	950.000,00						
17	1.000.000,00						

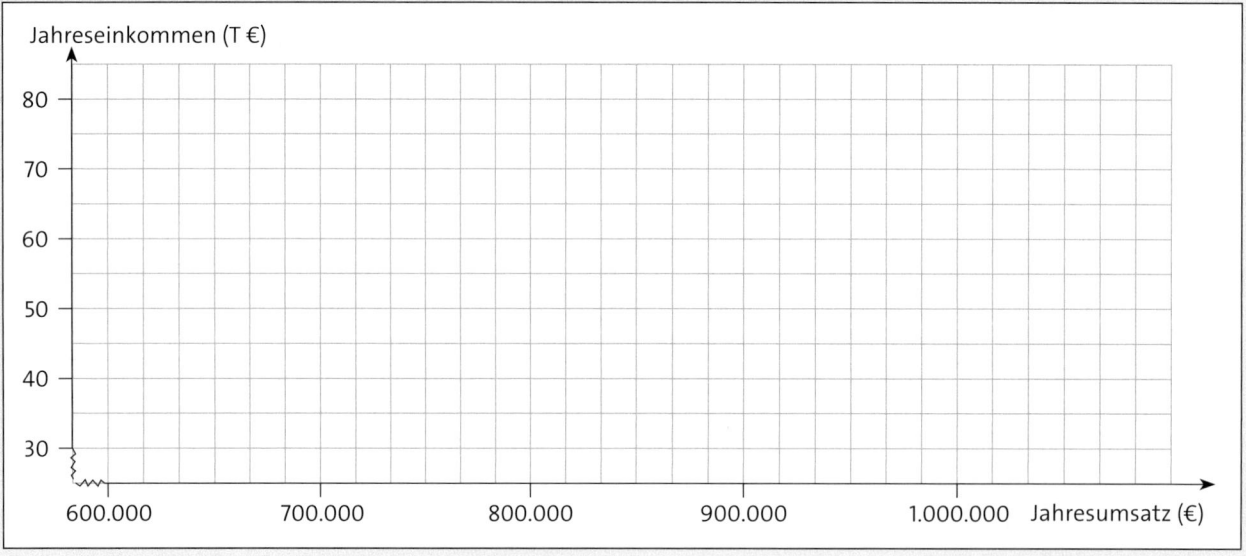

2 a Ermitteln Sie die für die Fly Bike Werke GmbH entstehenden Arbeitskosten, wenn auch das Unternehmen von einem Umsatz von 900.000,00 € im Folgejahr ausgeht. Zusätzliche Kosten:

Reisende (neben Fixgehalt und Provision)	Handelsvertreterin
Lohnnebenkosten: 66 % bez. aufs Bruttoentgelt	Lohnnebenkosten und Spesen fallen (i.d.R.) beim Handelsvertreter nicht an.
Spesen (erstattete Fahrt- und Übernachtungskosten usw.): durchschnittlich 800,00 € pro Monat	

b Bestimmen Sie die optimale Entgeltregelung (Reisende oder Handelsvertreterin) für die Fly Bike Werke GmbH bei einem erwarteten Umsatz von 900.000,00 €.

3 Erläutern Sie weitere Faktoren, die die Fly Bike Werke GmbH neben den Kosten bei der Entscheidung berücksichtigen sollte.

Arbeitsblatt 41.1 | Kostenvergleich Handelsvertreter vs. Reisenden

Muster für einen einfachen Kostenvergleich zwischen Reisendem und Handelsvertreter (Monat)
(am Beispiel Fall 2 vs. Fall 4, S. 32)

	Reisender	Handelsvertreter
Fixum:	1.625,00 €	kein Fixum
Personalzusatzkosten: (66 % bezogen auf das Fixum)	1.072,50 €	keine Personalzusatzkosten
Provision:	2,00 %	6,50 %

Kostenvergleichstabelle (Monat)

Umsatz in €	Reisender					Handelsv.
	Fixum	P-Zus-Kst	Kf	Prov (Kv)	Kg	Prov (Kv)
0						
40.000						
50.000						
60.000						
70.000						
80.000						
90.000						

P-Zus-Kst = Personalzusatzkosten, Kf = Fixkosten, Kv = variable Kosten, Kg = Gesamtkosten, Prov = Provision

Grafische Darstellung im Koordinatensystem

Monatl. Kosten in €   Kostenvergleich Reisender / Handelsvertreter

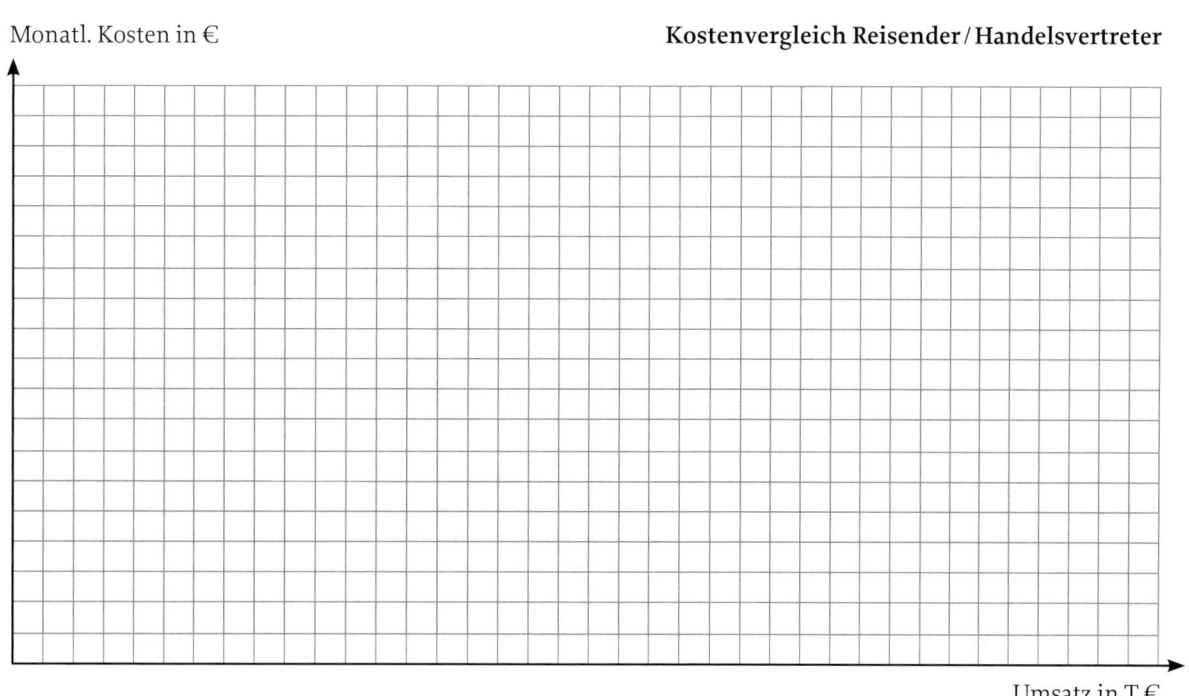

Umsatz in T €

Arbeitsblatt 41.2 | Unterschiede zwischen Reisendem und Handelsvertreter

Reisender (direkter Absatzweg)	Handelsvertreter (indirekter Absatzweg)
Vertragsverhältnis	
Der Reisende ist	Der Handelsvertreter ist
Weisungsgebundenheit	
Der Reisende muss	Der Handelsvertreter muss
Vollmachten	
Der Reisende kann	Der Handelsvertreter kann
Entlohnung	
Der Reisende erhält	Der Handelsvertreter erhält
Vorteile	
Der Reisende hat	Der Handelsvertreter hat

Entgelt-Umsatz-Verhältnis zwischen Reisendem und Handelsvertreter

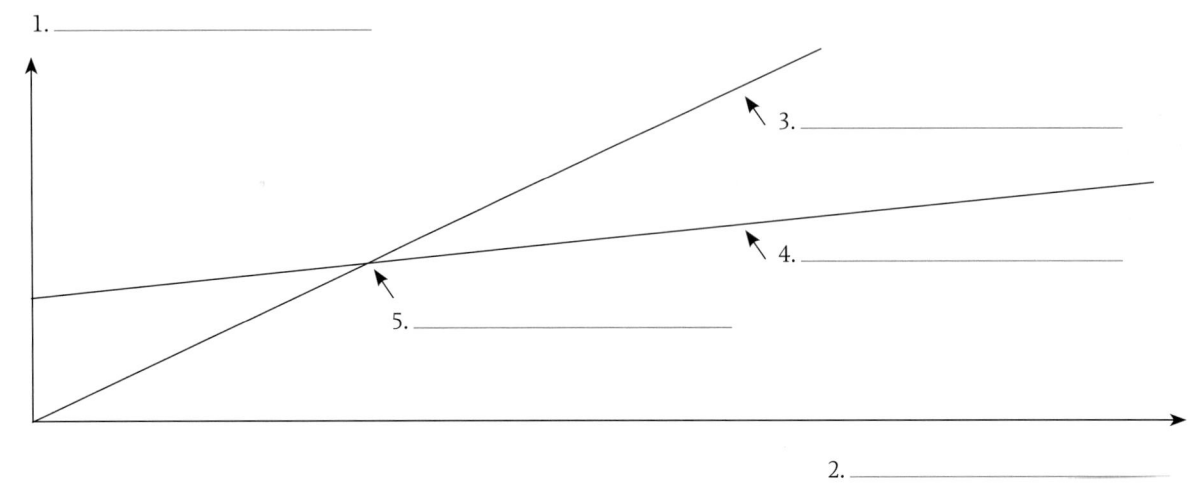

1. _____

3. _____

4. _____

5. _____

2. _____

Aufgaben

Aufgabe 1

Begründen Sie, ob es für die folgenden zwei Unternehmen sinnvoller ist, den direkten oder den indirekten Absatz zu wählen.

a   Hersteller von Pflegeprodukten

b   Hersteller von Maschinenbauteilen

Aufgabe 2

Die Fly Bike Werke GmbH erwägt, beim Absatz ihrer Produkte von einem indirekten auf ein direktes Vertriebssystem umzusteigen. Schätzen Sie ab, welche Argumente – bezogen auf dieses Unternehmen – für dieses Vorgehen sprechen.

Aufgabe 3

Absatzmittler sollen den Warenabsatz fördern. Erläutern Sie in diesem Zusammenhang,

a   welche Absatzmittler grundsätzlich unterschieden werden,

b   welche Aspekte aus unternehmerischer Sicht für den Einsatz der in **a** genannten Absatzmittler sprechen,

c   wie die einzelnen Absatzmittler mit ihrem Auftraggeber zusammenarbeiten.

Aufgabe 4

Ein Unternehmen steht vor der Entscheidung, weitere Reisende oder Handelsvertreter zu beschäftigen.

Plandaten:

Reisender	Handelsvertreter
Fixgehalt: 1.500,00 € bei 13 Monatsgehältern	Umsatzprovision: 10,5 %
Umsatzprovision: 2 %	keine weiteren Kosten für das Unternehmen
Lohnnebenkosten: 50 % bezogen auf das Fixgehalt	

Bestimmen Sie:

a   die Kosten eines Reisenden bei einem Jahresumsatz von 400.000,00 €,

b   die Kosten eines Handelsvertreters bei einem Jahresumsatz von 400.000,00 €,

c   den kritischen Umsatz, bei dem die Kosten für einen Reisenden dem eines Handelsvertreters entsprechen.

Aufgabe 5

Ein Franchisenehmer betreibt als Existenzgründer mit zwei Aushilfen auf 400-€-Basis einen kleinen Sandwich-Laden in einem Franchising-System. Fixe Kosten in Höhe von 2.500,00 € monatlich entstehen z. B. durch die Miete für Büro- und Lagerräume, für Strom, Gas, Wasser und die Aushilfslöhne sowie Zinskosten für das benötigte Fremdkapital.

Als variable Kosten sind die Einstandspreise für die zu verkaufende Ware von maßgeblicher Bedeutung. Sie betragen 35 % der Nettoerlöse.

Die Ware muss vollständig beim Franchisegeber eingekauft werden. Eine Franchisegebühr in Höhe von 5 % des Nettoumsatzes und eine zusätzliche Werbegebühr in Höhe von 2 % des Nettoumsatzes müssen monatlich an den Franchisegeber abgeführt werden.

Für seine persönliche Lebensführung (verheiratet, zwei Kinder) einschließlich Zahlungen an die private Kranken- und Pflegeversicherung und für den Aufbau einer Altersrente rechnet der Existenzgründer mit einem Geldbedarf – nach Steuerzahlungen – in Höhe von mindestens 2.300,00 € je Monat.

Im ersten Geschäftsjahr kalkuliert der Existenzgründer für sein Franchise-Unternehmen einen Nettojahresumsatz von 120.000,00 € (keine Rabatte an Kunden).

Bestimmen Sie:

a   die Jahres-Franchise-Gebühr

b   die Jahres-Werbe-Gebühr

c   den Jahres-Nettoerlös nach Abzug der Franchise-Kosten

d   die variablen Kosten für den Wareneinsatz (Einkaufspreise der zu verkaufenden Waren)

e   die Gesamtkosten

f   den Gesamtgewinn

g   den Grad der Deckung der Lebenshaltungskosten aus dem Gewinn bei einem durchschnittlichen Steuersatz von 30 %

Werbeplan erstellen

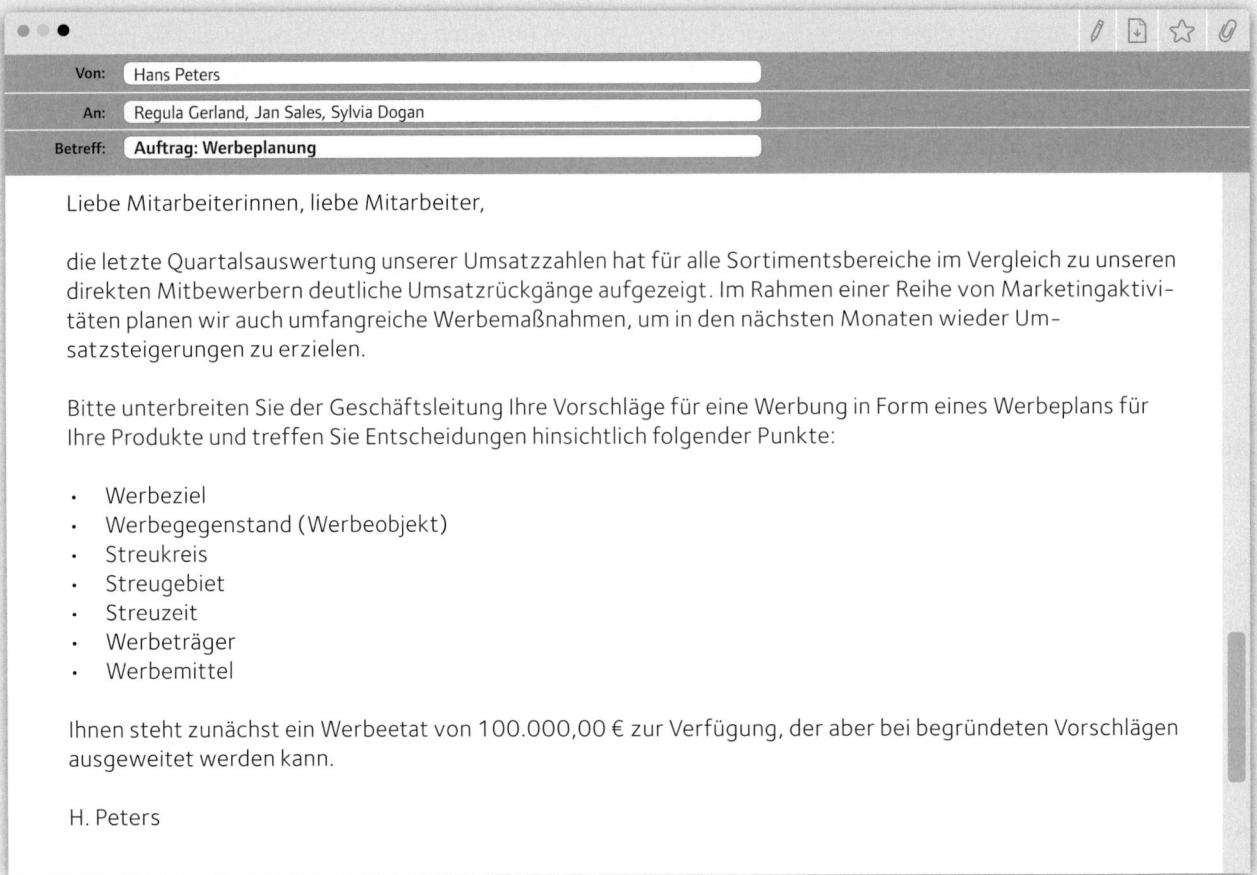

Von: Hans Peters

An: Regula Gerland, Jan Sales, Sylvia Dogan

Betreff: Auftrag: Werbeplanung

Liebe Mitarbeiterinnen, liebe Mitarbeiter,

die letzte Quartalsauswertung unserer Umsatzzahlen hat für alle Sortimentsbereiche im Vergleich zu unseren direkten Mitbewerbern deutliche Umsatzrückgänge aufgezeigt. Im Rahmen einer Reihe von Marketingaktivitäten planen wir auch umfangreiche Werbemaßnahmen, um in den nächsten Monaten wieder Umsatzsteigerungen zu erzielen.

Bitte unterbreiten Sie der Geschäftsleitung Ihre Vorschläge für eine Werbung in Form eines Werbeplans für Ihre Produkte und treffen Sie Entscheidungen hinsichtlich folgender Punkte:

- Werbeziel
- Werbegegenstand (Werbeobjekt)
- Streukreis
- Streugebiet
- Streuzeit
- Werbeträger
- Werbemittel

Ihnen steht zunächst ein Werbeetat von 100.000,00 € zur Verfügung, der aber bei begründeten Vorschlägen ausgeweitet werden kann.

H. Peters

Arbeitsaufträge

1 Bilden Sie Gruppen und entwickeln Sie nach den Vorgaben der Hausmitteilung einen Werbeplan für ein Unternehmen Ihrer Wahl. Nutzen Sie hierfür den Vordruck des Werbeplans (Arbeitsblatt 42.1).

2 Stellen Sie Ihren Werbeplan der Klasse vor und begründen Sie Ihre jeweiligen Entscheidungen.

Arbeitsblatt 42.1 | Entwurf für einen Werbeplan

Werbeplan für:

Branche:

Produkte/Leistungen:

Inhalte	Ihre Entscheidungen

Arbeitsblatt 42.1 | Entwurf für einen Werbeplan

Arbeitsblatt 42.2 | Ablaufschema eines Werbeplans

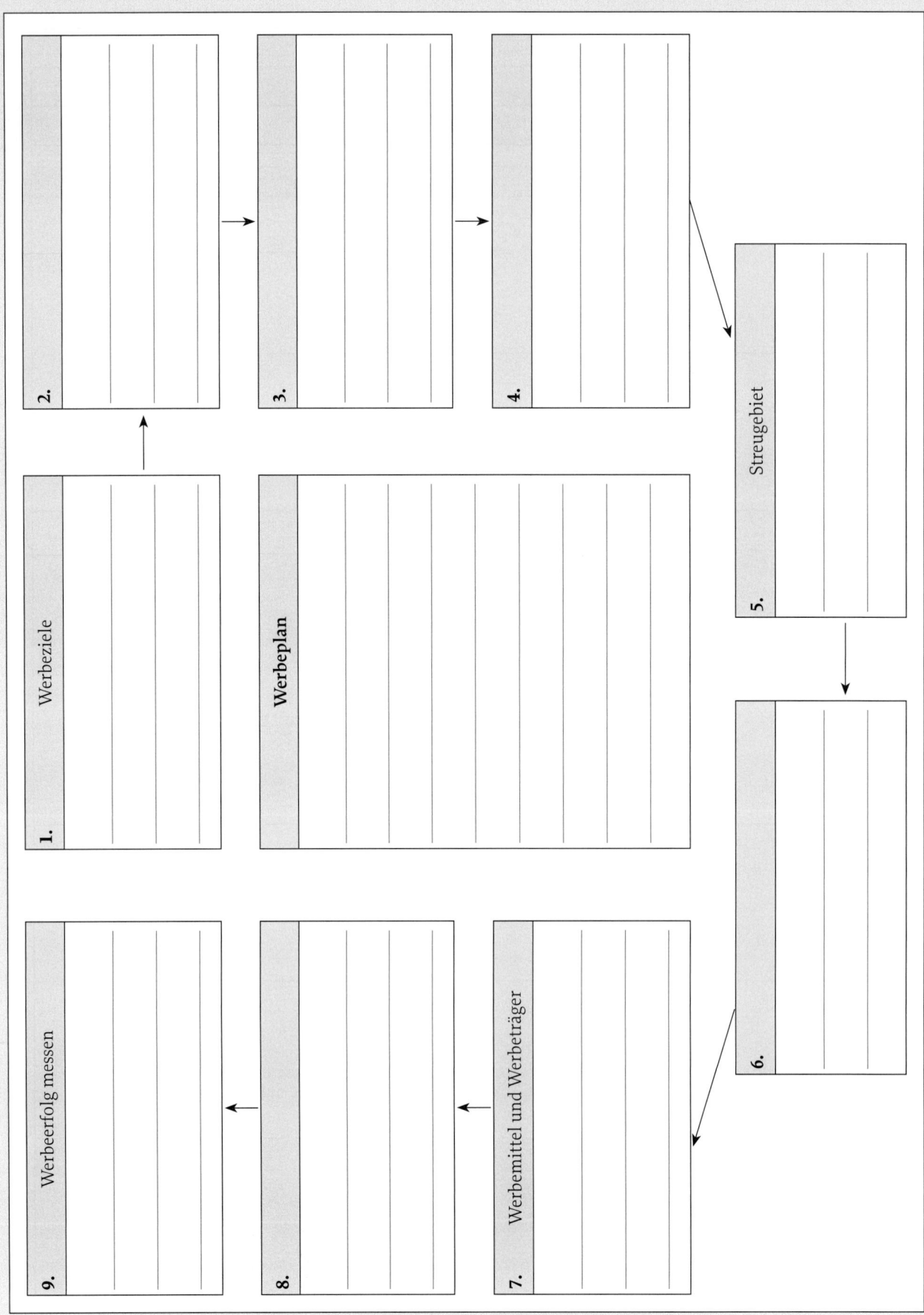

Arbeitsblatt 42.3 | Übersicht zur Absatzwerbung

Stellen Sie nachfolgend noch einmal die wesentlichen Punkte zum Thema Absatzwerbung zusammen.

Absatzwerbung ...

versucht, _____

... wird unterschieden nach den

Werbezielen	Werbearten
1.	1.
2.	2.
3.	3.

... bedient sich unterschiedlicher

Werbeträger	Werbemittel
1.	1.
2.	2.
3.	3.

... kann Erfolg zeigen durch Kennzahlen wie

1.
2.
3.

Werbung hat für den Verbraucher

Vorteile:	
1.	2.
aber auch Nachteile:	
1.	2.

Vor Manipulation schützt sich der Verbraucher am besten durch

Aufgaben

Aufgabe 1
Geben Sie an, welche Werbemaßnahmen zur Absatz-werbung dazugehören.

Aufgabe 2
Erläutern Sie, welche Ziele mithilfe von Werbung für das Unternehmen erreicht werden sollen.

Aufgabe 3
Erläutern Sie die Einzel- und die Kollektivwerbung.

Aufgabe 4
Erläutern Sie:

a Gemeinschaftswerbung
b Sammelwerbung
c Verbundwerbung

Aufgabe 5
Erläutern Sie:

a Werbebotschaft
b Werbemittel
c Werbeträger

Aufgabe 6
Geben Sie fünf Beispiele an, welche Werbeträger und Werbemittel Sie für einzelne Artikel aus Ihrem Prakti-kumsbetrieb bezogen auf die jeweilige Zielgruppe verwenden würden. Begründen Sie Ihre Entscheidung.

Aufgabe 7
Sammeln Sie Beispiele von Werbungen und stellen Sie diese in Ihrer Klasse vor. Erläutern Sie, welche Ziel-gruppe mit dieser Werbung angesprochen werden sollte und inwieweit das den jeweiligen Unterneh-men Ihrer Meinung nach gelungen ist.

Aufgabe 8
In den Medien wird häufig vor den Gefahren der Wer-bung gewarnt. Worin sehen Sie die Gefahren der Wer-bung und wie schätzen Sie ihre Bedeutung für den Verbraucher ein? Inwieweit sind Sie selbst schon durch Werbung in „Gefahr" gekommen?

Aufgabe 9
Sie sollen für Ihre Kunden einen Werbebrief schreiben, in dem Sie auf neue Produkte Ihres ehemaligen Prak-tikumsbetriebes aufmerksam machen.

a Aufgrund welcher Informationen aus Ihrer Kun-dendatei wählen Sie die Kundenadressen aus?
b Schreiben Sie diesen Brief unter Berücksichtigung der DIN 5008.

Aufgabe 10
Die AIDA-Formel spielt für eine erfolgreiche Werbung eine große Rolle. Erläutern Sie diese Formel anhand folgender Werbung.

Werbeerfolg kontrollieren

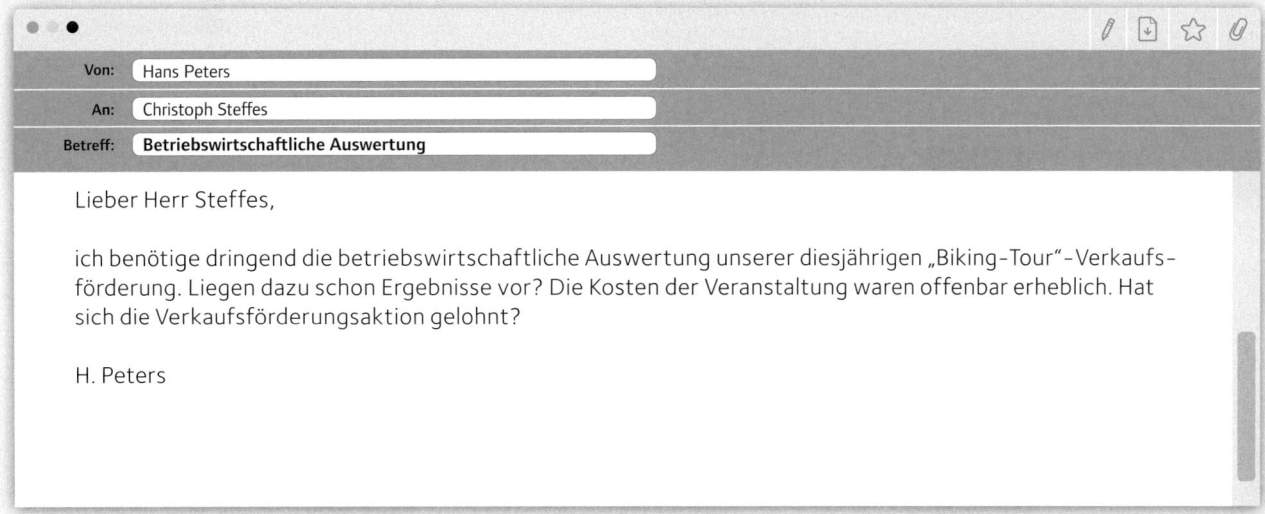

Von: Hans Peters
An: Christoph Steffes
Betreff: Betriebswirtschaftliche Auswertung

Lieber Herr Steffes,

ich benötige dringend die betriebswirtschaftliche Auswertung unserer diesjährigen „Biking-Tour"-Verkaufs-förderung. Liegen dazu schon Ergebnisse vor? Die Kosten der Veranstaltung waren offenbar erheblich. Hat sich die Verkaufsförderungsaktion gelohnt?

H. Peters

„Biking-Tour"
der Fly Bike Werke GmbH ein voller Erfolg

Die Kunden starten gut ausgerüstet in die neue Saison

Von Aurora Fessler

Oldenburg. Die Biking-Tour der Fly Bike Werke GmbH endete wie in jedem Frühjahr in Oldenburg.

Am Samstag wurde im Einkaufszentrum die letzte Etappe der Biking-Tour veranstaltet. Die Besucher konnten dabei Tipps zur Fahrradsicherung bekommen und sich über die neuesten Modelle der Fahrradmarke informieren. Besondere Highlights der Biking-Tour waren wie in jedem Jahr viele prominente Radsportler und die Gewinntombola. Der Geschäftsführer Hans Peters: „Wir freuen uns, den Kunden Freude am Radsport zu vermitteln. Wir hoffen, dass wir diese beliebte Aktion auch im nächsten Jahr fortsetzen können. Schließlich kostet die Aktion so einiges."

Die Besucher waren wie im Vorjahr sehr zufrieden mit der Veranstaltung. Dies lässt für die Fly Bike Werke GmbH auf gute Umsätze hoffen und für alle Teilnehmer und Besucher im nächsten Jahr auf eine Fortsetzung.

Fly Bike Werke GmbH

Zusammengefasste Kostenaufstellung für die Biking-Tour des vorigen Jahres	€
Wareneinsatz (u. a. Tombola)	178.500,00
Personalkosten	160.000,00
Energie und Heizung	8.000,00
Messezelt Miete	10.100,00
Messezelt Auf- und Abbau	80.000,00
Kosten für Verkaufsförderungsaktionen	3.000,00
Security/Bewachung	4.000,00
Zusammengefasste Kostenaufstellung für die Hausmesse dieses Jahres	**€**
Wareneinsatz (u. a. Tombola)	181.200,00
Personalkosten	160.000,00
Energie und Heizung	8.500,00
Messezelt Miete	10.200,00
Messezelt Auf- und Abbau	88.000,00
Kosten für Verkaufsförderungsaktionen	27.000,00
Security/Bewachung	4.200,00

Arbeitsaufträge

1 Führen Sie für die Biking-Tour eine Werbeerfolgskontrolle durch. Nutzen Sie dazu auch die Daten auf der folgenden Seite.

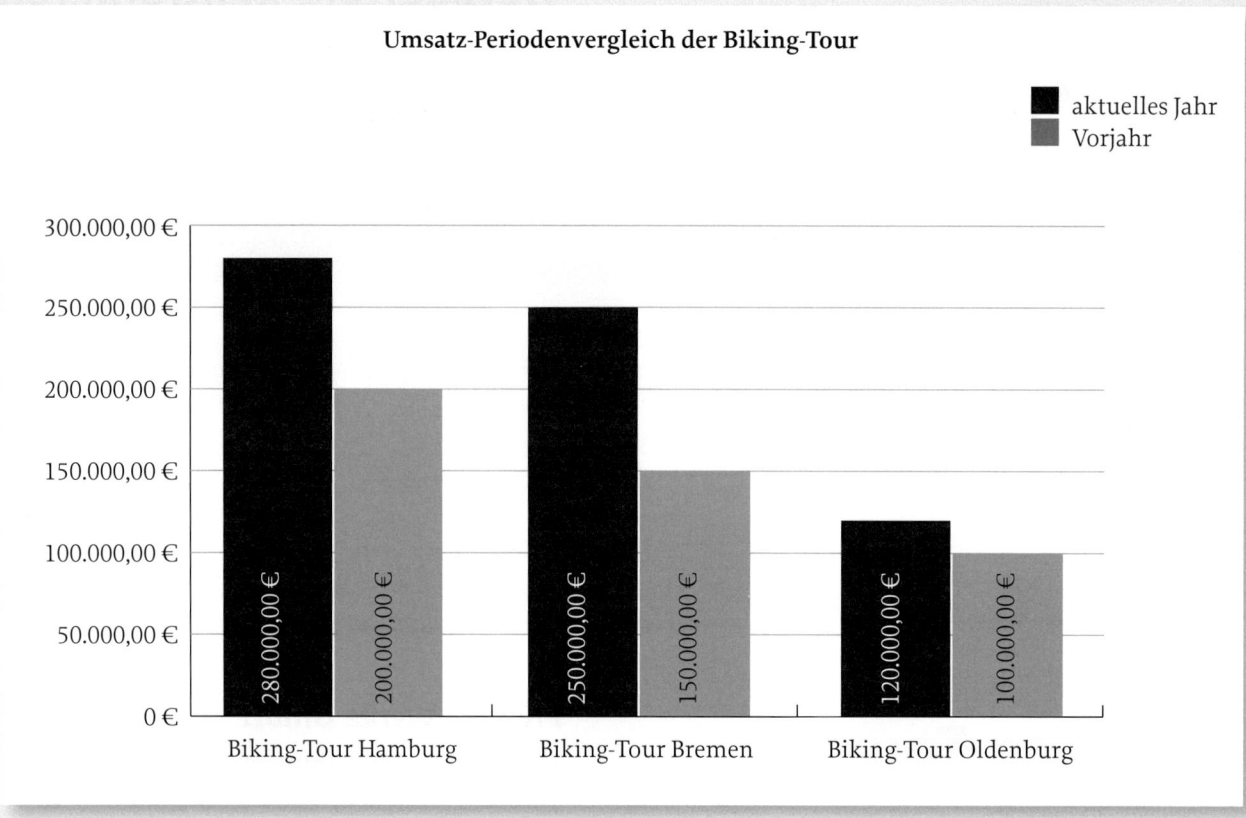

Umsatz-Periodenvergleich der Biking-Tour

■ aktuelles Jahr
■ Vorjahr

Werbeerfolgskontrolle der Biking-Tour				Veränderung gegenüber Vorjahr +/– %
Umsatz Vorjahr	€	Umsatz aktuelles Jahr	€	%
– Gesamtkosten Vorjahr (ausschließlich Verkaufsförderung)	€	– Gesamtkosten aktuelles Jahr (ausschließlich Verkaufsförderung)	€	%
– Verkaufsförderung	€	– Verkaufsförderung	€	%
= Ergebnis Vorjahr	€	= Ergebnis aktuelles Jahr	€	%
			Werberendite	%

2 Geben Sie die Aussage der Tabellendaten in eigenen Worten wieder.

3 Zeigen Sie, dass trotz dieser Berechnung keine genaue Aussage über den Erfolg der Verkaufsförderungsmaßnahmen möglich ist.

4 Trotz des guten Erfolgs waren die Kosten für Werbung relativ hoch. Erläutern Sie Möglichkeiten der Zusammenarbeit mit anderen Händlern, um die Kosten zu senken. Stellen Sie dabei auch mögliche Nachteile dar.

Aufgaben

Aufgabe 1
Nennen Sie vier Werbeslogans, an die Sie sich erinnern. Tauschen Sie die notierten Slogans mit Ihrer Nachbarin oder Ihrem Nachbarn und versuchen Sie anhand des Slogans das Produkt, die Firma oder die Marke anzugeben.

Aufgabe 2
Beschreiben Sie zusammenfassend, wie eine Werbeerfolgskontrolle durchgeführt werden kann, und erläutern Sie, welche grundsätzlichen Probleme dabei auftreten können.

Aufgabe 3
Erläutern Sie kurz, wie in Ihrem Praktikumsbetrieb die Werbeerfolgskontrolle durchgeführt wird bzw. werden könnte.

Aufgabe 4
Nennen Sie Daten/Kennzahlen, anhand derer Sie den Erfolg einer Werbeaktion messen können.

Aufgabe 5
Zeigen Sie auf, unter welcher Bedingung selbst eine Umsatzstagnation die Folge erfolgreicher Werbung sein kann.

Aufgabe 6
a Nennen Sie die Kennzahl, die angibt, wie hoch die Kosten für einen Werbeträger sind.
b Erläutern Sie die Berechnung dieser Kennzahl.

Aufgabe 7
Ein Unternehmen möchte eine Werbeanzeige in einer Zeitung aufgeben. Folgende Angebote liegen vor:

	Zeitung A	Zeitung B
Auflage	420 000 Leser/ Ausgabe	1 020 000 Leser/ Ausgabe
Zielgruppen- anteil	76 %	49 %
Seitenpreis	19.890,00 €/ Seite	35.750,00 €/Seite

a Bestimmen Sie, welche Zeitung aus Kostensicht zu empfehlen ist. Ermitteln Sie dazu den einfachen und den qualitativen Tausenderpreis.
b Erläutern Sie drei weitere Entscheidungskriterien, die neben der Kostenprüfung Einfluss auf die Auswahl der Zeitung haben sollten.

Aufgabe 8
Sie werden beauftragt, zur Umsatzsteigerung im Absatzgebiet Frankfurt/Rhein-Main-Region eine Werbung zu konzipieren, deren Streukreis möglichst geringe Streuverluste aufweist. Analysieren Sie, welcher Werbeträger für diese Werbung geeignet wäre.

Aufgabe 9
Erläutern Sie die Werbegrundsätze „Werbewirksamkeit", „Werbeklarheit" und „Werbewahrheit".

Aufgabe 10
Unternehmen achten bei der Gestaltung von Werbung unter anderem auch auf die gesellschaftliche Akzeptanz von Werbung. Erläutern Sie diesen Werbegrundsatz.

Aufgabe 11
Die Werbebranche hat freiwillig ein Kontrollgremium installiert, den deutschen Werberat.

a Nennen Sie die Aufgaben des Werberats.
b Stellen Sie dar, welche Möglichkeiten der Werberat hat, gegen Verstöße gegen Werbegrundsätze vorzugehen.

Aufgabe 12

Ein großes Pharmaunternehmen, die Health Care AG, möchte eine Werbung für ein neues Nahrungsergänzungsmittel durchführen. Zielgruppe für dieses Produkt sind Frauen im Alter von 30 bis 50 Jahren. Die geplante Werbung soll zunächst nur auf Printmedien beschränkt bleiben. Zur Auswahl stehen die folgenden Zeitschriften, die nach der Reichweite in der Zielgruppe sortiert sind.

	„Medien Werbeträger"	Format	Farbe	EW	Schalt-kosten in €	Tausend-kontakt-preis (TKP) in €	Reich-weite in der ZG in %	Reich-weite in der ZG in Mio.	Anteil der Ziel-personen in %	Verbrei-tete Auf-lage in der ZG
	Zielgruppe: Health Care AG, Potenzial: 24,5 %, 7 332 Fälle, 15,94 Mio.									
1	Britta	1/1 S.	4c	14-tgl.	48.076	45,35	7,2	1,06	30,8	215 069
2	beste freundin	1/1 S.	4c	14-tgl.	35.200	47,57	5,0	0,74	28,6	146 492
3	tanita	1/1 S.	4c	wö.	28.941	40,20	4,9	0,72	24,4	114 144
4	FÜR DIE FRAU	1/1 S.	4c	14-tgl.	27.500	39,28	4,8	0,70	29,7	137 197
5	Mein blühender Garten	1/1 S.	4c	mtl.	21.601	31,77	4,6	0,68	28,8	108 029
6	Galorette	1/1 S.	4c	wö.	21.400	35,08	4,1	0,61	29,7	94 788
7	STILVOLL WOHNEN	1/1 S.	4c	mtl.	28.525	47,54	4,1	0,60	30,7	74 144
8	CLARA	1/1 S.	4c	mtl.	22.250	60,14	2,5	0,37	31,1	86 736
9	Eltern sein	1/1 S.	4c	mtl.	29.908	80,83	2,5	0,37	29,8	98 441
10	madame aktuell	1/1 S.	4c	wö.	5.890	17,85	2,2	0,33	25,2	61 319

Erläuterungen zur Rangreihe:

1/1 S.	ganzseitige Anzeige
4c	Anzeige vierfarbig
EW	Erscheinungsweise (wöchentlich, 14-täglich, monatlich)
Schaltkosten in €	Kosten für eine einmalige Schaltung in dem Titel
TKP	Tausenderpreis; gibt an, wie viel Euro man aufwenden muss, um tausend Zielpersonen zu erreichen
Reichweite in der ZG in %	gibt an, wie viel Prozent der Zielgruppe mit einer Schaltung in dem Titel durchschnittlich erreicht werden
Reichweite in der ZG in Mio.	gibt an, wie viel Zielpersonen mit einer Schaltung in dem Titel durchschnittlich erreicht werden
Anteil der ZG in %	gibt an, wie viel Prozent der Personen, die bei einer einmaligen Schaltung in dem Titel insgesamt erreicht werden, zur Zielgruppe gehören
verbreitete Auflage in der ZG	gibt an, wie viel Exemplare einer Ausgabe im Durchschnitt auf die Zielgruppe entfallen, also von Zielpersonen gekauft werden oder unentgeltlich an Zielpersonen abgegeben werden, z. B. zu Werbezwecken

ZG = Zielgruppe

a Die Übersicht weist aus, dass bei einer einmaligen Anzeige in der Zeitschrift „Britta" 1,06 Mio. Zielpersonen erreicht werden, obwohl in der Zielgruppe im Durchschnitt nur 215 069 Exemplare von jeder Ausgabe verkauft werden. Zeigen Sie auf, warum diese Darstellung dennoch stimmt.

b Beurteilen Sie die Tatsache, dass bei der „Britta" der Anteil der Zielpersonen an den insgesamt pro Schaltung erreichten Personen nur 30,8 % beträgt.

c Nennen Sie die Anzahl der Personen, die bei einer Schaltung in der Zeitschrift „Britta" insgesamt erreicht werden.

d Das Unternehmen möchte mit der Werbung möglichst viele Zielpersonen erreichen, darum sollen nur Titel berücksichtigt werden, die in der Zielgruppe mindestens eine Reichweite von 2,5 % haben. Bei der Auswahl soll aber auch strikt das Prinzip der Wirtschaftlichkeit berücksichtigt werden. Aus der Rangreihe sind 5 Titel auszuwählen. Werten Sie die Daten aus und begründen Sie, welche fünf Titel Sie der Vertriebsleiterin empfehlen würden.

FK → TAF 12.1 | Kap. 6.5.2

Einen Unternehmensauftritt in einem sozialen Netzwerk gestalten

Situation

Der Konzertveranstalter Live in Bonn OHG ist seit Kurzem in dem sozialen Netzwerk „MeineFreunde" präsent. Die Zielgruppe dort sind insbesondere die 18- bis 25-Jährigen. Die Pflege des Auftritts muss jederzeit aktuell und ansprechend sein.

Informationen zur Live in Bonn OHG:

- Die Werbemaßnahmen der Live in Bonn OHG wirken recht altbacken.
- Werbung erscheint bisher nur in einem kostenlosen Bonner Szenemagazin.
- Die Eintrittskarten für die Konzerte vertreibt die Live in Bonn OHG über eine eigene Telefon-Hotline und über Vorverkaufsstellen in der Bonner Innenstadt.
- Es gibt eine einfache Unternehmens-Website, auf der aber nur die Kontaktdaten des Unternehmens, Konzertdaten und Preise zu finden sind.
- Das erste Konzert der Reihe „New Voices" mit Fatih MC war innerhalb kurzer Zeit ausverkauft.
- Die Live in Bonn OHG hat vielfach positive Rückmeldung zur Auswahl von sehr guten, aber bisher weitestgehend unbekannten Künstlern für die Reihe „New Voices" erhalten. Jetzt fällt es den Mitarbeitern schwer, neue, ähnlich vielversprechende Künstler zu finden.
- Die Live in Bonn OHG plant, eine Zweigstelle in Berlin zu eröffnen.
- Nach den ersten Konzerten der Reihe „New Voices" gab es gelegentlich Beschwerden über längere Wartezeiten vor den Clubs und zu strenge Einlasskontrollen.
- Im Anschluss an das letzte Konzert haben zwei erboste Besucher angerufen, die sich über die zu hohe Lautstärke beschwerten und angaben, seither Hörprobleme zu haben.
- Das Unternehmen besteht aus zehn Mitarbeitern, die Geschäftsführerin ist Ina Frohl.
- Martina Schmitz, kaufmännische Angestellte, ist gerade in Elternzeit, weil sie kürzlich Zwillinge zur Welt gebracht hat.
- Der kaufmännische Angestellte Claus Hansen vertritt Frau Schmitz.
- Ali Aydin, Auszubildender zum Veranstaltungskaufmann, möchte nach seiner Ausbildung im nächsten Jahr ein Studium zum Veranstaltungsbetriebswirt aufnehmen.

Arbeitsauftrag

1 Bitte sammeln Sie Vorschläge für Aktionen und Postings. Nutzen Sie hierzu die vorliegenden Informationen zur Live in Bonn OHG, steuern Sie aber auch eigene Ideen bei. Recherchieren Sie für Hintergrundinformationen ggf. im Internet. Schlagen Sie auch Video- oder Fotobeiträge vor, falls diese Ihre Postings sinnvoll ergänzen. Nutzen Sie das Informationsblatt und die Arbeitsblätter 44.1 und 44.2.

Informationsblatt | Inhalte für Postings in sozialen Netzwerken

Kategorie des Postings	Mögliche Inhalte
aktuelle Entwicklungen des Unternehmens und des Angebots	• Einstellung von neuem Personal • Stellenangebote • Erweiterung der Angebotspalette • Preisänderungen • Änderungen der Geschäftszeiten • Adressänderungen/Eröffnung neuer Filialen
Handlungsempfehlungen an Kunden	• Gefahrenwarnungen • Kaufempfehlungen • Verweise auf Vergleichstests
Hintergrundwissen zu den angebotenen Produkten und Dienstleistungen	• Gebrauchshinweise und -anleitungen • technische Erklärungen, Illustrationen • Lehrvideos • Links auf wertvolle Internetquellen
Verkaufsstrategien und Kundenbindung	• Link auf den bestehenden Online-Shop • Sonderangebote • Rabattaktionen • Gewinnspiele • Vorstellung von Neuerscheinungen • Dank an die Kundschaft für Treue/gute Umsätze/gute Empfehlungen usw. • Gutscheine
Diskussionsanstöße	• Abstimmungen, Umfragen • Wiedergabe von Erfahrungsberichten • Eingehen auf Kritik und Beschwerden
Ausbau des persönlichen Kontakts zum Kunden	• Einladung zu Live-Events oder Firmenfeiern • Ankündigung eines Tages der offenen Tür • Erinnerung an anstehende Termine, Stichtage oder Fristen • Fotos der Mitarbeiter und der Geschäftsräume/des Gebäudes • Anschreiben oder Kurzvideos, in denen sich die Mitarbeiter vorstellen
Spaß und Kurioses	• Foto- oder Videowettbewerbe, in denen die besten Kundenfotos prämiert werden • Witze, die das Produkt, das Unternehmen oder die Branche zum Thema haben

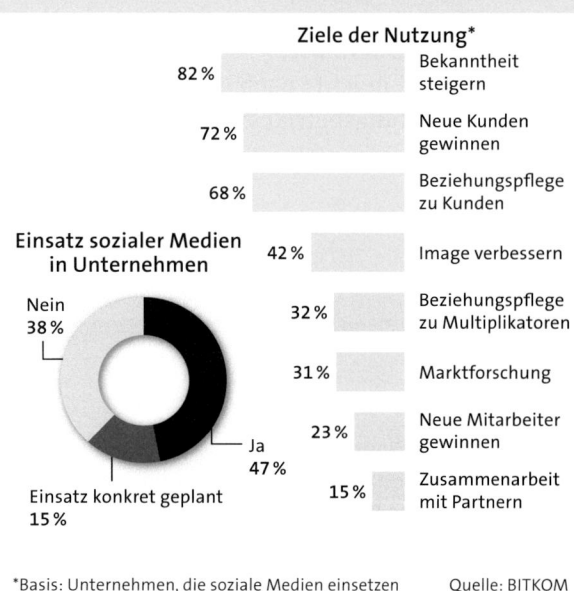

Unternehmen setzen auf soziale Medien

Ziele der Nutzung*

82 % Bekanntheit steigern
72 % Neue Kunden gewinnen
68 % Beziehungspflege zu Kunden
42 % Image verbessern
32 % Beziehungspflege zu Multiplikatoren
31 % Marktforschung
23 % Neue Mitarbeiter gewinnen
15 % Zusammenarbeit mit Partnern

Einsatz sozialer Medien in Unternehmen
Nein 38 %
Ja 47 %
Einsatz konkret geplant 15 %

*Basis: Unternehmen, die soziale Medien einsetzen   Quelle: BITKOM

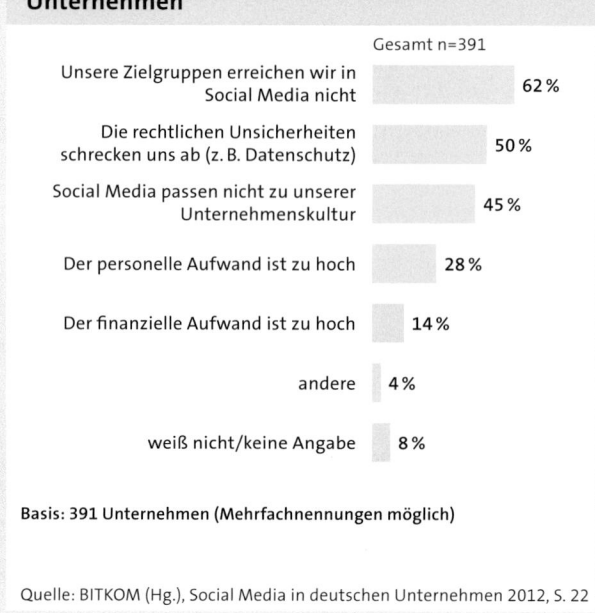

Gründe gegen Social-Media-Aktivitäten für Unternehmen

Gesamt n=391

Unsere Zielgruppen erreichen wir in Social Media nicht — 62 %
Die rechtlichen Unsicherheiten schrecken uns ab (z. B. Datenschutz) — 50 %
Social Media passen nicht zu unserer Unternehmenskultur — 45 %
Der personelle Aufwand ist zu hoch — 28 %
Der finanzielle Aufwand ist zu hoch — 14 %
andere — 4 %
weiß nicht/keine Angabe — 8 %

Basis: 391 Unternehmen (Mehrfachnennungen möglich)

Quelle: BITKOM (Hg.), Social Media in deutschen Unternehmen 2012, S. 22

Arbeitsblatt 44.1 | Ideen für Postings in sozialen Netzwerken

Kategorie des Postings	Postingideen (stichpunktartig)
aktuelle Entwicklungen des Unternehmens und des Angebots	
Handlungsempfehlungen an Kunden	
Hintergrundwissen zu den angebotenen Produkten und Dienstleistungen	
Verkaufsstrategien und Kundenbindung	
Diskussionsanstöße	
Ausbau des persönlichen Kontakts zum Kunden	
Spaß und Kurioses	

Arbeitsblatt 44.2 | Besonderheiten des Online-Marketings

Werbemöglichkeiten im Internet
Beispiele:
Vorteile von Werbung im Internet gegenüber traditioneller Werbung:

Kundendialoge in sozialen Netzwerken führen
Unterschiede zu klassischer Werbung:
Vorteile der Nutzung sozialer Netzwerke für Unternehmen:

Beispiele für soziale Netzwerke (je mit kurzer Erläuterung)

Folgesituation

Der Auftritt der Live in Bonn OHG auf „MeineFreunde" kommt sehr gut an. Nun ist auf der Seite aber so viel los, dass der Konzertveranstalter mit der Reaktion auf die Postings überfordert ist. Bitte unterstützen Sie die Live in Bonn OHG, indem Sie Antworten auf zwei typische Kundenpostings formulieren, die ähnlich immer wieder vorkommen. Berücksichtigen Sie auch die Einschätzungen zu den jeweiligen Postings.

Engin Kirschner

Guten Tag! Ich mache euch folgendes Angebot:

Ich kaufe für das Konzert der R&B-Sängerin Macy Black im Club Odeon gleich 20 Tickets, wenn ihr mir einen Rabatt von 10 % einräumt.

Na, hört sich doch gut an, oder? Was sagt ihr?

Einschätzung:

Ein Kunde macht auf MeineFreunde ein Kaufangebot, das für alle anderen Besucher sichtbar ist. Grundregel ist in derartigen Situationen, auf das bestehende Angebot – hier also auf die Vorverkaufsstellen bzw. den Online-Shop und die dortigen Preise – zu verweisen. Auf das Angebot öffentlich einzugehen, könnte andere Kunden zu ähnlichen Angeboten animieren.

Einschätzung:

Eine Kundin beschwert sich auf MeineFreunde und greift das Unternehmen an. Grundregel bei derartigen Beschwerden ist es, höflich, sachlich und besonnen zu reagieren. Beachten Sie: Auch andere Kunden lesen mit, sie erwarten ebenfalls, immer höflich behandelt zu werden.
Versetzen Sie sich in den Kunden, um die Ursache des Ärgers zu verstehen. Gehen Sie auf diese Ursache ein und unterbreiten Sie einen sinnvollen Lösungsvorschlag.

Martina Kleeve

Ich bin wirklich enttäuscht! Ich habe das Konzert mit Fatih MC im Airfield besucht. Die Einlasskontrollen haben ewig gedauert, der Laden war so voll, dass ich mich nicht bewegen konnte, und die Tonqualität war mies!! Das war ganz schlecht organisiert!

Zu einem Konzert der Live in Bonn gehe ich nie wieder!!

Aufgaben

Aufgabe 1

Seit einiger Zeit engagiert sich die Kundin Felicitas Herrmann sehr stark auf der MeineFreunde-Seite der Live in Bonn OHG. Sie beantwortet Fragen von anderen Kunden und postet Links, z. B. auf Veranstaltungsorte, Künstlerinformationen oder Kritiken zu Konzerten in regionalen Tageszeitungen. Sie ist dabei stets freundlich und zuvorkommend. Oft hat sie sich schon lobend über Veranstaltungen der Live in Bonn OHG und das Unternehmen geäußert. Sie möchten Felicitas Herrmann anbieten, ihr starkes Engagement auf der MeineFreunde-Seite angemessen zu würdigen. Sie überlegen sich deshalb, ihr dort ein eigenes „Gesicht" zu geben, damit auch die anderen Kunden wissen, wer so hilfsbereit und freundlich ist. Entwickeln Sie Ideen, wie man Felicitas Herrmann in MeineFreunde einbeziehen könnte.

Aufgabe 2

Nach einem halben Jahr möchte die Live in Bonn OHG überprüfen, inwieweit der Auftritt im sozialen Netzwerk „MeineFreunde" einen Werbeeffekt gebracht hat. Begründen Sie, mit welchen Kennzahlen bzw. Daten Sie den Werbeerfolg messen könnten.

Aufgabe 3

Recherchieren Sie in den sozialen Netzwerken, die Sie auch privat nutzen. Suchen Sie einen Unternehmensauftritt, der Ihrer Meinung nach ein Beispiel für einen gelungenen Kundendialog darstellt.

a Begründen Sie (z. B. mit einer kleinen Präsentation), warum Sie dieses Beispiel gelungen finden.

b Erläutern Sie die Ziele, die das Unternehmen mit dieser Präsenz in dem sozialen Netzwerk verfolgt.

c Erläutern Sie anhand Ihres Beispiels den Zusammenhang zwischen Kundenkommunikation, Kundendialog, Kundenzufriedenheit und Kundenbindung.

Aufgabe 4

Die Drogerie AG möchte auch eine Unternehmensseite auf „MeineFreunde" einrichten.

a Begründen Sie, warum die Drogerie AG diesen Schritt machen möchte.

b Erörtern Sie, wie die Drogerie AG dafür sorgen kann, dass der Auftritt erfolgreich wird und langfristig auch erfolgreich bleibt.

c Entwerfen Sie Vorschläge, wie die Drogerie AG den MeineFreunde-Auftritt nutzen kann, um mit (potenziellen) Kunden in den Kundendialog zu treten.

Aufgabe 5

Im Internet gibt es eine Vielzahl von sozialen Netzwerken, die grundsätzlich für den Online-Auftritt für ein Unternehmen geeignet wären. Recherchieren Sie fünf Netzwerke, die Sie für einen Unternehmensauftritt Ihres ehemaligen Praktikumsbetriebes für geeignet halten. Begründen Sie anhand von drei Kriterien, warum Sie diese sozialen Netzwerke gerade für diesen Betrieb für geeignet halten.

Aufgabe 6

2017 wurde das Netzwerkdurchsetzungsgesetz verabschiedet. Netzwerkbetreiber sind demnach verpflichtet, bestimmte Inhalte zu entfernen.

a Recherchieren Sie, welche Inhalte entsprechend des Gesetzes gelöscht werden müssen.

b Das Gesetz wird teilweise kritisch gesehen. Beurteilen Sie, inwieweit Sie in dem Gesetz eine Gefahr für die grundgesetzlich garantierte Meinungsfreiheit sehen.

Ich kann ...	Kann ich	Kann ich nicht
Marktforschung analysieren und planen		
1. ... verschiedene Methoden der Marktforschung unterscheiden.		
2. ... einen Fragebogen zu einer Marktforschung erstellen.		
3. ... die Vor- und Nachteile einer Online-Befragung vergleichen.		
Produkt- und Sortimentspolitik		
1. ... die Begriffe Grund- und Zusatznutzen erläutern.		
2. ... den Produktlebenszyklus grafisch darstellen und beschreiben.		
3. ... passend zum Produktlebenszyklus produktpolitische Maßnahmen empfehlen.		
4. ... die Grundlagen der Portfolio-Analyse erläutern.		
Preis- und Konditionenpolitik		
1. ... die kostenorientierte, die nachfrageorientierte und die konkurrenzorientierte Preisgestaltung erläutern.		
2. ... mittels der Deckungsbeitragsrechnung die langfristige und die kurzfristige Preisuntergrenze bestimmen.		
3. ... verschiedene Formen der Preisdifferenzierung erläutern.		
Distributionspolitik		
1. ... verschiedene Absatzwege unterscheiden.		
2. ... den direkten und den indirekten Absatz qualitativ vergleichen.		
3. ... einen Kostenvergleich zwischen Reisendem und Handelsvertreter durchführen.		
4. ... Franchising und E-Commerce erläutern.		
Kommunikationspolitik		
1. ... die Instrumente der Kommunikationspolitik nennen.		
2. ... die AIDA-Formel erläutern und anwenden.		
3. ... die Bestandteile der Werbeplanung erläutern.		
4. ... Werbeträger sowohl qualitativ als auch anhand des Tausender-Preises vergleichen.		
5. ... verschiedene Kennzahlen der Werbeerfolgskontrolle nennen und berechnen.		
6. ... Vor- und Nachteile des Online-Marketings gegenüber dem klassischen Marketing benennen.		
7. ... Beispiele für geschäftliche Handlungen nennen, die gemäß dem Gesetz gegen den unlauteren Wettbewerb verboten sind.		

FK → TAF 12.2 | Kap. 1, 2

Projekte planen und durchführen

Von:	Hans Peters
An:	Sylvia Dogan, Veruschka Linden, Bettina Lotto, Ralf Schumacher
Betreff:	**Projekt Betriebsausflug**

Liebe Kolleginnen und Kollegen,

ein erfolgreiches Geschäftsjahr liegt hinter der Fly Bike Werke GmbH. Aus diesem Grund und zur Festigung der Mitarbeiterbindung habe ich beschlossen, einen Betriebsausflug mit allen Mitarbeitern durchzuführen. Mit der Planung und Organisation dieses Ausflugs beauftrage ich Sie hiermit. Frau Linden übernimmt bitte die Projektleitung.

Mit dem Ausflug sollen die Mitarbeiter für ihre gute und erfolgreiche Arbeit im letzten Geschäftsjahr belohnt werden. Das „Wir-Gefühl" soll weiter verstärkt werden. Entsprechende Programmpunkte sollen diesen Gedanken möglichst unterstützen. Zudem soll das Programm für alle Mitarbeiter (jung, alt, weiblich, männlich) ansprechend sein.

Als Termin habe ich den 20. und 21. Mai dieses Jahres vorgesehen (also von Freitagmittag bis Samstagabend mit einer Übernachtung). Das Ziel sollte maximal 200 km vom Unternehmen entfernt liegen, um die Fahrtzeit in Grenzen zu halten. Die ganze Aktion sollte maximal 6.000,00 € kosten.

Bitte führen Sie alle erforderlichen Schritte des Projektmanagements durch und halten mich bitte – insbesondere nach Abschluss der Definitionsphase und der Planungsphase – ständig auf dem Laufenden.

Mit freundlichen Grüßen

Hans Peters

Arbeitsaufträge

Übernehmen Sie die Aufgaben der vier Projektmitglieder und führen Sie das gesamte Projekt vom Projektstart über die Projektplanung und -durchführung bis zum Projektabschluss durch. Die folgenden Arbeitsblätter dienen der Orientierung und können von Ihnen beliebig erweitert, verkürzt oder ergänzt werden. Insbesondere sollten Sie die folgenden Arbeitsschritte durchführen.

1 Formulieren Sie unter Verwendung von Arbeitsblatt 45.1 den Projektauftrag.

2 Erstellen Sie unter Verwendung von Arbeitsblatt 45.2 einen Projektstrukturplan. Hier sollen Sie festlegen, welche Arbeitspakete (z. B. „Unterkunft organisieren") zu bearbeiten sind und welche konkreten Aktivitäten hierzu erledigt werden müssen (z. B. „Ort des Ausflugs festlegen", „freie Hotels ermitteln", ...).

3 Erstellen Sie für das Projekt einen Projektablaufplan unter Verwendung von Arbeitsblatt 45.3. Schätzen Sie hierzu die Dauer der einzelnen Vorgänge.

4 Stellen Sie Ihre zeitliche Projektplanung unter Verwendung von Arbeitsblatt 45.4 als Gantt-Diagramm dar.

5 Einen Monat vor dem geplanten Betriebsausflug möchte Herr Peters über den aktuellen Projektstand informiert werden. Erstellen Sie zu diesem Zweck einen Projektstatusbericht unter Verwendung von Arbeitsblatt 45.5.

Arbeitsblatt 45.1 | Projektauftrag

Fly Bike Werke GmbH

Fly Bike Werke GmbH

Hilfsmittel des Projektmanagements – Projektauftrag

Projektnummer		Datum	
Projektname			
Kurzbeschreibung des Projekts			
Auftraggeber			
Projektleiter/-in			
Weitere Mitglieder des Projektteams			
Sachziel(e)			
Kostenziel(e)			
Terminziel(e)			
Unterschriften	Auftraggeber/-in	Projektleiter/-in	

Arbeitsblatt 45.2 | Projektstrukturplan

Fly Bike Werke GmbH

Hilfsmittel des Projektmanagements – Projektstrukturplan (für kleine Projekte; ohne Ebene „Teilaufgaben")

Hinweis: Geben Sie dem Projekt eine Struktur, indem Sie alle zu erledigenden Aufgaben (Aktivitäten) in sinnvolle Arbeitspakete gliedern.

Projekt	Arbeits-pakete	Aktivitäten

Fly Bike Werke GmbH

Arbeitsblatt 45.3 | Projektablaufplan

Fly Bike Werke GmbH

Fly Bike Werke GmbH

Hilfsmittel des Projektmanagements – Projektablaufplan

Projektname:

Vorgang Nr.	Vorgangsbezeichnung	Dauer (in Tagen)	abgeschl. Vorgänger	Anmerkungen
1				
2				
3				

Arbeitsblatt 45.4 | Balkendiagramm zur Terminplanung

Fly Bike Werke GmbH

Hilfsmittel des Projektmanagements – Balkendiagramm zur Terminplanung

Fly Bike Werke GmbH

Projektnummer: Projektname:

Zeit (in ──────→)

Vorg. Nr.	Vorgang (Kurzbezeichnung)	1	2	3	4	5	6	7	8	9	10	11	12	13	14	15	16	17	18	19	20	21	22	23	24	25	26	27	28	29	30	31	32	33
1																																		
2																																		
3																																		

Arbeitsblatt 45.5 | Projektstatusbericht

Fly Bike Werke GmbH

Fly Bike Werke GmbH

Hilfsmittel des Projektmanagements – Projektstatusbericht

Projektstatusbericht Nr. _____ vom _____

Projektnummer:	Projektname:

Anlass des Berichts	☐ Arbeitspaket Nr. _____ erledigt ☐ schwerwiegendes Problem	☐ Routinebericht ☐ Bericht angefordert von _____

Beurteilung des Projektstatus (bitte ankreuzen):

Aspekt	erledigt	im Plan	gefährdet	Anpassung erforderlich
Arbeitspaket 1				
Arbeitspaket 2				
Arbeitspaket 3				
Arbeitspaket 4				
Arbeitspaket 5				
Arbeitspaket 6				
Arbeitspaket 7				
Qualität	–			
Projektbudget	–			

Erläuterungen/Hinweise:

Entscheidungen zur weiteren Vorgehensweise/Anpassungen der Projektplanung:

Unterschrift Verfasser/-in	Unterschrift Projektleiter/-in	Unterschrift Auftraggeber/-in

Ich kann ...	Kann ich	Kann ich nicht
Projekte planen und durchführen		
1. ... Projekte anhand verschiedener Merkmale von normalen „Aufgaben" unterscheiden.		
2. ... im Team mit anderen konstruktiv zusammenarbeiten.		
3. ... konstruktives Feedback geben und empfangen (und dabei Feedbackregeln beachten).		
4. ... die Projektphasen Start, Planung, Durchführung und Abschluss unterscheiden.		
5. ... Sachziele, Kostenziele und Terminziele im Rahmen des Projektmanagements unterscheiden.		
6. ... einen Projektauftrag formulieren.		
7. ... auf Grundlage eines konkreten Projektauftrags Arbeitspakete angeben.		
8. ... aus Arbeitspaketen erforderliche Aktivitäten ableiten.		
9. ... in einem Projektstrukturplan Teilaufgaben, Arbeitspakete und Aktivitäten strukturieren.		
10. ... einen Projektablaufplan erstellen.		
11. ... eine Terminplanung mithilfe eines Gantt-Diagramms vornehmen.		
12. ... beschreiben, was man im Projektmanagement unter Meilensteinen versteht.		
13. ... während einer Projektdurchführung aussagekräftige Projektstatusberichte erstellen.		
14. ... Projektergebnisse unter Berücksichtigung von Präsentationstechniken angemessen präsentieren.		
15. ... Projektergebnisse unter Bezugnahme auf die zuvor festgelegten Ziele kritisch beurteilen und reflektieren.		

FK → TAF 12.3 | Kap. 1.1

Materialeinkauf mit Bezugskosten und Nachlässen buchen

Situation

In der Buchhaltung der Fly Bike Werke GmbH liegen folgende Belege zur Bearbeitung vor.

Beleg Nr. 1

Color GmbH
Ludwigshafen

Color GmbH, Hafenstr. 125, 67061 Ludwigshafen

Fly Bike Werke GmbH
Rostocker Str. 334
26121 Oldenburg

Kunden-Nr.: 424
Ansprechpartner: Frau Reineke
Telefon: 0621 582664
Lieferschein-Nr. 4829
Lieferdatum: 24.06.20XX
Rechnungsdatum: 28.06.20XX

Rechnung Nr. 3615

Pos.	Artikel-Nr.	Artikelbezeichnung	Menge	Preis je Einheit	Gesamtpreis
1	900100	Klarlack	400 Liter	3,45 €	1.380,00 €
2	800200	Spezialgrundierung für Edeltstähle	400 Liter	2,45 €	980,00 €
3	700100	Standardfarbe „gelb"	75 Liter	4,30 €	322,50 €

Warenwert	Verpackungs-kosten	Transport-kosten	Nettorechnungs-betrag	Umsatzsteuer 19 %	Bruttorechnungs-betrag
2.682,50 €	50,00 €	200,00 €	2.932,50 €	557,18 €	3.489,68 €

Zahlungsziel 30 Tage, bei Zahlung innerhalb von 8 Tagen 2 % Skonto auf den Bruttorechnungsbetrag

Beleg Nr. 2

Ermittlung der Nettogutschriftsbeträge	
Rücksendung	_____ €
Preisnachlass	_____ €
Kürzung Transport- und Verpackungskosten	_____ €
Summe	_____ €

Color GmbH
Ludwigshafen

Color GmbH, Hafenstr. 125, 67061 Ludwigshafen

Fly Bike Werke GmbH
Rostocker Str. 334
26121 Oldenburg

Kunden-Nr.: 424
Ansprechpartner: Frau Reineke
Telefon: 0621 582664
Lieferschein-Nr.: 4829
Lieferdatum: 24.06.20XX
Rechnungsdatum: 28.06.20XX
Gutschrifts-Datum: 01.07.20XX

Gutschrift zu Rechnung Nr. 3615

Sehr geehrter Herr Thüne,

aufgrund Ihrer Mängelrüge nehmen wir unseren Artikel 700100 Standardfarbe „gelb" vollständig zurück und werden Ihnen in den nächsten Tagen den Artikel nach Ihrem Farbmuster auf neue Rechnung zusenden. Auf unseren Artikel 900100 Klarlack gewähren wir Ihnen einen Preisnachlass in Höhe von 10 % (siehe angehängte Gutschrift). Unsere Transport- und Verpackungskosten können Sie ebenfalls um 10 % kürzen.

Wir bedauern die Farbabweichung und den Qualitätsmangel sehr.

Beleg Nr. 3

Oldenburg-Bank

IBAN DE86 2805 0100 0112 3264 44		Kontoauszug Oldenburg-Bank	Auszug 67	Blatt 1
Buchungstag	Wert	Vorgang/Erläuterungen	Beträge in €	
		Kontostand am 12.01.20XX	32.430,00 +	
06.07.20XX	06.07.20XX	Color GmbH, Ludwigshafen Rechnung 3615 vom 28.06.20XX abzüglich		
		Gutschrift vom 01.07.20XX und 2% Skonto	2.853,69 –	
		Kontostand am 06.07.20XX	29 576,31 +	

Fly Bike Werke GmbH, Oldenburg

Arbeitsaufträge

1 Buchen Sie die Belege im Grund- und Hauptbuch. Verwenden Sie dafür Arbeitsblatt 46.1.

2 Ermitteln Sie den Nettowert dieser Hilfsstoffe nach Rechnungsausgleich.

3 Berechnen Sie den Vorsteuerabzug, den die Fly Bike Werke GmbH durch diesen Einkauf geltend machen kann.

Arbeitsblatt 46.1 | Materialeinkauf mit Bezugskosten und Nachlässen

Grundbuch:
1) Hilfsstoffeinkauf auf Ziel (aufwandsorientiert)
2) Gutschrift des Hilfsstofflieferanten
3) Banküberweisung an den Hilfsstofflieferanten unter Ausnutzung von 2 % Skonto
4) Umbuchung Bezugskosten
5) Umbuchung Nachlässe

Nr.	Soll	€	Haben	€
1)				
2)				
3)				
4)				
5)				

Hauptbuch:

S 6020 Aufwendungen für Hilfsstoffe H   S 2600 Vorsteuer H

S 6021 Bezugskosten für Hilfsstoffe H   S 2800 Bankguthaben H
SV 32.430,00

S 6022 Nachlässe für Hilfsstoffe H   S 4400 Verbindlichkeiten a. L. L. H

Berechnungen	Nettobetrag = 100 %	Umsatzsteuer = 19 %	Bruttobetrag = 119 %
Rechnungseingang			
− Gutschrift Hilfsstoffe			
= Rechnungsbetrag nach Gutschrift			
− 2 % Skonto			
= Zahlungsbetrag			

Arbeitsblatt 46.2 | Einkauf von Handelswaren

Sie arbeiten zurzeit im Rechnungswesen der Fly Bike Werke GmbH. Mit Beginn des heutigen Arbeitstages liegt Ihnen folgende Rechnung vor.

Buchen Sie (mit Kontenabschluss):
1) Kauf auf Ziel
2) Umbuchung Bezugskosten
3) Abschluss Aufwandskonto

Fahrradteile International GmbH

Fahrradteile International GmbH, Borgwardstr. 16 28309 Bremen

Fly Bike Werke GmbH
Rostocker Str. 334
26121 Oldenburg

Kundennummer:	10112
Ihre Bestellung Nr.:	98
Ihr Bestell-Datum:	09.09.20XX
Unsere Lieferschein-Nr.:	109
Unser Lieferdatum:	20.09.20XX

Ihr Ansprechpartner: Herr Itze
Tel. 0421 83091

Rechnung-Nr.: 102				Rechnungs-Datum: 20.09.20XX	
Artikel-Nr.	Artikelbezeichnung	Stückzahl	Einzelpreis €	Rabatt %	Gesamtpreis €
10100	Fahrradanhänger WXP-100 Ihre Modellbezeichnung „Kelly"	150	45,00	15,00	5.737,50
10300	Fahrradanhänger WXO-300 Ihre Modellbezeichnung „Max"	75	75,00	15,00	4.781,25
10998	Transportkostenpauschale				250,00
10999	Verpackungskostenpauschale				562,50
			Nettorechnungsbetrag		11.331,25
			zzgl. 19 % Umsatzsteuer		2.152,94
			Bruttorechnungsbetrag		13.484,19

Versandart: per LKW
Transport- und Verpackungskosten (Pauschale je Stück 2,50 €) sind vom Kunden zusätzlich zu zahlen.

Der Rechnungsbetrag ist innerhalb von 10 Tagen mit 2 % Skontoabzug oder innerhalb von 30 Tagen ohne Abzug zu überweisen.

Berechnung der Anschaffungskosten für den Wareneinkauf bei Rechnungseingang	
Einkaufspreis ohne Umsatzsteuer	12.375,00 €
– Anschaffungspreisminderungen	– €
+ Anschaffungsnebenkosten	+ €
= Anschaffungskosten	= €

Grundbuch (aufwandsorientierte Buchung): 1) Eingangsrechnung, 2) Umbuchung, 3) Abschluss

Nr.	Soll	€	Haben	€
1)				
2)				
3)				

Hauptbuch:

S	6080 Aufwendungen für Waren	H		S	6081 Bezugskosten für Waren	H

S	8020 GuV-Konto	H

Arbeitsblatt 46.3 | Bestandsorientierte Buchungstechnik

Grundbuch (bestandsorientierte Buchung) am Beispiel Rohstoffe:

	Sollbuchungen	an	Habenbuchungen
Anfangsbestand Rohstoffe			
Eingangsrechnungen:			
Einkauf von Rohstoffen auf Ziel (nach Abzug von Sofortrabatten)			
Einkauf von Rohstoffen mit Bezugskosten (Lieferant stellt Ware und Bezugskosten gleichzeitig in Rechnung)			
Bezugskosten beim Rohstoffeinkauf			
Gutschriften und Zahlungsausgänge:			
Rücksendung an den Lieferanten (Menge und Wert des Materials sinkt)			
Preisminderungen (Mängelrüge, Liefe-rantenboni: Menge konstant, Wert des Materials sinkt)			
Zahlung unter Abzug von Skonto an einen Rohstofflieferanten			
Umbuchungen und Abschlussbuchung:			
Umbuchung Konto 2001 Bezugskosten			
Umbuchung Konto 2002 Nachlässe			
Umbuchung Rohstoffverbrauch			
Abschlussbuchung Inventurbestand Rohstoffe			

Hauptbuch (bestandsorientierte Buchung) am Beispiel Rohstoffe:

S	2000 Rohstoffe	H	S	2001 Bezugskosten	H

S	6000 Aufwendungen für Rohstoffe	H	S	2002 Nachlässe	H

Arbeitsblatt 46.4 | Aufwandsorientierte Buchungstechnik

Grundbuch (aufwandsorientierte Buchung) am Beispiel Rohstoffe:

	Sollbuchungen	an	Habenbuchungen
Anfangsbestand Rohstoffe			
Eingangsrechnungen:			
Einkauf von Rohstoffen auf Ziel (nach Abzug von Sofortrabatten)			
Einkauf von Rohstoffen mit Bezugskosten (Lieferant stellt Ware und Bezugskosten gleichzeitig in Rechnung)			
Bezugskosten beim Rohstoffeinkauf			
Gutschriften und Zahlungsausgänge:			
Rücksendung an den Lieferanten (Menge und Wert des Materials sinkt)			
Preisminderungen (Mängelrüge, Liefe-rantenboni: Menge konstant, Wert des Materials sinkt)			
Zahlung unter Abzug von Skonto an einen Rohstofflieferanten			
Umbuchungen und Abschlussbuchungen:			
Umbuchung Konto 6001 Bezugskosten			
Umbuchung Konto 6002 Nachlässe			
Abschlussbuchung Inventurbestand Rohstoffe			
Bestandsmehrung Rohstoffe			

Hauptbuch (aufwandsorientierte Buchung) am Beispiel Rohstoffe mit Bestandsmehrung:

S   6000 Aufwendungen für Rohstoffe   H   S   6001 Bezugskosten   H

S   2000 Rohstoffe   H   S   6002 Nachlässe   H

Aufgaben

Aufgabe 1

1 Buchen Sie nachfolgende Eingangsrechnungen für die Fly Bike Werke GmbH bestands- und aufwandsorientiert.

a Eingangsrechnung für Speziallacke von der Farbenfabrik Beyer AG

Eingangsrechnung für Hilfsstoffe

	€
Nettorechnungsbetrag	12.600,00
+ 19 % Umsatzsteuer	2.394,00
= Bruttorechnungsbetrag	14.994,00

b Eingangsrechnung für Aluminiumrohre von der AWB Aluminiumwerke AG

Eingangsrechnung mit Sofortrabatt (Rohstoffe)

	€
Listeneinkaufspreis	15.200,00
− 10 % Rabatt	1.520,00
= Nettorechnungsbetrag	13.680,00
+ 19 % Umsatzsteuer	2.599,20
= Bruttorechnungsbetrag	16.279,20

c Eingangsrechnung für Nabenschaltungen der Dax AG

Eingangsrechnung mit Sofortrabatt und Bezugskosten (Fremdbauteile)

	€
Listeneinkaufspreis	5.600,00
− 5 % Rabatt	280,00
+ Transport- und Verpackungskosten	360,00
= Nettorechnungsbetrag	5.680,00
+ 19 % Umsatzsteuer	1.079,20
= Bruttorechnungsbetrag	6.759,20

Aufgabe 2

Buchen Sie die Eingangsrechnung der Stahlwerke Tissen AG für die Fly Bike Werke GmbH bestands- und aufwandsorientiert.

Eingangsrechnung mit Sofortrabatt und Bezugskosten (Rohstoffe)

Rechnungsauszug (Rechnung Nr. 2124)

Artikel-Nr.	Artikelbezeichnung	Menge in Meter	Preis je lfm	Gesamtpreis
1034020	Stahlrohr 34 x 2 mm	1 000	4,00 €	4.000,00 €
			−15 % Rabatt	600,00 €
			+ Transportkostenanteil	300,00 €
			= Nettorechnungsbetrag	3.700,00 €
			+ 19 % Umsatzsteuer	703,00 €
			= Bruttorechnungsbetrag	4.403,00 €

Aufgabe 3

Einkauf von Hilfsstoffen, die auf Lager genommen werden, auf Ziel, Nettowert 2.500,00 € zzgl. 19 % Umsatzsteuer. Bei der Hilfsstoffprüfung wird festgestellt, dass die Qualität der Hilfsstoffe nicht vollständig der vertraglich vereinbarten Qualität entspricht, jedoch noch innerhalb der von der Produktion geforderten Toleranzgrenzen liegt. Nach einer Mängelrüge gewährt der Hilfsstofflieferer 15 % Preisminderung und erstellt eine entsprechende Gutschrift. Der Restbetrag wird unter Abzug von 3 % Skonto per Bank überwiesen.

Hilfsstoffeinkauf mit Gutschrift nach Mängelrüge und Lieferantenskonto

Buchen Sie
a den Hilfsstoffeinkauf auf Ziel,
b die Gutschrift des Lieferers und
c den Rechnungsausgleich per Banküberweisung.

Aufgabe 4

Einkauf von Rohstoffen auf Ziel mit Anlieferung in der Produktion, Nettowert 4.600,00 € zzgl. 19 % Umsatzsteuer. Bei der Rohstoffprüfung wird festgestellt, dass 50 % der Rohstoffe unbrauchbar sind. Der Mangel wird unverzüglich gerügt und vom Lieferer anerkannt. Der Lieferer lässt die Rohstoffe sofort abholen und erstellt eine entsprechende Gutschrift. Der Restbetrag wird unter Abzug von 2 % Skonto an den Lieferer per Bank überwiesen.

Rohstoffeinkauf mit Rücksendung und Lieferantenskonto

Buchen Sie

a den Rohstoffeinkauf auf Ziel,

b die Gutschrift des Lieferers und

c den Rechnungsausgleich per Banküberweisung.

Aufgabe 5

Buchen Sie den Bonus eines Lieferanten für Betriebsstoffeinkäufe im 1. Quartal 20XX aufwandsorientiert.

Liefererbonus

Bonusabrechnung (Auszug)

Bonus 1. Quartal 20XX
Nettoumsätze vom 20XX-01-01 bis zum 20XX-03-31   22.600,00 €

Bonussatz 1,5 %	339,00 €
+ 19 % Umsatzsteuer	64,41 €
= Gutschriftsbetrag 1. Quartal 20XX	403,41 €

Aufgabe 6

Buchen Sie die nachfolgenden Geschäftsvorfälle bestandsorientiert.

Geschäftsvorfälle	Nettowert (€)	19 % USt	Bruttowert (€)
1) Rohstoffeinkauf auf Ziel	22.000,00	4.180,00	26.180,00
2) Hilfsstoffeinkauf auf Ziel Listenpreis 20.000,00 € abzüglich 10 % Rabatt	18.000,00	3.420,00	21.420,00
3) Barzahlung der Frachtkosten für Hilfsstoffeinkauf	500,00	95,00	595,00
4) Gutschrift für Rücksendung an den Rohstofflieferer (Fall 1)	11.000,00	2.090,00	13.090,00
5) Bonusgutschrift des Rohstofflieferers	1.000,00	190,00	1.190,00
6) Preisnachlass: Gutschrift wegen Qualitätsmangels des Hilfsstofflieferers (Fall 2)	2.200,00	418,00	2.618,00
7) Kontoauszug: Überweisung an den Rohstofflieferer, Rechnungsbetrag 5.950,00 €, Skonto 3 %	Überweisungsbetrag inkl. USt 5.771,50 €		

Aufgabe 7

Die Fly Bike Werke GmbH will ihr Handelswarensortiment um Regenjacken erweitern. Der Lieferant gewährt 10 % Rabatt und 3 % Skonto. Zusätzlich stellt er eine Lieferpauschale für seine Transport- und Verpackungskosten in Höhe von 5 % auf seinen Zielverkaufspreis in Rechnung. Bei einem Stückpreis von 15,00 € soll eine Menge von 500 Stück bestellt werden.

a Ermitteln Sie den Einstandspreis für diese 500 Stück in der nachfolgenden Tabelle.

b Buchen Sie den Rechnungseingang auf Ziel und die Banküberweisung in der Skontofrist aufwands- und bestandsorientiert.

Kalkulationsschema der Bezugskalkulation	Prozentsätze	Werte
Listeneinkaufspreis		
– Lieferantenrabatt		
= Zieleinkaufspreis		
– Lieferantenskonto		
= Bareinkaufspreis		
+ Bezugskosten		
= Einstandspreis		

FK → TAF 12.3 | Kap. 1.2

Verkauf von eigenen Erzeugnissen mit Erlösberichtigungen buchen

Situation

In der Buchhaltung der Fly Bike Werke GmbH sind nachfolgende Belege zu buchen.

Beleg Nr. 1

Fly Bike Werke GmbH

FBW GmbH • Rostocker Str. 334 • 26121 Oldenburg

Sachsenrad GmbH
Bayreuther Str. 20
01277 Dresden

Kundennummer:	10009
Ihre Bestellung Nr.	14
Ihr Bestelldatum:	17.09.20XX
Unsere Lieferschein-Nr.:	765
Unser Lieferdatum:	27.09.20XX
Ihr FBW-Ansprechpartner:	Herr Baumann
Tel.:	0441 885-01

Rechnung-Nr.: 765

Rechnungsdatum: 27.09.20XX

Artikel-Nr.	Artikelbezeichnung	Stück	Einzelpreis in €	Rabatt in %	Gesamtpreis in €
201	Trekking *Light*	25	299,25	29,00	5.311,69
202	Trekking *Free*	42	350,00	29,00	10.437,00
	Verpackungskostenpauschale				335,00
	Transportkostenpauschale				500,00

Versandart/ Freivermerk:	Nettorechnungsbetrag in €	16.583,69
Lkw ab Werk	+19% Umsatzsteuer in €	3.150,90
	Bruttorechnungsbetrag in €	19.734,59

Bitte überweisen Sie:	Datum:	Skonto in %	Skonto in €	Betrag in €
innerhalb der Skontofrist bis:	05.10.XX	2	394,69	19.339,90
innerhalb des Zahlungsziels bis:	30.10.XX			19.734,59

Beleg Nr. 2

Oldenburg-Bank

		Kontoauszug	Auszug	Blatt
IBAN		Oldenburg-Bank	156	1
DE86 2805 0100 0112 3264 44				

Buchungstag	Wert	Vorgang/Erläuterungen	Beträge in EUR
		Kontostand am 01.10.20XX	34.670,00 +
01.10.20XX	01.10.20XX	Sachsenrad GbmH, Rechnung 765	
		abzüglich 2 % Skonto	19.339,90 –
		Kontostand am 01.10.20XX	54.009,90+

Fly Bike Werke GmbH, Oldenburg

Arbeitsaufträge

1   Buchen Sie die Belege im Grund- und Hauptbuch. Verwenden Sie dafür das Arbeitsblatt 47.1.
2   Ermitteln Sie die Erhöhung der Nettoumsatzerlöse durch diesen Erzeugnisverkauf.
3   Berechnen Sie den Umsatzsteuerbetrag, den die Fly Bike Werke GmbH vom Käufer erhält.

Arbeitsblatt 47.1 | Verkauf von eigenen Erzeugnissen

Grundbuch:
1) Erzeugnisverkauf mit Sofortrabatten und Vertriebskosten auf Ziel
2) Zahlungseingang unter Abzug von Skonto
3) Umbuchung Erlösberichtigungen

Nr.	Soll	€	Haben	€
1)				
2)				
3)				

Hauptbuch:

S   2400 Forderungen a.L.L.   H   S   5000 Umsatzerlöse f. e. Erz.   H

S   5001 Erlösberichtigungen   H   S   4800 Umsatzsteuer   H

S   2800 Bankguthaben   H
SV   34.670,00

Berechnungen	Nettorechnungsbetrag = 100 %	Umsatzsteuer = 19 %	Bruttorechnungsbetrag = 119 %
Ausgangsrechnung			
− 2 % Skonto			
= Zahlungsbetrag			

Arbeitsblatt 47.2 | Verkauf von Erzeugnissen und Handelswaren buchen

Grundbuch für Verkäufe auf Ziel, Gutschriften und Zahlungseingänge:

	Sollbuchungen	an	Habenbuchungen
Ausgangsrechnungen:			
Ausgangsrechnung für eigene Erzeugnisse			
Ausgangsrechnung für Waren			
Gutschriften:			
Gutschrift für Rücksendungen von Erzeugnissen			
Gutschrift für Rücksendungen von Waren			
Gutschrift für Mängelrügen und Boni bei eigenen Erzeugnissen			
Gutschrift für Mängelrügen und Boni bei Waren			
Zahlungseingänge:			
Kontoauszug: Zahlungseingang unter Abzug von Skonto für eigene Erzeugnisse			
Kontoauszug: Zahlungseingang unter Abzug von Skonto für Waren			
Umbuchungen:			
Umbuchung Konto Erlösberichtigungen für Erzeugnisse			
Umbuchung Konto Erlösberichtigungen für Waren			

Hauptbuch:

S 5001 Erlösberichtigungen H   S 5000 Umsatzerlöse f. eigene Erz. H

S 5101 Erlösberichtigungen H   S 5100 Umsatzerlöse f. Waren H

Aufgaben

Aufgabe 1

Buchen Sie nachfolgende Rechnungen für die Fly Bike Werke GmbH.

Erzeugnisverkauf

a Ausgangsrechnung für Fahrräder an die Interrad e.G.

	€
Nettorechnungsbetrag	24.315,00
+ 19 % Umsatzsteuer	4.619,85
= Bruttorechnungsbetrag	28.934,85

Handelswaren-
verkauf mit
Transport- und Ver-
packungskosten

b Ausgangsrechnung für Fahrradanhänger an die Radplus GmbH

Warenwert	11.835,00
+ Transportkostenanteil	300,00
+ Verpackungskostenpauschale	250,00
= Nettorechnungsbetrag	12.385,00
+ 19 % Umsatzsteuer	2.353,15
= Bruttorechnungsbetrag	14.738,15

Erzeugnisverkauf mit
Sofortrabatt

c Ausgangsrechnung für Fahrräder an die Südrad e.G.

Listenverkaufspreis	86.200,00
− 31 % Wiederverkäuferrabatt	26.722,00
= Nettorechnungsbetrag	59.478,00
+ 19 % Umsatzsteuer	11.300,82
= Bruttorechnungsbetrag	70.778,82

Einkauf von Verpa-
ckungsmaterial mit
Sofortrabatt und
Transportkosten

d Eingangsrechnung für Stülpkartons von der APV GmbH

Listeneinkaufspreis	5.600,00
− 5 % Rabatt	280,00
+ Transportkosten	360,00
= Nettorechnungsbetrag	5.680,00
+ 19 % Umsatzsteuer	1.079,20
= Bruttorechnungsbetrag	6.759,20

Einkauf von
Transportdienstleis-
tungen

e Eingangsrechnung einer Spedition für die Auslieferung von Fahrrädern an einen Kunden

Nettorechnungsbetrag	1.260,00
+ 19 % Umsatzsteuer	239,40
= Bruttorechnungsbetrag	1.499,40

Aufgabe 2

Berechnen und buchen Sie den Jahresbonus, die USt und den Bruttobonus für die EGZ Einkaufsgenossenschaft.

Kundenbonus

Jahresbonus für EGZ Einkaufsgenossenschaft

Absatzmenge: 5 606 Fahrräder

Nettoumsatz vor Skontoabzug	1.220.048,90 €
1 % Jahresbonus (netto)	€
+ 19 % Umsatzsteuer	€
Bruttobonus	€

Aufgabe 3

Buchen Sie nachfolgende Geschäftsvorfälle mit den Kontennummern des Industriekontenrahmens. Umsatzsteuersatz in allen Fällen 19 %.

1 Ausgangsrechnung: Einem Käufer von Erzeugnissen wird nachträglich eine Spezialverpackung in Rechnung gestellt. Der Bruttorechnungsbetrag beträgt 595,00 €.

2 Kontoauszug mit Banklastschrift: Banküberweisung an einen Hilfsstofflieferer. Die just in time gelieferten Hilfsstoffe werden unter Abzug von 2 % Skonto bezahlt. Rechnungsbetrag 28.560,00 €.

3 Gutschrift an einen Kunden: Preisnachlass für mangelhaft gelieferte Erzeugnisse in Höhe von 25 %. Der Kunde behält die gesamte Lieferung; der Bruttorechnungsbetrag betrug 11.900,00 €.

4 Kontoauszug mit Bankgutschrift: Banküberweisung eines Kunden für eine Erzeugnislieferung unter Abzug von 2,5 % Skonto. Überweisungsbetrag 10.602,50 €.

5 Gutschrift eines Lieferanten: Bevorratete Handelswaren wurden an den Lieferer zurückgeschickt. Die Handelswaren entsprachen nicht der vereinbarten Qualität. Gutschriftsbetrag inkl. 19 % USt 2.380,00 €.

6 Eingangsrechnung: Zielkauf von Verpackungsmaterial für den sofortigen Verbrauch im Versandlager, Nettorechnungsbetrag 6.500,00 € inkl. Transportkosten in Höhe von 500,00 € zzgl. 19 % USt.

7 Bonusgutschrift an einen Kunden: Nettoumsatz im 1. Quartal = 145.000,00 €, Bonussatz 1,5 % zzgl. 19 % USt.

8 Eingangsrechnung: Einkauf von Rohstoffen zur Aufstockung des Rohstofflagers auf Ziel. Listenpreis des Lieferanten 24.000,00 €, Großkundenrabatt 15 %, Frachtkostenpauschale 1.400,00 € zzgl. 19 % Umsatzsteuer.

9 Eingangsrechnung: Frachtkostenabrechnung einer Spedition für die Anlieferung von Hilfsstoffen sofort für die Produktion. Bruttorechnungsbetrag 8.330,00 €.

10 Bonusgutschrift eines Lieferanten: Nettoumsatz für auf Lager gelieferte Rohstoffe im 2. Quartal = 225.000,00 €, Bonussatz 2,5 % zzgl. 19 % USt.

Aufgabe 4

Buchen Sie einen Rohstoffeinkauf und Korrekturbuchungen nach dem Rohstoffeinkauf (bestandsorientiert) mit 19 % Umsatzsteuer:

1 Rohstoffeinkauf auf Ziel, Rohstoffwert 300.000,00 € abzüglich 12 % Sofortrabatt zzgl. 19 % Umsatzsteuer

2 Rücksendung von Rohstoffen an den Lieferer, Lieferergutschrift: 25 % des Rechnungsbetrages aus Fall 1

3 Mängelrüge mit Preisnachlass ohne Rohstoffrücksendung, Lieferergutschrift: 5 % auf den Restbetrag nach Rücksendungsgutschrift

4 Banküberweisung der Restschuld unter Abzug von 3 % Skonto

5 Bonusgutschrift des Rohstofflieferers: 1,0 % auf den Nettoumsatz zzgl. 19 % Umsatzsteuer

Aufgabe 5

Buchen Sie einen Erzeugnisverkauf und Korrekturbuchungen nach dem Erzeugnisverkauf mit 19 % Umsatzsteuer:

1 Erzeugnisverkauf auf Ziel, Erzeugniswert 25.000,00 € abzüglich 12 % Sofortrabatt zzgl. 19 % Umsatzsteuer

2 Rücksendung von Erzeugnissen vom Kunden, Gutschrift: 35 % des Rechnungsbetrages aus Fall 1

3 Mängelrüge des Kunden ohne Erzeugnisrücklieferung, Gutschrift: 7 % auf den Restbetrag nach Rücksendungsgutschrift

4 Banküberweisung der Restschuld vom Kunden unter Abzug von 2,5 % Skonto

5 Bonusgutschrift an den Kunden: 1,2 % auf den Nettoumsatz zzgl. 19 % Umsatzsteuer

Aufgabe 6

Ermitteln Sie den Rohstoffeinsatz auf den nachfolgenden Konten, wenn der Inventurstand der Rohstoffe bei bestandsorientierter Buchungstechnik am Jahresende 20.000,00 € beträgt.

Soll	2000 Rohstoffe		Haben
8000	40.000,00		
4400	60.000,00		
4400	180.000,00		
2001	8.800,00		

Soll	2001 Bezugskosten		Haben
4400	8.000,00		
2800	800,00		

Soll	2002 Nachlässe		Haben
		4400	600,00
		4400	1.200,00

Soll	6000 Aufwendungen für Rohstoffe		Haben

Gehaltsabrechnungen erstellen

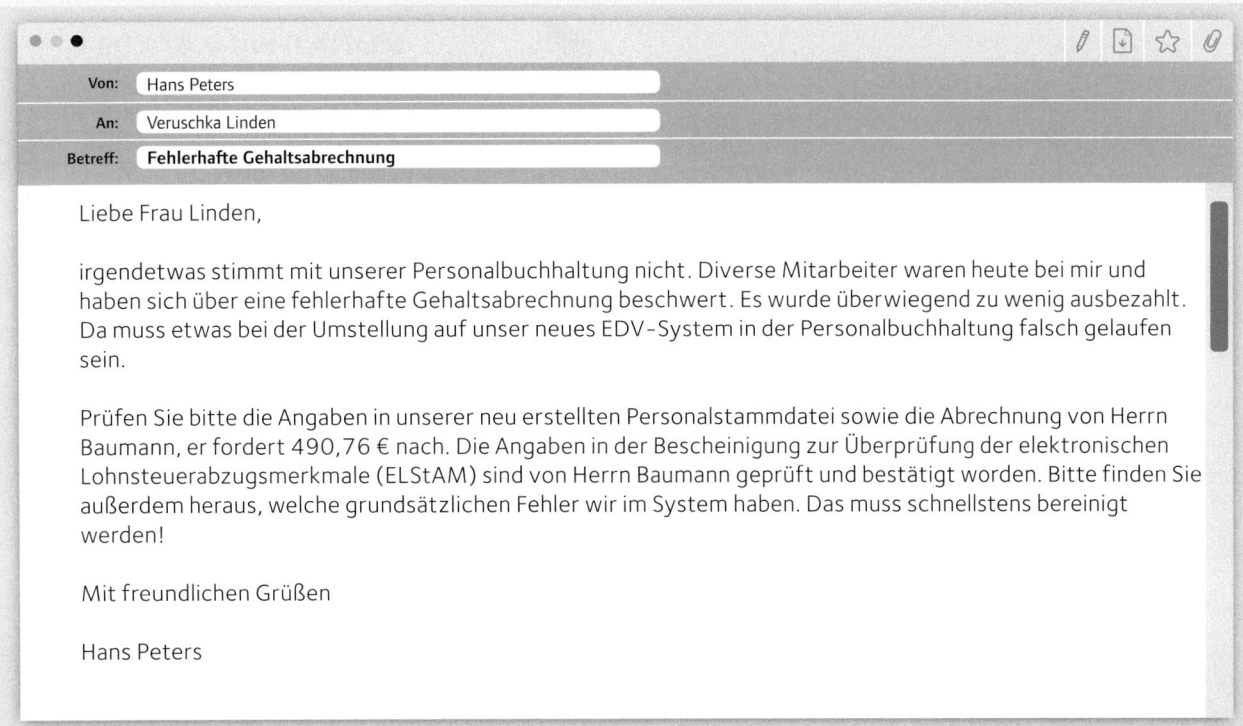

Von:	Hans Peters
An:	Veruschka Linden
Betreff:	**Fehlerhafte Gehaltsabrechnung**

Liebe Frau Linden,

irgendetwas stimmt mit unserer Personalbuchhaltung nicht. Diverse Mitarbeiter waren heute bei mir und haben sich über eine fehlerhafte Gehaltsabrechnung beschwert. Es wurde überwiegend zu wenig ausbezahlt. Da muss etwas bei der Umstellung auf unser neues EDV-System in der Personalbuchhaltung falsch gelaufen sein.

Prüfen Sie bitte die Angaben in unserer neu erstellten Personalstammdatei sowie die Abrechnung von Herrn Baumann, er fordert 490,76 € nach. Die Angaben in der Bescheinigung zur Überprüfung der elektronischen Lohnsteuerabzugsmerkmale (ELStAM) sind von Herrn Baumann geprüft und bestätigt worden. Bitte finden Sie außerdem heraus, welche grundsätzlichen Fehler wir im System haben. Das muss schnellstens bereinigt werden!

Mit freundlichen Grüßen

Hans Peters

Auszug aus der neu erstellten Personalstammdatei:

Personal-Nr. 1302

Name	Baumann		Konfession	– – –
Vorname	Lars		Nationalität	deutsch
PLZ	26121		Bruttogehalt	2.430,00 €
Ort	Oldenburg		VL	26,00 €
Straße	Zur Waldesruh 4		VL-Sparbetrag	40,00 €
Telefon	0441 12679		Weihnachtsgeld	62,5 %
Bankverbindung	Oldenburg-Bank		Urlaubsgeld	50,0 %
BIC	OLBADETZ673		Steuerfreibetrag	0,00
IBAN	DE75 3490 8901 0000 6648 98		Eintritt	01.10.199X
Krankenkasse	DAK Gesundheit (Zusatzbeitrag für Arbeitnehmer: 1,5 %)		Ausbildung	Industriekaufmann
Geburtsdatum	12.01.1972		Stelle	Sachbearbeiter Vertrieb
Familienstand	verheiratet		Gehaltsgruppe	G5
Kinder	keine		tägliche Arbeitszeit	7,70 Stunden
Steuerklasse	III		Urlaubstage	30 Werktage

Gehaltsabrechnung

Fly Bike Werke GmbH

Personalnummer: 1302	**Abrechnung:** September 2016

Lars Baumann
Zur Waldesruh 4
26121 Oldenburg

Lohnsteuermerkmale

Steuerklasse	Kinderfreibetrag	Konf.
III	0	rk

Sozialversicherungsmerkmale

KV [1)]	PV [2)]	RV	AV
14,6 %	2,55 %	18,7 %	3,0 %

[1)] i. d. R. zuzügl. eines krankenkassenindividuellen Zusatzbeitrags für Arbeitnehmer
[2)] + 0,25 Prozentpunkte für kinderlose Arbeitnehmer ab 23 Jahren

          EUR

Bruttoverdienst	2.430,00
+ Provisionen, Prämien	–
+ vermögenswirksame Leistungen	26,00
+ Sonderzahlungen (Urlaubsgeld, Weihnachtsgeld)	–
= sozialversichungpflichtiges Bruttoentgelt	2.456,00
– Steuerfreibetrag	–
= steuerpflichtiges Bruttoentgelt	2.456,00
– Lohnsteuer	83,83
– Solidaritätszuschlag	0,00
– Kirchensteuer	7,54
– Krankenversicherung	395,42
– Pflegeversicherung	68,77
– Rentenversicherung	459,27
– Arbeitslosenversicherung	73,68
= Nettoentgelt	1.367,49
– vermögenswirksame Leistungen	40,00
– Vorschuss September	–
= Auszahlungsbetrag	1.327,49

*Ab 2015 können die Krankenkassen einen einkommensabhängigen Zusatzbeitrag erheben, den die Arbeitnehmer allein zu zahlen haben. Er variiert von Krankenkasse zu Krankenkasse und liegt im Durchschnitt bei 1,1 % (Stand: 2017). Herrn Baumanns Krankenkasse erhebt einen Zusatzbeitrag von 1,5 % (Stand: 2017).

Bescheinigung
zur Überprüfung der elektronischen Lohnsteuerabzugsmerkmale (ELStAM)

– ggf. auf Wunsch des Arbeitnehmers auszustellen –

Die für den Arbeitnehmer

Name	Baumann
Vorname	Lars
Geburtsdatum	12. 01. 1972
Identifikationsnummer	

bisher in der Lohnabrechnung berücksichtigten Lohnsteuerabzugsmerkmale weichen von den erstmalig für den Monat Mai 20XX bereitgestellten ELStAM wie folgt ab:

	bisher in der Lohnabrechnung berücksichtigt	lt. bereitgestellten ELStAM
Steuerklasse	3	3
Faktor bei Steuerklasse vier	---	---
Kirchensteuerabzug des Arbeitnehmers	---	---
Kirchensteuerabzug des Ehegatten (nur bei konfessionsverschiedenen Ehegatten)	---	---
Zahl der Kinderfreibeträge	0	0
Jahres-Freibetrag in Euro	0	0
Jahres-Hinzurechnungsbetrag in Euro	0	0

       Fly Bike Werke GmbH
       Rostocker Str. 334
12.06.20XX   26121 Oldenburg   *i.V. C. Steffes*

Datum, Firmenstempel, Unterschrift des Arbeitgebers

MONAT bis 2.474,99 €

Lohn/ Gehalt bis	Steuerklasse	Lohn- steuer	ohne Kinderfreibetrag			0,5		
			SolZ 5,5%	Kirchensteuer 8%	9%	SolZ 5,5%	Kirchensteuer 8%	9%
2.432,99	I	291,83	16,05	23,34	26,26	11,40	16,59	18,66
	II	247,41	13,60	19,79	22,26	9,11	13,25	14,90
	III	79,50	0,00	6,36	7,15	0,00	1,97	2,21
	IV	291,83	16,05	23,34	26,26	13,69	19,92	22,41
	V	556,83	30,62	44,54	50,11			
	VI	590,83	32,49	47,26	53,17			
2.435,99	I	292,50	16,08	23,40	26,32	11,44	16,64	18,72
	II	248,08	13,64	19,84	22,32	9,14	13,30	14,96
	III	80,00	0,00	6,40	7,20	0,00	2,01	2,26
	IV	292,50	16,08	23,40	26,32	13,73	19,97	22,46
	V	557,83	30,68	44,62	50,20			
	VI	591,83	32,55	47,34	53,26			
2.438,99	I	293,25	16,12	23,46	26,39	11,48	16,70	18,79
	II	248,83	13,68	19,90	22,39	9,18	13,36	15,03
	III	80,50	0,00	6,44	7,24	0,00	2,05	2,30
	IV	293,25	16,12	23,46	26,39	13,77	20,03	22,53
	V	558,83	30,73	44,70	50,29			
	VI	592,83	32,60	47,42	53,35			
2.441,99	I	294,00	16,17	23,52	26,46	11,52	16,76	18,85
	II	249,50	13,72	19,96	22,45	9,21	13,40	15,08
	III	81,00	0,00	6,48	7,29	0,00	2,08	2,34
	IV	294,00	16,17	23,52	26,46	13,80	20,08	22,59
	V	559,66	30,78	44,77	50,36			
	VI	593,83	32,66	47,50	53,44			
2.444,99	I	294,66	16,20	23,57	26,51	11,55	16,81	18,91
	II	250,16	13,75	20,01	22,51	9,25	13,46	15,14
	III	81,66	0,00	6,53	7,34	0,00	2,12	2,38
	IV	294,66	16,20	23,57	26,51	13,84	20,14	22,65
	V	560,66	30,83	44,85	50,45			
	VI	594,83	32,71	47,58	53,53			
2.447,99	I	295,41	16,24	23,63	26,58	11,59	16,86	18,97
	II	250,91	13,80	20,07	22,58	9,29	13,51	15,20
	III	82,16	0,00	6,57	7,39	0,00	2,16	2,43
	IV	295,41	16,24	23,63	26,58	13,88	20,20	22,72
	V	561,66	30,89	44,93	50,54			
	VI	595,83	32,77	47,66	53,62			
2.450,99	I	296,16	16,28	23,69	26,65	11,63	16,92	19,03
	II	251,58	13,83	20,12	22,64	9,32	13,56	15,26
	III	82,83	0,00	6,62	7,45	0,00	2,20	2,47
	IV	296,16	16,28	23,69	26,65	13,92	20,25	22,78
	V	562,83	30,95	45,02	50,65			
	VI	596,83	32,82	47,74	53,71			
2.453,99	I	296,83	16,32	23,74	26,71	11,66	16,97	19,09
	II	252,25	13,87	20,18	22,70	9,36	13,62	15,32
	III	83,33	0,00	6,66	7,49	0,00	2,22	2,50
	IV	296,83	16,32	23,74	26,71	13,96	20,31	22,85
	V	563,66	31,00	45,09	50,72			
	VI	597,83	32,88	47,82	53,80			
2.456,99	I	297,58	16,36	23,80	26,78	11,70	17,02	19,15
	II	253,00	13,91	20,24	22,77	9,40	13,67	15,38
	III	83,83	0,00	6,70	7,54	0,00	2,26	2,54
	IV	297,58	16,36	23,80	26,78	14,00	20,36	22,91
	V	564,66	31,05	45,17	50,81			
	VI	598,83	32,93	47,90	53,89			
2.459,99	I	298,25	16,40	23,86	26,84	11,74	17,08	19,21
	II	253,66	13,95	20,29	22,82	9,43	13,72	15,44
	III	84,50	0,00	6,76	7,60	0,00	2,30	2,59
	IV	298,25	16,40	23,86	26,84	14,03	20,42	22,97
	V	565,66	31,11	45,25	50,90			
	VI	599,83	32,99	47,98	53,98			

Auszug: Rehm Monats-Lohnsteuer-tabelle 2017, Verlagsgruppe Hüthig Jehle Rehm, Heidelberg

Arbeitsauftrag

1 Erstellen Sie die korrekte Abrechnung für Herrn Baumann. Verwenden Sie das Schema auf der nächsten Seite.

Fly Bike Werke GmbH

Gehaltsabrechnung

Personalnummer: 302	**Abrechnung:** September 2017

Lars Baumann
Zur Waldesruh 4
26121 Oldenburg

Lohnsteuermerkmale

Steuerklasse	Kinderfreibetrag	Konf.

Sozialversicherungsmerkmale

KV [1]	PV [2]	RV	AV

[1] i. d. R. zuzügl. eines krankenkassenindividuellen Zusatzbeitrags für Arbeitnehmer
[2] + 0,25 Prozentpunkte für kinderlose Arbeitnehmer ab 23 Jahren

€

Bruttoverdienst	
+ Provisionen, Prämien	
+ vermögenswirksame Leistungen (VL)	
+ Sonderzahlungen (Urlaubsgeld, Weihnachtsgeld)	
= sozialversicherungspflichtiges Bruttoentgelt	
− Steuerfreibetrag	
= steuerpflichtiges Bruttoentgelt	
− Lohnsteuer	
− Solidaritätszuschlag	
− Kirchensteuer	
Summe steuerliche Abzüge	
− Krankenversicherung	
− Pflegeversicherung	
− Rentenversicherung	
− Arbeitslosenversicherung	
Summe Sozialversicherungen	
= Nettoentgelt	
− sonstige private Abzüge	
− Sparbeitrag Arbeitnehmer (VL)	
− Vorschuss	
Summe privater Abzüge	
= **Auszahlungsbetrag**	

Arbeitsblatt 48.1 | Schema einer Lohn- und Gehaltsabrechnung

Ordnen Sie die Begriffe der Gehaltsabrechnung den richtigen Erläuterungen zu, indem Sie rechts die jeweils richtige Zahl eintragen. Beitragssätze gelten für das Jahr 2017.

Gehaltsabrechnung	Erläuterungen	
Bruttogehalt ①	Beitragssatz 2017 2,55 % des SV-Bruttoentgelts (Kinderlose zahlen Zuschlag von 0,25 %), Arbeitgeber (AG) 50 %, Arbeitnehmer (AN) 50 % (Kinderlose + 0,25 %-Punkte)	◯
+ Prämien, Sonderzahlungen ②	Grundlage für die Berechnung der Sozialversicherungsbeiträge des Arbeitnehmers (AN)/des Arbeitgebers (AG)	◯
+ vermögenswirksame Leistungen des Arbeitgebers ③	freiwillige oder tarifvertragliche Zahlungen des Arbeitgebers zur Vermögensbildung der Arbeitnehmer	◯
= sozialversicherungspflichtiges Bruttoentgelt ④	arbeitsvertraglich festgelegtes monatliches Entgelt	◯
− Steuerfreibetrag ⑤	Einkommensteuer abhängig Beschäftigter, die vom Arbeitgeber einbehalten wird	◯
= steuerpflichtiges Bruttoentgelt ⑥	Beitragssatz 3,0 % (2017) des SV-Bruttoentgelts, AG 50 %, AN 50 %	◯
− Lohnsteuer ⑦	vor Fälligkeit durch den AN beanspruchte Gehaltsanteile	◯
− Solidaritätszuschlag ⑧	Beitragssatz 14,6 % (2017), Grundlage: sozialversicherungspflichtiges (SV) Bruttoentgelt, AG 50 % des Beitragssatzes, AN 50 % des Beitragssatzes, ggf. zzgl. eines krankenkassenindividuellen Zusatzbeitrags des AN	◯
− Kirchensteuer ⑨	Beitragssatz 18,7 % (2017) des SV-Bruttoentgelts, AG 50 %, AN 50 %	◯
− Krankenversicherung ⑩	Sparrate, die vom Arbeitgeber einbehalten und an das Sparinstitut weitergeleitet wird	◯
− Pflegeversicherung ⑪	prozentualer Zuschlag auf die Lohnsteuer für den Aufbau Ost	◯
− Rentenversicherung ⑫	Bruttoentgelt minus gesetzliche Pflichtabgaben	◯
− Arbeitslosenversicherung ⑬	Abzüge nur für Mitglieder von steuererhebenden Religionsgemeinschaften	◯
= Nettoentgelt ⑭	Grundlage für die Berechnung der steuerlichen Abzüge	◯
− vermögenswirksame Sparleistung des Arbeitnehmers ⑮	arbeits- oder tarifvertragliche Vergütungen, die über das vereinbarte Gehalt hinausgehen	◯
− Vorschuss ⑯	Überweisungsbetrag an den AN	◯
= Auszahlungsbetrag ⑰	Abzugsbeträge (nur) für das steuerpflichtige Bruttoentgelt	◯

Arbeitsblatt 48.2 | Abzugsgrundlagen für eine Entgeltabrechnung

Recherchieren Sie die Werte für das aktuelle Kalenderjahr.

Abzüge I	Berechnung vom steuerpflichtigen Entgelt
Lohnsteuer (LSt)	Grundfreibetrag = _____ € Spitzensteuersätze ab _____ € = _____ % ab _____ € = _____ %
Solidaritätszuschlag (SolZ)	_____ % der Lohnsteuer (bei ledigen Steuerpflichtigen ohne Kinderfreibeträge)
Kirchensteuer (KiSt)	_____ % (Bayern, BaWü) oder _____ % (alle anderen Bundesländer) der Lohnsteuer bei ledigen Kirchensteuerpflichtigen ohne Kinderfreibeträge

Abzüge II	Berechnung vom sozialversicherungspflichtigen Entgelt
Krankenversicherung (KV)	Beitragssatz gesamt = _____ % Arbeitnehmer = _____ % + Zusatzbeitrag Ø _____ % Arbeitgeber = _____ % Beitragsbemessungsgrenze = _____ €
Pflegeversicherung (PV)	Beitragssatz gesamt = _____ %[1] Arbeitnehmer = _____ % (Kinderlose ab 23 Jahre zahlen einen Zuschlag von _____ %-Punkten) Arbeitgeber = _____ % Beitragsbemessungsgrenze = _____ €
Rentenversicherung (RV)	Beitragssatz gesamt = _____ % Arbeitnehmer = _____ % Arbeitgeber = _____ % Beitragsbemessungsgrenzen: alte Bundesländer = _____ € neue Bundesländer = _____ €
Arbeitslosenversicherung (AV)	Beitragssatz gesamt = _____ % Arbeitnehmer = _____ % Arbeitgeber = _____ % Beitragsbemessungsgrenzen: alte Bundesländer = _____ € neue Bundesländer = _____ €

[1] Ausnahmefall Sachsen, da dort der Buß- und Bettag als Feiertag nicht entfallen ist:

Beitragssatz gesamt = _____ %, Arbeitnehmer = _____ %

(ggf. _____ %-Punkte-Zuschlag für Kinderlose), Arbeitgeber _____ %

Arbeitsblatt 48.3 | Steuerklassen und steuerliche Abzüge

Eine Steuerklassen-„Liebes- und Lebensgeschichte".
Geben Sie an, welche Steuerklasse jeweils zugeordnet wird oder gewählt werden sollte.

1   Rosi und Klaus sind beide berufstätig und unendlich verliebt – natürlich. Sie sind noch nicht verheiratet und wollen bald eine eigene Wohnung anmieten.

    Steuerklasse Rosi: _____   Steuerklasse Klaus: _____

2   Es ist geschafft: Die Wohnung ist gemietet, bezogen und die Hochzeitsglocken haben schon geläutet. Die Bruttoentgelte? Beide bringen in etwa gleich viel oder besser gesagt wenig „nach Hause".

    Steuerklasse Rosi: _____   Steuerklasse Klaus: _____

3   Die Jahre vergehen. Der Kinderwunsch ist „übermächtig" geworden. Der kleine Paul wird geboren und Rosi übernimmt für die nächsten Jahre die Erziehung von Paul – ohne einer Berufstätigkeit nachzugehen.

    Steuerklasse Rosi: _____   Steuerklasse Klaus: _____

4   Die Mietwohnung wird mit Paul und der zweitgeborenen Paula etwas zu klein. Ein eigenes Haus muss her. Rosis Mutter übernimmt täglich für einige Stunden die Aufsicht über die Kinder. Rosi geht wieder halbtags arbeiten.

    Steuerklasse Rosi: _____   Steuerklasse Klaus: _____

5   Das Haus wird gekauft, aber das Geld reicht nicht so ganz. Klaus hat jetzt einen Zweitjob (keinen Minijob) angenommen. Mehr geht nicht.

    Steuerklasse von Klaus für den Zweitjob: _____

6   Es funktioniert auf Dauer alles nicht. Nicht die Finanzierung für das Haus und die Ehe auch nicht. Klaus zieht aus. Das Haus wird verkauft. Die Ehe wird geschieden. Die Kinder bleiben (wohnen) bei ihrer Mutter und Klaus wohnt allein. Beide gehen ganztags arbeiten.

    Steuerklasse Rosi: _____   Steuerklasse Klaus: _____

    Hinweis: Die Geschichte ist natürlich frei erfunden und hat mit der Lebenswirklichkeit nur in Ausnahmefällen zu tun. Es geht tatsächlich nur um die Steuerklassen!

Ermitteln Sie die Auswirkungen von Steuerklassenwechseln unter Berücksichtigung von Kinderfreibeträgen für ein steuerpflichtiges Bruttoentgelt in Höhe von 3.000,00 €.

MONAT bis 3.014,99 €   **Allgemeine Tabelle**

Lohn/ Gehalt bis	Steuerklasse	Lohn-steuer	ohne Kinderfreibetrag		0,5		1,0		1,5		2,0		2,5		3,0	
			SolZ 5,5%	Kirchensteuer 8% / 9%	SolZ 5,5%	Kirchensteuer 8% / 9%	SolZ 5,5%	Kirchensteuer 8% / 9%	SolZ 5,5%	Kirchensteuer 8% / 9%	SolZ 5,5%	Kirchensteuer 8% / 9%	SolZ 5,5%	Kirchensteuer 8% / 9%	SolZ 5,5%	Kirchensteuer 8% / 9%
2.999,99	I	433,41	23,83	34,67 / 39,00	18,76	27,29 / 30,70	13,97	20,32 / 22,86	9,45	13,74 / 15,46	2,75	7,58 / 8,52	0,00	2,24 / 2,52	0,00	0,00 / 0,00
	II	384,91	21,17	30,79 / 34,64	16,24	23,62 / 26,57	11,59	16,86 / 18,96	7,21	10,49 / 11,80	0,00	4,60 / 5,17	0,00	0,16 / 0,18	0,00	0,00 / 0,00
	III	192,00	6,00	15,36 / 17,28	0,00	9,57 / 10,76	0,00	4,62 / 5,20	0,00	0,58 / 0,65	0,00	0,00 / 0,00	0,00	0,00 / 0,00	0,00	0,00 / 0,00
	IV	433,41	23,83	34,67 / 39,00	21,26	30,93 / 34,79	18,76	27,29 / 30,70	16,33	23,76 / 26,73	13,97	20,32 / 22,86	11,67	16,98 / 19,10	9,45	13,74 / 15,46
	V	753,08	41,41	60,24 / 67,77												
	VI	789,33	43,41	63,14 / 71,03												
3.002,99	I	434,25	23,88	34,74 / 39,08	18,80	27,35 / 30,77	14,00	20,37 / 22,91	9,48	13,80 / 15,52	2,86	7,62 / 8,57	0,00	2,27 / 2,55	0,00	0,00 / 0,00
	II	385,66	21,21	30,85 / 34,70	16,28	23,68 / 26,64	11,62	16,91 / 19,02	7,25	10,54 / 11,86	0,00	4,64 / 5,22	0,00	0,19 / 0,21	0,00	0,00 / 0,00
	III	192,50	6,10	15,40 / 17,32	0,00	9,62 / 10,82	0,00	4,66 / 5,24	0,00	0,61 / 0,68	0,00	0,00 / 0,00	0,00	0,00 / 0,00	0,00	0,00 / 0,00
	IV	434,25	23,88	34,74 / 39,08	21,30	30,99 / 34,86	18,80	27,35 / 30,77	16,37	23,81 / 26,78	14,00	20,37 / 22,91	11,71	17,03 / 19,16	9,48	13,80 / 15,52
	V	754,16	41,47	60,33 / 67,87												
	VI	790,41	43,47	63,23 / 71,13												
3.005,99	I	435,00	23,92	34,80 / 39,15	18,84	27,41 / 30,83	14,04	20,42 / 22,97	9,52	13,85 / 15,58	2,98	7,67 / 8,63	0,00	2,31 / 2,60	0,00	0,00 / 0,00

Auszug: Rehm Monats-Lohnsteuertabelle 2017, Verlagsgruppe Hüthig Jehle Rehm, Heidelberg

Steuerklasse/ Kinderfreibeträge	I/0	IV/0	IV/2	III/2	II/2
Lohsteuer					
Solidaritätszuschlag					
Kirchensteuer					
Gesamtsteuer					

Arbeitsblatt 48.4 | Sozialversicherungen im Überblick

	Wer ist Versicherungsträger?	Welche Leistungen erbringt der Versicherungsträger?	Wer zahlt wie viel Beitrag in % des sozialversicherungspflichtigen Bruttoentgelts?	Wie hoch ist die Beitragsbemessungsgrenze? West: Ost:
Rentenversicherung				
Arbeitslosenversicherung				
Krankenversicherung				
Pflegeversicherung				
gesetzliche Unfallversicherung				

Aufgaben

Aufgabe 1

Geben Sie für die nebenstehenden Zahlungen an, ob sie
1 vom Arbeitgeber allein,
2 anteilig vom Arbeitgeber und vom Arbeitnehmer,
3 vom Arbeitnehmer allein
zu tragen sind.

a Lohnsteuer
b Beitrag zur gesetzlichen Pflegeversicherung
c Lebensversicherungsprämie
d Beitrag zur gesetzlichen Unfallversicherung
e Solidaritätszuschlag
f private Altersvorsorge

Aufgabe 2

a Ordnen Sie den folgenden Fällen die richtige Steuerklasse zu.
b Nennen Sie Alternativen, die für Ehegatten bei der Steuerklassenwahl bestehen.

Fall	Steuerklasse
allein verdienender, verheirateter Angestellter mit einem Kind	
unverheiratete Frau, 34 Jahre alt, mit einem Kind (wohnt bei der Mutter)	
berufstätiger Ehemann mit Ehefrau in Steuerklasse V	
verheirateter Angestellter mit vier Kindern und nicht berufstätiger Ehefrau für seinen genehmigten Nebenjob	

Aufgabe 3

In einer einfachen Gehaltsabrechnung für Klaus Müller, einen unverheirateten, kirchensteuerpflichtigen und kinderlosen Arbeitnehmer, der 26 Jahre alt ist und in Nordrhein-Westfalen lebt und arbeitet, gelten im Januar 2017 folgende Berechnungen (Steuerklasse I, 0 Kinderfreibeträge):

Bruttogehalt		**2.400,00 €**
+ vermögenswirksame Leistungen (VL) des Arbeitgebers		13,00 €
+ Überstundenvergütung		200,00 €
= sozialversicherungs- und steuerpflichtiges Bruttoentgelt		**2.613,00 €**
− Lohnsteuer (LSt)		335,08 €
− Solidaritätszuschlag (SolZ)	5,5 % der Lohnsteuer	18,24 €
− Kirchensteuer (KiSt)	9,0 % der Lohnsteuer	30,15 €
− Rentenversicherung	9,35 % des Bruttoentgelts	244,32 €
− Arbeitslosenversicherung	1,5 % des Bruttoentgelts	39,20 €
− Krankenversicherung (inkl. 0,9 % Zusatzbeitrag für AN)	8,2 % des Bruttoentgelts	214,27 €
− Pflegeversicherung (inkl. 0,25 % Zusatzbeitrag für Kinderlose ab 23 Jahren)	1,525 % des Bruttoentgelts	40,11 €
= Nettoentgelt		**1.691,45 €**
− vermögenswirksame Sparrate des Arbeitnehmers		40,00 €
= Auszahlungsbetrag		**1.651,45 €**

a Nennen Sie drei mögliche Bestandteile des Bruttoentgelts eines Gehaltsempfängers.
b Nennen Sie die gesetzlichen Pflichtabgaben, die von Gehaltsempfängern zu leisten sind.
c Beschreiben Sie, wie der Auszahlungsbetrag für einen Gehaltsempfänger ermittelt wird.
d Berechnen Sie das Nettoentgelt von Klaus Müller in % seines Bruttoentgelts.
e Berechnen Sie die gesetzlichen Pflichtabgaben in € und in % des Bruttoentgelts.

Aufgabe 4

Die Personalkosten für Klaus Müller auf Basis nur dieser Gehaltsabrechnung aus Aufgabe 3 setzen sich für den Arbeitgeber wie folgt zusammen:

Bruttogehalt	**2.400,00 €**
+ vermögenswirksame Leistungen (VL) des Arbeitgebers	13,00 €
+ Überstundenvergütung	200,00 €
+ Arbeitgeberanteil zur Rentenversicherung (9,35 %)	244,32 €
+ Arbeitgeberanteil zur Arbeitslosenversicherung (1,5 %)	39,20 €
+ Arbeitgeberanteil zur Krankenversicherung (7,3 %)	190,75 €
+ Arbeitgeberanteil zur Pflegeversicherung (1,275 %)	33,32 €
= gesamte Personalkosten (aus dieser Gehaltsabrechnung)	**3.120,59 €**

Berechnen Sie das Nettoentgelt in % der Personalkostensumme unter Beachtung der Gehaltsabrechnung aus Aufgabe 3.

Aufgabe 5

Frau Maria Merzig, verheiratet, evangelisch, geboren am 17.04.1970, Steuerklasse IV, 1 Kinderfreibetrag, wohnt und arbeitet in Berlin (West) und verdient im Monat 2.200,00 €. Der Arbeitgeber zahlt zusätzlich 26,00 € vermögenswirksame Leistungen. Frau Merzig hat einen Bausparvertrag abgeschlossen, die monatliche Sparrate beträgt 40,00 €.

a Erstellen Sie eine Gehaltsabrechnung für den Monat Februar 20XX für Frau Merzig.
 Hinweis: LSt, KiSt und SolZ sind unter der Internetadresse www.bmf-steuerrechner.de zu ermitteln. Die Sozialversicherungsbeiträge des aktuellen Jahres sind manuell zu berechnen. Frau Merzigs Krankenkasse erhebt einen individuellen Zusatzbeitrag der Arbeitnehmer zur Krankenversicherung von 0,9 %.
b Berechnen Sie das Nettoentgelt von Maria Merzig in % ihres Bruttoentgelts.
c Begründen Sie die unterschiedliche Höhe des Nettoentgelts in % bei Klaus Müller (Aufgabe 3) und Maria Merzig.
d Ermitteln Sie die Summe der Personalkosten für den Arbeitgeber aufgrund dieser Gehaltsabrechnung.
e Erläutern Sie, warum der Arbeitgeberanteil zur Krankenversicherung in jedem Fall geringer als der Arbeitnehmeranteil ist und warum das bei der Pflegeversicherung nur in bestimmten Fällen gilt.
f Geben Sie das Nettoentgelt von Frau Merzig in % der Personalkosten des Arbeitgebers an.

Aufgabe 6

Herr Krause, ein verheirateter Arbeitnehmer mit zwei Kindern (Ehefrau nicht berufstätig), der im Bundesland Sachsen wohnt und arbeitet, verdient regelmäßig monatlich 5.600,00 € brutto.

a Berechnen Sie alle Sozialversicherungsbeiträge des Arbeitnehmers für den Abrechnungsmonat Februar 20XX (siehe Recherche-Hinweis in Aufgabe 5 a). Auch Herrn Krauses Krankenkasse erhebt einen individuellen Zusatzbeitrag der Arbeitnehmer zur Krankenversicherung von 0,9 %.
b Geben Sie an, wer vom Arbeitgeber die Sozialversicherungsbeiträge erhält.
c Erklären Sie, was man unter einer Versicherungspflichtgrenze versteht.

Aufgabe 7

Informieren Sie sich über die Leistungen der gesetzlichen Unfallversicherung. Bei welchen Verrichtungen sind Sie durch die gesetzliche Unfallversicherung geschützt? Nennen Sie zwei Beispiele.

Aufgabe 8

Nennen Sie den Zeitpunkt für einen Arbeitgeber, an dem die Sozialversicherungsbeiträge eines Abrechnungsmonats für seine Arbeitnehmer fällig sind.

Aufgabe 9

Nennen Sie den Zeitpunkt, wann ein Arbeitgeber die von seinen Arbeitnehmern einbehaltenen Steuern aus einem Abrechnungsmonat an das Betriebsstättenfinanzamt überweisen muss.

Aufgabe 10

Für gut verdienende Arbeitnehmer ist die Höhe der Beitragsbemessungsgrenzen in der Sozialversicherung eine wichtige Größe. Erläutern Sie deren Bedeutung für den Arbeitnehmer.

Aufgabe 11

Geben Sie für die folgenden Fragen zum Thema Sozialversicherungen die richtige(n) Lösung(en) durch Ankreuzen an.

1 Welche Personengruppe ist in keiner Sozialversicherung pflichtversichert?

- **a** Arbeiter ☐
- **b** Angestellte ☐
- **c** Auszubildende ☐
- **d** Rentner ☐
- **e** Selbstständige ☐

2 Wodurch werden die Leistungen der Sozialversicherung finanziert?

- **a** Steuern ☐
- **b** Versicherungsbeiträge ☐
- **c** freiwillige Vorsorge ☐
- **d** allgemeine Staatsausgaben ☐
- **e** Aktienfonds ☐

3 Welche der genannten Ereignisse werden durch die gesetzliche Unfallversicherung abgedeckt?

- **a** Freizeitunfall ☐
- **b** Arbeitsunfähigkeit wegen Drogensucht ☐
- **c** Berufskrankheit ☐
- **d** Unfall durch Ausrutschen in der eigenen Badewanne ☐
- **e** allgemeine Alterserscheinungen des Arbeitnehmers ☐

4 Wer zahlt für einen Arbeitslosen die Beiträge zur gesetzlichen Krankenversicherung?

- **a** er selbst ☐
- **b** seine private Versicherung ☐
- **c** die Rentenversicherung ☐
- **d** der bisherige Arbeitgeber und der Arbeitslose 50/50 ☐
- **e** Arbeitsagentur ☐

5 Welche Beiträge muss der Arbeitgeber nicht vom Bruttolohn abziehen und dem Versicherungsträger überweisen?

- **a** gesetzliche Rentenversicherung ☐
- **b** Arbeitslosenversicherung ☐
- **c** gesetzliche Pflegeversicherung ☐
- **d** Lebensversicherung ☐
- **e** gesetzliche Krankenversicherung ☐

6 Ein Angestellter verdient 4.645,00 € brutto im Monat. In welcher Versicherungsart ist er pflichtversichert?

- **a** Krankenversicherung ☐
- **b** Lebensversicherung ☐
- **c** Haftpflichtversicherung ☐
- **d** Rentenversicherung ☐
- **e** private Unfallversicherung ☐

Aufgabe 12

Ermitteln Sie die fehlenden Begriffe.

Die Höhe der Sozialversicherungsabgaben ist von den familiären Verhältnissen weitgehend unabhängig.

Maßgeblich ist allein die Höhe des _____ .

Nur bei der _____ spielt es eine Rolle, ob Kinder berücksichtigt werden müssen.

Kinderlose zahlen einen Zuschlag von _____ Prozentpunkten, wenn sie älter als _____ Jahre sind.

Aufgabe 13

Kennzeichnen Sie nur die richtigen Aussagen durch Ankreuzen.

	Bruttoentgelt – gesetzliche Pflichtabgaben = Nettoentgelt
	Vermögenswirksame Leistungen des Arbeitgebers sind abgabenfrei.
	Nettoentgelte und Auszahlungsbeträge sind in Gehaltsabrechnungen immer identische Beträge.
	Alle gesetzlichen Pflichtabgaben müssen an das Betriebsstättenfinanzamt des Unternehmens abgeführt werden.
	Für die Höhe der Steuerlast in einer Gehaltsabrechnung sind im Normalfall nur die Steuerklasse, die Anzahl der Kinderfreibeträge und bei Kirchensteuerpflicht der Ort der regelmäßigen Arbeitsstätte entscheidend, wenn keine Steuerfreibeträge geltend gemacht werden können.
	Bruttogehalt = Bruttoentgelt
	Die Krankenkasse des Arbeitnehmers erhält alle Sozialversicherungsbeiträge des Arbeitgebers und des Arbeitnehmers, die sich aus seiner Gehaltsabrechnung ergeben.
	Vorschüsse vermindern ausschließlich den Auszahlungsbetrag in einer Gehaltsabrechnung.
	Eine Gehaltserhöhung in Höhe von 100,00 € erhöht das Nettoentgelt um mindestens 80,00 €.

FK → TAF 12.3 | Kap. 3

Gehaltsabrechnungen buchen

In der Personalabteilung der Fly Bike Werke GmbH gibt es viel zu tun: Bei der Umstellung der Personalbuchhaltung auf ein neues EDV-System sind Probleme aufgetreten, die Gehaltsabrechnungen für den Monat Oktober sind fehlerhaft. Damit allen Mitarbeitern pünktlich ihre Gehälter ausbezahlt werden und die Zahlungen an das Finanzamt und die Sozialversicherungsträger termingerecht erfolgen, müssen die Gehaltsabrechnungen für diesen Monat teilweise manuell erstellt und gebucht werden.

1 Erstellen Sie die Gehaltsabrechnungen für die Mitarbeiter Evelyn Fee, Mert Özal und Markus Beck (Schema auf der nächsten Seite). In den Personalunterlagen von Frau Linden finden sich die folgenden Informationen zu Frau Fee:

Frau Fee ist verheiratet und hat zwei Kinderfreibeträge. Ihre Konfession ist katholisch. Ihr Ehemann verdient in etwa gleich viel. Frau Fee ist 35 Jahre alt und verdient monatlich 2.027,50 € brutto. Im Oktober erhält sie 5 Überstunden zu je 15,20 € vergütet und 26,00 € vermögenswirksame Leistungen des Arbeitgebers. Auf ihrer Steuerkarte ist ein monatlicher Steuerfreibetrag in Höhe von 120,00 € eingetragen. Ihr Sparbeitrag für eine Bausparkasse beträgt 40,00 €. Im Rahmen eines Sonderverkaufs an das Personal hat sie Waren im Wert von 119,00 € inkl. Umsatzsteuer eingekauft, die mit dieser Gehaltsabrechnung einbehalten werden.

MONAT bis 1.664,99 € — Allgemeine Tabelle

Lohn/ Gehalt bis	Steuerklasse	Lohn-steuer	ohne Kinderfreibetrag SolZ 5,5%	ohne Kinderfreibetrag Kirchensteuer 8%	ohne Kinderfreibetrag Kirchensteuer 9%	0,5 SolZ 5,5%	0,5 Kirchensteuer 8%	0,5 Kirchensteuer 9%	1,0 SolZ 5,5%	1,0 Kirchensteuer 8%	1,0 Kirchensteuer 9%	1,5 SolZ 5,5%	1,5 Kirchensteuer 8%	1,5 Kirchensteuer 9%	2,0 SolZ 5,5%	2,0 Kirchensteuer 8%	2,0 Kirchensteuer 9%	2,5 SolZ 5,5%	2,5 Kirchensteuer 8%	2,5 Kirchensteuer 9%	3,0 SolZ 5,5%	3,0 Kirchensteuer 8%	3,0 Kirchensteuer 9%
1.622,99	I	109,25	5,65	8,74	9,83	0,00	3,14	3,53	0,00	0,00	0,00	0,00	0,00	0,00	0,00	0,00	0,00	0,00	0,00	0,00	0,00	0,00	0,00
	II	70,83	0,00	5,66	6,37	0,00	0,88	0,99	0,00	0,00	0,00	0,00	0,00	0,00	0,00	0,00	0,00	0,00	0,00	0,00	0,00	0,00	0,00
	III	0,00	0,00	0,00	0,00	0,00	0,00	0,00	0,00	0,00	0,00	0,00	0,00	0,00	0,00	0,00	0,00	0,00	0,00	0,00	0,00	0,00	0,00
	IV	109,25	5,65	8,74	9,83	0,00	5,77	6,49	0,00	3,14	3,53	0,00	0,96	1,08	0,00	0,00	0,00	0,00	0,00	0,00	0,00	0,00	0,00
	V	296,50	16,30	23,72	26,68																		
	VI	332,75	18,30	26,62	29,94																		
1.625,99	I	110,00	5,80	8,80	9,90	0,00	3,18	3,58	0,00	0,00	0,00	0,00	0,00	0,00	0,00	0,00	0,00	0,00	0,00	0,00	0,00	0,00	0,00
	II	71,50	0,00	5,72	6,43	0,00	0,92	1,03	0,00	0,00	0,00	0,00	0,00	0,00	0,00	0,00	0,00	0,00	0,00	0,00	0,00	0,00	0,00
	III	0,00	0,00	0,00	0,00	0,00	0,00	0,00	0,00	0,00	0,00	0,00	0,00	0,00	0,00	0,00	0,00	0,00	0,00	0,00	0,00	0,00	0,00
	IV	110,00	5,80	8,80	9,90	0,00	5,82	6,55	0,00	3,18	3,58	0,00	0,99	1,11	0,00	0,00	0,00	0,00	0,00	0,00	0,00	0,00	0,00
	V	297,66	16,37	23,81	26,78																		
	VI	333,91	18,36	26,71	30,05																		
1.628,99	I	110,66	5,93	8,85	9,95	0,00	3,22	3,62	0,00	0,00	0,00	0,00	0,00	0,00	0,00	0,00	0,00	0,00	0,00	0,00	0,00	0,00	0,00
	II	72,16	0,00	5,77	6,49	0,00	0,96	1,08	0,00	0,00	0,00	0,00	0,00	0,00	0,00	0,00	0,00	0,00	0,00	0,00	0,00	0,00	0,00

Allgemeine Tabelle — MONAT bis 1.889,99 €

Lohn/ Gehalt bis	Steuerklasse	Lohn-steuer	ohne Kinderfreibetrag SolZ 5,5%	ohne Kinderfreibetrag Kirchensteuer 8%	ohne Kinderfreibetrag Kirchensteuer 9%	0,5 SolZ 5,5%	0,5 Kirchensteuer 8%	0,5 Kirchensteuer 9%	1,0 SolZ 5,5%	1,0 Kirchensteuer 8%	1,0 Kirchensteuer 9%	1,5 SolZ 5,5%	1,5 Kirchensteuer 8%	1,5 Kirchensteuer 9%	2,0 SolZ 5,5%	2,0 Kirchensteuer 8%	2,0 Kirchensteuer 9%	2,5 SolZ 5,5%	2,5 Kirchensteuer 8%	2,5 Kirchensteuer 9%	3,0 SolZ 5,5%	3,0 Kirchensteuer 8%	3,0 Kirchensteuer 9%
1.862,99	I	161,83	8,90	12,94	14,56	0,86	6,82	7,67	0,00	1,69	1,90	0,00	0,00	0,00	0,00	0,00	0,00	0,00	0,00	0,00	0,00	0,00	0,00
	II	121,50	6,68	9,72	10,93	0,00	3,94	4,43	0,00	0,00	0,00	0,00	0,00	0,00	0,00	0,00	0,00	0,00	0,00	0,00	0,00	0,00	0,00
	III	0,00	0,00	0,00	0,00	0,00	0,00	0,00	0,00	0,00	0,00	0,00	0,00	0,00	0,00	0,00	0,00	0,00	0,00	0,00	0,00	0,00	0,00
	IV	161,83	8,90	12,94	14,56	6,76	9,83	11,06	0,86	6,82	7,67	0,00	4,03	4,53	0,00	1,69	1,90	0,00	0,00	0,00	0,00	0,00	0,00
	V	382,00	21,01	30,56	34,38																		
	VI	412,00	22,66	32,96	37,08																		
1.865,99	I	162,50	8,93	13,00	14,62	1,00	6,88	7,74	0,00	1,72	1,94	0,00	0,00	0,00	0,00	0,00	0,00	0,00	0,00	0,00	0,00	0,00	0,00
	II	122,16	6,71	9,77	10,99	0,00	3,98	4,47	0,00	0,00	0,00	0,00	0,00	0,00	0,00	0,00	0,00	0,00	0,00	0,00	0,00	0,00	0,00
	III	0,00	0,00	0,00	0,00	0,00	0,00	0,00	0,00	0,00	0,00	0,00	0,00	0,00	0,00	0,00	0,00	0,00	0,00	0,00	0,00	0,00	0,00
	IV	162,50	8,93	13,00	14,62	6,79	9,88	11,12	1,00	6,88	7,74	0,00	4,08	4,59	0,00	1,72	1,94	0,00	0,00	0,00	0,00	0,00	0,00
	V	383,00	21,06	30,64	34,47																		
	VI	412,83	22,70	33,02	37,15																		
1.865,99	I	163,16	8,97	13,05	14,69	1,11	6,92	7,79	0,00	1,76	1,98	0,00	0,00	0,00	0,00	0,00	0,00	0,00	0,00	0,00	0,00	0,00	0,00

MONAT bis 2.024,99 € — Allgemeine Tabelle

Lohn/ Gehalt bis	Steuerklasse	Lohn-steuer	ohne Kinderfreibetrag SolZ 5,5%	ohne Kinderfreibetrag Kirchensteuer 8%	ohne Kinderfreibetrag Kirchensteuer 9%	0,5 SolZ 5,5%	0,5 Kirchensteuer 8%	0,5 Kirchensteuer 9%	1,0 SolZ 5,5%	1,0 Kirchensteuer 8%	1,0 Kirchensteuer 9%	1,5 SolZ 5,5%	1,5 Kirchensteuer 8%	1,5 Kirchensteuer 9%	2,0 SolZ 5,5%	2,0 Kirchensteuer 8%	2,0 Kirchensteuer 9%	2,5 SolZ 5,5%	2,5 Kirchensteuer 8%	2,5 Kirchensteuer 9%	3,0 SolZ 5,5%	3,0 Kirchensteuer 8%	3,0 Kirchensteuer 9%
2.009,99	I	194,16	10,67	15,53	17,47	6,36	9,25	10,40	0,00	3,55	3,99	0,00	0,00	0,00	0,00	0,00	0,00	0,00	0,00	0,00	0,00	0,00	0,00
	II	152,83	8,40	12,22	13,75	0,00	6,15	6,92	0,00	1,22	1,37	0,00	0,00	0,00	0,00	0,00	0,00	0,00	0,00	0,00	0,00	0,00	0,00
	III	12,16	0,00	0,97	1,09	0,00	0,00	0,00	0,00	0,00	0,00	0,00	0,00	0,00	0,00	0,00	0,00	0,00	0,00	0,00	0,00	0,00	0,00
	IV	194,16	10,67	15,53	17,47	8,48	12,34	13,88	6,36	9,25	10,40	0,00	6,26	7,04	0,00	3,55	3,99	0,00	1,29	1,45	0,00	0,00	0,00
	V	425,00	23,37	34,00	38,25																		
	VI	455,66	25,06	36,45	41,00																		
2.012,99	I	194,83	10,71	15,58	17,53	6,39	9,30	10,46	0,00	3,59	4,04	0,00	0,00	0,00	0,00	0,00	0,00	0,00	0,00	0,00	0,00	0,00	0,00
	II	153,41	8,43	12,27	13,80	0,00	6,20	6,97	0,00	1,25	1,40	0,00	0,00	0,00	0,00	0,00	0,00	0,00	0,00	0,00	0,00	0,00	0,00
	III	12,50	0,00	1,00	1,12																		

Auszüge: Rehm Monats-Lohnsteuertabelle 2017, Verlagsgruppe Hüthig Jehle Rehm, Heidelberg

weitere Arbeitsaufträge
→ übernächste Seite

Fly Bike Werke GmbH

	Evelyn Fee	Mert Özal	Markus Beck
Familienstand/Kinderfreibeträge		verheiratet/2	ledig/0
Alter		35	24
Steuerklasse		III	I
Kinderfreibeträge		2	–
Konfession		–	katholisch
Zusatzbeiträge Krankenkasse	0,9 %	0,9 %	0,9 %
Bruttogehalt/-lohn		1.836,50	1.596,50
Provision/Prämien		–	–
VL Arbeitgeber		26,00	26,00
Zulagen[1)]/Sonderzahlungen		–	–
sozialversicherungspflichtiges Bruttoentgelt			
Steuerfreibetrag		–	–
steuerpflichtiges Bruttoentgelt			
Lohnsteuer			
Solidaritätszuschlag			
Kirchensteuer			
Summe steuerliche Abzüge			
Krankenversicherung			
Pflegeversicherung			
Rentenversicherung			
Arbeitslosenversicherung			
Summe Sozialversicherungen			
Nettoentgelt			
Sparbeitrag Arbeitnehmer		26,00	40,00
Vorschuss[2)]		–	–
Summe sonstiger Abzüge			
Auszahlungsbetrag			

[1)] auch Überstundenvergütungen
[2)] auch Personalverkauf

2 Ermitteln Sie den Arbeitnehmeranteil für die Sozialversicherungen.

	RV in €	AV in €	KV in €	PV in €
Evelyn Fee				
Mert Özal				
Markus Beck				
Summen				

3 Ermitteln Sie den Arbeitgeberanteil für die Sozialversicherungen.

	RV in €	AV in €	KV in €	PV in €
Evelyn Fee				
Mert Özal				
Markus Beck				
Summen				

4 Ermitteln Sie für die Gehaltsempfänger die buchungsrelevanten Beträge.

	Bruttoentgelt und Zulagen	Sonstige tarifliche Leistungen	Steuern	SV (AN)	SV (AG)	Sonstige Abzüge	Auszahlungsbetrag
Evelyn Fee							
Mert Özal							
Markus Beck							
Summen							

5 Ordnen Sie die Summen den nachfolgenden Buchungen zu:

    a Buchung der SV-Vorauszahlung

Nr.	Soll	€	Haben	€
1)	2640 SV-Vorauszahlung		2800 Bankguthaben	

    b Buchung der Gehaltsabrechnung

Nr.	Soll	€	Haben	€
1)	6300 Gehälter		4830 Verbindlichkeiten gegenüber Finanzbehörden	
	6320 Sonstige tarifliche Leistungen[1]		2640 SV-Vorauszahlung	
			4860 Verbindlichkeiten aus VL	
			2800 Bankguthaben	
			2650 Forderungen an Mitarbeiter	

[1] In Prüfungsaufgaben kann es vorkommen, dass der VL-Arbeitgeberanteil dem Konto 6200 Löhne oder dem Konto 6300 Gehälter zugerechnet wird.

    c Buchung des Arbeitgeberanteils zur Sozialversicherung

Nr.	Soll	€	Haben	€
1)	6410 AG-Anteil zur Sozialversicherung		2640 SV-Vorauszahlung	

    d Buchung der Überweisungen an die Institutionen

Nr.	Soll	€	Haben	€
1)	4830 Verbindlichkeiten gegenüber Finanzbehörden		2800 Bankguthaben	
2)	4860 Verbindlichkeiten aus VL		2800 Bankguthaben	

    e Nennen Sie die spätesten Überweisungstermine für Steuern und Sozialversicherungsbeiträge je Abrechnungsmonat.

Arbeitsblatt 49.1 | Eine einfache Gehaltsabrechnung erstellen und buchen

Berechnen und buchen Sie nachfolgende einfache Gehaltsabrechnung für einen unverheirateten, kirchensteuerpflichtigen und kinderlosen Arbeitnehmer, der 26 Jahre alt ist und in Nordrhein-Westfalen lebt und arbeitet (Steuerklasse I, 0 Kinderfreibeträge), im Jahr 2017:

Bruttogehalt	**2.600,00 €**
+ vermögenswirksame Leistungen (VL) des Arbeitgebers	26,00 €
+ Überstundenvergütung	300,00 €
= Bruttoentgelt	**2.926,00 €**
– Lohnsteuer (LSt)	413,83 €
– Solidaritätszuschlag (SolZ)	5,5 % der Lohnsteuer
– Kirchensteuer (KiSt)	9,0 % der Lohnsteuer
– Rentenversicherung	9,35 % des Bruttoentgelts
– Arbeitslosenversicherung	1,5 % des Bruttoentgelts
– Krankenversicherung	8,2 % des Bruttoentgelts
– Pflegeversicherung	1,525 % des Bruttoentgelts
= Nettoentgelt	
– vermögenswirksame Sparrate des Arbeitnehmers	40,00 €
= Auszahlungsbetrag	

Buchung der SV-Vorauszahlung

Nr.	Soll	€	Haben	€

Buchung der Gehaltsabrechnung

Nr.	Soll	€	Haben	€

Buchung des Arbeitgeberanteils zur Sozialversicherung

Nr.	Soll	€	Haben	€

Buchung der Überweisungen an die Institutionen

Nr.	Soll	€	Haben	€

Aufgaben

Aufgabe 1
Ermitteln Sie die Werte und bilden Sie die Buchungssätze für die folgenden Geschäftsvorfälle:

Nr.	Geschäftsvorfälle	€
1)	Herr Abel, der in Nordrhein-Westfalen wohnt und arbeitet, erhält einen Vorschuss in bar. Der Vorschuss wird mit der nächsten Gehaltsabrechnung einbehalten.	200,00
2)	Frau Berger, die in Nordrhein-Westfalen wohnt und arbeitet, kauft Erzeugnisse im Personalverkauf, Nettowert der Waren 200,00 € zzgl. 19 % USt. Der Rechnungsbetrag wird mit der nächsten Gehaltsabrechnung einbehalten.	238,00
3)	Die Krankenkassen von Frau Berger und Herrn Abel erheben einen krankenkassenindividuellen Zusatzbeitrag der Arbeitnehmer zur Krankenversicherung von jeweils 0,9 %. Buchen Sie die SV-Vorauszahlung per Banküberweisung an die zuständige Krankenkasse.	?
4)	Buchen Sie die Gehaltsabrechnungen der folgenden zwei Mitarbeiter als Sammelbuchung (Auszahlung der Beträge an die Arbeitnehmer zum Monatsabschluss). **Gehaltsauszahlung für Herrn Abel: Bruttogehalt** Steuerklasse III/2, ev., VL 26,00 €, Sparrate 40,00 €, Vorschusseinbehalt 200,00 € **Gehaltsabrechnung für Frau Berger: Bruttogehalt** Überstundenvergütung 150,00 €, Steuerklasse I/0, rk., 28 Jahre alt, VL 26,00 €, Sparrate 26,00 €, Einbehaltung des Rechnungsbetrages aus dem Personalverkauf	1.850,00 2.270,00
5)	Buchen Sie als Sammelbuchung den Arbeitgeberanteil zur Sozialversicherung der Arbeitnehmer für die Gehaltsabrechnungen der Mitarbeiter.	?
6)	Buchen Sie die Überweisung der Steuern und der Sparrate als Sammelbuchung für die Gehaltsabrechnungen der Mitarbeiter.	?
7)	Der Unfallversicherungsbeitrag wird an die Berufsgenossenschaft überwiesen.	300,00

	Bruttogehalt + Zulagen	Sonstige tarifliche Leistungen	Steuern	SV (AN)	SV (AG)	Sonstige Abzüge	Auszahlungsbetrag
Herr Abel							
Frau Berger							
Summen							

Allgemeine Tabelle   MONAT bis 1.889,99 €

Lohn/ Gehalt bis	Steuerklasse	Lohnsteuer	ohne Kinderfreibetrag		Anzahl Kinderfreibeträge (nur Steuerklassen I–IV)																
					0,5			1,0			1,5			2,0			2,5			3,0	
			SolZ 5,5%	Kirchensteuer 8% / 9%	SolZ 5,5%	Kirchensteuer 8%	9%	SolZ 5,5%	Kirchensteuer 8%	9%	SolZ 5,5%	Kirchensteuer 8%	9%	SolZ 5,5%	Kirchensteuer 8%	9%	SolZ 5,5%	Kirchensteuer 8%	9%	SolZ 5,5%	Kirchensteuer 8% / 9%
1.877,99	I	165,08	9,07	13,20 / 14,85	1,48	7,07	7,95	0,00	1,86	2,09	0,00	0,00	0,00	0,00	0,00	0,00	0,00	0,00	0,00	0,00	0,00 / 0,00
	II	124,66	6,85	9,97 / 11,21	0,00	4,15	4,67	0,00	0,00	0,00	0,00	0,00	0,00	0,00	0,00	0,00	0,00	0,00	0,00	0,00	0,00 / 0,00
	III	0,00	0,00	0,00 / 0,00	0,00	0,00	0,00	0,00	0,00	0,00	0,00	0,00	0,00	0,00	0,00	0,00	0,00	0,00	0,00	0,00	0,00 / 0,00
	IV	165,08	9,07	13,20 / 14,85	6,93	10,08	11,34	1,48	7,07	7,95	0,00	4,24	4,77	0,00	1,86	2,09	0,00	0,00	0,00	0,00	0,00 / 0,00
	V	386,50	21,25	30,92 / 34,78																	
	VI	416,33	22,89	33,30 / 37,46																	
1.880,99	I	165,75	9,11	13,26 / 14,91	1,60	7,12	8,01	0,00	1,90	2,13	0,00	0,00	0,00	0,00	0,00	0,00	0,00	0,00	0,00	0,00	0,00 / 0,00
	II	125,33	6,89	10,02 / 11,27	0,00	4,19	4,71	0,00	0,00	0,00	0,00	0,00	0,00	0,00	0,00	0,00	0,00	0,00	0,00	0,00	0,00 / 0,00
	III	0,00	0,00	0,00 / 0,00	0,00	0,00	0,00	0,00	0,00	0,00	0,00	0,00	0,00	0,00	0,00	0,00	0,00	0,00	0,00	0,00	0,00 / 0,00
	IV	165,75	9,11	13,26 / 14,91	6,97	10,14	11,40	1,60	7,12	8,01	0,00	4,29	4,82	0,00	1,90	2,13	0,00	0,00	0,00	0,00	0,00 / 0,00
	V	387,50	21,31	31,00 / 34,87																	
	VI	417,16	22,94	33,37 / 37,54																	
1.88?,99	I	166,41	9,15	13,31 / 14,97	1,73	7,17	8,06	0,00	1,94	2,18	0,00	0,00	0,00	0,00	0,00	0,00	0,00	0,00	0,00		

MONAT bis 2.474,99 €   Allgemeine Tabelle

Lohn/ Gehalt bis	Steuerklasse	Lohnsteuer	ohne Kinderfreibetrag		Anzahl Kinderfreibeträge (nur Steuerklassen I–IV)																
					0,5			1,0			1,5			2,0			2,5			3,0	
			SolZ 5,5%	Kirchensteuer 8% / 9%	SolZ 5,5%	Kirchensteuer 8%	9%	SolZ 5,5%	Kirchensteuer 8%	9%	SolZ 5,5%	Kirchensteuer 8%	9%	SolZ 5,5%	Kirchensteuer 8%	9%	SolZ 5,5%	Kirchensteuer 8%	9%	SolZ 5,5%	Kirchensteuer 8% / 9%
2.447,99	I	295,41	16,24	23,63 / 26,58	11,59	16,86	18,97	7,21	10,50	11,81	0,00	4,60	5,18	0,00	0,17	0,19	0,00	0,00	0,00	0,00	0,00 / 0,00
	II	250,91	13,80	20,07 / 22,58	9,29	13,51	15,20	2,20	7,36	8,28	0,00	2,08	2,34	0,00	0,00	0,00	0,00	0,00	0,00	0,00	0,00 / 0,00
	III	82,16	0,00	6,57 / 7,39	0,00	2,16	2,43	0,00	0,00	0,00	0,00	0,00	0,00	0,00	0,00	0,00	0,00	0,00	0,00	0,00	0,00 / 0,00
	IV	295,41	16,24	23,63 / 26,58	13,88	20,20	22,72	11,59	16,86	18,97	9,37	13,63	15,33	7,21	10,50	11,81	2,48	7,47	8,40	0,00	4,60 / 5,18

Auszüge: Rehm Monats-Lohnsteuertabelle 2017, Verlagsgruppe Hüthig Jehle Rehm, Heidelberg

Gehaltsabrechnungen buchen

Aufgabe 2

Ermitteln Sie für Herrn Werner Klausen, verheiratet, evangelisch, geboren am 17.04.1979, 2 Kinder (10 und 8 Jahre alt), alle notwendigen Daten für eine **vollständige Gehaltsabrechnung mit den entsprechenden Buchungen und Auswertungen** für den Abrechnungsmonat November des aktuellen Jahres (Erstellungsdatum = 30.11.20XX). Seine Ehefrau, römisch-katholisch, ist nicht berufstätig. Daten für die Gehaltsabrechnung für Herrn Klausen, der in Bonn wohnt und arbeitet, sind:

Bruttogehalt	3.600,00 €
Steuerfreibetrag/Monat	300,00 €
Vermögenswirksame Leistungen (VL) des Arbeitgebers	13,00 €
Zusatzbeitrag des Arbeitnehmers zur Krankenversicherung	0,9 %
Überstundenvergütung	200,00 €
Vermögenswirksame Sparrate des Arbeitnehmers	40,00 €
Einbehaltung Barvorschuss	400,00 €

a Ermitteln Sie die fehlenden Ergebnisse:

aa die Steuerklasse des Arbeitnehmers = _____

ab die Anzahl der Kinderfreibeträge des Arbeitnehmers = _____

ac

Begriffe zur Gehaltsabrechnung	Beträge in €
sozialversicherungspflichtiges Bruttoentgelt	
Steuerfreibetrag	
steuerpflichtiges Bruttoentgelt	
Lohnsteuer	
Solidaritätszuschlag	
Kirchensteuer	
Rentenversicherung	
Arbeitslosenversicherung	
Krankenversicherung	
Pflegeversicherung	
Summe gesetzlicher Pflichtabgaben	
Nettoentgelt	
sonstige Abzüge	
Auszahlungsbetrag	

Hinweis: LSt, KiSt und SolZ sind unter der Internetadresse www.bmf-steuerrechner.de zu ermitteln. Die Sozialversicherungsbeiträge des aktuellen Jahres sind manuell zu berechnen.

b Ermitteln Sie nachfolgende Werte:

Werteermittlung für die Buchungen und die Auswertung	Werte in € oder %
Sozialversicherungsvorauszahlung	
Überweisungsbetrag an die Finanzbehörde	
gesamte Personalkosten des Arbeitgebers (durch diese Gehaltszahlung)	
Nettoentgelt in % der gesamten Personalkosten für diese Gehaltszahlung	
Summe aller Abzüge	
Kirchensteuerbetrag für die evangelische Religionsgemeinschaft	

c Buchen Sie diese Gehaltsabrechnung.

ca Sozialversicherungsvorauszahlung (Banklastschrift)

cb Gehaltsauszahlung (Banküberweisung)

cc Arbeitgeberanteil zur Sozialversicherung des Arbeitnehmers

cd Überweisung der Sparrate

ce Überweisung der Steuern an die Finanzbehörden

Zeitliche Erfolgsabgrenzung durchführen

Ein Industrieunternehmen hat seine GuV- und Bilanzwerte als vorläufige Jahresabschlusswerte für das Geschäftsjahr 20X2 bereits zusammengestellt. Folgende Werte wurden ermittelt:

Vorläufige Jahresabschlusswerte der Intersport GmbH ohne zeitliche Erfolgsabgrenzung	
Erträge	5.919.421,30 €
Aufwendungen	5.808.090,20 €
Eigenkapital	410.331,07 €
Fremdkapital	619.025,88 €
Vermögen	1.029.356,95 €

Eine zeitliche Erfolgsabgrenzung wurde im Laufe des Geschäftsjahres nicht durchgeführt. Folgende Belege sind für den Jahresabschluss 20X2 noch erfolgswirksam abzugrenzen.

Beleg Nr. 1

Bitte beachten Sie die Hinweise auf der Rückseite!

Text	Buchungstag	Primanota	Wert	Umsätze	Soll
Miete Lagerhalle, Januar 20X3	28.12.20X2	T1034	28.12.20X2		800,00 €

Firma/Herr/Frau	IBAN	Gst.	Datum	Alter Saldo
	DE81 3155 0000 0060 0521 98		28.12.20X2	158.285,79 €
				Gesamtumsätze Soll
				0,00 €
				Gesamtumsätze Haben
				800,00 €

Intersport GmbH
Elberfelder Str. 105
42285 Wuppertal

Anlagen	Auszug-Nr.	Blatt-Nr.	Neuer Saldo
0	265	1	159.085,79 €

Wuppertaler Bank – Kontoauszug

Beleg Nr. 2

IHK Industrie- und Handelskammer
Wuppertal-Solingen-Remscheid

Intersport GmbH
Elberfelder Str. 105
42285 Wuppertal

Datum: 30.12.20X2

Beitragsrechnung

Sehr geehrte Damen und Herren,

bitte beachten Sie, dass der Handelskammerbeitrag
in Höhe von 240,00 € für das Jahr 20X2 bis zum 10.01.20X3
fällig ist.

Mit freundlichen Grüßen

Bitte beachten Sie die Hinweise auf der Rückseite!

Text	Buchungstag	Primanota	Wert	Umsätze	Soll
Zinsgutschrift für das 4. Quartal 20X2	02.01.20X3	T1034	02.01.20X3		1.187,14 €

	IBAN	Gst.	Datum	Alter Saldo
	5 0000 0060 0521 98		02.01.20X3	159.085,79 €
				Gesamtumsätze Soll
				0,00 €
				Gesamtumsätze Haben
				1.187,14 €

Anlagen	Auszug-Nr.	Blatt-Nr.	Neuer Saldo
0	001	1	160.272,93 €

Wuppertaler Bank – Kontoauszug

Beleg Nr. 3

Zeitliche Erfolgsabgrenzung durchführen

Beleg Nr. 4

```
Finanzamt Wuppertal                42283 Wuppertal              01.10.20X2
                                   Unterdörnerstraße 96
Kraft-St.-Nummer 218 W-BP 178      Telefon: 0202 105-0
(Bitte bei Rückfragen angeben)     Telefax: 0202 105-204

Finanzamt Wuppertal
Postfach 1351    42283 Wuppertal
                                                      Bescheid
612/--/81939186    ┌──────────────────┐          über Kraftfahrzeugsteuer
                   │ 10.20X2  0,70 Euro│
Firma              └──────────────────┘
Intersport GmbH
Elberfelder Straße 105
42285 Wuppertal


Festsetzung
Diese Änderung Ihres bisherigen Bescheides beruht auf
§12 Abs.2 Nr.1 Kraftfahrzeugsteuergesetz.
Die Steuer wird für das Fahrzeug mit dem amtlichen Kennzeichen
W-BP 178 festgesetzt
für die Zeit ab 01.11.20X2 auf jährlich . . . . . . . . . . . . . . . . . .120,00 Euro
Abrechnung
nach dem Stand vom 01.11.20X2
Steuer für die Zeit vom 01.11.20X2 bis 31.10.20X3 . . . . . . . . . . . .120,00 Euro
bereits gezahlt . . . . . . . . . . . . . . . . . . . . . . . . . . . . .0,00 Euro
zu wenig gezahlt . . . . . . . . . . . . . . . . . . . . . . . . . . . .120,00 Euro
Bitte zahlen Sie
sofort . . . . . . . . . . . . . . . . . . . . . . . . . . . . . . .120,00 Euro
künftig jährlich
spätestens bis 01.11. . . . . . . . . . . . . . . . . . . . . . . . .120,00 Euro
Die jeweils fälligen Beträge werden durch Lastschrift von dem Konto IBAN DE81315500000060052198
bei der Wuppertaler Bank (BIC: WUBADE78XXX) eingezogen.
Grundlagen der Festsetzung
Fahrzeugart            Personenkraftwagen
Hubraum                1.998cm
Erstzulassungsdatum    01.11.20X1
```

Bitte beachten Sie die Hinweise auf der Rückseite!

Text	Buchungstag	Primanota	Wert	Umsätze	Soll
Beitrag W-BP 178	01.11.20X2	6215	01.11.20X2		– 120,00 €
Finanzamt Wuppertal					
Steuernr.218/W-BP178					
Kraftfahrzeugsteuer					

Firma/Herr/Frau	Konto-Nr.	Gst.	Datum	Alter Saldo
	DE8131550000006005219 8		01.11.20X2	149.607,55 €
Intersport GmbH				Gesamtumsätze Soll
Elberfelder Str. 105				– 120,00 €
42285 Wuppertal				Gesamtumsätze Haben
				0,00 €
	Anlagen	Auszug-Nr.	Blatt-Nr.	Neuer Saldo
	0	218	1	149.487,55 €

Wuppertaler Bank – Kontoauszug

Kontoauszug zum
Beleg Nr. 4

1 Erstellen Sie das **Grundbuch** für die zeitliche Erfolgsabgrenzung (vier Belege).

Beleg	Soll	€	Haben	€
1)				
2)				
3)				
4)				

2 Ermitteln Sie den Gewinn und die Jahresabschlusswerte nach der zeitlichen Erfolgsabgrenzung.

Jahresabschlusswerte der Intersport GmbH nach der zeitlichen Erfolgsabgrenzung	
Erträge	
Aufwendungen	
Gewinn	
Eigenkapital	
Fremdkapital	
Vermögen	

Arbeitsblatt 50.1 | Zeitliche Erfolgsabgrenzung (am Geschäftsjahresende)

Zeitliche Erfolgsabgrenzung:

Aufwendungen oder _____ oder Einzahlung _____ fallen in ein anderes Jahr als _____

	Nachzahlungen:	**Vorauszahlungen:**
Zahlungszeitpunkte	Zahlung im neuen Jahr für das _____ Jahr	Zahlung im _____ Jahr für das _____ Jahr
Abgrenzungsgründe	Wir zahlen _____ Unser Schuldner zahlt später	Wir zahlen _____ Unser Schuldner zahlt
Abgrenzungskonto	Sonstige Forderungen	
Inhalt	Geld- _____	Leistungs- _____
Buchung		Aktive Rechnungsabgrenzung an Aufwandskonto
Erfolgsauswirkung	Aufwandserhöhung: Ertrags _____ : Gewinn _____	Aufwands _____ : Ertrags _____ : Gewinn _____
Bilanzauswirkung	Fremdkapitalmehrung Vermögens- _____	Fremdkapital- _____ Vermögens- _____

Aufgaben

Aufgabe 1

a Bilden Sie die Buchungssätze für das Geschäftsjahresende (vorbereitende Abschlussbuchungen) für die periodengerechte Erfolgsermittlung (Aufwand/Ertrag).

b Bilden Sie nach der Eröffnung der aktiven und passiven Bestandskonten die Buchungssätze für das neue Geschäftsjahr (Ausgaben/Einnahmen).

I. Altes Geschäftsjahr (Geschäftsjahresende)

Nr.	Datum	Geschäftsvorfall	Betrag in €
1)	31.12.	Der Handelskammerbeitrag für das letzte Vierteljahr kann aus Versehen erst im Januar bezahlt werden.	540,00
2)	31.12.	Aufgrund einer nicht gestellten Rechnung wurde die Gebühr für eine Fachzeitschrift für das abgelaufene Geschäftsjahr nicht bezahlt.	180,00
3)	31.12.	Die Zinsen für eine Hypothekenschuld (6 % von 200.000,00 €) zahlen wir halbjährlich nachträglich am 01.03. und am 01.09.	?
4)	31.12.	Für die Lohnwoche vom 29.12. bis 04.01. sind 7.200,00 € Löhne zu zahlen (Zahltag 04.01.). Hiervon entfallen auf die Zeit vom 29.12. bis 31.12. 3.000,00 €.	3.000,00
5)	31.12.	Die Zinsgutschrift der Bank für die Zeit vom 01.10. bis 31.03. steht noch aus. Von den halbjährlichen Zinsen in Höhe von 4.200,00 € entfallen auf das alte Geschäftsjahr 2.100,00 €.	2.100,00

II. Neues Geschäftsjahr

Nach der Eröffnung der aktiven und passiven Bestandskonten sind folgende Buchungen vorzunehmen:

Nr.	Datum	Geschäftsvorfall	Betrag in €	
1)	04.01.	Bankauszug (Lastschrift): Überweisung des Handelskammerbeitrags (siehe Fall I. 1).		540,00
2)	04.01.	Kontoauszug (Lastschrift): Die Löhne (siehe Fall I. 4) werden überwiesen.	brutto Steuern Sozialversicherungen Banküberweisung	7.200,00 800,00 1.400,00 5.000,00
3)	10.01.	Bankauszug (Lastschrift): Die Eingangsrechnung für die Fachzeitschrift ist eingetroffen und wird unverzüglich überwiesen (siehe Fall I. 2).	Nettobetrag + 7 % Umsatzsteuer = Bruttobetrag	180,00
4)	01.03.	Bankauszug (Lastschrift): Überweisung der Hypothekenzinsen für die Zeit vom 01.09. bis 28.02. (siehe Fall I. 3).		?
5)	31.03.	Kontoauszug: Zinsgutschrift der Bank (siehe Fall I. 5)		4.200,00

Aufgabe 2

Die Fly Bike Werke GmbH hat im Rahmen der zeitlichen Abgrenzung zur periodengerechten Erfolgsermittlung folgende Geschäftsvorfälle zu bearbeiten:

a Die Kfz-Steuer für mehrere Betriebsfahrzeuge ergibt sich wie folgt:

3 Dieselfahrzeuge	1.128,00 €
4 Benziner	536,00 €
Summe	1.664,00 €

Der Gesamtbetrag wurde am 29.09.XX für ein Jahr im Voraus für die Zeit vom 01.10.XX bis zum 30.09.XY bezahlt. Buchen Sie
1 die Banküberweisung am 29.09.XX,
2 die zeitliche Abgrenzung am 31.12.XX,
3 die Eröffnung des zeitlichen Abgrenzungspostens,
4 die Auflösung des zeitlichen Abgrenzungspostens,
5 am 29.09.XX so, dass eine Korrekturbuchung am 31.12.XX entfällt.

b Am 20.12.XX bezahlt die Fly Bike Werke GmbH die Gebäudefeuer- und Gebäudehaftpflichtversicherungsprämie für das nächste Geschäftsjahr in Höhe von 420,00 €. Buchen Sie
1 die Banküberweisung am 20.12.XX,
2 die zeitliche Abgrenzung am 31.12.XX,
3 die Eröffnung des zeitlichen Abgrenzungspostens,
4 die Auflösung des zeitlichen Abgrenzungspostens,
5 am 20.12.XX so, dass eine Korrekturbuchung am 31.12.XX entfällt.

c Ein Mieter zahlt die Miete für den Monat Januar von 750,00 € bereits am 21.12.XX per Banküberweisung. Buchen Sie
1 die Bankgutschrift am 21.12.XX,
2 die zeitliche Abgrenzung am 31.12.XX,
3 die Eröffnung des zeitlichen Abgrenzungspostens,
4 die Auflösung des zeitlichen Abgrenzungspostens,
5 am 21.12.XX so, dass eine Korrekturbuchung am 31.12.XX entfällt.

d Die Zinsen für eine achtprozentige Anleihe (Zinsperiode 30.09.XX bis 31.03.XY) in Höhe von 100.000,00 € sind noch zu berücksichtigen. Die Zinsen werden uns erst am 31.03.XY für den gesamten Anlagezeitraum gutgeschrieben. Buchen Sie
1 die zeitliche Abgrenzung am 31.12.20XX,
2 die Eröffnung des zeitlichen Abgrenzungspostens,
3 am 31.03.XY bei Bankgutschrift.

Aufgabe 3

Unser Geschäftspartner schuldet uns für den Monat Dezember eine Vermittlungsprovision in Höhe von 1.000,00 € netto zzgl. 19 % Umsatzsteuer. Die Rechnung wird erst am 02.01. des Folgejahres erstellt und an den Geschäftspartner geschickt, der sofort per Bankscheck bezahlt.

a Buchen Sie die Abgrenzung am 31.12.
b Buchen Sie die Zahlung am 03.01. des Folgejahres.

Aufgabe 4

Der vorläufige Jahresabschluss eines Industriebetriebes weist folgende Werte aus:

Vermögen 15.000.000,00 €	Aufwendungen 32.000.000,00 €	
Schulden 7.000.000,00 €	Erträge	32.610.000,00 €

Bei der Ermittlung des endgültigen Abschlusses müssen noch die folgenden Geschäftsvorfälle berücksichtigt werden:

1 In den Mietaufwendungen für das Auslieferungslager ist ein Posten von 75.000,00 € für das 1. Halbjahr des folgenden Jahres enthalten.
2 An Lagerversicherungsprämien wurden bereits 17.000,00 € für das nächste Jahr bezahlt.
3 Für Darlehenszinsen sind noch 20.000,00 € zu berücksichtigen, die im neuen Jahr ausgezahlt werden.
4 Vertragsgemäß zahlt ein Mieter die Miete in Höhe von 10.000,00 € für November und Dezember im Januar.
5 An Beiträgen für die Berufsgenossenschaft sind noch 2.000,00 € für das alte Jahr zu berücksichtigen.
6 Im Zinsaufwand sind 5.000,00 € für das nächste Jahr enthalten.
7 Für das nächste Jahr wurden bereits 60.000,00 € an Kfz-Steuer und Kfz-Versicherungen bezahlt.
8 60.000,00 € Bonus + 19 % Umsatzsteuer an Kunden für das abgelaufene Jahr werden am 20.02. der nächsten Rechnungsperiode durch Überweisung bezahlt.
9 In den Zinserträgen sind 5.000,00 € für die neue Rechnungsperiode enthalten.

Erstellen Sie einen verkürzten Jahresabschluss und ermitteln Sie

a den Wert der aktiven Rechnungsabgrenzung,
b den Wert der passiven Rechnungsabgrenzung,
c den Wert der sonstigen Forderungen,
d den Wert der sonstigen Verbindlichkeiten,
e den periodengerechten Erfolg,
f das Eigenkapital am Ende der Rechnungsperiode,
g die Eigenkapital-Rentabilität (das Eigenkapital am Anfang der Rechnungsperiode betrug 8.000.000,00 €, es gab keine Veränderungen während der Rechnungsperiode).

FK → TAF 12.3 | Kap. 4.2

Rückstellungen bilden und auflösen

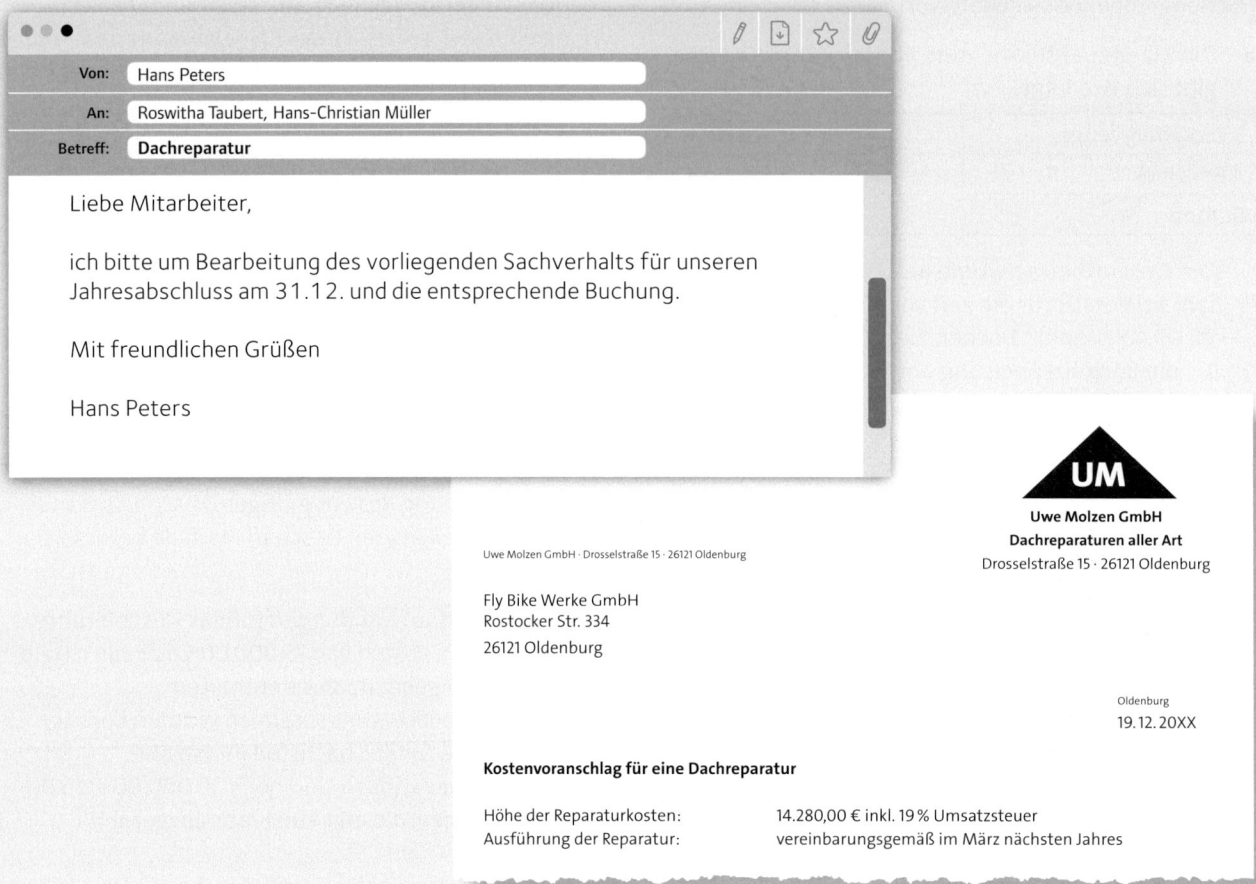

Von: Hans Peters

An: Roswitha Taubert, Hans-Christian Müller

Betreff: Dachreparatur

Liebe Mitarbeiter,

ich bitte um Bearbeitung des vorliegenden Sachverhalts für unseren Jahresabschluss am 31.12. und die entsprechende Buchung.

Mit freundlichen Grüßen

Hans Peters

Uwe Molzen GmbH · Drosselstraße 15 · 26121 Oldenburg

Uwe Molzen GmbH
Dachreparaturen aller Art
Drosselstraße 15 · 26121 Oldenburg

Fly Bike Werke GmbH
Rostocker Str. 334
26121 Oldenburg

Oldenburg
19.12.20XX

Kostenvoranschlag für eine Dachreparatur

Höhe der Reparaturkosten:	14.280,00 € inkl. 19 % Umsatzsteuer
Ausführung der Reparatur:	vereinbarungsgemäß im März nächsten Jahres

---

Bestimmungen des Handelsgesetzbuches zum Jahresabschluss

§ 249 HGB Rückstellungen nach BilMoG

(1) Rückstellungen sind für ungewisse Verbindlichkeiten und für drohende Verluste aus schwebenden Geschäften zu bilden. Ferner sind Rückstellungen zu bilden für
  1. im Geschäftsjahr unterlassene Aufwendungen für Instandhaltung, die im folgenden Geschäftsjahr innerhalb von drei Monaten, oder für Abraumbeseitigung, die im folgenden Geschäftsjahr nachgeholt werden,
  2. Gewährleistungen, die ohne rechtliche Verpflichtung erbracht werden.
(2) Für andere als die im Absatz 1 bezeichneten Zwecke dürfen Rückstellungen nicht gebildet werden. Rückstellungen dürfen nur aufgelöst werden, soweit der Grund hierfür entfallen ist.

Arbeitsauftrag

1 Führen Sie anhand des Kostenvoranschlags für eine Dachreparatur die Buchungen zum Jahresende und im Folgejahr durch. Nutzen Sie dazu das Arbeitsblatt 51.1.

Arbeitsblatt 51.1 | Buchung von Rückstellungen

Fall 1

Die Fly Bike Werke GmbH erhält am 19.12. einen Kostenvoranschlag über eine Dachreparatur in Höhe von 12.000,00 € netto, die im März des folgenden Jahres ausgeführt werden soll.

Buchungen im alten Jahr					
Nr.	Datum	Soll	€	Haben	€
1)	31.12.	6160 Fremdinstandhaltung			
2)	31.12.	8020 GuV-Konto			
3)	31.12.			8010 SBK	

Fall 2a

Die tatsächlichen Reparaturkosten belaufen sich am 10. März des folgenden Jahres auf die veranschlagten 12.000,00 € netto und werden per Banküberweisung bezahlt.

Buchungen im neuen Jahr					
Nr.	Datum	Soll	€	Haben	€
1)	02.01.	8000 EBK			
2)	10.03.	_____ 2600 Vorsteuer			

Fall 2b

Die tatsächlichen Reparaturkosten sind am 10. März des folgenden Jahres um 1.000,00 € netto geringer als die veranschlagten 12.000,00 € netto und werden per Banküberweisung bezahlt.

Buchungen im neuen Jahr					
Nr.	Datum	Soll	€	Haben	€
1)	02.01.	8000 EBK			
2)	10.03.	_____ 2600 Vorsteuer		_____ _____	

Fall 2c

Die tatsächlichen Reparaturkosten sind am 10. März des folgenden Jahres um 2.000,00 € netto höher als die veranschlagten 12.000,00 € netto und werden per Banküberweisung bezahlt.

Buchungen im neuen Jahr					
Nr.	Datum	Soll	€	Haben	€
1)	02.01.	8000 EBK			
2)	10.03.	_____ _____ 2600 Vorsteuer			

Arbeitsblatt 51.2 | Rückstellungen

Für alle Rückstellungen gilt:	
Ihre wirtschaftliche Ursache liegt in einem Geschäftsjahr, in dem _____ _____	Die _____ und/oder die _____ der Zahlung muss geschätzt werden.

Rückstellungen gemäß § 249 HGB nach BilMoG sind zu bilden für:			
§ 249 Abs. 1 Satz 1 HGB	§ 249 Abs. 1 Satz 1 HGB	§ 249 Abs. 1 Satz 2, Nr. 1 HGB	§ 249 Abs. 1 Satz 2, Nr. 2 HGB
ungewisse _____	drohende _____ aus _____ Geschäften	Unterlassende Aufwendungen für _____ [1] oder für _____ [2]	_____ , die ohne rechtliche Verpflichtung erbracht werden.

[1] Nur soweit sie innerhalb von drei Monaten im Folgejahr nachgeholt werden.
[2] Nur soweit sie im Folgejahr nachgeholt werden.

Rückstellungen bewirken im Jahr ihrer Bildung, dass		
die Aufwendungen _____	der Gewinn (und damit die Steuerbelastung) _____	das Fremdkapital _____
Buchung: _____ konto an _____		

Die Auflösung von Rückstellungen bewirkt im Auflösungsjahr:		
Aufwand = Rückstellung	Aufwand ‹ Rückstellung	Aufwand › Rückstellung
Keine _____ Buchung, der Gewinn _____	_____ buchung, der Gewinn _____	_____ buchung, der Gewinn _____

Eine Rückstellung muss aufgelöst werden, wenn		

Aufgaben

Aufgabe 1–3

Ein Produzent von Stahlrahmen (GmbH) hat im Rahmen der Rechnungsabgrenzung die nachfolgenden Sachverhalte zu Rückstellungen zu klären.
Führen Sie dabei die Buchungen zur Bildung und Auflösung von Rückstellungen durch und ermitteln Sie die Auswirkung auf den Erfolg der ablaufenden Rechnungsperiode.

1a Wegen der Witterungsverhältnisse konnte eine umfangreiche Dachsanierung an einem vermieteten Gebäude im Dezember nicht mehr durchgeführt werden. Der Dachdeckermeister hatte die Kosten mit 45.000,00 € netto veranschlagt. Buchen Sie die Bildung der Rückstellung am 31.12.

1b Im März des Folgejahres kann die Dachsanierung durchgeführt werden. Nennen Sie die Buchungen für die Auflösung des Kontos „Rückstellungen", wenn der Rechnungsbetrag

    b1 45.000,00 € + 19 % Umsatzsteuer,

    b2 48.000,00 € + 19 % Umsatzsteuer,

    b3 43.000,00 € + 19 % Umsatzsteuer beträgt und durch Banküberweisung beglichen wird.

1c Dürfte die Rückstellung für Instandhaltung auch gebildet werden, wenn die Instandhaltung erst nach Ablauf der Frist von 3 Monaten innerhalb des folgenden Geschäftsjahres nachgeholt wird?

2a Das Aufwandsrisiko eines anhängigen Gerichtsverfahrens wird auf 5.000,00 € geschätzt. Bilden Sie die Rückstellung.

2b Der Prozess wird gewonnen. Die Rückstellung wird aufgelöst.

3a Für eine noch zu erwartende Jahresabschlusszahlung an die Berufsgenossenschaft für die gesetzliche Unfallversicherung ist eine Rückstellung in Höhe von 300,00 € zu bilden.

3b Die tatsächliche Abschlusszahlung lautet über 500,00 €.

Aufgabe 4

Buchen Sie die folgenden Geschäftsvorfälle.

1 Am 05.01. zahlen wir die Lagermiete für Dezember durch Postüberweisung in Höhe von 600,00 €.

2 Banküberweisung für Gewerbesteuernachzahlung 12.000,00 €, es war eine Rückstellung von 15.000,00 € gebildet worden.

3a Die Dezember-Miete von 3.000,00 € wird im Januar durch Verrechnungsscheck bezahlt. Buchung am 31.12.

3b Buchung bei Zahlung am 10.01.

4a Die Kfz-Steuer von 4.800,00 € wird am 30.08. durch Banküberweisung für ein Jahr im Voraus bezahlt. Buchung am 31.12.

4b Buchung am 02.01. nach der Eröffnung

5 Die Dezember-Miete von 2.000,00 € wird am 05.01. von unserem Mieter bar bezahlt. Buchung am 31.12.

6 Die Januar-Miete über 1.500,00 € für ein Lager wird von uns am 20.12. per Postüberweisung bezahlt. Buchung am 31.12.

Aufgabe 5

Die Fly Bike Werke GmbH erhält am 19.12.20X1 die unten stehende Mängelrüge. Sie hat kein Interesse, die Fahrräder bei der Matro AG abholen zu lassen und selbst nachzubearbeiten. Sie erkennen die Mängelrüge – nach internen Recherchen – inhaltlich voll an.

a Buchen Sie für diesen Vorgang eine Rückstellung am 31.12.20X1.

b Am 15.01.20X2 stellt die Matro AG für Nachbesserungen 1.200,00 € zzgl. 19 % Umsatzsteuer in Rechnung. Buchen Sie den Rechnungseingang.

MATRO AG
Großhandel

Matro Großhandels AG · Altenessener Str. 611 · 45472 Essen

Fly Bike Werke GmbH
Rostocker Straße 334
26121 Oldenburg

Ihre Zeichen, Ihre Nachricht vom	Unsere Zeichen, unsere Nachricht vom	Telefon	Essen
	KU/FL	0201 34317-0	18.12.20X1

Mängelrüge
Fehlerhafte Montage: Schaltungen und Bremsen nicht eingestellt

Sehr geehrte Frau Ganser,

am 03.12.20X1 haben wir bei Ihnen u. a. 300 Mountain-Bikes Modell „Dispo" bestellt. Bei der unverzüglichen Prüfung Ihrer Lieferung am 16.12.20X1 haben wir folgende Fehler feststellen müssen:

Bei den ersten 10 der bis heute getesteten Mountain-Bikes mussten alle Schaltungen und Bremsen neu eingestellt werden, um die Fahrräder verkaufsfähig machen zu können. Je Fahrrad entstehen uns dabei Personalkosten in Höhe von 5,00 €. Sollten alle 300 Räder, die wir für unsere Frühlingsaktion bei Ihnen gekauft haben, diesen Mangel aufweisen, entstünden uns Gesamtkosten in Höhe von bis zu 1.500,00 € zzgl. 19 % Umsatzsteuer, die wir Ihnen ggf. in Rechnung stellen müssen. Sollten Sie diese Kosten nicht übernehmen wollen, bitten wir Sie, die Fahrräder bei uns abholen zu lassen und gegen eine mangelfreie Ersatzlieferung auszutauschen.

Wir erwarten umgehend Ihre Entscheidung.

Mit freundlichen Grüßen

Matro AG

Anlagen: Kopie Bestellung | Kopie Lieferschein

Das Anlagevermögen bewerten

1 Die Fly Bike Werke GmbH kauft eine neue Verpackungsmaschine. Sie sollen für die Fly Bike Werke GmbH die Anschaffung der Maschine und die lineare Abschreibung im ersten Nutzungsjahr buchen (im Grund- und Hauptbuch betriebsgewöhnliche Nutzungsdauer 13 Jahre).

Beleg Nr. 1

Maschinenbau Gerlach GmbH – *wir produzieren Werte*

Leimer Weg 27, 26121 Oldenburg, Tel.: 0441 600-0, Fax: 0441 600-12, Mail: maschinenbau@gerlach.de

Firma
Fly Bike Werke GmbH
Rostocker Straße 334
26121 Oldenburg

Datum: 01.04.20X1
Rechnungsnummer 412
Lieferdatum 01.04.20X1

RECHNUNG

Produkte/Leistungen	Anzahl	Einzelpreis in €	Betrag in €
Verpackungsmaschine xp412	1,00	112.000,00	112.000,00
Lieferung	1,00	2.200,00	2.200,00
Montage	1,00	1.400,00	1.400,00
Steuereinheit zu xp412ST mit Einbau	1,00	4.500,00	4.500,00

Bei Zahlung innerhalb von 10 Tagen gewähren wir 3 % Skonto auf den Warenwert der Maschine. Die Zahlungsfrist beträgt 30 Tage.	Zwischensumme	120.100,00 €
	Steuersatz	19,00 %
	Umsatzsteuer	22.819,00 €
	Rechnungsbetrag	142.919,00 €

Zahlungsempfänger: Maschinenbau Gerlach GmbH
Konto-Daten: Oldenburg-Bank, BIC OLBADEH5897, IBAN DE95 7705 4237 0011 2445 22

Maschinenbau Gerlach GmbH – *wir produzieren Werte*

Leimer Weg 27, 26121 Oldenburg, Tel.: 0441 600-0, Fax: 0441 600-12, Mail: maschinenbau@gerlach.de

Firma
Fly Bike Werke GmbH
Rostocker Straße 334
26121 Oldenburg

Datum: 03.04.20X1
Gutschriftsnummer 12
Lieferdatum 01.04.20X1

GUTSCHRIFT

Produkte/Leistungen	%	Einzelpreis in €	Betrag in €
Gutschrift zur Verpackungsmaschine xp412	10,00	112.000,00	11.200,00

Gemäß Ihrer Mängelrüge gewähren wir einen Preisnachlass in Höhe von 10 % auf den Warenwert der Maschine.	Zwischensumme	11.200,00 €
	Steuersatz	19,00 %
	Umsatzsteuer	2.128,00 €
	Gutschriftsbetrag	13.328,00 €

Beleg Nr. 2

Beleg Nr. 3

		Oldenburg-Bank		
IBAN DE86 2805 0100 0112 3264 44		**Kontoauszug** Oldenburg-Bank	Auszug 112	Blatt 1
Buchungstag	Wert	Vorgang/Erläuterungen	Beträge in €	
		Kontostand am 10.04.20X1	214.000,00 +	
10.04.20X1	10.04.20X1	Überweisung Maschinenbau Gerlach GmbH Rechnungs-Nr. 412, abzüglich Gutschrift-Nr. 12 und 3 % Skonto Abzug auf den Maschinenwert	125.992,44 –	
		Kontostand am 10.04.20X1	88.007,56 +	

Fly Bike Werke GmbH, Oldenburg

Grundbuch:

1) Eingangsrechnung der Maschinenbau Gerlach GmbH
2) Gutschrift der Maschinenbau Gerlach GmbH
3) Rechnungsausgleich unter Abzug von 3 % Skonto vom Maschinenwert
4) Abschreibung im ersten Nutzungsjahr

Nr.	Soll	€	Haben	€
1)				
2)				
3)				
4)				

Hauptbuch (Auszug, nur Anlagen- und Abschreibungskonto):

S   0760 Verpackungsmaschinen   H

S   6520 Abschreibungen auf Sachanlagen   H

Arbeitsblatt 52.1 | Bestandteile der Anschaffungskosten

Ordnen Sie die nachfolgenden Begriffe den Bestandteilen der Anschaffungskosten für ausgewählte Anlagegüter zu (Mehrfachnennungen sind möglich).

1. Einbauteile und Einbaukosten (nachträglich)	12. Preisnachlässe nach Mängelrügen
2. Einbauten (nachträglich)	13. Rabatt
3. Fundamentierungskosten	14. Renovierungskosten
4. Grunderwerbsteuer	15. Skonto
5. Kosten der Anlieferung (z. B. Fracht, Be- und Entladekosten, Anfuhr, Abfuhr, Transportversicherung)	16. Überführungskosten
6. Kreditfinanzierungskosten	17. Umbauten (nach dem Erwerb)
7. Listenpreis	18. Gezahlte Vorsteuer
8. Maklergebühr	19. Zoll
9. Montagekosten	20. Zubehörteile (beim Kauf)
10. Notarieller Kaufpreis	21. Zulassungskosten
11. Notarkosten (Eigentumsübertragung)	22. Notarkosten (Grundschuldeintragung)

Bestandteile des Anschaffungspreises	Anschaffungs-nebenkosten	Anschaffungspreis-minderungen	Nachträgliche Anschaffungskosten
Ermittlung der Anschaffungskosten für ein Grundstück mit bestehendem Gebäude			
Ermittlung der Anschaffungskosten für eine importierte Maschine			
Ermittlung der Anschaffungskosten für ein Fahrzeug (kein Import)			
Ermittlung der Anschaffungskosten für einen Büroschrank (kein Import)			
Nicht zu den Anschaffungskosten gehören:			

Arbeitsblatt 52.2 | Abschreibungsmethoden

1 Ermitteln Sie die Abschreibungsbeträge und die Buchwerte für einen Lkw manuell oder mit einem Tabellen-kalkulationsprogramm (kein Erinnerungswert!).

2 Stellen Sie die Entwicklung der Abschreibungsbeträge des Lkw in Abhängigkeit von der jeweiligen Abschrei-bungsmethode in einem Diagramm dar.

Abschreibungsmethoden	lineare Abschreibung	Leistungsabschreibung	km
Anschaffungskosten	112.500,00 €	112.500,00 €	300 000 km
– Abschreibung 1. Jahr			40 000 km
= Buchwert Ende 1. Jahr			
– Abschreibung 2. Jahr			50 000 km
= Buchwert Ende 2. Jahr			
– Abschreibung 3. Jahr			50 000 km
= Buchwert Ende 3. Jahr			
– Abschreibung 4. Jahr			40 000 km
= Buchwert Ende 4. Jahr			
– Abschreibung 5. Jahr			40 000 km
= Buchwert Ende 5. Jahr			
– Abschreibung 6. Jahr			30 000 km
= Buchwert Ende 6. Jahr			
– Abschreibung 7. Jahr			20 000 km
= Buchwert Ende 7. Jahr			
– Abschreibung 8. Jahr			15 000 km
= Buchwert Ende 8. Jahr			
– Abschreibung 9. Jahr			15 000 km
= Buchwert Ende 9. Jahr	0,00 €	0,00 €	

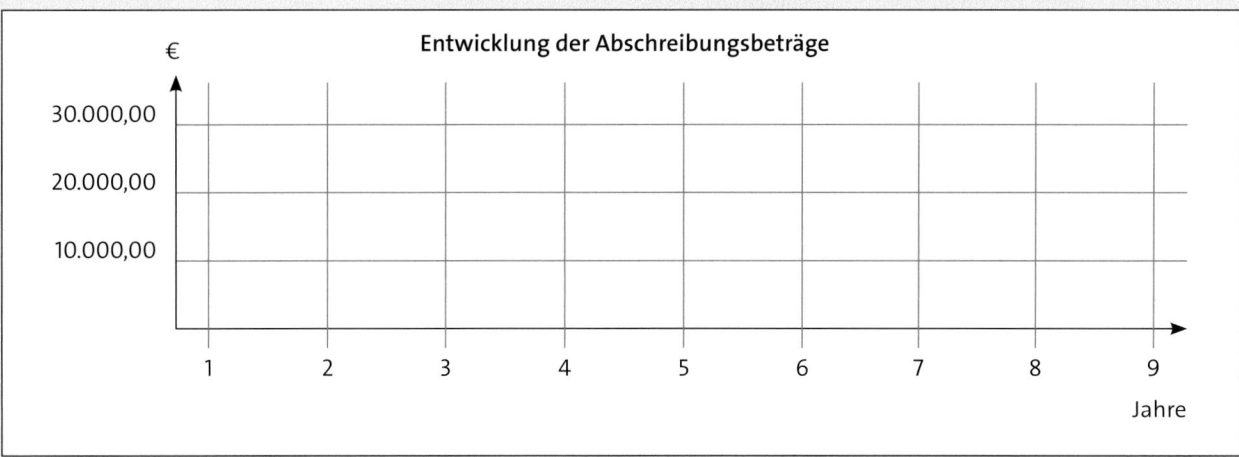

Entwicklung der Abschreibungsbeträge

Arbeitsblatt 52.3 | Bewertungen im Anlagevermögen

Anlagevermögen = _____

_____

_____

Bewertung beim Kauf :	
Anschaffungspreis + _____ – _____ + _____ = Anschaffungskosten	Beispiele: _____ _____ _____

Abschreibungen:	
_____ Nur für Wirtschaftsgüter, deren Nutzung _____ = _____ Anschaffungskosten	**Außerplanmäßige Abschreibung** Für alle Wirtschaftsgüter, _____ _____

Abschreibungsregeln im Anlagevermögen:	
Linearer Abschreibungsbetrag	$\dfrac{\text{Anschaffungskosten}}{\rule{3cm}{0.4pt}}$
Linearer Abschreibungssatz	$\dfrac{100\,\%}{\rule{3cm}{0.4pt}}$
Zeitanteilige Abschreibungen	Im Jahr der Anschaffung und im Jahr des _____ : Jahresabschreibung · _____
GWG mit Anschaffungskosten bis 250,00 €	Sofortige _____ , keine _____ .
GWG mit Anschaffungskosten von über 250,00 € bis 1.000,00 € (Sammelposten)	Summe der Anschaffungskosten der GWG für ein Geschäftsjahr _____

Auswirkungen von Abschreibungen:	
In der Erfolgsrechnung: _____ erhöhung und Gewinn _____ .	In der Bilanz: Vermögens _____ und Eigenkapital _____ .

Arbeitsblatt 52.4 | Geringwertige Wirtschaftsgüter

Herr Baumann ist begeistert. Er hat ein Handy mit Navigationssystem für dienstliche Zwecke gekauft. Auch als Fußgänger wird er sich zukünftig nicht mehr verlaufen, wenn er Kunden in Innenstädten besucht – es gibt nie einen Parkplatz vor einem Kunden-Geschäft. Er legt den Beleg Frau Taubert vor. Sie muss ihn ja schließlich buchen und Herrn Baumann das Geld, das er vorgelegt hat, bar auszahlen. Frau Taubert hat für diese Zwecke einen Prüfbogen vorliegen.

Mobil-Shop Rostocker Str. 22 26121 Oldenburg	Prüfung: geringwertiges Wirtschaftsgut? (Prüfergebnisse ankreuzen!)

Mobil-Shop
Rostocker Str. 22
26121 Oldenburg

- - - - - - - - - - - - - - - - - - -

15.12.20XX, 9:30 Uhr

239292 Noki C55
NAVI Edition   129,00 €

KFZ-Halterung   0,00 €
(Sonderaktion)

Endsumme in €   129,00 €

- - - - - - - - - - - - - - - - - - -

19 % MwSt =   20,60 €
Netto-Umsatz =   108,40 €

- - - - - - - - - - - - - - - - - - -

Bar   130,00 €
Rückgeld   1,00 €

- - - - - - - - - - - - - - - - - - -

VIELEN DANK
FÜR IHREN EINKAUF!

Beleg-Nr. KB332

Prüfung: geringwertiges Wirtschaftsgut?
(Prüfergebnisse ankreuzen!)

	Ja	Nein
1. Anlagevermögen?	☐	☐
2. abnutzbar?	☐	☐
3. beweglich?	☐	☐
4. selbstständig nutzbar?	☐	☐
5. Nutzungsdauer > 1 Jahr?	☐	☐
6. Anschaffungskosten bis 1.000,00 €?	☐	☐
Prüfungsergebnis: GWG	☐	☐

1 Entspricht der von Herrn Baumann vorgelegte Beleg einer vorsteuerabzugsberechtigten Eingangsrechnung nach dem Umsatzsteuerrecht?[1]

2 Handelt es sich bei dieser Anschaffung einkommensteuerrechtlich um ein geringwertiges Wirtschaftsgut? Nutzen Sie den oben abgebildeten Prüfbogen!

3 Wie ist der Beleg zu buchen, wenn keine Aufzeichnungspflichten für diesen „Kleinbetrag" erfüllt werden sollen?[2]

Nr.	Soll	€	Haben	€
1)				

Hinweise:

[1] Kleinbetragsrechnungen: Rechnungen über Kleinbeträge bis zu 250,00 € (ab 01.01.2017) müssen nicht sämtliche Pflichtangaben für eine Rechnung enthalten. Die Adresse des Rechnungsausstellers, das Datum, die Auflistung der Ware oder Leistung sowie der Rechnungsbetrag mit Umsatzsteuersatz oder Steuerbetrag reichen auf Kleinbetragsrechnungen aus.

[2] Geringwertige Wirtschaftsgüter (GWG): Die Sofortabzugsgrenze (Aufwandsbuchung) steigt ab 01.01.2018 von 150,00 € auf 250,00 €. **Bewertungsalternativen** für GWG, die in einem Geschäftsjahr angeschafft wurden, über 150,00 € (bis Ende 2017; 250,00 € ab 2018) bis 410,00 € (bis Ende 2017; 800,00 € ab 2018) Vollabschreibung am Jahresende **oder** Bildung eines Sammelpostens für GWG über 150,00 € (bis Ende 2017; 250,00 € ab 2018) bis 1.000,00 €, der innerhalb von 5 Jahren (20 % pro Jahr) abgeschrieben werden muss.

Aufgaben

Aufgabe 1

Buchen Sie die Anschaffung von Anlagegütern und ggf. die lineare Abschreibung im ersten Nutzungsjahr für die drei nachfolgenden Belege unter Beachtung des Auszuges aus der amtlichen AfA-Tabelle (betriebsgewöhnliche Nutzungsdauern) und des Anschaffungsdatums.

Auszug aus der amtlichen AfA-Tabelle für Anlagegüter		
Fundstelle	Anlagegüter	Nutzungsdauer in Jahren
5.23	Verpackungsmaschinen, Folienschweißgeräte	13
6.1	Wirtschaftsgüter der Werkstätten-, Labor- und Lagereinrichtungen	14
6.13.2.2	Mobilfunkendgeräte	5
6.14.3.1	Großrechner	7
6.14.3.2	Workstations, Personalcomputer, Notebooks und deren Peripheriegeräte (Drucker, Scanner, Bildschirme u. Ä.)	3
6.14.4	Foto-, Film-, Video- und Audiogeräte (Fernseher, CD-Player, Recorder, Lautsprecher, Radios, Verstärker, Kameras, Monitore u. Ä.)	7
6.15	Büromöbel	13

Beleg Nr. 1   Beleg Nr. 2

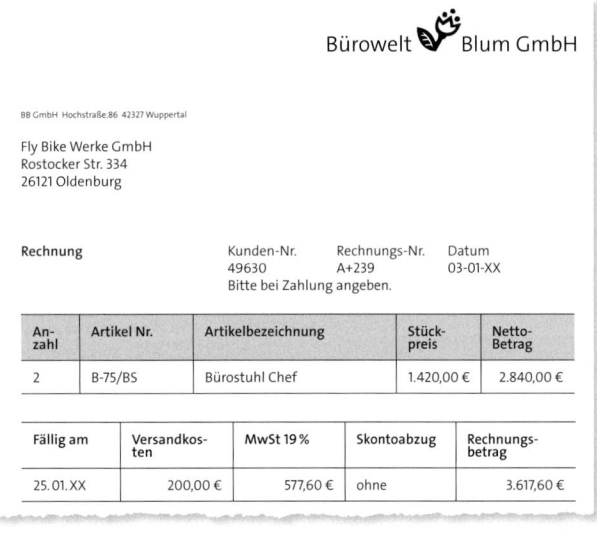

Bürowelt Blum GmbH

BB GmbH Hochstraße 86 42327 Wuppertal

Fly Bike Werke GmbH
Rostocker Str. 334
26121 Oldenburg

Rechnung	Kunden-Nr.	Rechnungs-Nr.	Datum
	49630	A+239	03-01-XX
	Bitte bei Zahlung angeben.		

An-zahl	Artikel Nr.	Artikelbezeichnung	Stück-preis	Netto-Betrag
2	B-75/BS	Bürostuhl Chef	1.420,00 €	2.840,00 €

Fällig am	Versandkos-ten	MwSt 19 %	Skontoabzug	Rechnungs-betrag
25.01.XX	200,00 €	577,60 €	ohne	3.617,60 €

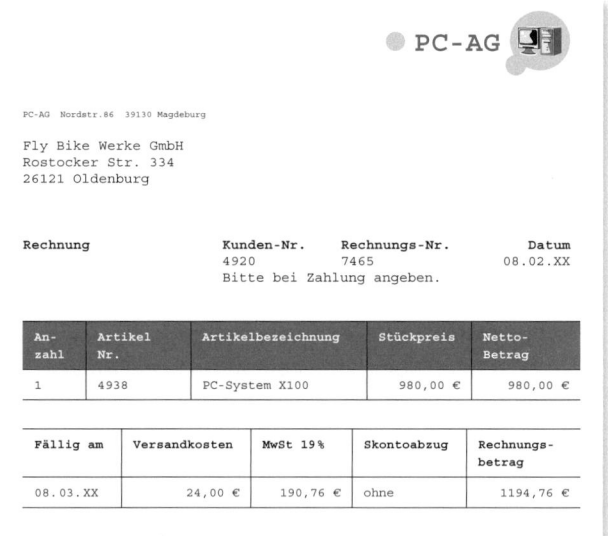

PC-AG

PC-AG Nordstr. 86 39130 Magdeburg

Fly Bike Werke GmbH
Rostocker Str. 334
26121 Oldenburg

Rechnung	Kunden-Nr.	Rechnungs-Nr.	Datum
	4920	7465	08.02.XX
	Bitte bei Zahlung angeben.		

An-zahl	Artikel Nr.	Artikelbezeichnung	Stückpreis	Netto-Betrag
1	4938	PC-System X100	980,00 €	980,00 €

Fällig am	Versandkosten	MwSt 19 %	Skontoabzug	Rechnungs-betrag
08.03.XX	24,00 €	190,76 €	ohne	1194,76 €

DATASYS AG

Beleg Nr. 3

Datasys AG – Karlstraße 8 – 58134 Hagen

Fly Bike Werke GmbH
Rostocker Str. 334
26121 Oldenburg

Rechnung 2387/02	Kunden-Nr.	Bestell-Nr.	Datum
	211833	64711	10.04.20XX
	Bitte bei Zahlung angeben.		

1 Verpackungsmaschine MLD 21	15.850,00 EUR
abzüglich 5 % Rabatt	792,50 EUR
	15.057,50 EUR
Folgende Leistungen werden von uns wie folgt berechnet:	
Fracht	495,00 EUR
Transportversicherung	180,00 EUR
Montage	520,00 EUR
	1.195,00 EUR
Gesetzliche Umsatzsteuer 19 %	3.087,98 EUR
Rechnungsbetrag	**19.340,48 EUR**

Bei Rechnungsausgleich innerhalb von 8 Tagen gewähren wir auf den Nettowert der Maschine ein Skonto in Höhe von 3 %.

Aufgabe 2

a Buchen Sie die drei Belege und die Überweisung an den Büroausstatter Werner Lippert e. K. unter Abzug von 2 % Skonto auf dessen Forderungsbetrag.

b Ermitteln Sie
1 die Anschaffungskosten je PC-Office-Tisch einschließlich Erweiterung,
2 die Minderung der Umsatzsteuer-Zahllast durch diesen Büroausstattungseinkauf.

c Buchen Sie die lineare Abschreibung im Kaufjahr für alle Tische.

Werner Lippert Buchenstraße 3 40221 Düsseldorf

LIPPERT
BÜROAUSSTATTUNGEN

Fly Bike Werke GmbH
Rostocker Str. 334
26121 Oldenburg

Rechnung Nr.: 12

Rechnungs-Datum 14.01.20XX
Bankverbindung: Rhein-Bank Essen
IBAN DE14 7889 6740 3709 7899 10
BIC RBNKDEESXXX

Artikel Nr.	Menge	Artikelbezeichnung	Einzel-Preis	Gesamt-Preis
1256	10	PC-Office-Tische, grau	1.500,00 €	15.000,00 €
1259	10	Erweiterungen für PC-Office-Tische für Drucker, grau	120,00 €	1.200,00 €
		Zwischensumme		16.200,00 €
		− 10% Jubiläumsrabatt		1.620,00 €
		Nettopreis		14.580,00 €
		+ 19% Umsatzsteuer		2.770,20 €
		Bruttopreis		17.350,20 €

Lieferung und Aufstellung erfolgen durch die Spedition Herget gegen gesonderte Rechnung.

Herget GmbH Colmar Str. 9 40221 Düsseldorf

Spedition Herget GmbH

Fly Bike Werke GmbH
Rostocker Str. 334
26121 Oldenburg

Rechnung Nr.: 123   Rechnungs-Datum 13. 01. 20XX

Wir lieferten und montierten im Auftrag der Firma Werner Lippert Büroausstattungen, Düsseldorf, 10 PC-Office-Tische mit Erweiterungen für Drucker.

Gesamtpreis für den Transport einschließlich Transportversicherung und Montage	450,00 €
zzgl. 19 % Umsatzsteuer	85,50 €
Bruttorechnungsbetrag	535,50 €

Bankverbindung: Postbank Essen, BLZ 360 100 10, Konto-Nr.: 1234567770

Werner Lippert Buchenstraße 3 40221 Düsseldorf

LIPPERT
BÜROAUSSTATTUNGEN

Fly Bike Werke GmbH
Rostocker Str. 334
26121 Oldenburg

Gutschrift Nr.: 12

Gutschrift-Datum 14.01.20XX
Bankverbindung: Rhein-Bank Essen
IBAN DE14 7889 6740 3709 7899 10
BIC RBNKDEESXXX

Ihre Mängelrüge vom 13.01.20XX

Wir möchten uns für die von Ihnen reklamierten Farbabweichungen entschuldigen. Ihre Mängelrüge haben wir sofort an unseren Hersteller weitergeleitet. Selbstverständlich sind wir bereit, Ihnen einen Preisnachlass in Höhe von 20% auf den Bruttorechnungsbetrag zu gewähren. Bitte kürzen Sie den Bruttorechnungsbetrag unserer Rechnung Nr. 12 vom 12. 01. 20XX entsprechend.

Mit freundlichen Grüßen

W. Lippert

Anlage: Gutschrift

Aufgabe 3

Einkauf einer Verpackungsmaschine gegen Banküberweisung. Die Anschaffungskosten betragen 26.000,00 € zzgl. 19 % Umsatzsteuer. Die betriebsgewöhnliche Nutzungsdauer wird mit 13 Jahren angegeben. Die Maschine wird linear abgeschrieben.

a Geben Sie den Buchungssatz für diese Anschaffung an.

b Berechnen Sie die Wertminderung der Anlage während der Nutzungsdauer und erstellen Sie eine Abschreibungstabelle für die lineare Abschreibung.

c Wie viel Prozent der Anschaffungskosten sind nach 4 Nutzungsjahren bereits abgeschrieben?

d Wie hoch ist der Restbuchwert der Maschine zum Beginn des 6. Nutzungsjahres?

Aufgabe 4

Anschaffung eines Gabelstaplers für das Auslieferungslager. Der Einkaufspreis beträgt 7.850,00 € zzgl. 19 % Umsatzsteuer. Die anliefernde Spedition berechnet 150,00 € zzgl. 19 % Umsatzsteuer. Beide Rechnungen werden per Banküberweisung bezahlt. Die Nutzungsdauer wird auf 16 000 Betriebsstunden geschätzt. Die Verteilung der Betriebsstunden innerhalb der achtjährigen Nutzungsdauer wird wie folgt geschätzt: 1. Jahr: 1600, 2. Jahr: 1800, 3. Jahr: 2000, 4. Jahr: 2600, 5. Jahr: 2600, 6. Jahr: 2000, 7. Jahr: 2000, 8. Jahr: 1400 Betriebsstunden. Die tatsächlich erbrachte Leistung des Gabelstaplers wird über einen Betriebsstundenzähler erfasst.

a Geben Sie die Buchungssätze für den Einkauf dieses Gabelstaplers an.

b Berechnen Sie die Wertminderung während der Nutzungsdauer und erstellen Sie eine Abschreibungstabelle für die Leistungsabschreibung.

c Wie viel Prozent der Anschaffungskosten sind nach 2 Nutzungsjahren bereits abgeschrieben?

d Wie hoch ist der Restbuchwert des Gabelstaplers zum Beginn des 3. Nutzungsjahres?

e Welche Begründung könnte für die wechselnden Abschreibungsbeträge angeführt werden?

Aufgabe 5

Neuanschaffung eines Lkw. Der Nettorechnungsbetrag zzgl. 19 % Umsatzsteuer beträgt 90.000,00 €. Die betriebsgewöhnliche Nutzungsdauer wird auf 9 Jahre festgelegt. Die Gesamtleistung wird auf 300 000 Kilometer geschätzt. Die Verteilung der Kilometer auf die Nutzungsdauer ist wie folgt geplant: 1. Jahr: 50 000 km, 2. Jahr: 45 000 km, 3. Jahr: 42 000 km, 4. Jahr: 40 000 km, 5. Jahr: 38 000 km, 6. Jahr: 35 000 km, 7. Jahr: 20 000 km, 8. Jahr: 16 000 km und 9. Jahr: 14 000 km.

a Bilden Sie den Buchungssatz für den Einkauf des Lkw gegen Banküberweisung.

b Erstellen Sie die Abschreibungstabellen für
  - die lineare Abschreibung
  und
  - die Abschreibung nach Leistung.

c Berechnen Sie den gesamten Werteverlust in Prozent der Anschaffungskosten nach dem sechsten Nutzungsjahr für alle Abschreibungsmethoden.

d Die Unternehmung macht im Jahr der Anschaffung des Lkw geringe Verluste. Es ist davon auszugehen, dass in den Folgejahren wieder ein stetig steigender Gewinn erzielt wird. Begründen Sie die Auswahl einer optimalen Abschreibungsmethode.

Aufgabe 6

Kauf eines Pkw am 01. 09. 20X1. Die Anschaffungskosten betrugen 34.000,00 €, die Anschaffungsnebenkosten 2.000,00 € jeweils zzgl. 19 % Umsatzsteuer. Der Rechnungsbetrag wird an den Autohändler per Banküberweisung bezahlt. Die betriebsgewöhnliche Nutzungsdauer beträgt 6 Jahre.

a Buchen Sie den Rechnungseingang und den Rechnungsausgleich.

b Ermitteln Sie den Abschreibungsbetrag für das erste Nutzungsjahr bei linearer Abschreibung.

c Ermitteln Sie die Buchwerte am Jahresende bei linearer Abschreibung.

d Buchen Sie die Abschreibung im ersten Nutzungsjahr bei linearer Abschreibung.

Ich kann ...	Kann ich	Kann ich nicht
Buchungen im Ein- und Verkaufsbereich		
1. ... Bezugskosten im Werkstoffeinkauf buchen.		
2. ... Rücksendungen an Werkstofflieferanten und von Kunden buchen.		
3. ... Preisnachlässe (nach Mängelrügen, Skonti und Boni) von Werkstofflieferanten und an Kunden buchen.		
Soziale Sicherung		
1. ... das „Fünf-Säulen-System" der Sozialversicherung beschreiben.		
2. ... betriebliche Zusatzleistungen auch zur Altersversorgung benennen.		
3. ... individuelle Vorsorge und deren staatliche Förderung erklären.		
Buchungen im Personalbereich		
1. ... Lohn- und Gehaltsabrechnungen erstellen und buchen.		
2. ... Abgaben an Finanzbehörden berechnen und buchen.		
3. ... Abgaben an Sozialversicherungsträger berechnen und buchen.		
Zeitliche (Erfolgs-)Abgrenzung		
1. ... die zeitliche Erfolgsabgrenzung durch Sonstige Forderungen und Sonstige Verbindlichkeiten buchen.		
2. ... die zeitliche Erfolgsabgrenzung durch aktive und passive Rechnungsabgrenzung buchen		
Rückstellungen		
1. ... die Bildung von Rückstellungen auf Basis von § 249 HGB begründen.		
2. ... die Bildung und die Auflösung von Rückstellungen buchen.		
Abschreibungen		
1. ... die Notwendigkeit von Abschreibungen im Anlagevermögen begründen.		
2. ... lineare und Leistungsabschreibungsbeträge berechnen.		
3. ...Abschreibungen von Anlagegütern buchen.		

FK → TAF 12.4 | Kap. 1

Rahmenbedingungen einer Existenzgründung planen

Situation: Das Geschäftsmodell

Holger Larsen, nun seit fünf Jahren im Rahmenbau und der Endmontage der Fly Bike Werke GmbH tätig, ist schon voller Vorfreude. Im Sommer wird er seine Abschlussprüfung als Zweiradmechanikermeister ablegen. Wie man Fahrräder konstruiert, diese aus vorgefertigten Baugruppen montiert und natürlich auch repariert, beherrscht er mittlerweile aus dem Effeff.

Nun will er endlich seine Leidenschaft für Fahrräder zur Grundlage einer eigenen unternehmerischen Existenz machen. Kunden zu beraten und ihnen ein genau auf ihre Bedürfnisse zugeschnittenes Fahrrad zu verkaufen, das würde ihm großen Spaß machen. Besonders hat ihn ein Zeitungsartikel inspiriert, den ihm ein Freund geschickt hat.

Aber aus seinem Meisterkurs bei der Handwerkskammer weiß Holger auch, dass eine Existenzgründung sehr sorgfältig vorbereitet werden muss. Viele Einzelfragen sind zu beantworten und zu einem schlüssigen Gesamtkonzept, einem sog. **Business Plan**, zu vereinen.

Der Dozent des Kurses hat den Meisterschülern eine Planungshilfe an die Hand gegeben. Sie nennt sich **Business Model Canvas** und soll einem Existenzgründer helfen, aus einer ersten **Geschäftsidee** ein nachhaltiges, also langfristig erfolgreiches **Geschäftsmodell** zu entwickeln. Dazu müssen alle Schlüsselfaktoren einer Unternehmensgründung genau geplant werden. Vergleichen Sie ggf. auch die Beschreibung des Business Model Canvas auf der Homepage des Bundesministeriums für Wirtschaft und Energie.

Arbeitsaufträge

1 Erarbeiten Sie mithilfe des nachstehenden Zeitungsartikels sowie selbst recherchierter Materialien die derzeit bedeutsamen Trends auf dem deutschen Fahrradmarkt. Welche dieser Trends sind für den Existenzgründer Holger Larsen besonders interessant, welche eher nicht? Begründen Sie Ihre Auswahl.

2 Bilden Sie mit Ihren Mitschülern eine vier- bis fünfköpfige Arbeitsgruppe und entwickeln Sie Ideen zu allen Schlüsselfaktoren einer Existenzgründung für Holger Larsen. Übertragen Sie dazu das Business Model Canvas auf ein mindestens DIN-A2-großes Plakat. Notieren Sie Ihre Ideen auf Post-it-Zetteln und kleben Sie diese auf Ihr Plakat. Achten Sie auf ein in sich schlüssiges, also widerspruchsfreies Gesamtkonzept. Ihre Geschäftsidee sollte natürlich zu Holger Larsens Leidenschaft für Fahrräder und seinen Fähigkeiten als Zweiradmechanikermeister passen.

3 Stellen Sie Ihr Konzept Ihren Mitschülern vor und diskutieren Sie es im Gesamtplenum.

Wenn es aus dem Rahmen fällt

FAHRRAD   Mit der Popularität wächst auch der Wunsch nach einem individuellen Zweirad

von Stefan Weißenborn

„Es gibt eine Renaissance handgefertigter Räder", sagt David Koßmann. „Craft Beer und handgefertigte Mode – so läuft das. Genau so sieht es auch bei den Rädern aus", sagt der Experte vom Pressedienst Fahrrad (pd-f) in Göttingen. Rahmen allerdings schweißten nur wenige Betriebe noch selbst zusammen, die Produktion sei fast komplett nach Asien abgezogen. „Jemand, der sein Rad komplett selbst baut – das gibt es ohnehin nicht", ergänzt David Eisenberger vom Zweirad-Industrie-Verband (ZIV) in Bad Soden im Taunus. Auch kleinste Rahmen-Manufakturen griffen beim Aufbau des Rads wie die großen Vollsortimenter auf Teile der etablierten Komponentenhersteller wie SRam oder Shimano zurück.

Fest steht: Viele Betriebe schreiben sich den Begriff Manufaktur auf die Fahnen, auch wenn sie Räder nur nach dem Baukastensystem zusammenstellen und ihre Rahmen im Ausland schweißen lassen. Manufakturen sind selten, weil sich als Rahmenmaterial im gehobenen Segment Carbon etabliert hat. „Carbon kann man schwer individuell formen", sagt pd-f-Experte Koßmann. Einfacher zu verarbeiten ist Stahl, aber auch Titan. Letzterem hat sich seit wenigen Jahren Wheeldan aus Berlin verschrieben, ersterem seit 1992 Norwid aus Neuendorf bei Elmshorn. Allein für ein Titan-Rahmenset muss man allerdings um die 5000 Euro ansetzen. Günstiger ist mit rund 1200 Euro ein Norwid-Stahlrahmen zu bekommen.

„German handcrafted bikes" – mit diesem Slogan wirbt Nicolai aus dem niedersächsischen Lübrechtsen. Die 1995 gegründete Firma zählt zu den wenigen, die Alurahmen selbst fertigen. Nicolai habe sich wegen der innovativen Federrahmen unter Mountainbikern einen Namen gemacht, sagt Koßmann. Doch die Handarbeit hat auch hier ihren Preis. Der günstigste „Full Suspension Frame" ist mit 2149 Euro ausgezeichnet. Sogenannte Hardtail-Rahmen ohne Federungselemente kosten ab 1399 Euro. Mit 3799 Euro günstigstes Komplettrad ist das ARgon-GLF Technline, eine 13,7 Kilo schwere Hardtail-Enduro mit langem Radstand und flachem Lenkwinkel.

Weit über dem Durchschnittspreis von 557 Euro, den Kunden laut ZIV durchschnittlich für ein neues Fahrrad zahlen, liegen auch die Bikes der Firma Velotraum aus Weil der Stadt. Sie bietet größtenteils hochwertige Reise- und Alltagsräder, die der „Schutzblech- und Lichtgattung" angehören, also Anbauteile haben, die ein Rad offiziell verkehrssicher machen. Um dazu dokumentieren, wie individuell ein Fahrrad etwa auf Arm- und Beinlänge, die Körpergröße, die Oberkörperlänge und die Schulterbreite eingestellt sein sollte, versteht Velotraum seine aufgebauten Räder bewusst nur als „Vorschläge". Ein solcher ist dass 14,9 Kilo wiegende VK-3 für 1990 Euro, ein Allrounder mit Magura-Scheibenbremsen und extrabreiten Felgen.

Dass sich Fahrräder anhaltend gut verkaufen, hat auch mit deren Elektrifizierung zu tun. „Das E-Bike ist der treibende Motor, der die Zuwächse garantiert", sagt David Eisenberg vom ZIV. Mitglied im Verband ist die Firma Riese & Müller aus dem südhessischen Weiterstadt, die sich – 1993 aus einer Garagenfirma hervorgegangen – fast zu einem reinen Hersteller von E-Bikes gewandelt hat. Die Konfigurationsmöglichkeiten beschränken sich größtenteils auf die Auswahl der Komponenten. Die Rahmen stammen aus Asien, aber vor Ort werde „mit viel Liebe zum Detail" montiert. Zu den günstigeren Rädern zählt das Pedelec Roadster City (ab 2799 Euro) mit Shimano Nexus 8-Gang-Nabenschaltung und Tretunterstützung bis 25 km/h dank Bosch-Motor.

Auch unter den Traditionsherstellern gibt es solche, die dem Kunden das komplett individualisierte Traumrad hinstellen wollen. Die Firma Patria zum Beispiel, seit den Fünfzigern als Radhersteller ein Begriff. Sie sitzt in Bielefeld, einer ebenfalls historischen Hochburg der Fahrradindustrie. Die Körper der Kunden werden individuell auf dem „Velochecker" vermessen. „So entsteht jedes Patria als Einzelstück und wird erst nach Bestellung aufgebaut", wirbt das Unternehmen. Aufgebaut werden schwerpunktmäßig Trekking-, Reise- und Sporträder, aber auch E-Bikes und Lastenräder, sämtlich basierend auf ungefederten Stahlrahmen, die traditionell in eigener Produktion gefertigt werden.

Quelle: Kölner Stadtanzeiger vom 11./12.02.2017, Beilage Auto & Mobil, S. 1

Projektname:

Entwickelt für: Entwickelt von: Datum: Version:

Schlüsselpartner

Wer sind unsere Schlüsselpartner?
Wer sind unsere Schlüssellieferanten?
Welche Schlüsselressourcen erhalten wir von Partnern?
Welche Aktivitäten führen Partner durch?

Motivation für Partnerschaften:
Optimierung und Wirtschaftlichkeit
Minimierung von Risiken und Unsicherheiten
Erwerben von bestimmten Ressourcen und Aktivitäten

Schlüsselaktivitäten

Welche Schlüsselaktivitäten erfordern unsere Wertangebote?
Unsere Vertriebskanäle?
Kundenbeziehungen?
Einnahmequellen?

Kategorien:
Produktion
Problemlösung
Plattformen/Netzwerke

Schlüsselressourcen

Welche Schlüsselressourcen erfordern
unsere Wertangebote?
Unsere Vertriebskanäle?
Kundenbeziehungen?
Einnahmequellen?

Ressourcenarten:
Physisch
Intelektuell (Marken, Patenten, Urheberrechte, Daten)
Menschlich
Finanziell

Wertangebote

Welchen Wert bieten wir dem Kunden an?
Welches Kundenproblem lösen wir?
Welches Produkt oder welchen Service bieten wir
jedem Kundensegment an?
Welches Kundenbedürfnis befriedigen wir?

Charakteristika:
Neuheit
Leistung
Anpassung an Kundenwünsche
Arbeitserleichterung
Design
Marke/Status
Preis
Kostenreduktion
Risikominimierung
Verfügbarkeit
Nutzerfreundlichkeit

Kundenbeziehungen

Welche Art von Beziehung erwartet jedes
Kundensegment von uns?
Welche Beziehungen haben wir schon
geschlossen?
Wie sind sie in den Rest unseres
Geschäftsmodells integriert?
Wie kostenintensiv sind sie?

Beispiele:
persönliche Betreuung
intensive persönliche Betreuung
Selbst-Service
automatisierter Service
Communities
Mitwirkung

Kanäle

Über welche Kanäle wollen unsere Kundensegmente
erreicht werden?
Wie erreichen wir sie?
Wie sind die Kanäle integriert?
Welcher ist am kostengünstigsten?
Wie integrieren wir sie in die Kundenroutine?

Kanalphasen:
1. Aufmerksamkeit: Wie schaffen wir für unsere
   Produkte Aufmerksamkeit?
2. Bewertung: Wie helfen wir unseren Kunden, unser
   Wertangebot zu bewerten?
3. Vermittlung: Wie vermitteln wir unsere Wertigkeit?
4. After Sales: Wie stellen wir die Kundenbetreuung
   nach dem Kauf sicher?

Kundensegmente

Für wen schaffen wir Werte?
Wer sind unsere wichtigsten Kunden?

Massenmarkt
Nischenmärkte
Segmente
Diversifizierung
Mehrschichtige Plattformen

Kostenstruktur

Welches sind die wichtigsten mit unserem Geschäftsmodell verbundenen Kosten?
Welche Schlüsselressourcen sind am kostenintensivsten?
Welche Schlüsselaktivitäten sind am kostenintensivsten?

Ist Ihr Geschäft überwiegend:
Kostenorientiert (schmale Kostenstruktur, Niedrigpreisgestaltung, maximale Automatisierung, extensives Outsourcing)
Wertorientiert (Fokus auf Schaffung von Werten, Premiumwert-Versprechen)

Beispielcharakteristika:
Festpreise (Gehälter, Mieten, Gebrauchsgegenstände)
variable Kosten
Mengenvorteile
Verbundvorteile

Einnahmequellen

Wofür sind die Kunden gewillt zu bezahlen?
Was zahlen sie aktuell?
Wie bezahlen sie aktuell?
Wie würden sie vorzugsweise bezahlen?
Wie hoch ist der Anteil jeder Einnahmequelle bezogen auf den Gesamtumsatz?

Typen: **Festpreise**   **Variable Preise**
Verkauf   Listenpreise   Preisverhandlungen
Nutzungsgebühr   Abhängig von Produkteigenschaften   Ertragsmanagement
Mitgliedsgebühr   Abhängig vom Kundensegment   Echtzeitmarktwert
Verleih/Vermietung/Leasing   Abhängig von der Menge
Lizenzen
Maklergebühren
Werbung

Folgesituation 1: Kaufmannsbegriff, Handelsregister und Firma

Holger Larsen ist sich nicht sicher, ob er durch eine Geschäftsgründung auf Basis des von Ihnen entwickelten Geschäftsmodells zum **Kaufmann** im Sinne des Handelsgesetzbuches (HGB) würde. Denn dann müsste er sich ja in das **Handelsregister** eintragen lassen und alle Vorschriften des HGB beachten. Er wäre dann auch in vollem Umfang buchführungspflichtig. Dabei zählte doch die „doppelte" Buchführung im Meisterkurs nicht gerade zu seinen großen Stärken. Auf jeden Fall braucht sein Unternehmen aber einen guten Namen.

Arbeitsaufträge

1 Informieren Sie sich über den Kaufmannsbegriff nach HGB und das Handelsregister und vervollständigen Sie das Arbeitsblatt 53.1.

2 Entscheiden Sie, ob Holger Larsen durch eine Geschäftsgründung auf Basis Ihres Geschäftsmodells zum Kaufmann im Sinne des HGB würde.

3 Recherchieren Sie ebenfalls, welche Vorschriften das HGB für die Wahl einer Firma, also den Namen eines Kaufmannes, macht, und vervollständigen Sie das Arbeitsblatt 53.2.

4 Schlagen Sie nun eine für Holger Larsen geeignete Firma vor. Vergessen Sie nicht – z. B. mittels Internetrecherche – zu prüfen, ob es eine solche Firma schon gibt.

Folgesituation 2: Standortwahl

Für Holger Larsens Unternehmensgründung nach dem von Ihnen entwickelten Geschäftsmodell ist noch ein geeigneter Standort zu finden. Die Wahl des Standortes sollte mit großer Sorgfalt erfolgen, denn sie wird die Kosten und die Absatzchancen des neu gegründeten Unternehmens maßgeblich beeinflussen. „Harte Standortfaktoren" sind Merkmale eines Standortes, die sich unmittelbar auf die Kosten und Umsätze eines Unternehmens auswirken, z. B. Gewerbemieten, Steuersätze, Verkehrsanbindung u. v. m. „Weiche Standortfaktoren" beeinflussen den Erfolg eines Unternehmens nur indirekt und lassen sich nicht exakt kalkulieren, können aber trotzdem sehr bedeutend sein, z. B. das Kultur- und Freizeitangebot einer Region.

Holger Larsen hat mithilfe eines Suchportals für Gewerbeimmobilien drei „schöne" Ladenlokale gefunden:

Objekt 1:

In der schönen Oldenburger Fußgängerzone in der Mottenstraße bieten wir ein Geschäftshaus über 3 Etagen zur Neuvermietung an. Die Mottenstraße verfügt über ein vielfältiges Angebot an Einzelhändlern und Gastronomie, sodass eine ständige Kundenfrequenz geboten wird.

Die Nutzfläche des Objektes beträgt ca. 183 m^2 und verteilt sich auf die 3 Geschosse wie folgt:
Erdgeschoss: ca. 61 m^2, Obergeschoss: ca. 67 m^2, Dachgeschoss: ca. 55 m^2

Die Fläche lässt vielfältige Geschäftsideen und Nutzungen zu.
Hochwertige Extras, wie z. B. der sandgestrahlte Marmorfußboden, eingebaute Deckenlichtspots und Lichtkuppel im Dach, wurden bei einer umfangreichen Modernisierung und Sanierung vor 15 Jahren in das Objekt eingebracht. Ihre Ware können Sie optimal in den beiden Fensterflächen im Erd- und Obergeschoss präsentieren. Das Gebäude verfügt über einen Teilkeller. Gas, Strom und Wasserkosten müssen direkt an einen Energieversorger gezahlt werden. Diese Kosten sind nicht in den Nebenkosten enthalten. Das Parkhaus Am Waffenplatz ist nur wenige Meter entfernt.

Miete pro Monat: 2.750,00 €
Nebenkosten: 160,00 € pro Monat

Objekt 2:

Die zu vermietende Fläche befindet sich in einem derzeit noch genutzten Ladengeschäft und muss noch baulich abgetrennt bzw. neu geschaffen werden. Die Abtrennung erfolgt, sobald ein neuer Mieter gefunden wurde. Die Mietfläche wird sich auf 109 m² belaufen. Der vordere Verkaufsraum mit ca. 40 m² ist zur Haarenstraße gelegen. Im hinteren Bereich der Einheit befindet sich u. a. eine ca. 47 m² große Fläche, die als Büro oder Lager genutzt werden kann. Diese Fläche ist auch von der Kurwickstraße aus zu begehen.
Die Einheit ist am Julius-Mosen-Platz gelegen. Am Julius-Mosen-Platz befinden sich diverse Einzelhändler und Gastronomieflächen. Einmal in der Woche findet auf dem Julius-Mosen-Platz der Ökomarkt statt.

Miete pro Monat: 2.071,00 €
Nebenkosten: 200,00 € pro Monat

Objekt 3:

Attraktive Ladenfläche mit Nebenräumen im Erdgeschoss eines Wohn- und Geschäftshauses (Baujahr 2016).
Aufteilung: Verkaufsraum, Lager, Büro, Teeküche, Abstellraum, Damen- und Herren-WC
Die Gesamtfläche beträgt etwa 155,5 m², wovon etwa 145,8 m² als reine Verkaufsfläche zur Verfügung stehen.
Dieser Einheit ist ein privater Kellerraum zugeordnet. Ferner können ein Carport für Mülltonnen und Fahrräder sowie ein Kellerraum mit eigenem Waschmaschinenanschluss gemeinschaftlich genutzt werden.
Das Objekt befindet sich im westlichen Stadtteil Oldenburg-Eversten in der Nähe der Straße „Thomasburg". Bis zum Stadtzentrum Oldenburgs (Fußgängerzone) sind es nur etwa 3,1 km (Luftlinie). Alle einschlägigen Einkaufsmöglichkeiten, Ärzte, Apotheke, verschiedene Schularten, Freizeit- und Naherholungseinrichtungen usw. sowie eine Bushaltestelle der Verkehr und Wasser GmbH (V. W. G) sind in geringer Entfernung sehr gut zu erreichen.

Miete pro Monat: 2.690,00 €
Nebenkosten: 600,00 € pro Monat

Arbeitsaufträge

Helfen Sie Holger Larsen bei der Standortwahl, indem Sie für ihn eine Nutzwertanalyse der drei angebotenen Objekte nach dem auf der folgenden Seite dargestellten Schema durchführen.

1 Definieren Sie dazu zunächst Kriterien, die für die Eignung des Standortes bedeutsam sind (Standortfaktoren).
2 Nehmen Sie dann eine prozentuale Gewichtung der Kriterien vor. Die Summe aller Gewichtungsfaktoren soll 100 % betragen.
3 Bewerten Sie jedes der drei Objekte in Bezug auf die von Ihnen definierten Kriterien mit Punktwerten von 1 (= sehr schlechte Eignung) bis 5 (= sehr gute Eignung).
4 Multiplizieren Sie die Punktwerte mit den Gewichtungsfaktoren und addieren Sie die Ergebnisse für jedes Objekt auf. Welches Objekt erscheint Ihnen also am besten geeignet?

Kriterium	Gewichtungs-faktor	Punktwert Objekt 1	Gewichteter Punktwert Objekt 1	Punktwert Objekt 2	Gewichteter Punktwert Objekt 2	Punktwert Objekt 3	Gewichteter Punktwert Objekt 3
Pacht inkl. NK							
Summen	100						

Arbeitsblatt 53.1 | Kaufmannseigenschaft

Kaufleute: Kaufmannsarten nach HGB		
Istkaufmann	_____kaufmann	Formkaufmann
Grundsätzlich ist Kaufmann, wer ein _____ betreibt, also Waren _____ und _____ . Kleingewerbetreibende, deren Betrieb keinen _____ _____ Geschäftsbetrieb benötigen, zählen jedoch nicht als Kaufleute. Beispiele: _____ _____	Ein Gewerbetreibender, der grundsätzlich kein Kaufmann ist, kann sein Unternehmen _____ in das Handelsregister eintragen lassen. Er wird durch die _____ zum Kaufmann. Beispiele: _____	Wählt ein Gewerbetreibender für sein Unternehmen die Rechtsformen einer Handelsgesellschaft oder einer _____gesellschaft, so gilt diese automatisch als _____ . Beispiele: _____

Das Handelsregister
Das Handelsregister ist ein öffentliches _____ . Es wird von den _____ eines _____ bezirkes geführt. Eine Einsichtnahme in das Handelsregister ist _____ gestattet.

Zweck der Eintragung
Mit der Eintragung der Kaufleute in das Handelsregister will man erreichen, dass – _____ . – _____ .

Wirkung der Eintragung	
Für Istkaufleute hat die Eintragung in das Handelsregister lediglich _____ (lat.: deklaratorische) Wirkung. Der Istkaufmann ist immer Kaufmann, egal ob er sich hat _____ lassen oder _____ .	Für den _____ aber hat die Eintragung in das Handelsregister rechtsbegründende (lat.: konstitutive) Wirkung. Erst mit der Eintragung und Bekanntmachung wird er zum _____ .

Inhalt der Eintragung
Neben dem **Namen** des Kaufmanns (= sog. „Firma") und seiner **Rechtsform** enthält das Handelsregister noch eine Reihe von weiteren wichtigen Informationen, z. B.:

Arbeitsblatt 53.2 | Firma

Firma
=

Arten der Firma			
Personenfirma			
	abgeleitet vom Gegenstand des Unternehmens		
Beispiel:	Beispiel:	Beispiel: Coca Cola	Beispiel:

Firmengrundsätze	
	Die Firma darf nicht irreführend sein, sie muss den tatsächlichen Rechtsverhältnissen entsprechen.
Firmenklarheit	
Firmenbeständigkeit	
	Ein Kaufmann darf für sein Handelsgeschäft nur eine Firma führen.

Aufgaben

Aufgabe 1
Nennen Sie Gründe, die Ihrer Meinung nach zum Schritt in die Selbstständigkeit führen können.

Aufgabe 2
Was sind Ihrer Meinung nach die wichtigsten Voraussetzungen, damit aus einer Geschäftsidee ein erfolgreiches Unternehmen wird?

Aufgabe 3
So mancher, der sich gerne selbstständig machen möchte, sucht nach einer Geschäftsidee, die das „gewisse Etwas" hat. Die Anregungen für Geschäftsideen können aus verschiedenen Lebensbereichen kommen. Überlegen Sie, wie Sie eine Geschäftsidee finden können.

Aufgabe 4
Herr Meyer ist gelernter Bäcker und möchte sich selbstständig machen. Er überlegt, sich einem Franchisepartner anzuschließen.

a Beschreiben Sie, was man unter Franchising versteht.
b Erläutern Sie, was beim Schritt in die Selbstständigkeit für die Kooperation mit einem Franchisepartner spricht.
c Erläutern Sie auch, mit welchen Nachteilen Herr Meyer rechnen muss.

Aufgabe 5
Diskutieren Sie, warum Existenzgründungen für ein Land von enormer Wichtigkeit sein können.

Aufgabe 6
Welche persönlichen Eigenschaften sind bei der Gründung eines kleinen Handelsgeschäftes besonders wichtig? Begründen Sie Ihre Ansicht.

Aufgabe 7
Erläutern Sie, worauf es bei der Standortsuche für Holger Larsens Fahrradladen besonders ankommt.

Aufgabe 8
Frau Seifert ist kaufmännische Angestellte in einem mittelständischen Unternehmen. Ist sie Kaufmann im Sinne des HGB?

Aufgabe 9
Stellen Sie fest, ob es sich in den nachstehenden Fällen

- um einen Kaufmann lt. §1 HGB
- um einen Kannkaufmann
- um einen Formkaufmann
- um keinen Kaufmann im Sinne des HGB handelt!

a Anja, die alleinige Inhaberin eines im Handelsregister eingetragenen Schuhgeschäfts. Sie beschäftigt drei Verkäuferinnen und einen Buchhalter.
b Die Klasse 11a, die beim Schulfest der Berufsbildenden Schulen Pizza verkauft.
c Die kleine Autoreparaturwerkstatt Stepanic GmbH.
d Marco, der den landwirtschaftlichen Betrieb seines Vaters übernimmt.

Aufgabe 10
Wo wird das Handelsregister geführt?

Aufgabe 11
Erläutern Sie, warum Kaufleute im Handelsregister eingetragen sein müssen.

Aufgabe 12
Holger Larsen möchte sich unter der Firmenbezeichnung Larsen e. K. selbstständig machen. Er stellt fest, dass bereits eine Firma gleichen Namens im Handelsregister eingetragen ist.

a Gegen welchen Firmengrundsatz würde Holger Larsen verstoßen?
b Überlegen Sie sich, warum dieser Grundsatz eingeführt wurde.

Rechtsformen vergleichen und auswählen

Situation

Der Existenzgründer Holger Larsen (vgl. LS 53) telefoniert mit Frau Michaela Möller, Gründungsberaterin seiner Bank, mit der er seine Geschäftsgründung finanzieren möchte.

Frau Möller: Ihr Businessplan gefällt mir schon sehr gut. Ihre Geschäftsidee ist wirklich vielversprechend. Aber haben Sie sich denn auch schon überlegt, in welcher Rechtsform Sie Ihre Unternehmung gründen möchten?

Herr Larsen: Sie meinen als GmbH oder so? Bis jetzt habe ich da noch keine konkrete Vorstellung.

Frau Möller: Die Wahl der passenden Rechtsform ist für eine erfolgreiche Geschäftsgründung aber sehr wichtig. Es gibt da immer mehrere Alternativen, die alle ihre Vor- und Nachteile haben. Ich schicke Ihnen mal einen Fragebogen, der Sie bei Ihrer Entscheidungsfindung unterstützen kann. Außerdem habe ich eine interessante Statistik gefunden, die schicke ich Ihnen auch.

Herr Larsen: Das ist super. Vielen Dank dafür!

Arbeitsaufträge

1. Helfen Sie Holger Larsen bei der Bearbeitung des Fragebogens der Bank auf der nächsten Seite.
2. Analysieren Sie die auf der nächsten Seite abgebildete Statistik zu Existenzgründungen in Deutschland. Welche Rechtsformen spielen in der unternehmerischen Wirklichkeit für Existenzgründer heute eine maßgebliche Rolle? Informieren Sie sich mithilfe Ihres Lehrbuches und anderer Quellen über die vier häufigsten Rechtsformen bei Existenzgründungen und stellen Sie diese in Arbeitsblatt 54.1 gegenüber.
3. Kommen Sie zu einer begründeten Empfehlung für Holger Larson. Welche Rechtsform sollte er Ihrer Ansicht nach wählen?

Ammerländer Bank AG

Gründung – Wahl der Rechtsform

Liebe Existenzgründerin! Lieber Existenzgründer!

Sie stehen vor der schwierigen Aufgabe, die richtige Rechtsform für Ihr Unternehmen zu finden. Grundsätzlich können Sie sich als Einzelunternehmer allein selbstständig machen. Oder Sie gründen mit einem oder mehreren Geschäftspartnern eine Gesellschaft.

Die folgenden Fragen sollen Ihnen bei der Entscheidungsfindung helfen. Beantworten Sie diese so selbstkritisch wie möglich. Besprechen Sie sich auch mit Freunden und Verwandten, die Sie gut kennen!

Frage 1: Als Einzelunternehmer sind Sie ganz allein für die Geschäftsführung und die Vertretung ihres Unternehmens gegenüber Dritten (Lieferanten, Kunden, Behörden usw.) verantwortlich. Welche Vorteile sehen Sie für sich darin? Welche Nachteile hätte das aber auch?

Frage 2: Als Einzelunternehmer sind Sie ganz allein für die Kapitalbeschaffung zuständig. Welche Vor- und Nachteile ergeben sich daraus für Sie?

Frage 3: Der Einzelunternehmer kann den gesamten (versteuerten) Gewinn der Unternehmung für sich allein beanspruchen. Aber er haftet auch ganz allein für etwaige Verluste. Wie beurteilen Sie ganz persönlich diese Chancen und Risiken?

Frage 4: Nur bei bestimmten Gesellschaftsformen (z. B. GmbH oder Unternehmergesellschaft) kann die Haftung für Schulden auf eine bestimmte Kapitaleinlage begrenzt werden. Dafür müssen diese Gesellschaften stets als Kaufleute in das Handelsregister eingetragen werden. Wie beurteilen Sie ganz persönlich diese Vor- und Nachteile?

Für Rückfragen stehen wir Ihnen jederzeit gerne zur Verfügung.

Gewerbliche Existenzgründungen 2006 bis 2016 in Deutschland nach Rechtsform – Anzahl und Vertikalstruktur in %

Existenzgründungen[1]

Anzahl

Rechtsform	2006	2007	2008	2009	2010	2011	2012	2013	2014	2015	2016
Einzelunternehmen	397.584	353.075	326.922	330.185	335.741	321.914	271.579	265.425	239.766	227.153	208.382
Offene Handelsgesellschaft	1.136	1.093	1.074	1.022	922	954	790	831	823	828	851
Kommanditgesellschaft	1.019	947	947	761	779	697	690	807	718	618	693
Gesellschaft mit beschränkter Haftung & Co. KG	9.861	9.177	9.173	8.378	8.589	8.843	8.390	7.948	7.128	7.288	7.296
Gesellschaft des bürgerlichen Rechts	21.389	19.594	18.809	20.211	20.790	19.427	17.424	16.357	14.866	14.812	15.050
Aktiengesellschaft	850	786	730	1.205	570	468	472	397	329	331	238
Gesellschaft mit beschränkter Haftung	36.584	38.106	39.216	48.712	48.591	47.686	45.618	44.851	45.052	46.410	48.687
GmbH ohne Unternehmergesellschaft (haftungsbeschränkt)[2]				38.686	37.224	36.897	35.304	34.467	34.592	36.099	38.143
Unternehmergesellschaft (haftungsbeschränkt)[2]				10.026	11.367	10.789	10.314	10.384	10.460	10.311	10.544
Private Company Limited by Shares[3]	1.289	1.044	816	436	264	197	129	120	110	102	89
Genossenschaft	141	145	166	191	208	203	231	211	157	141	125
Eingetragener Verein	637	591	577	656	597	573	631	578	548	488	503
Sonstige Rechtsformen[4]	759	1.234	1.004	843	593	497	458	404	394	375	441
Insgesamt	**471.249**	**425.792**	**399.434**	**412.600**	**417.644**	**401.459**	**346.412**	**337.929**	**309.891**	**298.546**	**282.355**

Vertikalstruktur in %

Rechtsform	2006	2007	2008	2009	2010	2011	2012	2013	2014	2015	2016
Einzelunternehmen	84,4	82,9	81,8	80,0	80,4	80,2	78,4	78,5	77,4	76,1	73,8
Offene Handelsgesellschaft	0,2	0,3	0,3	0,2	0,2	0,2	0,2	0,2	0,3	0,3	0,3
Kommanditgesellschaft	0,2	0,2	0,2	0,2	0,2	0,2	0,2	0,2	0,2	0,2	0,2
Gesellschaft mit beschränkter Haftung & Co. KG	2,1	2,2	2,3	2,0	2,1	2,2	2,4	2,4	2,3	2,4	2,6
Gesellschaft des bürgerlichen Rechts	4,5	4,6	4,7	4,9	5,0	4,8	5,0	4,8	4,8	5,0	5,3
Aktiengesellschaft	0,2	0,2	0,2	0,3	0,1	0,1	0,1	0,1	0,1	0,1	0,1
Gesellschaft mit beschränkter Haftung	7,8	8,9	9,8	11,8	11,6	11,9	13,2	13,3	14,5	15,5	17,2
GmbH ohne Unternehmergesellschaft (haftungsbeschränkt)[2]				9,4	8,9	9,2	10,2	10,2	11,2	12,1	13,5
Unternehmergesellschaft (haftungsbeschränkt)[2]				2,4	2,7	2,7	3,0	3,1	3,4	3,5	3,7
Private Company Limited by Shares[3]	0,3	0,2	0,2	0,1	0,1	0,0	0,0	0,0	0,0	0,0	0,0
Genossenschaft	0,0	0,0	0,0	0,0	0,0	0,1	0,1	0,1	0,1	0,0	0,0
Eingetragener Verein	0,1	0,1	0,1	0,2	0,1	0,1	0,2	0,2	0,2	0,2	0,2
Sonstige Rechtsformen[4]	0,2	0,3	0,3	0,2	0,1	0,1	0,1	0,1	0,1	0,1	0,2
Insgesamt	**100,0**	**100,0**	**100,0**	**100,0**	**100,0**	**100,0**	**100,0**	**100,0**	**100,0**	**100,0**	**100,0**

Rundungsdifferenzen möglich.
1) Ohne Automatenaufsteller und Reisegewerbe. Ohne Freie Berufe. 2) Erst seit 2009 ausgewiesen. 3) Erst seit 2005 separat ausgewiesen. 4) Einschließlich geheimzuhaltender Fälle.

Quelle: IfM Bonn (Basis: Gewerbeanzeigenstatistik des Statistischen Bundesamtes)

© IfM Bonn

Arbeitsblatt 54.1 | Die vier häufigsten Rechtsformen bei Existenzgründungen im Vergleich

Rechtsform	Geschäftsgründung erfolgt durch	Vorschriften für die Firma (den Namen)	Gründungskapital mindestens	Geschäftsführung (nach innen) und Vertretung (nach außen) durch…	Gewinn- und Verlustverteilung	Haftung für Schulden	Formvorschriften bei der Gründung

Arbeitsblatt 54.2 | Die Wahl der Rechtsform eines Unternehmens

Die **Wahl der richtigen Rechtsform** gehört zu den grundlegenden und den Geschäftserfolg maßgeblich bestimmenden Entscheidungen eines jeden Unternehmers. Vervollständigen Sie dazu die nachfolgende Übersicht! Die zu verwendenden Begriffe finden Sie unten.

Die **Rechtsform** ist die _____ eines Unternehmens.

Sie regelt die:

– **Vertretungsbefugnis** („Wer darf gegenüber externen Geschäftspartnern wirksame _____ abgeben, die die gesamte Unternehmung betreffen?")

– **Geschäftsführung** („Wer darf innerhalb des Unternehmens für alle verbindliche _____ treffen bzw. Anweisungen geben?")

– _____ („Wer muss in welcher Höhe entstandene Verluste tragen?")

– **Gewinnverteilung** („Wer hat _____ auf welchen Teil des erwirtschafteten Gewinns?")

Zu unterscheiden sind _____ (= im Eigentum eines einzelnen Unternehmers) und
Gesellschaftsunternehmen (Vereinigungen), also Zusammenschlüsse mehrerer _____ :

```
                        ┌─────────────────────────┐
                        │       Rechtsformen      │
                        └────────────┬────────────┘
                  ┌──────────────────┴──────────────────┐
        ┌───────────────────┐                ┌───────────────────┐
        │  Einzelunternehmen │                │ _____ │
        └───────────────────┘                └───────────────────┘
              ┌──────────────────────┼──────────────────────┐
    ┌───────────────────┐  ┌───────────────────┐  ┌───────────────────┐
    │ _____ , │  │ Kapitalgesell-    │  │                   │
    │ z. B. OHG, KG,    │  │ schaften,         │  │ (eG) und          │
    │ GmbH & Co. KG     │  │ z. B. _____ ,  │  │ Versicherungs-    │
    │                   │  │        AG         │  │ vereine (VVaG)    │
    └───────────────────┘  └───────────────────┘  └───────────────────┘
```

Bei Personengesellschaften sollte, bei Kapitalgesellschaften muss ein _____
aufgesetzt werden.

Vereinigungen – Haftung – Genossenschaften – schriftlicher Gesellschaftsvertrag –
Willenserklärungen – Personen – Einzelunternehmen – rechtliche Konstruktion –
Personengesellschaften – GmbH – Entscheidungen – Anspruch

Aufgaben

Aufgabe 1

Frau Ilona Hansen betreibt seit einigen Jahren als Einzelunternehmerin ein gut florierendes Schmuckgeschäft in der Innenstadtlage einer deutschen Großstadt. Sie möchte ihr Unternehmen erweitern und in zwei weiteren Städten Filialen nach dem gleichen Geschäftsmodell eröffnen. Dazu benötigt sie zusätzliches Kapital. Die Entscheidungsgewalt in ihrem Unternehmen möchte sie aber weitgehend behalten.

a Erläutern Sie drei Vorteile, die sich aus Frau Hansens geplanter Unternehmensexpansion ergeben.

b Beschreiben und bewerten Sie zwei aus Sicht von Frau Hansen infrage kommende Rechtsformen.

Aufgabe 2

Jupp und Josef Schmitz haben von ihrem Vater eine Bierbrauerei geerbt und führen diese seit einigen Jahren gemeinsam in der Rechtsform der OHG. Um dem wachsenden Konkurrenzdruck auf dem Brauereimarkt standhalten zu können, sind dringend Investitionen zur Modernisierung der Brauereitechnik von mindestens 10 Mio. € zu tätigen. Da die betrieblichen Rücklagen hierzu nicht ausreichen, muss Kapital von außen beschafft werden.

Jupp und Josef erwägen die Gründung einer Aktiengesellschaft (AG). Beide wollen zwar grundsätzlich weiterhin unternehmerisch tätig sein, wünschen sich aber eine Entlastung vom täglichen Entscheidungsdruck. Dieser hatte in den letzten Jahren häufiger zu Streit zwischen den beiden geführt.

a Wie sind die Geschäftsführung und Vertretung sowie die Haftung und Gewinnverteilung in der Schmitz Brauerei OHG geregelt, wenn der Gesellschaftsvertrag in diesen Fragen nicht von der gesetzlichen Regelung abweicht?

b Welche Vor- und Nachteile ergeben sich aus dieser Regelung für die Inhaber?

c Welche formalen Voraussetzungen müssten erfüllt werden, um die Schmitz Brauerei OHG in eine Aktiengesellschaft umzugründen?

d Welche Vorteile für die Beschaffung des benötigten Kapitals böte die Umgründung in eine AG?

e Welche Nachteile wären damit aber ggf. auch verbunden?

f Informieren Sie sich über die Organe einer Aktiengesellschaft und beschreiben Sie deren Aufgaben.

g Wie können die beiden Brüder also ihre grundsätzliche Entscheidungsgewalt über die Geschicke der Unternehmung auch als Aktiengesellschaft sicherstellen?

Aufgabe 3

Beurteilen Sie die Richtigkeit folgender Aussagen zur GmbH. Tragen Sie ein (R) ein, wenn die Aussage richtig ist, und ein (F) ein, wenn die Aussage nicht richtig ist.

	Eine GmbH ist eine juristische Person mit eigener Rechtspersönlichkeit. Sie wird durch eine(n) Geschäftsführer(-in) vertreten, kann klagen und verklagt werden.
	Eine Gesellschaft mit beschränkter Haftung muss von mindestens zwei natürlichen Personen gegründet werden.
	Die Gesellschafterversammlung der GmbH überwacht die Geschäftsführung und trifft Entscheidungen von grundlegender Bedeutung.
	Die Geschäftsführung einer GmbH kann auch durch einen oder mehrere Gesellschafter ausgeübt werden.
	Die GmbH zählt zu den Kapitalgesellschaften, ist also kein Kaufmann im Sinne des Handelsgesetzbuches (HGB).
	Die GmbH braucht zu ihrer Gründung immer einen Gesellschaftsvertrag, der aber formlos sein kann.
	Der Geschäftsanteil jedes Gesellschafters muss auf mindestens 1,00 € lauten, kann aber grundsätzlich unbeschränkt hoch sein.
	Mit einer Stammeinlage von 1,00 € kann eine sogenannte Mini-GmbH („Unternehmergesellschaft haftungsbeschränkt") gegründet werden.
	Die sogenannte Mini-GmbH muss ihren kompletten Gewinn so lange ansparen, bis ein Eigenkapital von 25.000,00 € erreicht ist.

FK → TAF 12.4 | Kap. 3.2

Kapitalbedarf ermitteln und Finanzplan aufstellen

Die Gesellschafter der Fly Bike Werke GmbH planen eine Kapazitätserweiterung am Standort Oldenburg. Ziel ist die Steigerung des Umsatzes und des Gewinns. In diesem Zusammenhang stellt sich die Frage, wie viel Kapital für die Betriebserweiterung benötigt wird. Herr Peters, der Geschäftsführer, erhält den Auftrag, den Kapitalbedarf zu ermitteln. Bei einer Gesellschafterversammlung berichtet er über die Ergebnisse seiner Recherchen.

Konferenzprotokoll der Gesellschafterversammlung (Auszug)

Datum: 20.01.20XX
Zeit: 14:00 bis 18:00 Uhr
Ort: Fly Bike Werke GmbH, Oldenburg
Thema: Kapazitätserweiterung Standort Oldenburg

[...]

Herr Peters informiert die Gesellschafter:

– Zunächst müsste eine zusätzliche Lagerhalle errichtet werden. Einschließlich des dazu benötigten Grundstücks sind Zahlungen an den derzeitigen Grundstückseigentümer und den Bauunternehmer von 200.000,00 € zu erwarten. Beim Erwerb des Grundstücks sind außerdem Grunderwerbsteuer und Notargebühren in Höhe von 8.000,00 € zu leisten.

– Die Lagereinrichtungen werden laut Angebot 40.000,00 € einschließlich Einbau kosten. Ferner müssten ein zusätzlicher Gabelstapler zum Preis von 18.000,00 € sowie ein weiteres Auslieferungsfahrzeug zum Preis von 59.000,00 € angeschafft werden. Dazu kommen noch 1.000,00 € für die Überführung und die Zulassung des Lkw.

– Zusätzlich müssen weitere Ausgaben für die Erweiterung der Betriebs- und Geschäftsausstattung eingeplant werden. Hier ist mit Anschaffungswerten von 20.000,00 € zu rechnen.

– Unsere „eisernen Bestände" sollten dann auch um 20.000,00 € erhöht werden – ständige Lieferbereitschaft setzen unsere Kunden immer voraus.

– Schließlich wird die geplante Umsatzsteigerung eine Erhöhung des täglichen Materialverbrauchs[1] um 10.000,00 € bedingen. Die Fertigungskosten[1] pro Tag erhöhen sich um 6.000,00 €, die täglichen Vertriebs- und Verwaltungskosten um 600,00 €.

– Die durchschnittliche Lagerdauer der Werkstoffe beträgt voraussichtlich 10 Tage, die Fertigungsdauer 2 Tage.

– Die durchschnittliche Lagerdauer der fertigen Erzeugnisse beträgt 5 Tage.

– Die durchschnittliche Zahlungsfrist unserer Lieferanten beträgt 8 Tage, da grundsätzlich der Skontoabzug ausgenutzt wird. Unsere Kunden erhalten – wie immer – ein Zahlungsziel von 14 Tagen.

[...]

---

[1] **Hinweis:** Bei den Material- und Fertigungskosten handelt es sich jeweils um Einzel- und Gemeinkosten.

1 Ermitteln Sie den möglichen Anlagekapitalbedarf für die Betriebserweiterung.
2 Ermitteln Sie den zusätzlichen Umlaufkapitalbedarf.
3 Beschreiben Sie für den vorliegenden Fall zwei mögliche Investitionsrisiken.

Hinweis: Alle Angaben von Herrn Peters verstehen sich ggf. ohne Umsatzsteuer, da diese vom Finanzamt kurzfristig erstattet wird bzw. mit einer Umsatzsteuerzahllast verrechnet werden kann.

Arbeitsblatt 55.1 | Kapitalbedarf im Anlagevermögen

Die Tech Bike GmbH benötigt ein neues Montageband. Der Kapitalbedarf für diese Anlage entspricht ihren Anschaffungskosten (= Anschaffungswert).

◉ Anlagenbau Wolff AG ◉
Hagen

Anlagenbau Wolff AG · Karlsruhe 8 · 58134 Hagen

Tech Bike Werke
Höhlerstr. 45
53199 Bonn

Rechnung 2387/02	Kunden-Nr. 211833 Bitte bei Zahlung angeben. Lieferdatum: 05.04.20XX	Bestell-Nr. 64711	Datum 10.04.20XX

1 Montageband E-Bike 21 lt. Preisliste	205.850,00 €
abzüglich 5 % Rabatt	10.292,50 €
Nettowert des Montagebandes	195.557,50 €
Folgende Leistungen werden von uns zusätzlich berechnet:	
Fracht	3.495,00 €
Transportversicherung	205,00 €
Montage	12.520,00 €
Zwischensumme	16.220,00 €
Rechnungsbetrag (netto)	211.777,50 €
Umsatzsteuer 19 %	40.237,73 €
Rechnungsbetrag (brutto)	**252.015,23 €**

Bei Rechnungsausgleich innerhalb von 8 Tagen gewähren wir auf den Nettowert des Montagebandes einen Skonto in Höhe von 3 %.

---

1 Fügen Sie in das Berechnungsschema die entsprechenden Begriffe aus der Eingangsrechnung ein.

Berechnungsschema Anschaffungskosten	Begriffe aus der Eingangsrechnung
Anschaffungspreis	
– Anschaffungspreisminderungen	
+ Anschaffungsnebenkosten	
+ nachträgliche Anschaffungskosten	keine
= Anschaffungskosten	

2 Berechnen Sie den Kapitalbedarf.

a Kapitalbedarf, wenn kein Skonto in Anspruch genommen wird	**b** Kapitalbedarf, wenn Skonto in Anspruch genommen wird

Arbeitsblatt 55.2 | Kapitalbedarf für das Umlaufvermögen

Für ein neues Zweigwerk, in dem Bremsanlagen gebaut werden sollen, muss ein Bremsenhersteller den Kapitalbedarf für sein Umlaufvermögen planen. Folgende Planwerte stehen zur Verfügung:

Produktionsmenge je Tag: 200 Stück			
Einzelkosten je Stück		**Gemeinkosten je Tag**	
Fertigungsmaterial:	120,00 €	Materialgemeinkosten:	5.000,00 €
Fertigungslöhne:	25,00 €	Fertigungsgemeinkosten:	6.000,00 €
		Verwaltungsgemeinkosten:	600,00 €
		Vertriebsgemeinkosten:	400,00 €
Durchschnittswerte für die Ermittlung der Kapitalbindungsdauer in Tagen			
Lagerdauer des Fertigungsmaterials:	20 Tage	Produktionsdauer:	2 Tage
Lagerdauer der fertigen Erzeugnisse:	5 Tage	Kundenziel:	18 Tage
Lieferantenziel:	14 Tage		

1   Stellen Sie die Kapitalbindungsdauern in der folgenden Übersicht dar.

Kapitalbindungsdauer in Tagen

1	2	3	4	5	6	7	8	9	10	11	12	13	14	15	16	17	18	19	20	21	22	23	24	25	26	27	28	29	30	31	32	33	34	35	36	37	38	39	40	41	42	43	44	45

2   Ermitteln Sie den Kapitalbedarf für das Umlaufvermögen.

Kostenarten	Kosten je Tag	*	Kapitalbindungs-dauer in Tagen	=	Kapitalbedarf
Materialeinzelkosten		*		=	
Materialgemeinkosten		*		=	
Kapitalbedarf für Materialkosten					
Fertigungseinzelkosten		*		=	
Fertigungsgemeinkosten		*		=	
Kapitalbedarf für Fertigungskosten					
Verwaltungsgemeinkosten		*		=	
Vertriebsgemeinkosten		*		=	
Kapitalbedarf im Umlaufvermögen (ohne Sicherheitszuschlag)					
Sicherheitszuschlag 20 %					
Kapitalbedarf im Umlaufvermögen (mit Sicherheitszuschlag)					

Arbeitsblatt 55.3 | Finanzplan

Die Sommers Industrie AG ermittelt ihren Kapitalbedarf mit dem folgenden Finanzplan. Berechnen Sie den Kapitalbedarf für den Planmonat März, wenn die Differenz zwischen Einnahmen und Ausgaben im März 0,00 € betragen soll. Dafür muss ein neuer Kredit angenommen und ausgezahlt werden.

Finanzplanung in Tsd. €			
	Januar	Februar	März
flüssige Mittel	32		
Einnahmen (Erlöse):			
Umsatzerlöse	1.600	1.750	1.800
sonstige Erlöse	0	30	25
Summe Einnahmen (Erlöse)			
Ausgaben:			
Roh-/Hilfs- und Betriebsstoffe	870	910	875
Personalkosten	320	325	325
Miet- und Pachtzahlen (inkl. Leasing)	60	60	60
Steuerzahlungen	34	36	35
Versicherungszahlungen	20	20	20
weitere aufwandsbezogene Ausgaben	290	300	300
Kauf von Anlagegütern	0	50	1.500
Summe Ausgaben			
Finanzierungszahlungen:			
Auszahlung von aufgenommenen Krediten	0	100	
Zinsgutschriften	5	6	8
Summe Finanzierungseinzahlungen			
Tilgung von Krediten	0	0	0
Zinszahlungen	20	22	39
Summe Finanzierungsauszahlungen			
= Einnahmen-/Ausgabenüberschuss			0

Hinweis: Der Einnahmenüberschuss eines Monats entspricht den flüssigen Mitteln des Folgemonats.

Die Sommers Industrie AG rechnet:

	flüssige Mittel
+	Summe Einnahmen (Erlöse)
–	Summe Ausgaben
+	Summe Finanzierungseinzahlungen
–	Summe Finanzierungsauszahlungen
=	Einnahmen-/Ausgabenüberschuss

Aufgaben

Aufgabe 1
Erläutern Sie die Begriffe Investition und Finanzierung.

Aufgabe 2
a Nennen Sie je drei Bilanzposten der Mittelherkunft und der Mittelverwendung.

Mittelherkunft	Mittelverwendung

b Welche anderen Begriffe könnten hier ebenfalls als Überschrift eingesetzt werden?

Aufgabe 3
Für eine geplante Neugründung liegen die folgenden Daten vor:

Anschaffung
Die Anschaffungskosten für ein Grundstück mit Lagerhalle und Büros betragen 380.000,00 € zuzüglich Anschaffungsnebenkosten in Höhe von 12%.
Der Anschaffungspreis der benötigten Maschine beträgt 125.000,00 €. Auf diesen Anschaffungspreis gewährt der Hersteller 5% Rabatt. Die Lieferungs- und Montagekosten betragen 24.200,00 €, die nachträglichen Umbaukosten 12.000,00 €.
Weitere Anschaffungskosten für Betriebs- und Geschäftsausstattung betragen 220.000,00 €.

Produktion	
Geplante Produktionsmenge:	2 200 Stück je Tag
Materialeinzelkosten je Stück:	25,00 €
Fertigungslöhne je Stück:	4,50 €
Materialgemeinkosten je Tag:	6.000,00 €
Fertigungsgemeinkosten je Tag:	5.000,00 €
Verwaltungsgemeinkosten je Tag:	600,00 €
Vertriebsgemeinkosten je Tag:	400,00 €

Zu berücksichtigende Zeiten	
Durchschnittliche Lagerdauer der eingekauften Materialien:	14 Tage
Durchschnittliche Produktionsdauer:	3 Tage
Durchschnittliche Lagerdauer der fertigen Erzeugnisse:	2 Tage
Durchschnittliches Zahlungsziel der Lieferanten:	10 Tage
Durchschnittliches Zahlungsziel für die Kunden:	20 Tage

Ermitteln Sie für diese Neugründung
a den Kapitalbedarf im Anlagevermögen,
b den Kapitalbedarf im Umlaufvermögen.

FK → TAF 12.4 | Kap. 4.3.2

Mit kurzfristigen Krediten finanzieren

Die Kramer Zweiradmanufaktur GmbH hat bei ihrer Hausbank ein Kontokorrentkonto, für das ein Kreditlimit von 10.000,00 € und die folgenden Zinssätze vereinbart sind: 2 % Habenzinsen, 9 % Sollzinsen und 16 % Überziehungszinsen. Zu Beginn des Monats Juni 20XX beträgt der Kontostand 2.000,00 € (Guthaben). Im weiteren Verlauf des Monats sind die Zahlungsausgänge jedoch höher als die Zahlungseingänge:

Datum, Vorgang	€
01.06. Guthaben	2.000,00
04.06. Gutschrift	12.000,00
12.06. Gutschrift	4.000,00
14.06. Lastschrift	20.000,00
22.06. Lastschrift	16.000,00
24.06. Gutschrift	6.000,00
27.06. Lastschrift	2.000,00

Hinweis: Angegeben sind jeweils die Daten der Wertstellung. Die Hausbank berücksichtigt (verzinst) nach ihren Allgemeinen Geschäftsbedingungen den aktuellen Kontostand jeweils ab dem Tag der Wertstellung.

1 Zeichnen Sie den Verlauf (Guthaben, Kredit und Überziehung) des Kontokorrentkredits der Kramer Zweiradmanufaktur GmbH in die folgende Grafik ein:

	€	1	2	3	4	5	6	7	8	9	10	11	12	13	14	15	16	17	18	19	20	21	22	23	24	25	26	27	28	29	30
Guthaben	28.000,00																														
	26.000,00																														
	24.000,00																														
	22.000,00																														
	20.000,00																														
	18.000,00																														
	16.000,00																														
	14.000,00																														
	12.000,00																														
	10.000,00																														
	8.000,00																														
	6.000,00																														
	4.000,00																														
	2.000,00																														
Kredit	–2.000,00																														
	–4.000,00																														
	–6.000,00																														
	–8.000,00																														
	–10.000,00																														
	–12.000,00																														
	–14.000,00																														
	–16.000,00																														
	–18.000,00																														
	–20.000,00																														
	–22.000,00																														

Guthabenzinsbereich   Sollzinsbereich   Überziehungszinsbereich

2   Berechnen Sie die Haben-, Soll- und Überziehungszinsen.

3   Ermitteln Sie den Kontostand nach der Zinsabrechnung zum Monatsende.

4   Zum 30.06. muss die Kramer Zweiradmanufaktur GmbH entscheiden, ob eine fällige Eingangsrechnung der Color GmbH unter Abzug des Skontos überwiesen werden soll. Die Hausbank wird die Überweisung erfahrungsgemäß auch bei einer Überschreitung des Kreditlimits ausführen.

Color GmbH
Ludwigshafen

Color GmbH, Hafenstr. 125, 67061 Ludwigshafen

Kramer Zweiradmanufaktur GmbH
Kölner Weg 12
53844 Troisdorf

Kunden-Nr.: 424
Ansprechpartner: Frau Reineke
Telefon: 0621 582664
Liefer-Datum: 22.06.20XX
Rechnungs-Datum: 22.06.20XX

Rechnung Nr.:   12292

Pos.	Artikel-Nr.	Artikelbezeichnung	Menge	Preis je Einheit	Gesamtpreis
1	900100	Klarlack	2 000 Liter	3,45 €	6.900,00 €
2	800200	Spezialgrundierung für Edelstähle	2 000 Liter	2,45 €	4.900,00 €
3	700100	Standardfarbe „gelb"	100 Liter	4,30 €	430,00 €
4	700821	Sonderfarbe „mirror-polish"	120 Liter	6,00 €	720,00 €
5	702400	Sonderfarbe „Lemon Squash"	120 Liter	6,00 €	720,00 €
6	100000	Transportkosten	1	545,00 €	545,00 €
			Nettorechnungsbetrag		14.215,00 €
			+19 % Umsatzsteuer		2.700,85 €
			Bruttorechnungsbetrag		16.915,85 €

Der Rechnungsbetrag ist zahlbar innerhalb von 8 Tagen unter Abzug von 3 % Skonto.
Das Zahlungsziel beträgt 30 Tage.

a   Wie hoch ist der mögliche Überweisungsbetrag bei Inanspruchnahme des Skontos?

b   Berechnen Sie die effektive Verzinsung des Lieferantenkredits.

c   Welche Entscheidung sollte die Kramer Zweiradmanufaktur GmbH hinsichtlich des Rechnungsausgleichs treffen?

Arbeitsblatt 56.1 | Lieferantenkredit

Die Fly Bike Werke GmbH hat die folgende Eingangsrechnung erhalten:

AWB Aluminiumwerke AG, Bonn

Sankt Augustiner Str. 30   53225 Bonn   Tel.: 0228 4647784
Fax: 0228 4647711
E-Mail: awb-mail@aluminiumwerke.de
Ansprechpartner: Herr Köllen

AWB Aluminiumwerke AG, Sankt Augustiner Str. 30, 53225 Bonn

Fly Bike Werke GmbH
Rostocker Str. 334
26121 Oldenburg

Lieferdatum: 08.05.20XX

Lieferscheinnummer: 664

Rechnung-Nr.: 664   **Rechnungsdatum: 08.05.20XX**

Artikel-Nr.	Artikelbezeichnung für Alumini-umrohre	Menge in Metern	Einzelpreis in Euro	Gesamtpreis in Euro
40045225	Rundrohr 45 x 2,25	2 000	10,20	20.400,00
	- Rabatt 12,5%			2.550,00
	= Warenwert			17.850,00
	+ Transportkosten			500,00
	= Nettorechnungsbetrag			18.350,00
	+ 19% Umsatzsteuer			3.486,50
	= Bruttorechnungsbetrag			21.836,50

1 Während der Skontofrist befindet sich das Kontokorrentkonto der Fly Bike Werke GmbH im Kreditbereich. Die Sollzinsen würden 9 % betragen. Ermitteln Sie den Finanzierungserfolg bei kreditfinanzierter Skontoausnutzung (alle Rechnungspositionen sind skontierfähig).

Begriffe	Formeln	Berechnungen und Ergebnisse
Nettoskonto	$\cdot$ Skontosatz in %	
Überweisungsbetrag	Bruttorechnungsbetrag −	
Lieferantenkredit-frist	Zahlungsziel −	
Bankzinsen	Über-weisungs- = $\dfrac{\underline{\hspace{2cm}} \cdot \underline{\hspace{2cm}} \cdot}{\underline{\hspace{3cm}}}$ betrag $\underline{\hspace{2.5cm}} \cdot 100 \cdot 360$	
Finanzierungserfolg	Nettoskonto −	
Effektive Verzinsung des Lieferantenkredits	$\dfrac{\cdot\ 100\ \cdot\ 360}{\cdot\ \text{Lieferantenkreditfrist}}$	

Mit kurzfristigen Krediten finanzieren

Arbeitsblatt 56.2 | Finanzierungsarten

1 Ergänzen Sie die Grafik.

		Kreditfinanzierung: – kurzfristig – langfristig
Fremd- finanzierung		
Eigen- finanzierung		
	Innenfinanzierung	**Außenfinanzierung**

2 Ordnen Sie den Finanzierungsarten die Herkunft der Mittel zu:

a Die Mittel stammen aus dem Leistungsprozess.

b Die Mittel werden dem Unternehmen von außerhalb zugeführt.

c Die Mittel stammen aus einbehaltenen Gewinnen.

d Die Mittel stammen von Gläubigern des Unternehmens.

e Die Mittel stammen z. B. aus verdienten Abschreibungen.

f Die Mittel müssen z. B. später an Mitarbeiter ausbezahlt werden.

g Die Mittel vergrößern das Eigenkapital des Unternehmens.

Finanzierungsart	Mittel- herkunft
Einlagen oder Beteiligungsfinanzierung:	
Fremdfinanzierung:	
Innenfinanzierung:	
Außenfinanzierung:	
Selbstfinanzierung:	
Finanzierung durch Rückstellungen:	

3 Benennen Sie die Finanzierungsart und kreuzen Sie an, ob es sich dabei um eine Eigen- oder Fremdfinanzierung, Innen- oder Außenfinanzierung handelt.

Situation	Finanzierungsart (Finanzierungsform)	Eigen- oder Fremdfinanzierung?		Innen- oder Außenfinanzierung?	
		eigen	fremd	innen	außen
Um einen Verwaltungsneubau zu finanzieren, wird eine Hypothek aufgenommen.					
Eine GmbH nimmt einen neuen Gesellschafter gegen Leistung eines Gesellschafteranteils auf.					
Angesammelte Vermögenswerte für Pensionsrückstellungen werden zum Kauf einer Beteiligung eingesetzt.					
Im Umsatzprozess verdiente Abschreibungen werden zum Kauf neuer Maschinen eingesetzt.					
Eine Aktiengesellschaft bildet freiwillig Rücklagen für zukünftige Betriebserweiterungen.					
Die Gesellschafter einer GmbH beschließen in der Gesellschafterversammlung, dass der Gewinn des abgelaufenen Geschäftsjahres zu 50 % nicht ausbezahlt, sondern für Rationalisierungsinvestitionen in der Produktion eingesetzt wird.					

Aufgaben

Aufgabe 1

Die Fly Bike Werke GmbH muss entscheiden, ob sie die folgende Eingangsrechnung unter Abzug von Skonto ausgleicht.

a Ermitteln Sie
  aa den Nettoskonto,
  ab den möglichen Überweisungsbetrag bei Inanspruchnahme des Skontos,
  ac die Bankzinsen bei kreditfinanzierter Skontoausnutzung,
  ad die effektive Verzinsung des Lieferantenkredits,
  ae den möglichen Finanzierungserfolg für die Fly Bike Werke GmbH.
b Wie hoch wäre der Finanzierungserfolg, wenn das Zahlungsziel der Union Elektro AG nur 30 Tage betragen würde?

Aufgabe 2

Vergleichen Sie den Kontokorrentkredit und den Lieferantenkredit hinsichtlich der Art der Kreditgeber, der Voraussetzungen für die Kreditgewährung, der Laufzeit und der Kreditkosten für den Kreditnehmer.

Aufgabe 3

Ein Rohstofflieferant gewährt grundsätzlich einen Skonto von 3 % bei Zahlung innerhalb von 8 Tagen und ein Zahlungsziel von 30 Tagen.

a Berechnen Sie, wie teuer dieser Lieferantenkredit bei einem Rechnungsbetrag von 23.800,00 € inkl. 19 % Umsatzsteuer wäre:
  aa in € und
  ab in % (effektiver Zinssatz).
b Wie hoch wäre der Finanzierungserfolg, wenn für die Zahlung innerhalb der Skontofrist das Kontokorrentkonto mit einem Sollzinssatz von 9,5 % überzogen werden muss?

UNION ELEKTRO AG
Union Elektro AG
Landsberger Str. 66
12623 Berlin

Union Elektro AG, Landsberger Str. 66, 12623 Berlin

Fly Bike Werke GmbH
Rostocker Str. 334
26121 Oldenburg

Bankverbindung:
IKL-Bank
BIC: GENODE10IKL
IBAN: DE35 1001 0700 0160 9233 09

Ihre Zeichen	Ihre Nachricht vom	Unser Zeichen	Unsere Nachricht vom	Tel.:	Herford,
cm	22.02.20XX	wa/s		030 5628362	12.03.20XX

Rechnung Nr.: 613

Für die Ausführung Ihrer Bestellung Nr. 312 stellen wir Ihnen folgende Positionen in Rechnung:

Menge/Stück	Artikelbezeichnung	Einzelpreis in €	Gesamtpreis in €
200	Rücklampe ‚Blinky', Art.-Nr. 234	6,45	1.290,00
300	Beleuchtungssystem ‚Magic Light', Art.-Nr. 122	22,08	6.624,00
	Warenwert		7.914,00
	+ 19 % Umsatzsteuer		1.503,66
	= Rechnungsbetrag		9.417,66

Zahlungsbedingungen: 8 Tage 2 % Skonto oder 60 Tage Ziel
Lieferungsbedingungen: Frei-Haus-Lieferung

			Oldenburg-Bank
IBAN	Kontoauszug	Auszug	Blatt
DE86 2804 0114 0112 3264 44	Oldenburg-Bank BIC OLBADE28XXX	15	1

Buchungstag	Wert	Vorgang/Erläuterungen	Beträge in EUR
		Kontostand am 20.03.20XX	350,00 –
		Kreditlimit	10.000,00 –
		Zinssatz für Kontokorrentkredit im Limit	12,9 %
		Zinssatz für geduldete Überziehung	16,9 %

Fly Bike Werke GmbH, Oldenburg

FK → TAF 12.4 | Kap. 4.3.2   **Mit langfristigen Krediten finanzieren**

Die geplante Betriebserweiterung der Fly Bike Werke GmbH am Standort Oldenburg (siehe Lernsituation 55, S. 120) nimmt Formen an. Die Gesellschafter haben den Vorschlägen des Geschäftsführers, Herrn Peters, zugestimmt. Ein Teil des Kapitalbedarfs konnte bereits auf dem Wege der Eigenfinanzierung gedeckt werden; für den noch verbliebenen Kapitalbedarf ist eine langfristige Fremdfinanzierung notwendig.

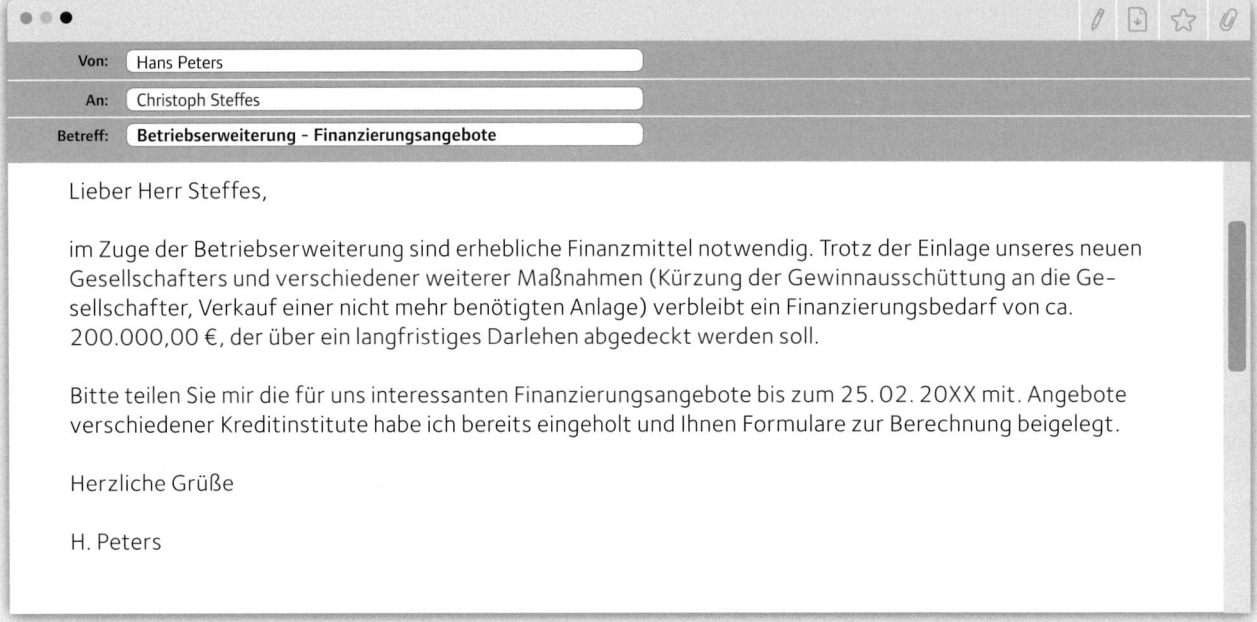

Von:	Hans Peters
An:	Christoph Steffes
Betreff:	**Betriebserweiterung – Finanzierungsangebote**

Lieber Herr Steffes,

im Zuge der Betriebserweiterung sind erhebliche Finanzmittel notwendig. Trotz der Einlage unseres neuen Gesellschafters und verschiedener weiterer Maßnahmen (Kürzung der Gewinnausschüttung an die Gesellschafter, Verkauf einer nicht mehr benötigten Anlage) verbleibt ein Finanzierungsbedarf von ca. 200.000,00 €, der über ein langfristiges Darlehen abgedeckt werden soll.

Bitte teilen Sie mir die für uns interessanten Finanzierungsangebote bis zum 25.02.20XX mit. Angebote verschiedener Kreditinstitute habe ich bereits eingeholt und Ihnen Formulare zur Berechnung beigelegt.

Herzliche Grüße

H. Peters

Die Angebote, die Herr Peters eingeholt hat, stammen von vier verschiedenen Kreditinstituten (S. 132 – 134).

1 Lesen Sie den Informationstext der Oldenburg-Bank auf S. 132 und vergleichen Sie die Kreditangebote der Oldenburg-Bank und der IKL Bank auf S. 133.

   a Erstellen Sie einen Zins- und Tilgungsplan für die beiden Angebote. Nutzen Sie hierfür die Arbeitsblätter 57.1 und 57.2.

   b Ermitteln Sie das günstigste der beiden angebotenen Annuitätendarlehen.

Ermittlung der Kreditkosten	Angebot der Oldenburg-Bank	Angebot der IKL Bank
Zinsen für die gesamte Kredit-laufzeit		
+ Disagio		
= gesamte Kreditkosten		

2 Lesen und vergleichen Sie die Kreditangebote der Bank 3000 und der TAXABANK auf S. 134.

   a Erstellen Sie einen Zins- und Tilgungsplan für die beiden Angebote. Nutzen Sie hierfür die Arbeitsblätter 57.3 und 57.4.

   b Ermitteln Sie das günstigste der beiden angebotenen Abzahlungsdarlehen.

Ermittlung der Kreditkosten	Angebot der Bank 3000	Angebot der DNG Finanzbank
Zinsen für die gesamte Kredit-laufzeit		
+ Disagio		
= gesamte Kreditkosten		

3 Für welches Darlehen sollte die Fly Bike Werke GmbH sich entscheiden? Begründen Sie.

Information der Oldenburg-Bank

Das passende Darlehen für jeden Bedarf!

Sie möchten eine planbare und konstante Ratenzahlung?
Dann ist das Annuitätendarlehen genau das Richtige für Sie!

Darlehensart	Art der Tilgung	Kreditkosten
Annuitätendarlehen	Das Annuitätendarlehen zeichnet sich durch eine **gleich bleibende Belastungsrate** (Annuität = Tilgung + Zins) für den Kreditnehmer aus. Beachten Sie, dass hierbei die **Tilgungsrate (Abzahlung) des Darlehens steigt.** Die Zinsen werden mit sinkender Kreditsumme geringer.	– Zinsen von der jeweiligen Restschuld – Bearbeitungsgebühr – Disagio

Sie möchten eine abnehmende Ratenbelastung?
Dann ist das Abzahlungsdarlehen genau das Richtige für Sie!

Darlehensart	Art der Tilgung	Kreditkosten
Abzahlungsdarlehen/ Ratendarlehen	Das Abzahlungsdarlehen zeichnet sich durch eine hohe anfängliche Belastung aus. Diese fällt während der Laufzeit. Hierbei ist zu beachten, dass die jährliche **Belastungsrate** (= Tilgung + Zins) sinkt. Die **Tilgungsrate (Abzahlung) des Darlehens ist jedoch konstant.** Der Zinsanteil in der jährlichen Rate sinkt mit der Laufzeit.	– Zinsen von der jeweiligen Restschuld – Bearbeitungsgebühr – Disagio

Sie möchten Ihr Darlehen in einer Summe zum Ende der Laufzeit tilgen?
Dann ist das Festdarlehen genau das Richtige für Sie!

Darlehensart	Art der Tilgung	Kreditkosten
Festdarlehen	Beim Festdarlehen tilgen Sie zum Ende der Laufzeit die Kreditschuld in einer Summe.	– Der Darlehensbetrag wird während der Laufzeit nicht getilgt, entsprechend bleiben die Zinsen konstant. – Bearbeitungsgebühr – Disagio

Quelle: Autorentext

IKL Bank

Es schreibt Ihnen
Thomas Lufen
Tel 0441 21050
Fax 0441 21151
Datum 24.01.20XX

Fly Bike Werke GmbH
Rostocker Str. 334
26121 Oldenburg

Ihre Finanzierungsanfrage vom 22.01.20XX

Sehr geehrter Herr Peters,

Ihre Finanzierungsanfrage haben wir bearbeitet. Nach eingehender Überprüfung Ihrer Unterlagen können wir Ihnen folgendes Angebot unterbreiten:

Gewerbekredit (Annuitätendarlehen)	200.000,00 €
Disagio:	4% der Darlehenssumme
Nominalzinssatz:	5% pro Jahr
Laufzeit:	10 Jahre
Jährliche Belastungsrate:	25.900,91 €

Wir freuen uns auf eine künftige Zusammenarbeit!

Mit freundlichen Grüßen

IKL Bank

Thomas Lufen

Thomas Lufen

Oldenburg-Bank

Es schreibt Ihnen
Elisabeth Lange
Tel 0441 2815-88
Fax 0441 2815-89
Datum 25.01.20XX

Fly Bike Werke GmbH
Rostocker Str. 334
26121 Oldenburg

Ihre Finanzierungsanfrage vom 22.01.20XX

Sehr geehrter Herr Peters,

Ihre Finanzierungsanfrage haben wir bearbeitet. Wir freuen uns, Ihnen folgendes Angebot unterbreiten zu können:

Gewerbekredit (Annuitätendarlehen) über	200.000,00 €
Disagio:	3% der Darlehenssumme
Nominalzinssatz:	3,5% pro Jahr
Laufzeit:	10 Jahre
Jährliche Belastungsrate:	24.048,27 €

Wir freuen uns auf die weitere Zusammenarbeit!

Mit freundlichen Grüßen
Oldenburg-Bank

Elisabeth Lange

Elisabeth Lange

Hinweis: Der Oldenburg-Bank wurde bereits als unserer Hausbank eine Grundschuld eingeräumt!

R. Tauber

Brief 1 (TAXA/BANK)

TAXA/BANK

Es schreibt Ihnen
Luise Metzger
Tel 0441 810-50
Fax 0441 810-70
Datum 24. 01. 20XX

Fly Bike Werke GmbH
Rostocker Str. 334
26121 Oldenburg

Ihre Finanzierungsanfrage

Sehr geehrter Herr Peters,

bezüglich Ihrer Anfrage vom 22. 01. 20XX können wir Ihnen natürlich auch ein Abzahlungsdarlehen anbieten. Wir möchten jedoch darauf hinweisen, dass die damit verbundene anfängliche Belastung vergleichsweise hoch ausfällt. Das Angebot gestaltet sich wie folgt:

Abzahlungsdarlehen über	200.000,00 €
Disagio:	5,5 % der Darlehenssumme
Nominalzinssatz:	4,5 % pro Jahr
Laufzeit:	10 Jahre

Weitere Fragen beantworten wir Ihnen gerne!

Mit freundlichen Grüßen

TAXABANK AG

Luise Metzger

Luise Metzger

Brief 2 (Bank 3000)

Bank 3000

Bank 3000 AG
Staugraben 10
26122 Oldenburg

Paul Michels
Telefon 0441 2108-15
Telefax 0441 2110-3
paul.michels@bank3000.com

Oldenburg, 24. 01. 20XX

Fly Bike Werke GmbH
Rostocker Str. 334
26121 Oldenburg

Ihre Anfrage zu einem Hypothekendarlehen

Sehr geehrter Herr Peters,

bezüglich Ihrer Anfrage vom 22. 01. 20XX können wir Ihnen aufgrund Ihrer guten Bonität zu folgenden Konditionen ein Hypothekendarlehen als Abzahlungsdarlehen anbieten:

Abzahlungsdarlehen (Ratendarlehen)	200.000,00 €
Disagio:	7 % der Darlehenssumme
Nominalzinssatz:	3 % pro Jahr
Laufzeit:	10 Jahre

Weitere Fragen beantworten wir Ihnen gerne.

Mit freundlichen Grüßen

Paul Michels

Paul Michels
Abt. Geschäftskunden

Arbeitsblatt 57.1 | Zins- und Tilgungsplan für das Annuitätendarlehen der Oldenburg-Bank

Jahr	Schuld am Jahresanfang	Tilgung	Zinsen	Annuität (Belastungs-rate)	Schuld am Jahresende
1					
2					
3					
4					
5					
6					
7					
8					
9					
10					
Summe					

Arbeitsblatt 57.2 | Zins- und Tilgungsplan für das Annuitätendarlehen der IKL Bank

Jahr	Schuld am Jahresanfang	Tilgung	Zinsen	Annuität (Belastungs-rate)	Schuld am Jahresende
1					
2					
3					
4					
5					
6					
7					
8					
9					
10					
Summe					

Arbeitsblatt 57.3 | Zins- und Tilgungsplan für das Abzahlungsdarlehen der Bank 3000

Jahr	Schuld am Jahresanfang	Tilgung	Zinsen	jährliche Gesamtzahlung	Schuld am Jahresende
1					
2					
3					
4					
5					
6					
7					
8					
9					
10					
Summe					

Arbeitsblatt 57.4 | Zins- und Tilgungsplan für das Abzahlungsdarlehen der TAXABANK

Jahr	Schuld am Jahresanfang	Tilgung	Zinsen	jährliche Gesamtzahlung	Schuld am Jahresende
1					
2					
3					
4					
5					
6					
7					
8					
9					
10					
Summe					

Folgesituation

Nach Überprüfung der Bonität der Fly Bike Werke GmbH machte die Oldenburg-Bank Herrn Peters ein weiteres Angebot. Herr Steffes hatte sich in der Zwischenzeit über die Kosten für die Eintragung einer Grundschuld informiert.

 Oldenburg-Bank

Fly Bike Werke GmbH
Rostocker Str. 334
26121 Oldenburg

Es schreibt Ihnen
Elisabeth Lange
Tel 0441 2815-88
Fax 0441 2815-89
Datum
25.01.20XX

Finanzierung der Betriebserweiterung

Sehr geehrter Herr Peters,

wie vereinbart bieten wir Ihnen gerne auch ein Fälligkeitsdarlehen an. Die zuvor besprochenen Konditionen können aufgrund Ihrer guten Bonität übernommen werden. In einem persönlichen Beratungsgespräch können wir gerne noch weitere Möglichkeiten zur Finanzierung der Betriebserweiterung erörtern.

Unser Angebot lautet wie folgt:

Gewerbekredit als Fälligkeitsdarlehen:	200.000,00 €
Disagio:	2,5 % der Darlehenssumme
Nominalzinssatz:	4,5 % pro Jahr.
Laufzeit:	10 Jahre

Zur Absicherung unserer Darlehensforderung haben wir vereinbart, dass eine Grundschuld auf das Firmengrundstück Rostocker Str. 334 in 26121 Oldenburg in Höhe von 200.000,00 € eingetragen wird.

Mit freundlichen Grüßen
Oldenburg-Bank

Elisabeth Lange

Elisabeth Lange

Kosten für Eintragung der Grundschuld

Darlehenssumme 200.000,00 €

Notarkosten	
Beurkundung*	446,25 €
Schreibgebühren	20,00 €
Postgebühren	12,00 €
Summe Notarkosten	478,25 €
+ 19 % Umsatzsteuer	90,87 €
Rechnungsbetrag des Notars	569,12 €
Grundbuchkosten (mit Briefausstellung)	446,25 €
Gesamtkosten (exkl. Umsatzsteuer)	**924,50 €**

1 Erstellen Sie für das von der Oldenburg-Bank angebotene Fälligkeitsdarlehen (Festdarlehen) den Zins- und Tilgungsplan. Nutzen Sie hierfür das Arbeitsblatt 57.5.
2 Ermitteln Sie die gesamten Kreditkosten (einschließlich Grundschuldeintrag).
3 Welche weiteren Bilanzposten der Fly Bike Werke GmbH könnten für alternative Kreditsicherungen genutzt werden?

Infoblatt zur Kreditsicherung

Als Kreditsicherheit für eine Immobilie kommen die Hypothek und die Grundschuld infrage.

Beide werden in das Grundbuch der Immobilie eingetragen. Diese Eintragung ist die notwendige Voraussetzung dafür, dass die Bank einen Kredit gewährt. Durch die Grundbucheintragung ist sichergestellt, dass die Bank den geliehenen Geldbetrag auch dann zurückerhält, wenn der Kreditnehmer seinen Zahlungspflichten nicht nachkommt. In dem Fall kann die Bank die Immobilie verwerten, also verkaufen, versteigern oder selbst nutzen. Die Kreditsumme ist dabei niedriger als der Immobilienwert. So stellt die Bank sicher, dass sie keine Verluste erleidet.

Die Eintragung der Hypothek oder Grundschuld ins Grundbuch muss ein Notar durchführen, er erhält dafür ein Honorar.

Hypothek

Voraussetzung für eine Hypothek ist das Vorhandensein einer persönlichen Geldforderung. Diese Forderung ist häufig ein Darlehen. Forderung und Hypothek sind aneinander gebunden. Die Hypothek erlischt also spätestens mit der vollständigen Tilgung des Darlehens.

Grundschuld

Die Grundschuld ist im Gegensatz zur Hypothek nicht an eine bestimmte Forderung gebunden. Sie bleibt also weiter bestehen, auch wenn das Darlehen getilgt ist. Deshalb kann die Grundschuld für mehrere, gegenwärtige und zukünftige Verbindlichkeiten als Sicherung dienen, falls z.B. ein weiterer Kredit benötigt oder umgeschuldet wird. Diese Form der Kreditsicherung wird immer häufiger verwendet.

Quelle: Autorentext

Arbeitsblatt 57.5 | Zins- und Tilgungsplan für das Fälligkeitsdarlehen der Oldenburg-Bank

Jahr	Schuld am Jahresanfang	Tilgung	Zinsen	jährliche Gesamtzahlung	Schuld am Jahresende
1					
2					
3					
4					
5					
6					
7					
8					
9					
10					
Summe					

Arbeitsblatt 57.6 | Darlehensarten

Die Fly Bike Werke GmbH benötigt dringend Kapital für einen neuen Lackierautomaten. Die Hausbank bietet ein Darlehen in Höhe von 120.000,00 € mit einer Laufzeit von acht Jahren. Wahlweise kann das Darlehen als Fälligkeitsdarlehen (Festdarlehen), Abzahlungsdarlehen (Ratendarlehen) oder auch als Annuitätendarlehen gewährt werden. Die Konditionen sind immer gleich: Disagio 5,2 %, Nominalzins 6,5 %.

1 Ermitteln Sie den Tilgungsverlauf des Darlehens in Abhängigkeit von der gewählten Darlehensart.

Fälligkeitsdarlehen (Tilgung am Ende der Kreditlaufzeit)

Jahr	Schuld am Jahres-anfang	Tilgung	Zinsen	jährliche Gesamt-zahlung	Schuld am Jahresende
1.					
2.					
3.					
4.					
5.					
6.					
7.					
8.					

Ratendarlehen (Tilgung in gleichbleibenden Jahresraten = Abzahlungsdarlehen)

Jahr	Schuld am Jahres-anfang	Tilgung	Zinsen	jährliche Gesamt-zahlung	Schuld am Jahresende
1.					
2.					
3.					
4.					
5.					
6.					
7.					
8.					

Annuitätendarlehen (jährliche Gesamtzahlung = 19.708,48 € = Annuität)

Jahr	Schuld am Jahres-anfang	Tilgung	Zinsen	jährliche Gesamt-zahlung	Schuld am Jahresende
1.					
2.					
3.					
4.					
5.					
6.					
7.					
8.					

2 Ermitteln Sie den effektiven Zinssatz für das Fälligkeitsdarlehen.

Aufgaben

Aufgabe 1

Vergleichen Sie das Fälligkeits-, das Abzahlungs- und das Annuitätendarlehen im Hinblick auf die Entwicklung des Tilgungsbetrags, der Zinszahlungen und der Gesamtbelastung.

	Fälligkeitsdarlehen	Abzahlungsdarlehen	Annuitätendarlehen
Tilgungsbetrag			
Zinszahlungen			
Gesamtbelastung			

Aufgabe 2

Zur Finanzierung einer neuen Maschine benötigt ein Unternehmen ein Darlehen in Höhe von 400.000,00 € (= Anschaffungswert) mit einer Laufzeit von fünf Jahren. Das Darlehen würde mit 8 % verzinst und zum Beginn des neuen Geschäftsjahres ausgezahlt.

a Berechnen Sie jeweils die Zinsen, die Tilgung und die Restschuld im Zeitablauf bei einem
   aa Abzahlungsdarlehen (Ratendarlehen),
   ab Annuitätendarlehen (Annuität = 100.182,58 €),
   ac einem Fälligkeitsdarlehen (Festdarlehen).
b Der Darlehensgeber berechnet ein Disagio in Höhe von 3,5 %. Wie hoch wäre der effektive Zinssatz, wenn das Unternehmen ein Fälligkeitsdarlehen wählt?

Aufgabe 3

Ein Fälligkeitsdarlehen in Höhe von 400.000,00 € mit einer Laufzeit von fünf Jahren wird mit einem Disagio in Höhe von 4,5 % zum Nominalzinssatz von 4,5 % angeboten. Ermitteln Sie den effektiven Zinssatz.

Aufgabe 4

Ordnen Sie den nachfolgenden Aussagen die Darlehensarten zu. Die Konditionen (Nominalzins, Bearbeitungsgebühr und Disagio) sind bei allen Darlehensarten gleich.
1 = Fälligkeitsdarlehen   2 = Ratendarlehen   3 = Annuitätendarlehen

Zuordnung	Aussage
	Die Belastung bleibt während der Darlehenslaufzeit immer gleich hoch.
	Die Darlehenszinsen sind im Vergleich am geringsten.
	Die jährlichen Zahlungen sinken von Jahr zu Jahr.
	Zum Ende der Darlehenslaufzeit sind die Zahlungen am höchsten.
	Für Existenzgründer, die erst in Zukunft Gewinne erwarten, ist diese Darlehensart optimal.
	Für die Finanzplanung ist diese Darlehensform am besten kalkulierbar.

Aufgabe 5

Ein Industrieunternehmen benötigt für die Neuanschaffung eines Fahrzeugs ein Darlehen von seiner Hausbank. Das Angebot der Hausbank lautet: Darlehenssumme 36.000,00 €, Disagio 7,5 %, Darlehenslaufzeit 6 Jahre, Nominalzinssatz 5,5 %.

a Erstellen Sie einen Zins- und Tilgungsplan für die gesamte Laufzeit
   aa für ein Abzahlungsdarlehen und
   ab ein Annuitätendarlehen (Annuität = 7.206,44 €).
b Ermitteln Sie den effektiven Zinssatz für das Darlehen, wenn sich das Industrieunternehmen aufgrund von Liquiditätsüberlegungen für ein Fälligkeitsdarlehen entscheidet.

FK → TAF 12.4 | Kap. 4.3.2, 4.3.3

Kreditaufnahme beim Kauf und Leasing vergleichen

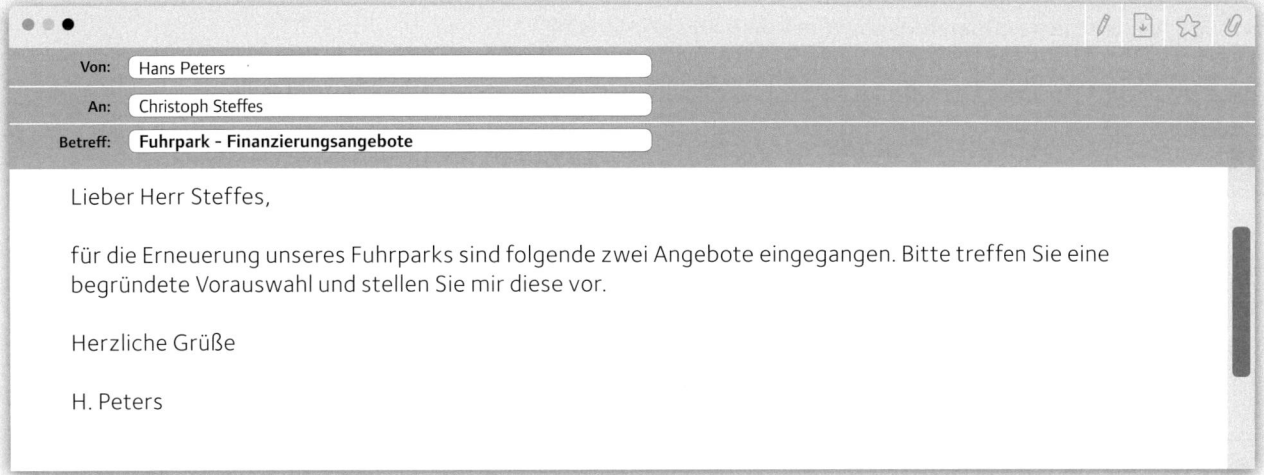

Von: Hans Peters

An: Christoph Steffes

Betreff: **Fuhrpark - Finanzierungsangebote**

Lieber Herr Steffes,

für die Erneuerung unseres Fuhrparks sind folgende zwei Angebote eingegangen. Bitte treffen Sie eine begründete Vorauswahl und stellen Sie mir diese vor.

Herzliche Grüße

H. Peters

Darlehensvertrag für Selbstständige

Nutzfahrzeuge GmbH

Fahrzeug:	LIDECO Daily
Nettokaufpreis:	31.500,00 €
Anzahlung:	0,00 €
Darlehensvertragssumme:	31.500,00 €
Laufzeit:	48 Monate
monatliche Rate netto:	760,90 €

Leasingvertrag für Selbstständige

Nutzfahrzeuge GmbH

Fahrzeug:	LIDECO Daily
Leasingrate netto:	520,08 €
Sonderzahlung:	0,00 €
Laufzeit:	48 Monate
Restwert:	13.230,60 €
Kilometer pro Jahr:	20.000

1 Welche Gründe sprechen für den Darlehensvertrag? Erläutern Sie.
2 Welche Gründe sprechen für den Leasingvertrag? Erläutern Sie.
3 Für welche Variante sollte die Fly Bike Werke GmbH sich entscheiden?

Arbeitsblatt 58.1 | Leasing

Vervollständigen Sie nachfolgende Übersichten.

1   Vergleichen Sie das Operate-Leasing mit dem Finance-Leasing.

Vergleichskriterium	Operate-Leasing	Finance-Leasing
Laufzeit		
Kündbarkeit		
Träger des Risikos einer Fehlinvestition		

2   Wie kann der Leasinggegenstand nach Ablauf der Grundmietzeit beim Finance-Leasing verwendet werden?

Verwendungsmöglichkeit 1:	
Verwendungsmöglichkeit 2:	
Verwendungsmöglichkeit 3:	

3   Wer ist der Leasinggeber beim direkten und beim indirekten Leasing?

Direktes Leasing	**Indirektes Leasing**
Der Leasinggeber ist	Der Leasinggeber ist

4   Welche Kosten entstehen regelmäßig bei einer Bankfinanzierung und bei einer Leasingfinanzierung?

Kosten bei einer Bankfinanzierung (Darlehen)	**Kosten bei einer Leasingfinanzierung**

Aufgaben

Aufgabe 1

Ein Industrieunternehmen möchte eine bereits bestehende Lagerhalle mit Bürotrakt nutzen (Anschaffungswert: 200.000,00 €). Der Immobilienmakler vermittelt zwei Finanzierungsalternativen, da nur ein Kauf oder Leasing möglich ist. Das Industrieunternehmen möchte die Liegenschaft auf Dauer nutzen.

Kauf mit Kreditfinanzierung	Finance-Leasing
Kreditbetrag: 200.000,00 € Disagio: 1,5 % Zinssatz: 6,5 % pro Jahr Kreditlaufzeit: 10 Jahre Art des Kredits: Fälligkeitsdarlehen mit jährlicher Zinszahlung am Jahresende und Kredittilgung zum Ende der Kreditlaufzeit.	Grundmietzeit: 10 Jahre Monatliche Leasingrate: 1,2 % der Anschaffungskosten Kalkulierter Restwert: 80.000,00 € (Die Lagerhalle kann zum Restwert am Ende der Grundmietzeit gekauft werden.)

a Ermitteln Sie für beide Finanzierungsalternativen die Gesamtzahlungen innerhalb von zehn Nutzungsjahren, wenn die Liegenschaft nach Ablauf der Grundmietzeit zum kalkulierten Restwert gekauft werden kann.

b Nennen Sie je drei Vor- und drei Nachteile einer Leasingfinanzierung im Vergleich zu einer Bankfinanzierung.

Aufgabe 2

a Zur Finanzierung einer neuen Maschine benötigt ein Unternehmen ein Darlehen in Höhe von 420.000,00 € (= Anschaffungswert) mit einer Laufzeit von fünf Jahren. Das Darlehen würde mit 8,5 % verzinst und zum Beginn des neuen Geschäftsjahres ausgezahlt. Das Disagio beträgt 5,5 %.
Berechnen Sie jeweils die Gesamtkosten bei einem
 aa Abzahlungsdarlehen (Ratendarlehen),
 ab Annuitätendarlehen (der Kapitalwiedergewinnungsfaktor ist selbst zu berechnen!),
 ac Fälligkeitsdarlehen (Festdarlehen).

b Eine Leasinggesellschaft würde eine entsprechende Maschine ebenfalls für eine Grundmietzeit von fünf Jahren zur Verfügung stellen. Bei einem kalkulierten Restwert von 120.000,00 € wären die Leasingbedingungen:
 – Sonderzahlung bei Übernahme der Maschine: 50.000,00 €,
 – Leasingrate: 1,6 % vom Anschaffungswert je Monat.
Die Maschine kann am Ende der Grundmietzeit zum Restwert erworben werden.
 ba Welche Finanzierungsart (Leasing oder Kredit) ist für das Unternehmen in diesem Fall günstiger?
 bb Welche Verwendung des Leasinggegenstands nach Ablauf der Grundmietzeit wäre bei diesem Finance-Leasing je nach Vertragsgestaltung möglich?

Aufgabe 3

a Im Leasingvertrag für einen Pkw ist für eine Leasingdauer von 36 Monaten eine Kilometer-Leistung von 45 000 km fest vereinbart. Abweichungen bis maximal 2 500 km bleiben unberücksichtigt. Mehrkilometer werden mit 12,7 Cent/km berechnet, Minderkilometer werden mit 8,7 Cent/km bis zu einem Höchstbetrag von 500,00 € vergütet. Mit welchen Zahlungen muss der Leasingnehmer rechnen, wenn er das Fahrzeug
 aa mit 52 500 km,
 ab mit 28 000 km
zurückgibt? Ein vertragsgerechter Zustand des Fahrzeugs wird in beiden Fällen unterstellt.

b Bei einem Restwert-Vertrag für einen neuen Pkw wurde die Leasingrate mit einem Verkaufserlös von 12.000,00 € (Restwert) für den Gebrauchtwagen kalkuliert. Zum Rückgabezeitpunkt werden jedoch Reparaturen nötig, die 2.500,00 € kosten. Trotz der Reparatur beträgt der tatsächlich erzielte Verkaufserlös nur 7.200,00 €. Berechnen Sie die Nachzahlung des ehemaligen Leasingnehmers.

Einen Jahresabschluss auswerten

Situation

Die Jahresabschlussergebnisse der Sportartikelgroßhandlung Intersport GmbH in Bonn liegen vor. Der Leiter der Abteilung Rechnungswesen, Herr Klein, muss diese in der nächsten Woche dem Vorstand vorstellen und erläutern.

Ergebnisse der Intersport GmbH, Bonn, 31. 12. 20X1:

Aktiva	Bilanz der Intersport GmbH, Bonn, zum 31. 12. 20X1 (Werte in €)		Passiva
A. Anlagevermögen		**A. Eigenkapital**	
I. Sachanlagen	840.000,00	I. Gezeichnetes Kapital	600.000,00
II. Finanzanlagen	210.000,00	II. Kapitalrücklage	200.000,00
B. Umlaufvermögen		III. Gewinnrücklagen	60.000,00
I. Vorräte	1.050.000,00	IV. Gewinnvortrag	5.000,00
II. Forderungen und sonstige Vermögensgegenstände	1.680.000,00	V. Jahresüberschuss	138.000,00
		B. Rückstellungen	445.000,00
III. Wertpapiere	42.000,00	**C. Verbindlichkeiten**	2.730.000,00
IV. Kassenbestand, Bundesbankguthaben, Guthaben bei Kreditinstituten und Schecks	356.000,00		
	4.178.000,00		4.178.000,00

Bonn, 24.03.20X2 *Walter Hermsen, Klaus Hermsen*

Gewinn- und Verlustrechnung der Intersport GmbH, Bonn, zum 31. 12. 20X1

GuV (Gesamtkostenverfahren) nach § 275 HBG		€
1.	Umsatzerlöse	9.200.000,00
4.	sonstige betriebliche Erträge	276.000,00
5.	Materialaufwand	7.406.000,00
6.	Personalaufwand	1.047.100,00
7.	Abschreibungen	128.800,00
8.	sonstige betriebliche Aufwendungen	506.000,00
10.	Erträge aus anderen Wertpapieren und Ausleihungen des Finanzanlagevermögens	10.500,00
11.	sonstige Zinsen und ähnliche Erträge	50.000,00
12.	Abschreibungen auf Finanzanlagen und auf Wertpapiere des Umlaufvermögens	4.000,00
13.	Zinsen und ähnliche Aufwendungen	147.200,00
14.	Steuern vom Einkommen und vom Ertrag	110.400,00
15.	Ergebnis nach Steuern	
16.	sonstige Steuern	46.000,00
17.	Jahresüberschuss	

Informationen aus dem Anhang zur Bilanz und zur GuV-Rechnung der Intersport GmbH, Bonn, zum 31.12.20X1 (Auszüge)
– Gesamtbetrag der Verbindlichkeiten mit einer Restlaufzeit von mehr als einem Jahr: 300.000,00 €
– Gesamtbetrag der Verbindlichkeiten mit einer Restlaufzeit bis zu einem Jahr: 2.430.000,00 €
– Alle Forderungen haben eine Restlaufzeit bis zu einem Jahr.
– Die Rückstellungen für Pensionen betragen 385.000,00 €.

1 Ermitteln Sie aus den Ergebnissen der Intersport GmbH, Bonn, für 20X1 die nachfolgenden Werte in € vor der Ergebnisverwendung.

Aktiva		Strukturbilanz (Werte in €)		Passiva
Anlagevermögen		Eigenkapital		
Umlaufvermögen		davon:		
davon:		– Gewinnrücklagen		
– Vorräte		Fremdkapital		
– kurzfristige Forderungen		davon:		
– flüssige Mittel[1]		– langfristig[2]		
		– kurzfristig		
Summe Vermögen		Summe Kapital		

[1] einschließlich Wertpapiere des Umlaufvermögens
[2] einschließlich Pensionsrückstellungen (alle anderen Rückstellungen sind kurzfristiges Fremdkapital)

2 Ein Brancheninformationsdienst hat für das Geschäftsjahr 20X1 durchschnittliche Kennzahlen der Branche veröffentlicht.
   a Berechnen Sie die entsprechenden Kennzahlen für die Intersport GmbH, Bonn, im Geschäftsjahr 20X1 auf Basis der unter **1** ermittelten Werte und der Jahresabschlussergebnisse.
   b Vergleichen Sie die Kennzahlen der Intersport GmbH, Bonn, mit den Branchendurchschnittswerten. Analysieren Sie die Ergebnisse im Hinblick auf die wirtschaftliche Situation der Intersport GmbH, Bonn, zum Geschäftsjahresende 20X1.

Kennzahl	Branchendurchschnitt	Intersport GmbH
Eigenkapitalquote	14,5 %	
Anlagenintensität	15,7 %	
Anlagendeckung II	129,6 %	
Liquidität II	78,7 %	
Eigenkapitalrentabilität	4,2 %	
Gesamtkapitalrentabilität	3,2 %	
Umsatzrentabilität	1,4 %	

Arbeitsblatt 59.1 | Kennzahlen zur Auswertung von Bilanz und GuV-Rechnung

Daten zur Auswertung:

Aktiva	Strukturbilanz (Werte in €)		Passiva
Anlagevermögen	800.000,00	Eigenkapital	1.000.000,00
Umlaufvermögen	703.200,00	Fremdkapital	503.200,00
davon:		davon:	
kurzfristige Forderungen	331.800,00	langfristig	300.000,00
flüssige Mittel	213.400,00	kurzfristig	203.200,00
Summe Vermögen	**1.503.200,00**	**Summe Kapital**	**1.503.200,00**

Werte aus der GuV-Rechnung (in €)

Umsatzerlöse	5.500.000,00	betriebliche Aufwendungen gesamt	5.163.000,00
Materialaufwand	2.640.000,00	betriebliche Erträge gesamt	5.550.000,00
Personalaufwand	1.375.000,00	Finanzergebnis (darin enthalten 12.000,00 € Zinsaufwendungen)	48.000,00
Abschreibungen	302.500,00	Jahresüberschuss nach Steuern	250.000,00
sonstige betriebliche Aufwendungen	845.500,00		

Berechnung der Kennzahlen:

Kennzahl	Formel	Berechnungen, Ergebnisse
Anlagenintensität		
Umlaufintensität		
Eigenkapitalintensität		
Fremdkapitalintensität		
Anlagendeckung I		
Anlagendeckung II		
Liquidität I		
Liquidität II		
Liquidität III		
Eigenkapitalrentabilität		
Gesamtkapitalrentabilität		
Umsatzrentabilität		

Arbeitsblatt 59.2 | Entscheidungsregeln

Die Hausbank der Wollner GmbH, Bonn, hat die Vergabe eines Kredits u. a. davon abhängig gemacht, dass die aktuelle Bilanz des Unternehmens die von ihr verlangten Vorgaben erfüllt.

> **Vorgaben:**
> Das Anlagevermögen muss vollständig durch langfristig verfügbares Kapital finanziert sein.
> Das Fremdkapital darf nicht mehr als das Doppelte des Eigenkapitals betragen.
> Das kurzfristige Fremdkapital muss durch flüssige Mittel und kurzfristige Forderungen gedeckt sein.

Herr Wollner, Geschäftsführer der Wollner GmbH, hat jetzt die aktuelle Bilanz vorliegen:

Aktiva	Bilanz der Wollner GmbH, Bonn, zum 31.12.20XX (in €)		Passiva	
A. Anlagevermögen			A. Eigenkapital	
I. Immaterielle Vermögens-gegenstände		40.000,00	I. Gezeichnetes Kapital	1.500.000,00
II. Sachanlagen		4.322.600,00	II. Kapitalrücklage	50.000,00
III. Finanzanlagen		–	III. Gewinnrücklagen	70.000,00
B. Umlaufvermögen			IV. Gewinnvortrag	750,00
I. Vorräte		698.200,00	V. Jahresüberschuss	215.000,00
II. Forderungen und sonstige Vermögensgegenstände		396.200,00	B. Rückstellungen	54.000,00
III. Wertpapiere		6.500,00	C. Verbindlichkeiten	3.680.100,00
IV. Kassenbestand, Bundesbank-guthaben, Guthaben bei Kredit-instituten und Schecks		106.350,00		
		5.569.850,00		5.569.850,00

Hinweise zur Bilanz: Alle Forderungen, die Wertpapiere des Umlaufvermögens und alle Rückstellungen sind kurzfristig. Die Position „C. Verbindlichkeiten" enthält 2.500.000,00 € langfristige Bankverbindlichkeiten.

1 Prüfen Sie, ob die Vorgaben der Hausbank zu den Bilanzwerten durch die aktuelle Bilanz der Wollner GmbH, Bonn, erfüllt werden. Alle Ergebnisse sind auf zwei Nachkommastellen kaufmännisch zu runden.

Die horizontalen Kapitalstrukturregeln	
Goldene Bilanzregel im engen Sinne	**Goldene Bilanzregel im weiten Sinne**
Deckungsgrad I = $\dfrac{\quad\quad \cdot 100}{\text{Anlagevermögen}}$ = $\dfrac{\quad\quad}{\quad\quad}$ =	Deckungsgrad II = $\dfrac{\quad\quad \cdot 100}{\text{Anlagevermögen}}$ = $\dfrac{\quad\quad}{\quad\quad}$ =

Die vertikale Kapitalstrukturregel
Verschuldungsgrad = $\dfrac{\quad\quad \cdot 100}{\text{Eigenkapital}}$ = $\dfrac{\quad\quad}{\quad\quad}$ =

Liquiditätskennzahlen		
Liquidität 1. Grades (Liquidität I)	**Liquidität 2. Grades (Liquidität II)**	**Liquidität 3. Grades (Liquidität III)**
= $\dfrac{\quad\quad \cdot 100}{\text{kurzfristiges Fremdkapital}}$ = $\dfrac{\quad\quad}{\quad\quad}$ =	= $\dfrac{\quad\quad \cdot 100}{\text{kurzfristiges Fremdkapital}}$ = $\dfrac{\quad\quad}{\quad\quad}$ =	= $\dfrac{\quad\quad \cdot 100}{\text{kurzfristiges Fremdkapital}}$ = $\dfrac{\quad\quad}{\quad\quad}$ =

2 Wird die Wollner GmbH, Bonn, den Kredit bekommen?

Aufgaben

Aufgabe 1

Ein Unternehmen (GmbH) ermittelt am Geschäftsjahresende folgende Werte (alphabetische Aufzählung):

Abschreibungen	40.000,00 €
Aufwendungen für die Inanspruchnahme von Rechten und Diensten sowie für Kommunikation	20.000,00 €
Betriebliche Steuern	45.000,00 €
Betriebs- und Geschäftsausstattung	120.000,00 €
Flüssige Mittel	80.000,00 €
Forderungen aus Lieferungen und Leistungen	120.000,00 €
Fremdinstandsetzung	50.000,00 €
Gewinnrücklagen	50.000,00 €
Gezeichnetes Kapital	450.000,00 €
Grundstücke und Gebäude	400.000,00 €
Langfristige Bankverbindlichkeiten (Darlehen)	240.000,00 €
Löhne und Gehälter, soziale Aufwendungen	1.020.000,00 €
Provisionserträge	150.000,00 €
Rückstellungen	80.000,00 €
Technische Anlagen und Maschinen	250.000,00 €
Umsatzerlöse	5.850.000,00 €
Verbindlichkeiten aus Lieferungen und Leistungen	180.000,00 €
Fertige Erzeugnisse	80.000,00 €
Roh-, Hilfs- und Betriebsstoffe	4.750.000,00 €
Zinsaufwendungen	30.000,00 €
Zinserträge	5.000,00 €

Ermitteln Sie:

Anlagevermögen	€
Umlaufvermögen	€
Gesamtvermögen	€
Eigenkapital einschließlich Jahresüberschuss	€
Fremdkapital	€
Gesamtkapital	€
Erträge	€
Aufwendungen	€
Jahresüberschuss	€
Gesamtkapitalrentabilität	%
Eigenkapitalrentabilität	%

Aufgabe 2

Ein Unternehmen veröffentlicht folgende Jahresabschlusswerte in €:

Aktiva		Strukturbilanz	Passiva	
Anlagevermögen	800.000,00	Eigenkapital		500.000,00
Umlaufvermögen	1.600.000,00	Fremdkapital		1.900.000,00
davon:		davon:		
kurzfristige Forderungen	720.000,00	langfristig		700.000,00
flüssige Mittel	380.000,00	kurzfristig		1.200.000,00
Summe Vermögen	**2.400.000,00**	**Summe Kapital**		**2.400.000,00**

Werte aus der GuV-Rechnung (in €):

Umsatzerlöse	5.500.000,00
Zinsaufwendungen	65.000,00
Jahresüberschuss	150.000,00

Ermitteln Sie für dieses Unternehmen die Kennzahlen zur Vermögens-, Finanz- und Ertragslage.

Hinweis: Alle Kennzahlen sind ggf. auf eine Nachkommastelle kaufmännisch zu runden.

Aufgabe 3

Ermitteln Sie die fehlenden Werte sowie

a die Liquidität I,
b die Liquidität II,
c den Anlagendeckungsgrad I,

d den Anlagendeckungsgrad II,
e die Eigenkapitalquote,
f die Fremdkapitalquote.

Aktiva	Vorjahr (in Tsd. €)	Berichtsjahr (in Tsd. €)
Sachanlagen	5.500	5.000
Finanzanlagen	4.500	4.000
Summe des Anlagevermögens		
Vorräte	2.000	1.900
Forderungen	2.500	2.200
flüssige Mittel	500	900
Summe des Umlaufvermögens		
Gesamtvermögen		

Passiva	Vorjahr (in Tsd. €)	Berichtsjahr (in Tsd. €)
gezeichnetes Kapital	5.000	5.000
Gewinnrücklagen	500	450
Summe Eigenkapital		
langfristige Rückstellungen	500	450
langfristige Verbindlichkeiten	4.500	6.080
Summe langfristiges Fremdkapital		
kurzfristige Rückstellungen	50	70
kurzfristige Verbindlichkeiten	4.450	1.950
Summe kurzfristiges Fremdkapital		
Gesamtkapital		

Aufgabe 4

Analysieren Sie anhand der folgenden Bilanz die Entwicklung der wirtschaftlichen Lage dieses Unternehmens.

Aktiva	Bilanz einer GmbH zum 31.12.20X1 (in €)					Passiva
	Berichtsjahr	Vorjahr			Berichtsjahr	Vorjahr
A. Anlagevermögen			Eigenkapital			
I. Sachanlagen	7.800.000	6.000.000	I. Gezeichnetes Kapital	1.200.000	1.200.000	
II. Finanzanlagen	3.000.000	1.200.000	II. Kapitalrücklage	1.200.000	1.200.000	
B. Umlaufvermögen			III. Gewinnrücklagen	750.000	300.000	
I. Vorräte	1.410.000	600.000	IV. Jahresüberschuss	315.000	900.000	
II. Forderungen und sonstige Vermögensgegenstände	1.800.000	3.300.000	**B. Rückstellungen** davon:	1.335.000	900.000	
davon: Forderungen mit einer Restlaufzeit von mehr als einem Jahr		300.000	mit einer Restlaufzeit bis zu einem Jahr	300.000	150.000	
			C. Verbindlichkeiten davon:	10.200.000	7.500.000	
III. Liquide Mittel	990.000	900.000	mit einer Restlaufzeit bis zu einem Jahr	4.200.000	3.600.000	
	15.000.000	12.000.000		15.000.000	12.000.000	

Friedberg, 10.05.20X2 *Hans Berger*

Hinweise zur Auswertung:

	Berichtsjahr	Vorjahr
Umsatzerlöse	30.000.000,00 €	22.500.000,00 €
Fremdkapitalzinsen	540.000,00 €	390.000,00 €
Fremdkapitalzinssatz	9,00 %	10,00 %

a Ermitteln Sie die prozentualen Veränderungen der einzelnen Bilanzpositionen und erläutern Sie diese.

b Ermitteln Sie folgende Kennzahlen sowohl für das Vor- als auch für das Berichtsjahr und beurteilen Sie diese.

   1 Eigenkapitalintensität

   2 Fremdkapitalintensität

   3 Anlagenintensität

   4 Umlaufintensität

   5 Anlagendeckung I und II

   6 Liquidität 1., 2. und 3. Grades

   7 Eigenkapitalrentabilität

   8 Gesamtkapitalrentabilität

   9 Umsatzrentabilität

c Erläutern Sie anhand Ihrer Ergebnisse unter **b** die Entwicklung des Unternehmens.

Ich kann ...	Kann ich	Kann ich nicht
Rahmenbedingungen einer Existenzgründung planen		
1. ... die Strukturelemente eines Business Model Canvas als Schlüsselfaktoren einer Existenzgründung beschreiben und bewerten.		
2. ... die Abhängigkeiten der Schlüsselfaktoren einer Existenzgründung voneinander erkennen und bewerten.		
3. ... selbstständig die Schlüsselfaktoren einer Existenzgründung nach dem Business Model Canvas planen und kriteriengeleitet beurteilen.		
4. ... den Kaufmannsbegriff im Sinne des Handelsgesetzbuches (HGB) beschreiben.		
5. ... die Aufgaben eines Handelsregisters beschreiben und seine Bedeutung für den Rechtsalltag beurteilen.		
6. ... den Begriff der Firma im Sinne des HGB beschreiben und die Bedeutung einer Firma für den Geschäftserfolg beurteilen.		
7. ... den Standort für eine Geschäftsgründung kriteriengeleitet mithilfe einer Nutzwertanalyse beurteilen.		
Rechtsformen vergleichen und auswählen		
1. ... die Auswirkungen der Wahl einer Rechtsform auf Geschäftsführung, Vertretung, Gewinnverteilung und Haftung beurteilen.		
2. ... wesentliche Merkmale der Einzelunternehmung sowie der Gesellschaftsunternehmungen anhand einzelner Rechtsformen vergleichen und beurteilen.		
Kapitalbedarf ermitteln		
1. ... den Kapitalbedarf im Anlage- und Umlaufvermögen unter Beachtung der Kapitalbindungsdauer berechnen.		
2. ... die Finanzierungsnotwendigkeit für das Anlage- und Umlaufmögen auf Basis des Kapitalbedarfs ermitteln.		
3. ... einen Finanzplan aufstellen.		
Finanzierungsarten unterscheiden		
1. ... die Eigen-, Fremd- und Selbstfinanzierung eines Unternehmens unterscheiden und relevante Finanzierungsarten berechnen.		
2. ... Leasingangebote mit der Fremdfinanzierung vergleichen und berechnen.		
Bilanzanalyse durchführen		
1. ... Kennziffern zur Rentabilität und Liquidität sowie Deckungsgrade und den Verschuldungsgrad aus Jahresabschlusswerten ermitteln und bewerten.		
2. ... die Aussagekraft und die Grenzen der Bilanzanalyse beschreiben.		

Produktionsprogramme gestalten

Situation: Geschäftsfeldplanung

Zwar macht das Segment der Kinder- und Jugendfahrräder nur rund 7 % aller Verkäufe von Fahrrädern aus, doch erlebt der Gesamtmarkt für Fahrräder in Deutschland seit Jahren einen ungebrochenen Boom.

Die Geschäftsführung der Fly Bike Werke GmbH möchte an diesem allgemeinen Marktwachstum stärker als bislang teilhaben und sieht in einer frühen Bindung der Kunden an die Marke Fly Bike einen Schlüssel zum Erfolg. Daher soll die bisherige Positionierung der Fly Bike Werke GmbH im Marktsegment der Kinderräder einer kritischen Analyse unterzogen werden:

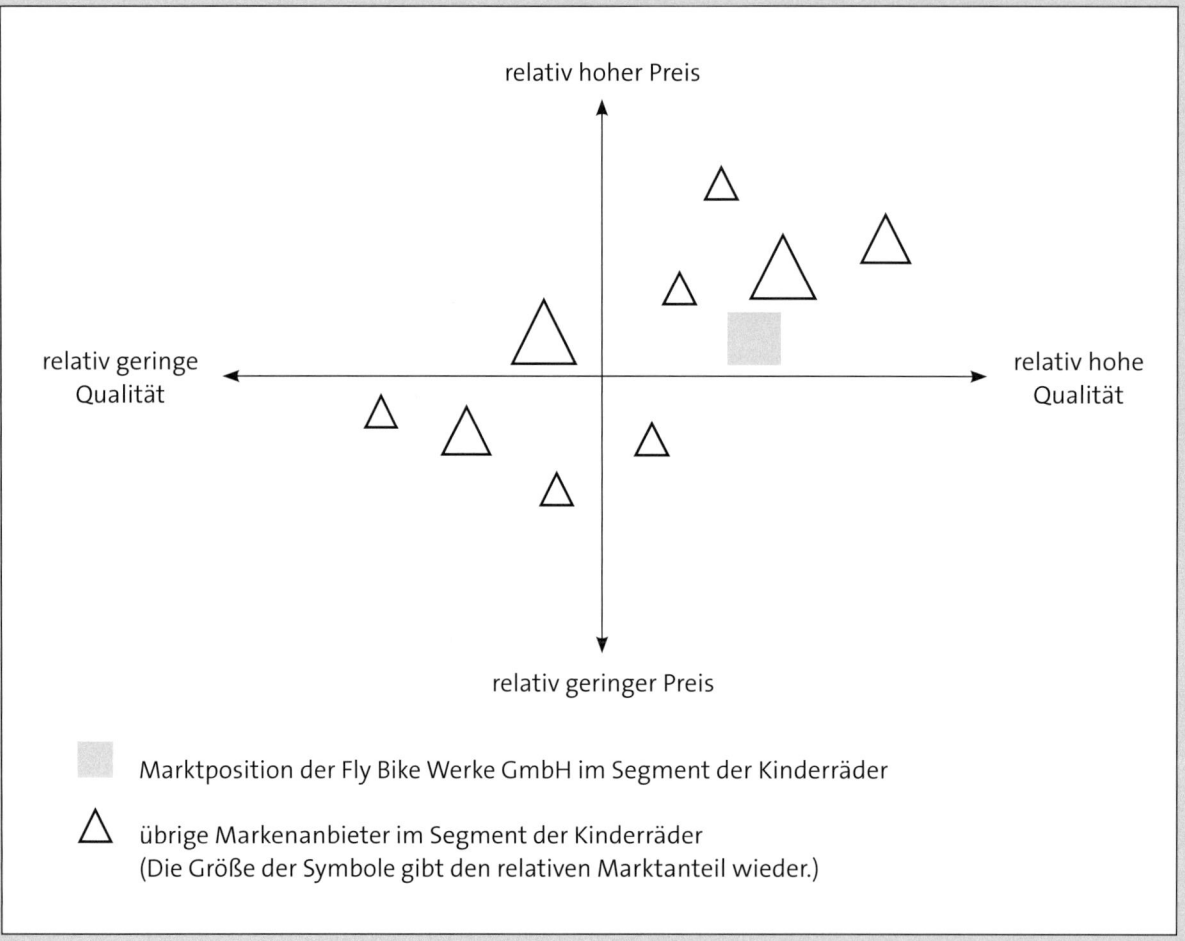

Als Mitarbeiter/-in der Vertriebsabteilung ist es Ihre Aufgabe, die Ergebnisse der Marktanalyse zu interpretieren und der Geschäftsleitung entsprechende Handlungsalternativen vorzuschlagen.

Arbeitsaufträge

1 Beschreiben Sie anhand der vorstehenden Grafik die derzeitige Marktposition der Fly Bike Werke GmbH im Segment der Markenkinderräder mit Ihren eigenen Worten.

2 Beurteilen Sie diese Marktposition. Welche Stärken und welche Schwächen birgt die derzeitige Marktposition?

3 Unterbreiten Sie der Geschäftsleitung der Fly Bike Werke GmbH einen Vorschlag für eine mögliche Neupositionierung im Geschäftsfeld „Markenfahrräder". Welche Chancen, aber auch welche Risiken beinhaltet Ihr Vorschlag?

Situation: Mengenmäßige Programmplanung

Der Geschäftsführer der Fly Bike Werke GmbH, Hans Peters, ist mit der Leiterin der Produktion, Margot Rother, und der Vertriebsleiterin, Regula Gerland, zur monatlichen Strategiesitzung zusammengekommen.

Frau Gerland ergreift das Wort: „Wie Sie wissen, unterliegt unser Absatz relativ starken saisonalen Schwankungen. Im Frühjahr und Frühsommer verkaufen wir sehr viel mehr Fahrräder als im Rest des Jahres, wobei das Weihnachtsgeschäft ebenfalls eine sehr große Rolle spielt. Ich habe Ihnen unsere durchschnittlichen Absatzzahlen der letzten fünf Jahre insgesamt sowie für unsere wichtigsten Umsatzträger hier mal zusammengestellt."

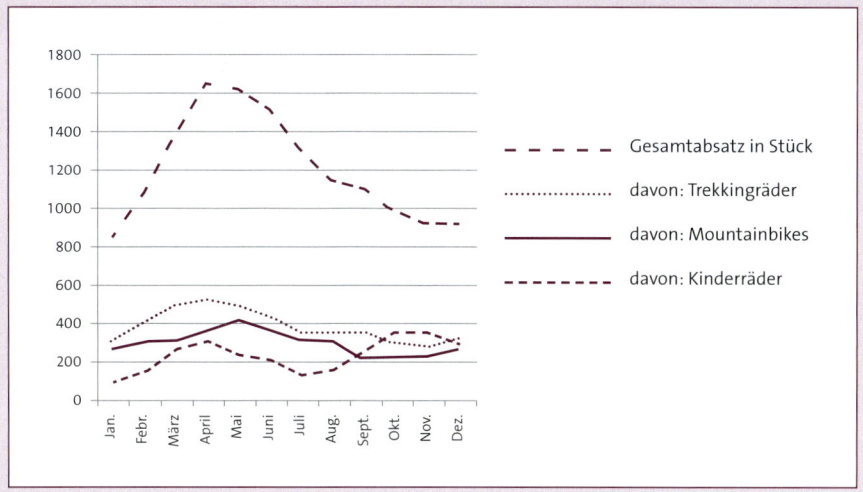

Frau Gerland weiter: „Aus Vertriebssicht ist es natürlich sehr wichtig, dass wir eingehende Kundenbestellungen stets kurzfristig und zuverlässig bedienen können. Nur durch eine hohe Liefertreue kann ich unsere Stammkunden halten und Neukunden gewinnen."

Dazu Frau Rother: „Was mich aber bei meiner Produktionsplanung vor nahezu unlösbare Probleme stellt. Ein Fahrrad zu produzieren benötigt nun mal eine gewisse Zeit. Andererseits kann ich mir das Lager aber auch nicht mit riesigen Mengen an vorproduzierten Fahrrädern vollstellen. Da würde mir unsere Kostenrechnerin, Frau Steffes, das Fell über die Ohren ziehen. Und Sie sollten bedenken, dass die Produktion umso teurer wird, je kleiner die von mir geplanten Fertigungslose sind."

Frau Gerland: „Erschwerend kommt hinzu, dass wir dem Trend des Marktes folgend mit einem Absatzwachstum bei unseren Trekkingrädern und Mountainbikes von etwa 10 % rechnen. Aber sicher können wir uns da natürlich trotz der geplanten Werbekampagne nicht sein."

Herr Peters: „Ich erkenne den Zielkonflikt. Ich denke, wir brauchen eine generelle Strategie, nach der wir unsere Produktionsmengen planen. Dabei müssen wir sowohl die Bedürfnisse unserer Kunden als auch unsere Kosten berücksichtigen. Ich schlage vor, dass Sie mit erfahrenen Mitarbeitern Ihrer Abteilungen ein Strategieteam bilden und einen Vorschlag erarbeiten. Präsentieren Sie mir diesen bei unserer nächsten Sitzung."

Arbeitsaufträge

1 Studieren Sie zunächst nochmals sorgfältig das obige Gespräch. Markieren Sie alle Ihnen unbekannten Begriffe und klären Sie diese.

2 Formulieren Sie den von Herrn Peters angesprochenen Zielkonflikt mit Ihren eigenen Worten. Welche Teilziele der industriellen Produktionsplanung konkurrieren dabei auf welche Weise miteinander?

Die Vertriebsabteilung der Fly Bike Werke GmbH rechnet für das kommende Planjahr mit folgenden Absatzzahlen:

	Jan.	Febr.	März	April	Mai	Juni	Juli	Aug.	Sept.	Okt.	Nov.	Dez.	Summe
Gesamtabsatz in St.	950	1 200	1 500	1 800	1 750	1 650	1 500	1 300	1 250	1 200	1 100	1 100	16 300
davon: Trekkingräder	330	420	450	550	520	480	400	400	380	330	300	350	4 910
davon: Mountainbikes	280	300	330	380	420	400	360	340	300	280	250	270	3 910
davon: Kinderräder	100	160	280	330	300	275	225	180	260	330	380	330	3 150

Für die Produktion der Fahrräder gelten folgende Bedingungen:

- Der Fly Bike Werke GmbH stehen Fertigungskapazitäten für die Produktion von maximal 1500 Fahrrädern pro Monat zur Verfügung.
- Um etwaige Störungen bei der Produktion noch auffangen zu können, sollte die Herstellung der Räder mit jeweils einem Monat Vorlauf zu ihrem geplanten Verkauf erfolgen. Beispielsweise sollten die im Februar benötigten 1200 Fahrräder bereits bis Ende Januar produziert worden sein.

3 Erstellen Sie für die geplanten Absatzmengen eine quantitative Produktionsplanung. Legen Sie fest, in welchem Monat wie viele Fahrräder gefertigt werden sollen. Vergessen Sie nicht zu überprüfen, ob Ihre Produktionsplanung geeignet ist, den Absatzplan zu erfüllen.

	Jan.	Febr.	März	April	Mai	Juni	Juli	Aug.	Sept.	Okt.	Nov.	Dez.	Summe
Produktionsmenge in St.													
davon: Trekkingräder													
davon: Mountainbikes													
davon: Kinderräder													

4 Beurteilen Sie die Vorteile und Nachteile Ihres Planungsvorschlages. Welche Teilziele der industriellen Produktionsplanung kann Ihr Vorschlag gut erfüllen und welche eher nicht?

5 Vergleichen Sie Ihren Vorschlag mit alternativen Vorschlägen Ihrer Mitschüler. Welchem Vorschlag würden Sie insgesamt den Vorzug geben? Begründen Sie Ihre Entscheidung und machen Sie dabei deutlich, auf welches Kriterium sich Ihre Entscheidung stützt.

Aufgaben

Aufgabe 1

In der zweiten Hälfte des 18. Jahrhunderts entwickelte sich in Europa aus den Wurzeln von Handwerk und staatlichen Manufakturen die Industrie, die in ihrer Bedeutung schnell alle anderen Zweige des produzierenden Gewerbes verdrängte (sog. „Industrielle Revolution").

a Beschreiben Sie drei Merkmale, anhand derer man einen Industriebetrieb von einem Handwerksbetrieb unterscheiden kann.

b Ergänzend zu den von ihnen hergestellten Sachgütern bieten Industriebetriebe in der Regel auch Dienstleistungen an. Erläutern Sie zwei Beispiele dafür, dass von einem Industriebetrieb erbrachte Dienstleistungen den Verkauf industrieller Sachgütern unterstützen, mitunter erst ermöglichen können.

Aufgabe 2

Die Geschäftsleitung eines Werkzeugherstellers hat die Entwicklung der Fertigungs- und Absatzmengen im Zeitablauf untersuchen und darstellen lassen. Die nachfolgende Grafik zeigt das Ergebnis dieser Untersuchungen:

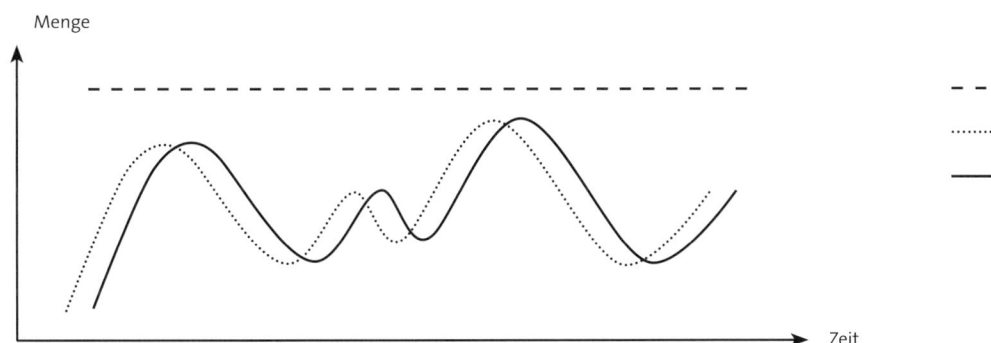

a Beschreiben Sie den dargestellten Zusammenhang von Auftragseingängen und Fertigungsmengen mit Ihren eigenen Worten.

b Erläutern Sie jeweils zwei Vorteile und zwei Nachteile des dargestellten Zusammenhanges zwischen Auftragseingang und Fertigungsmenge.

c Machen Sie zwei Vorschläge zum Ausgleich der von Ihnen genannten Nachteile.

Produktion planen und steuern

Situation: Auftragsplanung

Die Fahrradeinzelhandelskette „Freaky Bikes" hat bei der Fly Bike Werke GmbH 150 Mountainbikes, Modell Constitution, geordert. Allerdings sollen die Rahmen mit einem speziellen Effektlack und dem Freaky-Bikes-Schriftzug ausgestattet werden. Außerdem wünscht der Kunde, dass die Räder bereits standardmäßig mit einer Freaky-Bikes-Trinkflasche versehen werden. Der Standardarbeitsplan für das Mountainbike Constitution war somit anzupassen:

Fly Bike Werke GmbH

Fly Bike Werke GmbH

Auftragsarbeitsplan

Art.-Nr. 302-20 Mountainbike Constitution *Freaky Bikes*					Losgröße: 150 Stück	
Arbeitsvorgänge	Maschinen/ Werkstatt	Lohnsatz in €/Std.	Rüstzeit in Min.	Stückzeit in Min.	Auftragszeit in	
					Min.	Std.
1. Gabeln montieren und reinigen	Rohbau	10,13	15	6,3		
2. Rahmen richten und reinigen	Rohbau	10,13	30	12,6		
3. Rahmen grundieren und nass lackieren	Lackiererei	10,13	150	8,6		
4. Rahmen effekt-lackieren und mit Schriftzug versehen	Lackiererei	10,13	30	3,0		
5. Vormontage Rahmen-Gabel-Baugruppe	Vormontage	10,13	15	15,9		
6. Vormontage Lenker	Lenkervor-montage	10,13	15	3,1		
7. Vormontage Baugruppen (Sattel, Trinkflaschenhalterung)	Teilevor-montage	9,46	15	6,3		
8. Einspeichen, Zentrieren und Bereifen der Laufräder	Laufrad-montage	9,46	30	19,0		
9. Endmontage der Baugruppen und Teile	Endmon-tage	10,13	15	22,3		
10. Endkontrolle	Qualitäts-kontrolle	10,13	15	3,1		
Summe						

Arbeitsaufträge

1 Machen Sie sich zunächst mit den Inhalten des abgebildeten Arbeitsplanes vertraut. Markieren Sie alle Ihnen unbekannten Begriffe und klären Sie diese. Welche Informationen über einen Fertigungsprozess enthält der Arbeitsplan und wozu sind diese zu verwenden?

2 Bestimmen Sie die Gesamtauftragszeit für die Herstellung von 150 Mountainbikes „Freaky Bikes" in Stunden und Arbeitstagen, wenn ein Arbeitstag mit 8 Arbeitsstunden zu planen ist.

3 Nehmen Sie nun eine **vorwärtsterminierte** Maschinenbelegung für den Auftrag über 150 Mountainbikes „Freaky Bikes" vor. Starten Sie dabei mit allen Arbeitsgängen so früh wie möglich und bestimmen Sie so den frühest möglichen Endzeitpunkt (FEZ).

Arbeitsplatz	Betriebskalendertage (Arbeitstage) Planjahr 20XX
	5 10 15 20 25 30 35 40
Rohbau	
Lackiererei	
Vormontage	
Lenkervormontage	
Teilevormontage	
Laufradmontage	
Endmontage	
Qualitätskontrolle	

☐ = „eingelastete" Fertigungsaufträge
(An diesen Tagen sind die Arbeitsplätze bereits belegt.)

Um den gewünschten Liefertermin einhalten zu können, würde es ausreichen, die Fertigung der Räder erst am 40. Betriebskalendertag fertigzustellen.

4 Planen Sie eine rückwärtsterminierte Maschinenbelegung für den Auftrag über 150 Mountainbikes „Freaky Bikes". Starten Sie dabei mit allen Arbeitsgängen so spät wie möglich und bestimmen Sie so den spätesten Anfangszeitpunkt (SAZ).

Arbeitsplatz	Betriebskalendertage (Arbeitstage) Planjahr 20XX
	5 10 15 20 25 30 35 40
Rohbau	
Lackiererei	
Vormontage	
Lenkervormontage	
Teilevormontage	
Laufradmontage	
Endmontage	
Qualitätskontrolle	

☐ = „eingelastete" Fertigungsaufträge
(An diesen Tagen sind die Arbeitsplätze bereits belegt.)

5 Vergleichen Sie die Vorzüge und Nachteile der beiden Planungsmethoden miteinander. Welcher Methode würden Sie den Vorzug geben? Begründen Sie Ihre Entscheidung.

6 Angenommen, die Gesamtauftragszeit müsste deutlich verkürzt werden, z. B. weil der Kunde die Räder nun doch früher haben möchte. Unterbreiten Sie drei Vorschläge, wie sich die Gesamtauftragszeit für die Fertigung der 150 Mountainbikes verkürzen und ein früherer Liefertermin erreichen ließe. Beurteilen Sie Ihre Vorschläge auch im Hinblick auf deren jeweilige Vorzüge und Nachteile.

Situation: Losgrößenoptimierung

Im Zuge der Produktionsplanung sind auch die konkreten Fertigungsmengen (Losgrößen) festzulegen. Die Planungsdaten für die Festlegung der internen Fertigungsaufträge liefern sowohl die vorliegenden Kundenaufträge als auch Schätzungen zukünftiger Absatzmengen. Die im Rahmen der Auftragsumwandlung festgelegten Produktionsmengen können dabei sowohl größer als auch kleiner als die Summe der vorliegenden Kundenaufträge sein.

Die Vertriebsabteilung geht davon aus, dass in den nächsten 12 Monaten (mittelfristiger Planungshorizont) insgesamt 2 200 Cityräder an verschiedene Kunden verkauft werden können. Bis zu ihrer Auslieferung an die Abnehmer lagern die Räder bei der Fly Bike Werke GmbH. Der Einfachheit halber soll ein gleichmäßiger Lagerabgang unterstellt werden. Die kalkulatorischen Lagerkosten werden mit 2,50 € je Stück des durchschnittlichen Lagerbestandes angesetzt.

Für das jeweilige Umrüsten der Maschinen sind kalkulatorische Kosten von 500,00 € je Los zu veranschlagen.

Arbeitsaufträge

1 Überlegen Sie zunächst, wie der durchschnittliche Lagerbestand und die Anzahl der Umrüstungen von der gewählten Losgröße abhängen.

2 Berechnen Sie mithilfe der nachstehenden Tabelle die Lagerkosten, die Umrüstkosten und die Gesamtkosten der verschiedenen Planungsalternativen. Welche Losgröße ist unter Kostengesichtspunkten optimal?
Variante: Lösen Sie die gestellte Aufgabe mithilfe eines Tabellenkalkulationsprogramms (z. B. MS Excel). Übertragen Sie dazu die nachstehende Tabellenstruktur auf ein leeres Tabellenblatt und definieren Sie geeignete Formeln zur Berechnung der gesuchten Ergebnisse.

Anzahl der Ferti-gungslose	Losgröße in Stück	Ø Lagerbestand in Stück	Lagerkosten in € gesamt	Rüstkosten in € gesamt	Gesamtkosten in €
1					
2					
3					
4					
5					

3 Stellen Sie die Entwicklung der Lagerkosten, der Rüstkosten und der Gesamtkosten in Abhängigkeit von der Losgröße in einer Grafik dar. Wo lässt sich die optimale Losgröße in Ihrer Grafik ablesen?

4 Beschreiben Sie mit Ihren Worten den grundsätzlichen Zusammenhang der Lagerkosten, der Umrüstkosten und der Gesamtkosten in Abhängigkeit von der Losgröße.

5 Erläutern Sie denkbare betriebliche Gründe, bewusst von der kostenminimalen Losgröße abzuweichen.

Aufgaben

Aufgabe 1

Als Mitarbeiter/-in der Fertigungssteuerung der Fly Bike Werke GmbH sind Sie damit beauftragt, die Montage der Tretlager in die Fahrradrahmen zu planen. Die auszuführenden Arbeitsgänge sind im nachstehenden Arbeitsplan dokumentiert.

a Ermitteln Sie die Belegzeiten der einzelnen Arbeitsplätze und die gesamte Ausführungszeit des Auftrages in Minuten und Stunden für eine Losgröße von 100 Stück.

Arbeitsplan Nr. 5-20-02.08			Datum: 10.03.20XX		Blatt: 1 von 1	
Benennung: Montage Tretlager				Losgröße: 100 Stück		
AVG	Arbeitsvorgang	Arbeitsplatz	Rüstzeit (Min.)	Stückzeit (Min.)	Belegzeit (Min.)	Belegzeit (Std.)
10	Bohrungen am Rahmen ausführen	Bohrzentrum	20	1,0		
20	Plandrehen am Rahmen	CNC-Drehautomat	50	1,3		
30	Lager in Rahmen einpassen	Montageplatz	30	3,1		
40	Prüfen	Kontrollarbeitsplatz	0	1,2		

b Nehmen Sie eine **vorwärtsterminierte** Maschinenbelegung für die Montage von 100 Tretlagern vor und ermitteln Sie den frühesten Fertigstellungstermin in Stunden.

Arbeitsplatz																										
Bohrzentrum																										
CNC-Drehautomat																										
Montageplatz																										
Kontrollarbeitsplatz																										
Stunden	1	2	3	4	5	6	7	8	9	10	11	12	13	14	15	16	17	18	19	20	21	22	23	24	25	26

☐ = bereits eingelastete Fertigungsaufträge

c Nehmen Sie ebenso eine **rückwärtsterminierte** Maschinenbelegung für die Montage von 100 Tretlagern vor und ermitteln Sie den spätesten Anfangstermin in Stunden. Gehen Sie dabei davon aus, dass der Fertigungsauftrag spätestens nach 3 Werktagen (zu je 8 Arbeitsstunden) fertiggestellt sein muss.

Arbeitsplatz																										
Bohrzentrum																										
CNC-Drehautomat																										
Montageplatz																										
Kontrollarbeitsplatz																										
Stunden	1	2	3	4	5	6	7	8	9	10	11	12	13	14	15	16	17	18	19	20	21	22	23	24	25	26

☐ = bereits eingelastete Fertigungsaufträge

▶

d Beschreiben Sie zwei Vorteile der rückwärtsterminierten Planungsmethode gegenüber der vorwärtsterminierten.

Die Fly Bike Werke GmbH überlegt, die bislang fremdbezogenen Tretlager für ihre Fahrräder längerfristig selbst zu fertigen. Eine Kostenvergleichsrechnung ergab Kostengleichheit von Eigenfertigung und Fremdbezug bei einer Stückzahl von 25 720 zu fertigenden Tretlagern bei folgenden Ausgangsdaten:

- Eigenfertigung: 2,75 € durchschnittliche variable Kosten pro Tretlager
- Fremdbezug: 4,48 € durchschnittlicher Bezugspreis pro Tretlager

e Berechnen Sie die anteiligen Fixkosten bei Eigenfertigung.

f Erläutern Sie drei strategische Überlegungen, die neben dem Kostenaspekt bei der Entscheidung eine Rolle spielen.

Aufgabe 2
Die Arbeitsgangfolge der Tretlagermontage sieht vor, dass am Ende der Montage eine Endkontrolle an einem separaten Prüfplatz erfolgen soll (vgl. Arbeitsplan in Aufgabe 1).

a Beschreiben Sie zwei Nachteile, die sich aus dieser Arbeitsgangfolge ergeben.

b Die Geschäftsleitung der Fly Bike Werke GmbH möchte die bisherige Endkontrolle durch ein Total-Quality-Management (TQM) nach dem Vorbild des japanischen KAIZEN-Konzeptes ersetzen. Informieren Sie sich über das japanische KAIZEN-Konzept und erläutern Sie drei wesentliche Merkmale dieses TQM gegenüber einer reinen Endkontrolle.

Aufgabe 3
Die Fly Bike Werke GmbH montiert ihre Fahrräder in Reihenfertigung.

a Beschreiben Sie diesen Organisationstyp anhand der drei Merkmale räumliche Organisation der Betriebsmittel, Materialfluss und Mitarbeitereinsatz.

b Erläutern Sie auch zwei Vorteile und zwei Nachteile dieses Organisationstyps.

Aufgabe 4
In einer Industrieunternehmung liegen folgende Daten zur Bestimmung der optimalen Losgröße vor:

Jahresbedarf: 180 000 Stück
Herstellkosten: 4,00 € pro Stück
Rüstkosten: 400,00 €/Rüstvorgang
Lagerkosten: 6,5 % des durchschnittlichen Lagerwertes

a Ermitteln Sie tabellarisch die optimale Losgröße.

Anzahl der Lose	Losgröße (Stück)	Rüstkosten	Ø Lagerwert	Lagerkosten	Gesamtkosten
1					
2					
3					
4					
5					
6					

b Begründen Sie bezogen auf die Losgröße, welche Kosten fix und welche variabel sind.

c Erläutern Sie drei Gründe, die einer Realisierung der am Jahresanfang ermittelten optimalen Losgröße entgegenstehen könnten.

FK → TAF 12.5 | Kap. 2.1

Kosten, Leistungen und das Betriebsergebnis ermitteln

Zwei Unternehmen, beide ohne „nennenswerte" Kenntnisse über ihre eigenen Kosten, haben in der letzten Zeit „Schlagzeilen" gemacht. Beide Unternehmen agieren am jeweiligen Markt ausschließlich über den Preis. Die übliche Vorgehensweise – Kosten ermitteln, Gewinn planen und erst dann Preise anbieten – gilt für diese Unternehmen nicht.

Unternehmen 1: Bau AG, Bauunternehmen für den Groß-Objekt-Bau (Einkaufszentren u. Ä.)
Interne Zielsetzung: Unterbietung von Konkurrenzunternehmen im Angebotspreis für den Erhalt von Anschluss-Aufträgen bei Großbauprojekten, die EU-weit ausgeschrieben werden

Schlagzeilen aus der Tagespresse (in zeitlicher Reihenfolge)

BAU AG GEWINNT BIETERSTREIT
Neuer Auftrag für das INWA-Einkaufszentrum in Bonn

Niemand baut so preiswert wie die Bau AG
Neuer Großauftrag aus Italien

Die Bau AG baut jetzt auch in Österreich

SCHADENERSATZKLAGEN GEGEN DIE BAU AG
Vorwurf der „schlampigen" Bauausführung

KEINE LOHNZAHLUNGEN: BAU AG AM ENDE?

Unternehmen 2: Moto-Import GmbH, alleiniger Importeur in Deutschland für MG-Motorräder und deren Ersatzteile aus italienischer Produktion
Interne Zielsetzung: moderate Motorradpreise bei gleichzeitiger Höchstpreispolitik bei allen Ersatzteilen

Schlagzeilen aus der Tagespresse (in zeitlicher Reihenfolge)

Moto-Import meldet: Zulassungszahlen für italienische MG-Motorräder erneut gestiegen

MOTO-IMPORT GMBH ÜBERNIMMT IMPORTEUR
für italienische MG-Motorräder in den BeNeLux-Ländern

MOTO IMPORT BAUT NEUES ZENTRALLAGER IN AACHEN

Moto Import vermeldet das erfolgreichste Jahr der Firmengeschichte

MOTORRAD-HÄNDLER SIND „SAUER"
Hohe Ersatzteilpreise für MG-Motorräder verärgern die Kundschaft

NEUER ANBIETER
Ersatzteile für italienische MG-Motorräder jetzt günstig online bestellen

---

1 Langfristig unternehmerisch erfolgreich ohne Kenntnisse über die eigenen Kosten? Überprüfen Sie diese Aussage anhand der obigen Schlagzeilen aus der Tagespresse aus Sicht der dargestellten Unternehmen.

2 Welche Zukunftsentwicklung ist für diese Unternehmen absehbar?

Arbeitsblatt 62.1 | Grundbegriffe der Kosten- und Leistungsrechnung

Definition

Kosten sind _____

_____

und _____

_____

in einer _____ .

Leistungen sind _____

_____

und _____

_____

in einer _____ .

Abgrenzung

Aufwendungen sind		Erträge sind	
betrieblich und _____ und periodengerecht	oder _____ außerordentlich oder _____	betrieblich und _____ und periodengerecht	oder _____ außerordentlich oder _____
= _____	= neutrale _____	= _____	= neutrale _____

_____ kosten	_____ kosten
Diesen Kosten stehen in der Finanzbuchhaltung Aufwendungen in anderer Höhe gegenüber. Beispiele: _____ _____	Diesen Kosten stehen in der Finanzbuchhaltung keine Aufwendungen gegenüber. Beispiele: _____ _____

Abhängigkeit der Kosten von der Beschäftigung

Fixe Kosten	Sprungfixe Kosten	Variable Kosten	Mischkosten
beschäftigungs- _____ Kosten	steigen oder _____ _____	beschäftigungs- _____ Kosten	Kostenarten mit _____ _____ Bestandteilen

Zurechenbarkeit der Kosten auf die Kostenträger

Einzelkosten	Echte Gemeinkosten	Unechte Gemeinkosten
sind den Kostenträgern _____ _____	sind den Kostenträgern _____ _____	sind den Kostenträgern _____ _____

Arbeitsblatt 62.2 | Abgrenzung Aufwendungen/Kosten und Erträge/Leistungen

In der Finanzbuchhaltung eines Industriebetriebes wurden in einem Abrechnungsmonat folgende Erträge und Aufwendungen erfasst:

1 Ordnen Sie die Abkürzungen aus der unten stehenden Übersicht den jeweiligen Werten zu und ermitteln Sie das Gesamtergebnis.

Konten-gruppen	Beschreibung	Werte in €	Zuordnung
50	Umsatzerlöse für eigene Erzeugnisse	620.000,00	
51	Umsatzerlöse für Handelswaren	40.000,00	
52	Bestandserhöhung fertige und unfertige Erzeugnisse	40.000,00	
53	aktivierte Eigenleistungen	20.000,00	
54	Erlöse aus Vermietung und Verpachtung Erlöse aus Anlagenabgängen (Nettoverkaufserlöse gebrauchte Anlagen) Zahlungseingang auf eine im Vorjahr abgeschriebene Forderung	60.000,00 5.000,00 12.000,00	
56	Erträge aus dem Verkauf von festverzinslichen Wertpapieren	6.000,00	
57	Zinserträge aus kurzfristigen Kapitalanlagen	2.000,00	
60	erfasster Materialaufwand für die Produktion durch falsche Lagerhaltung unbrauchbares Material Energieaufwand für betriebliche Zwecke Energieaufwand für vermietetes Gebäude	160.000,00 4.000,00 54.000,00 2.900,00	
61	Reparaturkosten für Produktionsmaschinen (normaler Verschleiß) Reparaturkosten einer Verpackungsanlage (Sachbeschädigung) Reparaturkosten für vermietetes Gebäude	13.000,00 22.000,00 4.000,00	
62–64	Löhne und Gehälter einschließlich Sozialabgaben für Betriebsangehörige Aushilfslöhne für Hausmeistertätigkeiten im vermieteten Gebäude	270.000,00 600,00	
65	planmäßige Abschreibungen auf Sachanlagen Abschreibungen auf das vermietete Gebäude außerplanmäßige Abschreibung: Totalschaden eines Lkw	75.000,00 6.000,00 40.000,00	
67	Miet- und Pachtzahlungen für betriebsnotwendige Anlagen Anwaltskosten für einen Rechtsstreit mit einem Rohstofflieferer	24.000,00 8.000,00	
68	Aufwendungen für Büromaterial usw. Spende an ein Kinderheim	9.000,00 1.000,00	
69	Versicherungsbeiträge für betriebsnotwendige Sachanlagen Anlagenabgänge (Buchwerte gebrauchter Anlagen beim Verkauf)	20.000,00 5.000,00	
70–77	Betriebliche Steuern Gewerbesteuernachzahlung für das Vorjahr Abschreibungen auf Wertpapiere des Umlaufvermögens Zinsaufwendungen für das vermietete Gebäude	20.000,00 1.500,00 10.000,00 4.000,00	
	Gesamtergebnis		

2 Ermitteln Sie das Betriebsergebnis in € mithilfe nachfolgender Übersicht:

Leistungen (L)	Betriebsfremde Erträge (BE)	Außerordentliche Erträge (AE)	Periodenfremde Erträge (PE)
Kosten (K)	**Betriebsfremde Aufwendungen (BA)**	**Außerordentliche Aufwendungen (AA)**	**Periodenfremde Aufwendungen (PA)**

Arbeitsblatt 62.3 | Kalkulatorische Kosten

Geschäftsbuchhaltung = Aufwandsermittlung		**Kostenrechnung** = Kostenermittlung	
Basis: Handels- und Steuerrecht Geltungsbereich: alle Unternehmen		Basis: sachzielbezogener Güterverzehr Geltungsbereich: ein bestimmtes Unternehmen	

Abschreibungen (Beispiel: Abschreibung eines Fahrzeuges)			
Geschäftsbuchhaltung		**Kostenrechnung**	
Anschaffungskosten Nutzungsdauer gemäß AfA-Tabelle	50.000,00 € 6 Jahre	Wiederbeschaffungskosten Betriebsindividuelle Nutzungsdauer	54.000,00 € 8 Jahre
Abschreibungsbetrag 1. Jahr = **Aufwand**		Abschreibungsbetrag 1. Jahr = **Kosten**	

Zinsen			
Geschäftsbuchhaltung		**Kostenrechnung**	
Tatsächlich gezahlte Zinsen auf das Fremdkapital: • Darlehenszinsen • Kontokorrentzinsen	 57.500,00 € 8.750,00 €	Betriebsnotwendiges Anlage- und Um- laufvermögen – Abzugskapital = Betriebsnotwendiges Kapital Kalkulatorischer Zinssatz	900.000,00 € 50.000,00 € 9 %
Summe der Zinszahlungen = **Aufwand**		Kalkulatorische Zinsen = **Kosten**	

Wagnisse (Beispiel: Gewährleistungswagnis)			
Geschäftsbuchhaltung		**Kostenrechnung**	
Tatsächlich im Jahr 20XX entstandene Aufwendungen für Gewähr- leistungen (Personal-, Material-, Porto- und weitere Kostenarten)	22.500,00 €	Jahr Umsatz 1 1.125.000,00 € 2 1.250.000,00 € 3 1.300.000,00 € 4 1.210.000,00 € Geplanter Umsatz im Jahr 20XX	Gewährleistungen 10.250,00 € 14.510,00 € 11.000,00 € 13.125,00 € 1.150.000,00 €
Aufwand für eingetretene Gewährleistungen		Kalkulatorisches Gewährleistungs- wagnis als Durchschnittssatz von 4 Jahren = **Kosten**	

Miete (eigene Gebäude)			
Geschäftsbuchhaltung		**Kostenrechnung**	
Tatsächlich entstandene Aufwendungen für die Gebäude: Hypothekenzinsen Abschreibungen Instandhaltung Steuern/Versicherungen Reinigung	 23.000,00 € 18.000,00 € 12.500,00 € 6.500,00 € 6.000,00 €	Ortsüblicher monatlicher Mietpreis für vergleichbare Unternehmensgebäude: • Verwaltung 150 m^2 • Lager 600 m^2	 12 €/m^2 8 €/m^2
Summe der Gebäudeaufwendungen = **Aufwand**		Kalkulatorische Jahresmiete = **Kosten**	

Arbeitsblatt 62.4 | Fixe und variable Kosten

Die Fly Bike Werke GmbH nutzt einen eigenen Lkw für die Auslieferung von Fahrrädern und teilweise auch für die Abholung von Material bei Lieferanten.

1 Ermitteln Sie die fixen Kosten pro Jahr und die variablen Kosten je km:

Kostenart	Werte in €	fixe Kosten pro Jahr in €	variable Kosten je km in €
kalkulatorische Abschreibungen	11.900,00 €/Jahr		
kalkulatorische Zinsen	3.500,00 €/Jahr		
Versicherungsbeiträge	2.500,00 €/Jahr		
Kfz-Steuer	900,00 €/Jahr		
Miete für Stellplatz	100,00 €/Monat		
Dieselkraftstoff	20 Liter/100 km zu 1,40 € je Liter		
Inspektionen mit Material (Öl usw.)	1.050,00 €/15 000 km		
Ersatz von Verschleißteilen (Reifen usw.)	500,00 €/10 000 km		
Summe			

2 Ermitteln Sie die jeweiligen Kosten für die angegebene km-Leistung:

km	Gesamtkosten in €			Kosten je km in €		
	KG	KF	KV	kg	kf	kv
0						
5 000						
10 000						
15 000						
20 000						
25 000						
30 000						
35 000						
40 000						
45 000						
50 000						

3   Stellen Sie die Entwicklung der Gesamtkosten und der Stückkosten grafisch dar.

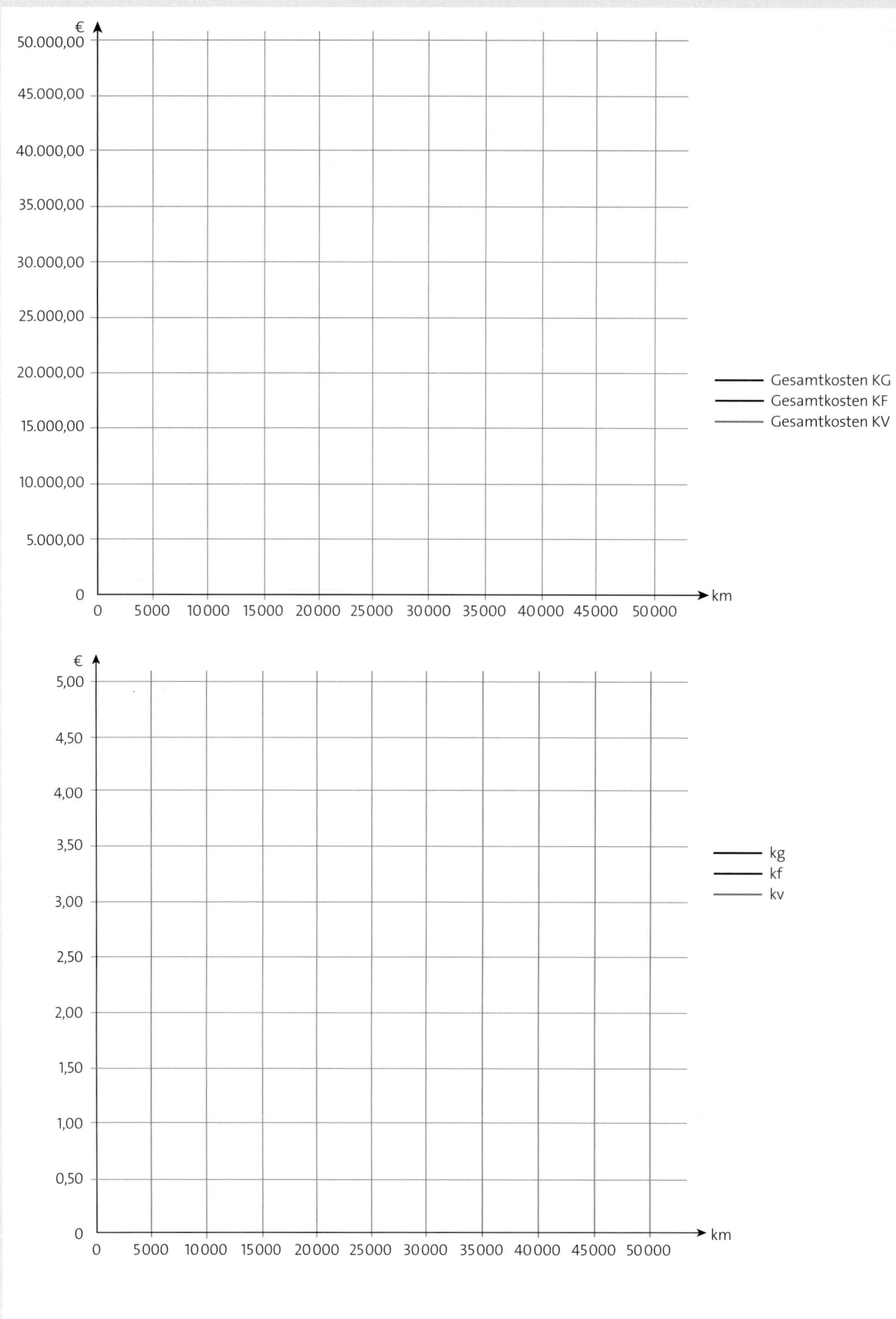

Aufgaben

Aufgabe 1

Ordnen Sie die Ziffern der folgenden Kosten der Fly Bike Werke GmbH dem richtigen Feld der Tabelle darunter zu.

1 Verbrauch von Stahlrohren   **2** Verbrauch von Unterlegscheiben

3 Gehalt des Geschäftsführers   **4** Telefonkosten der Verwaltung

5 Verbrauch von Kettenschaltungen   **6** Verpackungskartons für Fahrräder

7 Akkordlöhne in der Fahrradmontage   **8** Abschreibungen auf Produktionsmaschinen

Einzelkosten	Echte Gemeinkosten	Unechte Gemeinkosten

Aufgabe 2

Ordnen Sie die Ziffern der folgenden Kosten der Fly Bike Werke GmbH dem richtigen Feld der Tabelle darunter zu.

1 Mietzahlungen für ein Außenlager   **2** Abschreibungen auf die Geschäftsausstattung

3 Abschreibung auf einen neu angeschafften Lackierautomaten   **4** Lohnzuschläge für Nachtarbeit (Montage)

6 Verbrauch von Verpackungsmaterial (bei steigenden Absatzmengen)

5 Akkordlöhne in der Fahrradmontage

7 Stilllegung und Verkauf einer Rohrtrennanlage (noch nicht abgeschrieben)   **8** Energieverbrauch für Produktionsmaschinen

9 Verbrauch von Aluminiumrohren

Fixe Kosten	Sprungfixe Kosten	Proportional variable Kosten	Überproportional variable Kosten	Unterproportional variable Kosten

Aufgabe 3

Ordnen Sie die Ziffern der folgenden Geschäftsvorfälle der Fly Bike Werke GmbH dem richtigen Feld der Tabelle darunter zu.

1 Reparatur eines Lackierautomaten (normaler Verschleiß)   **2** Erlöse aus Fahrradverkäufen

3 Gewerbesteuernachzahlung für das letzte Geschäftsjahr   **4** Mieteinnahmen

5 Erheblicher Kassenfehlbetrag (Diebstahl?)   **6** Wertverlust von Wertpapieren

7 Schadenersatzzahlung eines Lieferanten   **8** Zahlungseingang auf eine bereits abgeschriebene Forderung aus dem Vorjahr

Kosten	Betriebsfremde Aufwendungen	Außerordentliche Aufwendungen	Periodenfremde Aufwendungen

Leistungen	Betriebsfremde Erträge	Außerordentliche Erträge	Periodenfremde Erträge

Aufgabe 4

Das Anlagevermögen der Ralle OHG hat einen Wert von 700.000,00 €. Das durchschnittliche betriebsnotwendige Umlaufvermögen ist mit 600.000,00 € anzusetzen. Zu berücksichtigen ist allerdings ein zinsfreies Fremdkapital in Höhe von 310.000,00 €. Der Kapitalmarktzins liegt bei günstigen 6,0 %. Eine neue, erst zum Jahresbeginn angeschaffte Verpackungsmaschine hat Anschaffungskosten in Höhe von 80.000,00 € verursacht. Die betriebsgewöhnliche Nutzungsdauer beträgt zwölf Jahre. Die Forderungsausfälle der Ralle OHG nach Zielverkäufen haben sich wie folgt entwickelt:

	Umsätze auf Ziel in €	Forderungsausfall in €
20X1	6.300.000,00	77.000,00
20X2	5.900.000,00	68.000,00
20X3	5.700.000,00	69.800,00
20X4	5.600.000,00 (geplant)	

►

Ermitteln Sie für die Ralle OHG

a die kalkulatorischen Zinsen in €,

b die kalkulatorische Abschreibung für die Verpackungsmaschine, wenn eine betriebsindividuelle Nutzungsdauer von 10 Jahren unterstellt wird und für diese Maschine die lineare Abschreibung angewendet werden soll; die geplanten Wiederbeschaffungskosten betragen 90.000,00 €,

c das kalkulatorische Wagnis für Forderungsausfälle in % und in € für das Jahr 20X4 auf Basis der durchschnittlichen Forderungsausfälle der Jahre 20X1–20X3.

Aufgabe 5

Ordnen Sie die Ziffern der folgenden Kosten der Fly Bike Werke GmbH dem richtigen Feld der Tabelle darunter zu.

1 Lohn- und Gehaltszahlungen

2 kalkulatorische Abschreibung

3 kalkulatorische Zinsen auf das betriebsnotwendige Eigenkapital

4 Materialverbrauch zu Verrechnungspreisen

5 Energieverbrauch in der Produktion

6 kalkulatorische Miete

Grundkosten (Zweckaufwand)	Anderskosten	Zusatzkosten

Aufgabe 6

Beschriften Sie die Leerfelder mit den fehlenden Begriffen oder Texten.

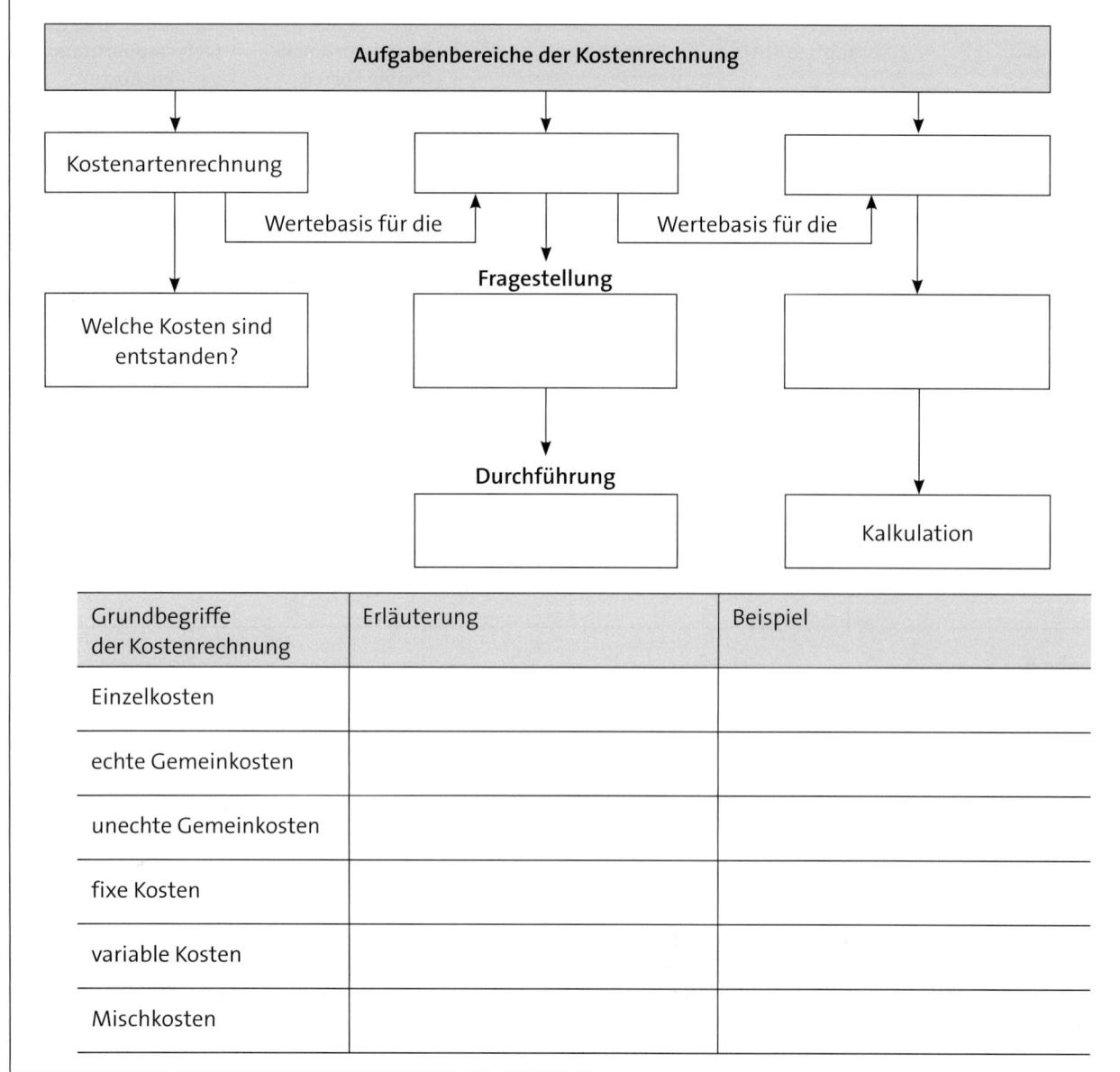

Grundbegriffe der Kostenrechnung	Erläuterung	Beispiel
Einzelkosten		
echte Gemeinkosten		
unechte Gemeinkosten		
fixe Kosten		
variable Kosten		
Mischkosten		

FK → TAF 12.5 | Kap. 2.5 und 2.6

Kostenstellen- und Kostenträgerrechnung durchführen

Der Spezialrahmenbauer Köller e. K., ein Zulieferer für die Fahrradindustrie, produziert in zwei Fertigungsstufen hochwertige Y-Rahmen für die Fahrradindustrie. Für den Abrechnungsmonat Mai 20XX sind noch alle Daten für den BAB und die Kostenträgerzeitrechnung zu ermitteln. Eine neue Anfrage muss schnellstens beantwortet werden.

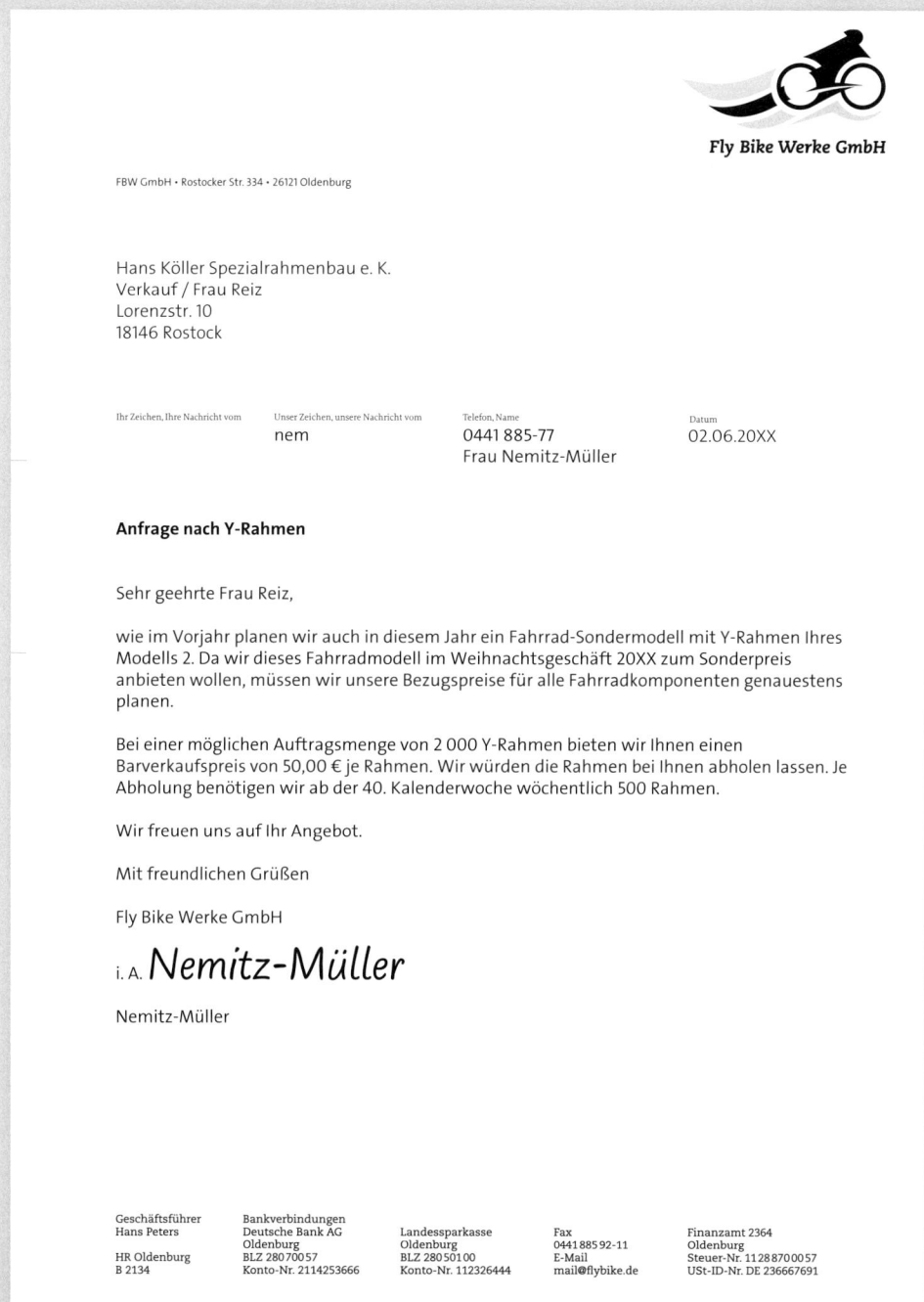

Fly Bike Werke GmbH

FBW GmbH · Rostocker Str. 334 · 26121 Oldenburg

Hans Köller Spezialrahmenbau e. K.
Verkauf / Frau Reiz
Lorenzstr. 10
18146 Rostock

Ihr Zeichen, Ihre Nachricht vom	Unser Zeichen, unsere Nachricht vom	Telefon, Name	Datum
	nem	0441 885-77 Frau Nemitz-Müller	02.06.20XX

Anfrage nach Y-Rahmen

Sehr geehrte Frau Reiz,

wie im Vorjahr planen wir auch in diesem Jahr ein Fahrrad-Sondermodell mit Y-Rahmen Ihres Modells 2. Da wir dieses Fahrradmodell im Weihnachtsgeschäft 20XX zum Sonderpreis anbieten wollen, müssen wir unsere Bezugspreise für alle Fahrradkomponenten genauestens planen.

Bei einer möglichen Auftragsmenge von 2 000 Y-Rahmen bieten wir Ihnen einen Barverkaufspreis von 50,00 € je Rahmen. Wir würden die Rahmen bei Ihnen abholen lassen. Je Abholung benötigen wir ab der 40. Kalenderwoche wöchentlich 500 Rahmen.

Wir freuen uns auf Ihr Angebot.

Mit freundlichen Grüßen

Fly Bike Werke GmbH

i. A. *Nemitz-Müller*

Nemitz-Müller

Geschäftsführer	Bankverbindungen		Fax	Finanzamt 2364
Hans Peters	Deutsche Bank AG Oldenburg	Landessparkasse Oldenburg	0441 885 92-11	Oldenburg
HR Oldenburg	BLZ 280 700 57	BLZ 280 501 00	E-Mail	Steuer-Nr. 112 88700 057
B 2134	Konto-Nr. 2114253666	Konto-Nr. 112326444	mail@flybike.de	USt-ID-Nr. DE 236667691

1 Ermitteln Sie auf Basis der aktuellen Kostensituation die Zuschlagssätze gemäß BAB.

2 Führen Sie die Kostenträgerzeitrechnung durch (Arbeitsblatt 63.1).

3 Ermitteln Sie je Kostenträger (je Stück) die Selbstkosten, den Verkaufspreis, den Gewinn oder Verlust in € und in Prozent der Selbstkosten (Arbeitsblatt 63.2).

Arbeitsblatt 63.1 | BAB der Hans Köller Spezialrahmenbau e. K., Mai 20XX

Kostenstellen	Gesamt-kosten	Material	Fertigung Stufe I	Fertigung Stufe II	Verwal-tung	Vertrieb
Hilfs- und Betriebs-stoffe/Energie	198.000,00 €					
Hilfslöhne[1]	172.600,00 €					
Gehälter[1]	96.600,00 €					
Abschreibungen	91.000,00 €					
Zinsen	42.500,00 €					
Aufwendungen für Kommunikation	7.624,00 €					
Übrige Kosten	365.000,00 €					
Summen Gemein-kosten	973.324,00 €					
Zuschlagsgrundlagen						
Zuschlagssätze						

[1] Einschließlich direkter Lohn- und Gehaltsnebenkosten (Arbeitgeberanteile zu den Sozialabgaben).

Einzelkosten und Bestandsveränderungen	
Fertigungsmaterial	1.004.700,00 €
Fertigungslöhne Stufe I	650.640,00 €
Fertigungslöhne Stufe II	826.975,00 €
Bestandsminderung fertige Erzeugnisse	45.105,00 €

Verteilungsgrundlagen für den BAB der Hans Köller Spezialrahmen-bau e. K., Mai 20XX		Material	Fertigung Stufe I	Fertigung Stufe II	Verwaltung	Vertrieb
Hilfs- und Betriebsstoffe/ Energie	MES/ Zähler	12.000,00 €	64.000,00 €	68.000,00 €	30.000,00 €	24.000,00 €
Hilfslöhne	Arbeits-stunden	200 Std.	4 600 Std.	3 200 Std.	150 Std.	480 Std.
Gehälter	Anteile	4	6	8	6	4
Abschreibun-gen	Anlagen-werte	384.000,00 €	1.024.000,00 €	1.088.000,00 €	320.000,00 €	384.000,00 €
Zinsen	Anteile	2	4	5	2	4
Aufwendun-gen für Kom-munikation	Belege in €	-------	--------	--------	2.242,00 €	5.382,00 €
Übrige Kosten	Prozent	15	30	35	15	5

Arbeitsblatt 63.2 | Kostenträgerzeitrechnung der Hans Köller Spezialrahmenbau e. K., Mai 20XX

	Kostenträgerzeitrechnung	Zu-schlags-satz in % lt. BAB	Y-Rahmen 1 in €	Y-Rahmen 2 in €	Y-Rahmen 3 in €
	Fertigungsmaterial		502.350,00	301.410,00	200.940,00
+	Materialgemeinkosten				
=	Materialkosten				
	Fertigungslöhne Stufe I		227.724,00	292.788,00	130.128,00
	Fertigungsgemeinkosten Stufe I				
	Fertigungslöhne Stufe II		413.487,50	248.092,50	165.395,00
	Fertigungsgemeinkosten Stufe II				
	Fertigungskosten				
	Herstellkosten der Erzeugung				
	Bestandsminderungen fertige Erzeugnisse		20.297,25	15.786,75	9.021,00
	Herstellkosten des Umsatzes				
	Verwaltungsgemeinkosten				
	Vertriebsgemeinkosten				
	Selbstkosten				
	Gewinn oder Verlust				
	Umsatzerlöse		1.802.540,00	1.172.000,00	940.000,00

Absatzmengen in Stück	18 000	20 000	12 000
Realisierte Selbstkosten in € je Stück			
Realisierter Verkaufspreis in € je Stück			
Gewinn oder Verlust in € je Stück			
Gewinn oder Verlust in % der Selbstkosten			

4 Entscheiden Sie, ob die Firma Köller e. K. den Auftrag zum vorgegebenen Verkaufspreis annehmen sollte.

_____

_____

Arbeitsblatt 63.3 | Betriebsabrechnungsbogen mit Bestandsveränderungen

Ermitteln Sie die Zuschlagssätze unter Berücksichtigung einer
- Bestandsmehrung bei den unfertigen Erzeugnissen in Höhe von 32.000,00 € und einer
- Bestandsminderung bei den fertigen Erzeugnissen in Höhe von 46.000,00 €.

Gemeinkostenart	Gesamtkosten	Material	Fertigung	Verwaltung	Vertrieb
Summe Gemeinkosten in €	2.483.980	812.500	937.500	282.300	451.680
Zuschlagsgrundlagen	Einzelkosten o. Herstellkosten = 100 %	Fertigungsmaterial 1.250.000 €	Fertigungslöhne 750.000 €	Herstellkosten[1]	
Zuschlagssätze in %	Gemeinkosten = wie viel %?				

[1] Herstellkosten des Umsatzes

Ermittlung der Herstellkosten des Umsatzes mit Bestandsveränderungen bei unfertigen und fertigen Erzeugnissen

Fertigungsmaterial	
+ Materialgemeinkosten	
+ Fertigungslöhne	
+ Fertigungsgemeinkosten	
– Bestandsmehrung unfertige Erzeugnisse	
+ Bestandsminderung fertige Erzeugnisse	
= Herstellkosten des Umsatzes	

Ermittlung der Zuschlagssätze für den BAB

Zuschlagssatz	Formel	Berechnung	Prozentsatz
Materialgemeinkosten-Zuschlagssatz	$\dfrac{\text{Materialgemeinkosten} \cdot 100}{\text{Fertigungsmaterial}}$		=
Fertigungsgemeinkosten-Zuschlagssatz	$\dfrac{\text{Fertigungsgemeinkosten} \cdot 100}{\text{Fertigungslöhne}}$		=
Verwaltungsgemeinkosten-Zuschlagssatz	$\dfrac{\text{Verwaltungsgemeinkosten} \cdot 100}{\text{Herstellkosten des Umsatzes}}$		=
Vertriebsgemeinkosten-Zuschlagssatz	$\dfrac{\text{Vertriebsgemeinkosten} \cdot 100}{\text{Herstellkosten des Umsatzes}}$		=

Arbeitsblatt 63.4 | Mehrstufiger BAB mit Kostenträgerstückrechnung

1 Führen Sie die Kostenumlagen gemäß den angegebenen Verteilungsschlüsseln durch. Ermitteln Sie die Zuschlagssätze unter Berücksichtigung einer Bestandsmehrung an fertigen und unfertigen Erzeugnissen in Höhe von 42.000,00 €.

Hinweis: Runden Sie – falls notwendig – immer kaufmännisch auf zwei Nachkommastellen.

Allgemeine Kostenstelle 1 in €	Allgemeine Kostenstelle 2 in €	Allgemeine Kostenstelle 3 in €	Endkostenstellen in €			
			Material	Fertigung	Verwaltung	Vertrieb
24.000,00	32.000,00	70.000,00	352.000,00	480.000,00	85.000,00	125.000,00
Gemeinkosten je Kostenstelle						
Zuschlagsgrundlagen			1.494.510,00	1.071.200,00		
Zuschlagssatz						

Verteilungsschlüssel						
Allgemeine Kostenstelle 1	1	1	3	3	2	2
Allgemeine Kostenstelle 2	0	2	1	3	2	2
Allgemeine Kostenstelle 3	0	0	2	4	1	1

2 Kalkulieren Sie die Selbstkosten für zwei Produkte mit den gerundeten Zuschlagssätzen des BAB.

Kalkulation für zwei Produkte	Zuschlagssatz in %	Produkt A Werte in €	Produkt B Werte in €
1. Fertigungsmaterial		32,00	64,00
2. Materialgemeinkosten			
3. (1. + 2.) Materialkosten			
4. Fertigungslöhne		17,00	38,00
5. Fertigungsgemeinkosten			
6. (4. + 5.) Fertigungskosten			
7. (3. + 6.) Herstellkosten			
8. Verwaltungsgemeinkosten			
9. Vertriebsgemeinkosten			
10. (7. + 8. + 9.) Selbstkosten			

Arbeitsblatt 63.5 | Kostenorientierte Preisermittlung mit der Zuschlagskalkulation

Nachfolgende Kosten sind in einer Abrechnungsperiode entstanden:

Fertigungsmaterial:	120.000,00 €	Materialgemeinkosten:	30.000,00 €
Fertigungslöhne:	360.000,00 €	Fertigungsgemeinkosten:	540.000,00 €
Verwaltungsgemeinkosten:	5 %	Vertriebsgemeinkosten:	10 %

Kalkulationsschema zur Ermittlung der Gemeinkosten-Zuschlagssätze			
	€		%
Fertigungsmaterial			100 %
+ Materialgemeinkosten		Materialgemeinkosten-Zuschlagssatz:	
= Materialkosten			

	€		%
Fertigungslöhne			100 %
+ Fertigungsgemeinkosten		Fertigungsgemeinkosten-Zuschlagssatz:	
= Fertigungskosten			

Materialkosten		
+ Fertigungskosten		
= Herstellkosten		

	€		%
Herstellkosten			100 %
+ Verwaltungsgemeinkosten		Verwaltungsgemeinkosten-Zuschlagssatz	
+ Vertriebsgemeinkosten		Vertriebsgemeinkosten-Zuschlagssatz	
= Selbstkosten			

1 Auf Basis dieser Istkosten ist eine Angebotskalkulation für **250 Stück** zu erstellen.

2 Ermitteln Sie unter Berücksichtigung der Gemeinkostenzuschlagssätze den Angebotspreis.

Fertigungsmaterial:	12,00 €/Stück	Fertigungslöhne:	36,00 €/Stück
Gewinnzuschlagssatz:	12 %	Kundenskonto:	3 %
Kundenrabatt:	12 %		

Hinweis: Alle €-Beträge sind auf zwei Nachkommastellen kaufmännisch zu runden!

Kalkulationsschema	%	€
Fertigungsmaterial		
Materialgemeinkosten		
Fertigungslöhne		
Fertigungsgemeinkosten		
Herstellkosten		
Verwaltungsgemeinkosten		
Vertriebsgemeinkosten		

Kalkulationsschema	%	€
Selbstkosten		
Gewinnzuschlag		
Barverkaufspreis		
Kundenskonto		
Zielverkaufspreis		
Kundenrabatt		
Angebotspreis		

Arbeitsblatt 63.6 | Vor- und Nachkalkulation

1 Vervollständigen Sie die Begriffe des Kalkulationsschemas.
2 Ermitteln Sie den Angebotspreis für ein Fahrrad mit den Daten für die Vorkalkulation.
3 Ermitteln Sie den realisierten Gewinn oder Verlust in € und Prozent je Fahrrad in der Nachkalkulation.
4 Welche Gründe könnten zu Abweichungen bei den Einzelkosten führen?

Hinweis: Alle Werte sind auf zwei Nachkommastellen kaufmännisch zu runden.

Kalkulationsschema		Vorkalkulation		Nachkalkulation	
		Beträge in €	Zuschlagssatz in %	Beträge in €	Zuschlagssatz in %
1.	Fertigungsmaterial	240,00		235,00	
2.	+ Materialgemeinkosten		8,00		10,00
3.					
4.	Fertigungslöhne (Stufe I)	34,00		35,00	
5.	+ Fertigungsgemeinkosten (Stufe I)		112,00		110,00
6.					
7.	Fertigungslöhne (Stufe II)	48,00		50,00	
8.	+ Fertigungsgemeinkosten (Stufe II)		240,00		235,00
9.					
10.					
11.	+ Verwaltungsgemeinkosten		5,00		5,50
12.	+ Vertriebsgemeinkosten		9,00		9,50
13.					
14.	+ Gewinnzuschlag		20,00		
15.					
16.	+ Kundenskonto		3,00		3,00
17.	+ Vertriebsprovision		1,50		1,50
18.					
19.	+ Kundenrabatt		30,00		32,00
20.					

Arbeitsblatt 63.7 | Bezugskalkulation

Die Fly Bike Werke GmbH hat für ein neues Fahrradmodell Aluminiumrohre bestellt und geliefert bekommen. Abgebildet ist die Eingangsrechnung:

AWB Aluminiumwerke AG, Bonn

Sankt Augustiner Str. 30   53225 Bonn   Tel.: 0228 4647784
Fax: 0228 4647711
E-Mail: awb-mail@aluminiumwerke.de
Ansprechpartner: Herr Köllen

AWB Aluminiumwerke AG, Sankt Augustiner Str. 30, 53225 Bonn

Fly Bike Werke GmbH

Rostocker Str. 334

26121 Oldenburg

Lieferdatum: 18.09.20XX

Lieferscheinnummer: 994

Rechnung-Nr.: 664   **Rechnungsdatum: 18.09.20XX**

Artikel-Nr.	Artikelbezeichnung für Aluminiumrohre	Menge in Metern	Einzelpreis in Euro	Gesamtpreis in Euro
40045225	Rundrohr 48 x 2,45	2 500	12,00	30.000,00
	– Rabatt 15,0 % vom Listenverkaufspreis			4.500,00
	= Warenwert (Zielverkaufspreis)			25.500,00
	+ Transportkosten 4,6 % vom Zielverkaufspreis			1.173,00
	= Nettorechnungsbetrag			26.673,00
	+ 19 % Umsatzsteuer			5.067,87
	= Bruttorechnungsbetrag			31.740,87

Der Rechnungsbetrag ist innerhalb von 45 Tagen fällig. Bei Zahlung innerhalb von 10 Tagen gewähren wir auf den Warenwert der Rundrohre 2,5 % Skonto.

Ermitteln Sie für den gesamten Rechnungsbetrag und den Verbrauch je Fahrrad (1,5 m Rundrohr je Fahrrad) den Bezugspreis der Fly Bike Werke GmbH in untenstehender Tabelle.

Bezugskalkulation	Prozentsätze	Werte für die Lieferung	Werte für ein Fahrrad
Listeneinkaufspreis			
Lieferantenrabatt			
Zieleinkaufspreis			
Lieferantenskonto			
Bareinkaufspreis			
Bezugskosten			
Bezugs-/Einstandspreis			

Arbeitsblatt 63.8 | Äquivalenzziffernrechnung

Kostenverteilung einer Abrechnungsperiode auf gleichartige Produkte (Varianten) mithilfe von Wertigkeitsziffern.

Die Wertigkeit verschiedener Fruchtsäfte wird über ihren Fruchtgehalt definiert. Das Produkt II erhält die Wertigkeitsziffer 1 (Vorgabe). Die Gesamtkosten werden nach der Wertigkeit auf die Produkte verteilt. Die Gesamtkosten der Fruchtsaftproduktion dieser Abrechnungsperiode betragen insgesamt 2.345.000,00 €.

Produkt	Fruchtge-halt	Äquivalenz-ziffer (ÄZ)	Produktions-menge in hl	Verrechnungs-einheiten	Gesamtkosten je Produkt	Kosten je hl
I	18		12 500			
II	12	1	15 000			
III	24		40 000			
IV	42		1 000			
Summen			68 500		2.345.000,00 €	

Ermitteln Sie

a die fehlenden Äquivalenzziffern je Produkt,
b die Verrechnungseinheiten je Produkt,
c die Gesamtkosten je Produkt,
d die Kosten je Produkt in Hektoliter (hl).

Beachten Sie nachfolgende Berechnungshinweise:

$$\text{Äquivalenzziffer je Produkt} = \frac{\text{Wertigkeit eines Produktes}}{\text{Wertigkeit des Produktes mit der ÄZ 1}}$$

$$\text{Verrechnungseinheiten} = \text{Äquivalenzziffer des Produktes} \cdot \text{Produktionsmenge des Produktes}$$

$$\text{Wert je Verrechnungseinheit} = \frac{\text{Gesamtkosten der Produktion}}{\text{Gesamtsumme der Verrechnungseinheiten}}$$

$$\text{Kosten je Produkt} = \text{Anzahl der Verrechnungseinheiten} \cdot \text{Wert je Verrechnungseinheit}$$

$$\text{Kosten je Hektoliter} = \frac{\text{Gesamtkosten je Produkt}}{\text{Produktionsmenge je hl}}$$

Aufgaben

Aufgabe 1

Ein Industrieunternehmen ermittelt folgende Gemeinkosten für einen Abrechnungsmonat:

Gemeinkosten in €			
Material	Fertigung	Verwaltung	Vertrieb
130.000,00	?	36.800,00	55.200,00

Ermitteln Sie

a den Materialgemeinkosten-Zuschlagssatz, wenn die Materialkosten insgesamt 390.000,00 € betragen,

b die Fertigungsgemeinkosten, wenn bei einem Zuschlagssatz von 50 % die Fertigungslöhne (Fertigungseinzelkosten) 360.000,00 € betragen,

c die Herstellkosten des Umsatzes, wenn bei den unfertigen Erzeugnissen eine Bestandsminderung von 15.000,00 € und bei den fertigen Erzeugnissen eine Bestandsmehrung von 25.000,00 € ermittelt wird,

d den Verwaltungsgemeinkosten-Zuschlagssatz,

e die Selbstkosten der Abrechnungsperiode.

Aufgabe 2

Der Betriebsabrechnungsbogen eines Industriebetriebs weist nach der Verteilung der primären Gemeinkosten folgende Kosten aus:

Kostenstellen	Primäre Kosten
1. Kantine	21.000,00 €
2. EDV	135.500,00 €
3. Material	107.000,00 €
4. Fertigung	190.000,00 €
5. Verwaltung	109.700,00 €
6. Vertrieb	86.400,00 €

a Verteilen Sie die Kosten der Hilfskostenstellen auf die Kostenstellen mithilfe der folgenden Schlüssel:

Empfangende KSt Abgebende KSt	2. EDV	3. Material	4. Fertigung	5. Verwaltung	6. Vertrieb
1. Kantine (Essen)	500	750	2500	1000	500
2. EDV (Std.)	–	500	1000	750	500

b Ermitteln Sie
   ba die Herstellkosten je Stück,
   bb die Selbstkosten je Stück,
   bc den Absatz,
   bd die Produktionsmenge

Aufgabe 3

Eine Papierfabrik produziert Spezialpapiere verschiedener Sorten in bis zu drei Fertigungsstufen.
Stufe I: Rohpapier (Papiermaschine)
Stufe II: beschichtetes Papier, Rollenware (Extruderanlage)
Stufe III: konfektioniertes Papier (beschichtet), unterschiedliche Papiermaße (Schneidemaschine)
Für eine Abrechnungsperiode liegen nachfolgende Produktions- und Kostendaten vor:

Produktionsstufe I:
- Produktionsmenge: 400 000 kg Rohpapier
- Gesamtkosten (inkl. Materialeinsatz) Produktionsstufe I: 1.200.000,00 €

Produktionsstufe II:
- Materialeinsatz = 200 000 kg Rohpapier aus Stufe I zuzüglich 2 000 kg Granulat (Beschichtungsmaterial), Einstandspreis 10,00 €/kg
- Produktionskosten (ohne Materialeinsatz) der Stufe II: 87.000,00 €

Produktionsstufe III:
- Materialeinsatz = 150 000 kg beschichtete Rollenware aus Stufe II
- Produktionskosten (ohne Materialeinsatz) der Stufe III: 15.000,00 €

Aufgabe 4

In einem Papier verarbeitenden Betrieb werden fünf Papiersorten hergestellt. Folgende Daten wurden ermittelt:

Sorte	Produktionsmenge zu je 1000 Einheiten	Materialeinzelkosten in €	Äquivalenzziffern Fertigung
I	12 000	14,00	1,2
II	10 000	11,00	0,7
III	8 000	13,00	1,0
IV	4 000	17,00	1,3
V	3 000	20,00	1,4

Die Fertigungskosten belaufen sich auf 194.000,00 €, der Zuschlagssatz für die Materialgemeinkosten beträgt 5 % und für die Verwaltungs- und Vertriebsgemeinkosten 10 %.

Ermitteln Sie die Herstellkosten und die Selbstkosten für die einzelnen Papiersorten:

Kostenart	Sorte I	Sorte II	Sorte III	Sorte IV	Sorte V	Zuschlagssatz
MEK						
+ MGK						
= MK						
+ FK						
= HK						
+ Vw- + VtGK						
= Selbstkosten						

FK → TAF 12.5 | Kap. 2.7

Deckungsbeitragsrechnung im Einprodukt-unternehmen anwenden

Frau Werner, Leiterin der Verkaufsabteilung der Sektkellerei Söhngen GmbH, erhält folgende Anfrage per Mail:

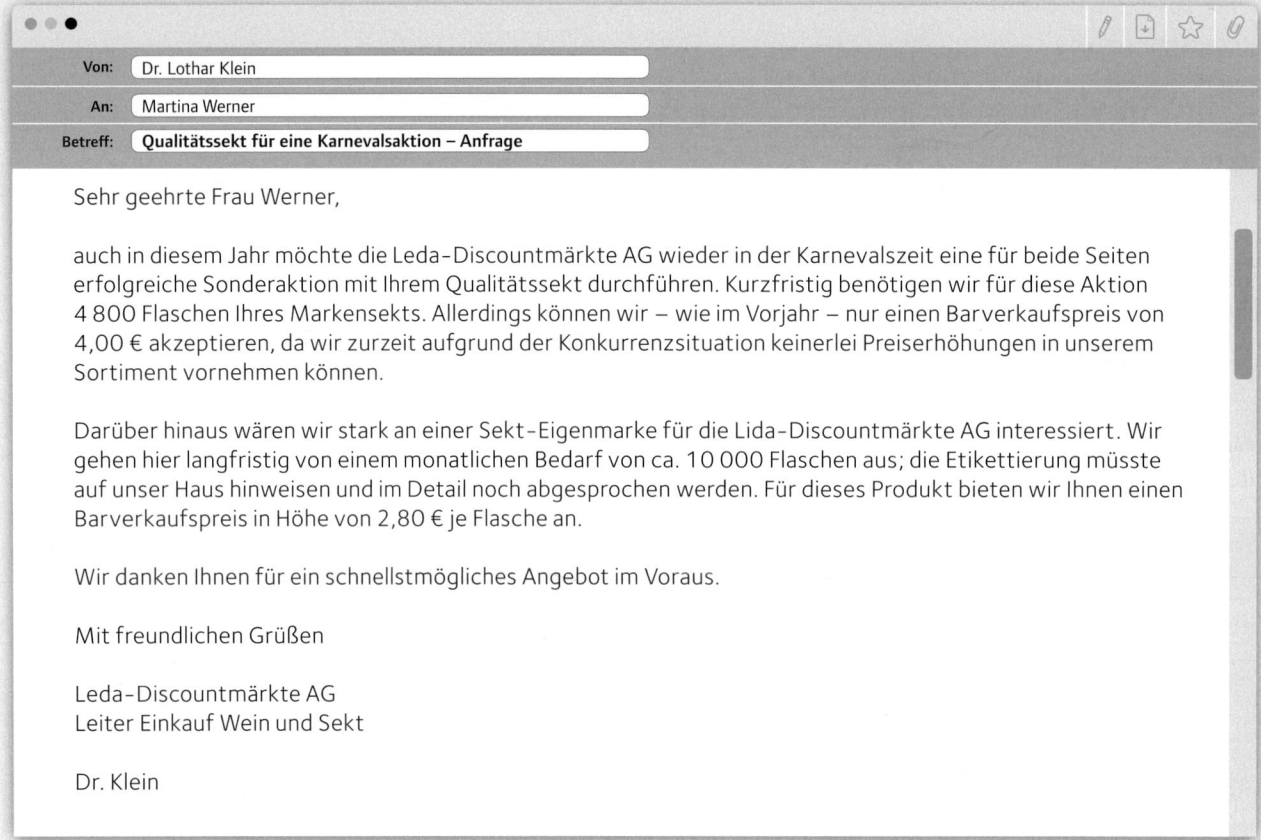

Von:	Dr. Lothar Klein
An:	Martina Werner
Betreff:	Qualitätssekt für eine Karnevalsaktion – Anfrage

Sehr geehrte Frau Werner,

auch in diesem Jahr möchte die Leda-Discountmärkte AG wieder in der Karnevalszeit eine für beide Seiten erfolgreiche Sonderaktion mit Ihrem Qualitätssekt durchführen. Kurzfristig benötigen wir für diese Aktion 4 800 Flaschen Ihres Markensekts. Allerdings können wir – wie im Vorjahr – nur einen Barverkaufspreis von 4,00 € akzeptieren, da wir zurzeit aufgrund der Konkurrenzsituation keinerlei Preiserhöhungen in unserem Sortiment vornehmen können.

Darüber hinaus wären wir stark an einer Sekt-Eigenmarke für die Lida-Discountmärkte AG interessiert. Wir gehen hier langfristig von einem monatlichen Bedarf von ca. 10 000 Flaschen aus; die Etikettierung müsste auf unser Haus hinweisen und im Detail noch abgesprochen werden. Für dieses Produkt bieten wir Ihnen einen Barverkaufspreis in Höhe von 2,80 € je Flasche an.

Wir danken Ihnen für ein schnellstmögliches Angebot im Voraus.

Mit freundlichen Grüßen

Leda-Discountmärkte AG
Leiter Einkauf Wein und Sekt

Dr. Klein

Frau Werner beauftragt umgehend Herrn Sommers, Leiter der Kosten- und Leistungsrechnung der Sektkellerei Söhngen GmbH, aktuelle Daten für eine Entscheidung bereitzustellen. Ergebnisse:

Variable Kosten
je Flasche (0,75 l)

Flasche (hochwertig nach Champagner-Art)	0,30 €
Korken (echter Kork)	0,12 €
Sekt (Selbstkosten der Erzeugung)	2,18 €
Etikett	0,05 €
Befüllungs- und Verpackungskosten	0,12 €
je 6 Flaschen wird ein Karton benötigt	1,20 €
je 20 Kartons wird eine (Mini-)Palette mit Schrumpffolie benötigt	3,60 €

| **Variable Kosten je Flasche** | = | €|

Weitere Angaben

Fixe Kosten	60.000,00 € (Monat)
Üblicher Nettoverkaufspreis (Barverkaufspreis)	5,50 € je Flasche
Durchschnittliche Absatzmenge derzeit	36 000 Flaschen (Monat)
Kapazitätsgrenze	45 000 Flaschen je Abrechnungsmonat

1 Vervollständigen Sie für Herrn Sommers die nachfolgende Tabelle.

Absatzmenge in Flaschen	Variable Kosten in €	Fixe Kosten in €	Gesamtkosten in €	Erlöse in €	Verlust (–) oder Gewinn (+) in €
0					
5 000					
10 000					
15 000					
20 000					
25 000					
30 000					
35 000					
40 000					
45 000					

2 Berechnen Sie für den Abrechnungszeitraum (Absatz: 36 000 Flaschen ohne Zusatzaufträge)
   a den Gewinn im Abrechnungszeitraum,
   b den Break-even-Point.

Absatzmenge in Flaschen	Variable Kosten in €	Fixe Kosten in €	Gesamtkosten in €	Erlöse in €	Verlust (–) oder Gewinn (+) in €
36 000	108 000	60 000	168 000	198 000	

3 Stellen Sie in einer Grafik
   a alle Kostenverläufe und die Erlöse (mit Benennungen) **bis zur Kapazitätsgrenze** dar und
   b kennzeichnen Sie den Break-even-Point, die Verlustzone und die Gewinnzone.

Erlös- und Kostenverläufe

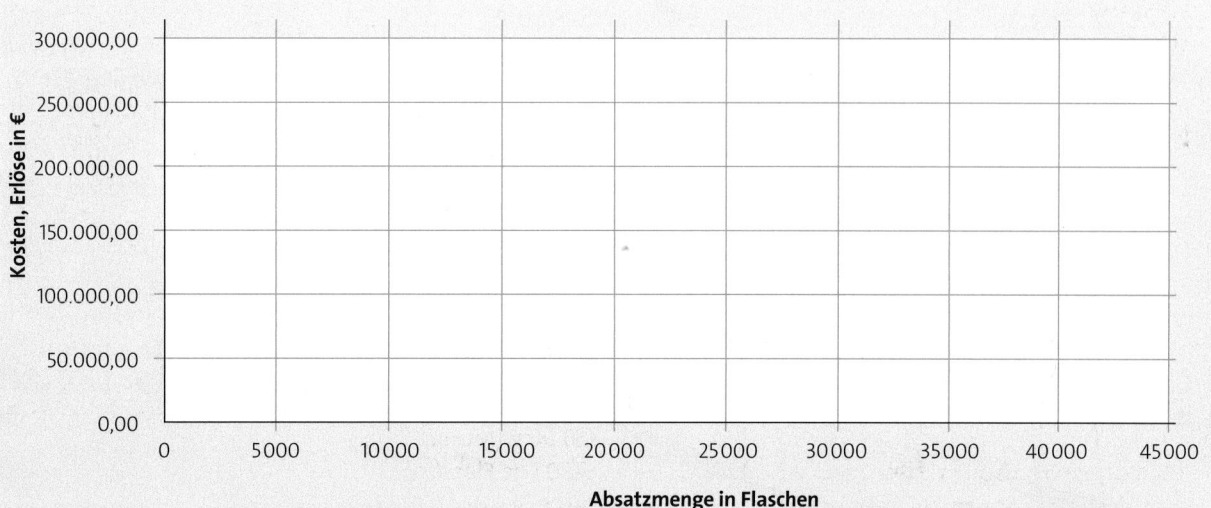

4 Welche Entscheidung ist für die Söhngen GmbH hinsichtlich der Anfrage der Lida-Discountmärkte AG bei der aktuellen Kostensituation sinnvoll?

5 Wie könnte die Entscheidung der Söhngen GmbH aussehen, wenn für die Eigenmarke der Lida-Discountmärkte AG preiswertere Flaschen (0,12 €) und Plastikkorken (0,05 €) verwendet sowie Sekt befreundeter Sektkellereien mit einem Einstandspreis von **1,56 € je Liter** abgefüllt würden (alle anderen Kosten bleiben konstant)?

Arbeitsblatt 64.1 | Deckungsbeitragsrechnung im Einproduktunternehmen

1 Grundbegriffe und Definitionen

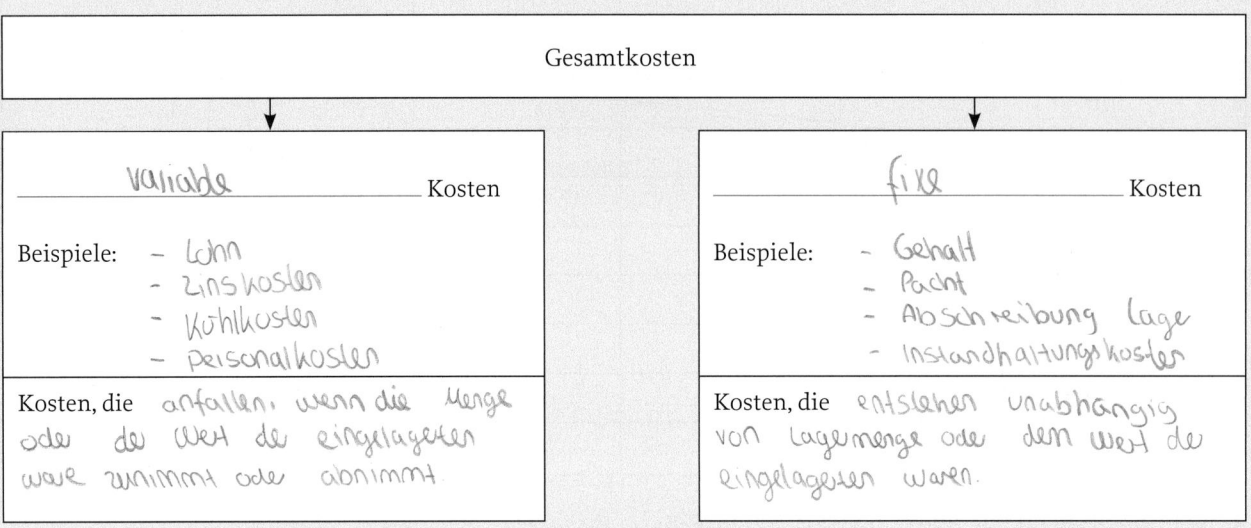

Gesamtkosten

variable _____ Kosten

Beispiele: – Lohn
– Zinskosten
– Kühlkosten
– Personalkosten

Kosten, die _anfallen, wenn die Menge oder der Wert der eingelagerten ware zunimmt oder abnimmt._

fixe _____ Kosten

Beispiele: – Gehalt
– Pacht
– Abschreibung Lager
– Instandhaltungskosten

Kosten, die _entstehen unabhängig von Lagermenge oder dem Wert der eingelagerten waren._

2 Berechnungen

Nettoverkaufserlös

– _variable_ _____ Kosten

= _Deckungsbeitrag_ _____

fixe Kosten einer Abrechnungsperiode
─────────────────────── = _Betriebsergebnis_
Betriebsgewinn [1]   _Betriebsverlust_

[1] je Einheit

3 Grafische Darstellung

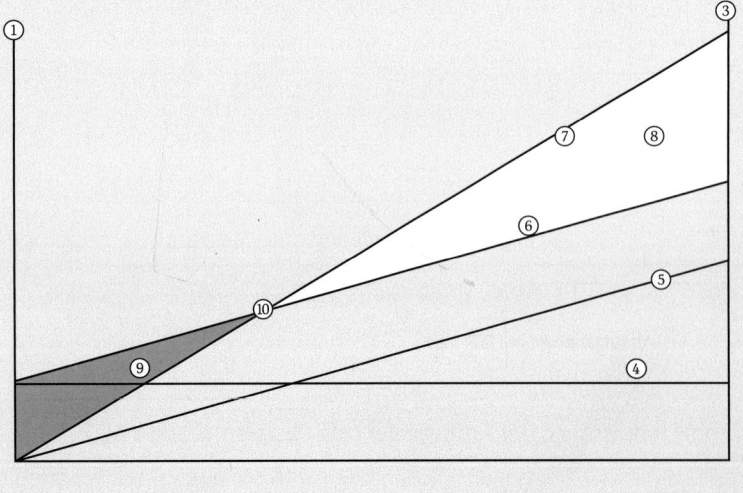

Geben Sie die richtigen Begriffe für nebenstehende Grafik an.

① _____
② _____
③ _____
④ _____
⑤ _____
⑥ _____
⑦ _____
⑧ _____
⑨ _____
⑩ _____

Arbeitsblatt 64.2 | Eigenfertigung oder Fremdbezug?

Ein Industrieunternehmen kann eine Komponente für ein eigenes Erzeugnis entweder selbst produzieren oder von einem anderen Unternehmen fremd beziehen. Die Kostenrechnung und der Materialeinkauf stellen für diese Entscheidung folgende Daten zur Verfügung:

Fremdbezug	
Listeneinkaufspreis	7,00 €
Liefererrabatt	15 %
Liefererskonto	3 %
Bezugskosten (vom Zieleinkaufspreis)	5 %

Eigenfertigung	
Fertigungsmaterial	2,50 €
variable Materialgemeinkosten	8 %
Fertigungslöhne	0,80 €
variable Fertigungsgemein- kosten	120 %
Zusätzliche fixe Kosten	74.500,00 €

Bezugskalkulation je Stück

Listenverkaufspreis		7 €
− Liefererrabatt	15 %	1,05 €
= Zieleinkaufspreis		5,95 €
− Liefererskonto	3 %	1,79 €
= Bareinkaufspreis		4,16 €
+ Bezugskosten	5 %	0,21 €
= Einstandspreis		4,37 €

Kalkulation der variablen Herstellkosten je Stück

Fertigungsmaterial		2,50 €
+ variable Materialgemeinkosten	8 %	0,2 €
+ Fertigungslöhne		
+ variable Fertigungsgemeinkosten		
= variable Herstellkosten		4

Verbrauchs- menge	Kosten in €	
	Fremd- bezug	Eigen- fertigung
10 000		
20 000		
30 000		
40 000		
50 000		
60 000		

1 Ermitteln Sie die Kosten bei Eigenfertigung und Fremdbezug in Abhängigkeit von der Verbrauchsmenge.

2 Skizzieren Sie die Kostenverläufe bei Eigenfertigung und Fremdbezug.

3 Ermitteln Sie die kritische Menge (Kosten der Eigenfertigung = Kosten des Fremdbezuges).

4 Ermitteln Sie die jeweiligen Kosten bei einer geplanten Verbrauchsmenge von 45 000 Stück.

5 Die Verbrauchsmenge dieser Komponente soll in den Folgejahren stetig steigen.
Nennen Sie Vor- und Nachteile für den Fremdbezug dieser Komponente.

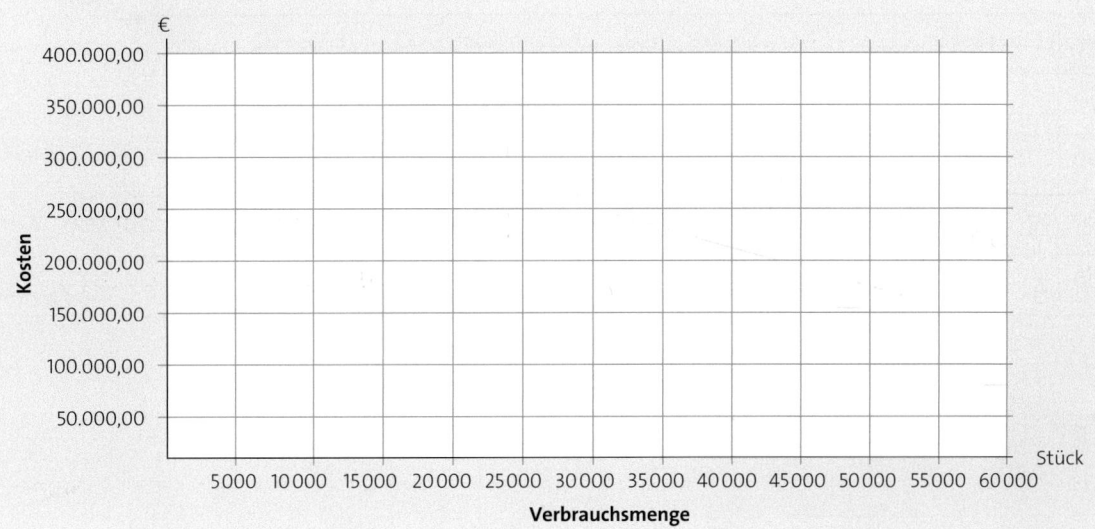

Kostenvergleich: Eigenfertigung – Fremdbezug

Aufgaben

Aufgabe 1

Herr Schlinkmann von der Bergischen Metall GmbH ist seit einiger Zeit unzufrieden. Die Umsätze entwickeln sich erfreulich, doch die Gewinne bleiben hinter den Erwartungen zurück. Nach längerer Diskussion in der Abteilungs-leiterkonferenz beschließt man, die Unternehmensberaterin Hassel zu engagieren, die die Situation analysieren und Verbesserungsvorschläge unterbreiten soll. Frau Hassel begibt sich umgehend in die Buchhaltung und ver-schafft sich einen Überblick über die in der Bergischen Metall GmbH im letzten Geschäftsjahr angefallenen Kos-ten. Diese stellt sie in einer Übersicht zusammen:

Kosten	Betrag in €	Variator (in %)[1]	Fixe Kosten in €	Variable Kosten in €
Materialaufwand	4.796.954,00	100		
Personalkosten	3.658.000,00	20		
Allgemeine Verwaltung	220.000,00	0		
Werbung	285.000,00	0		
Weitere betriebliche Aufwendungen	225.450,00	55		
Mieten, Pachten, Leasing	660.000,00	0		
Energie	254.896,00	0		
Abschreibungen	886.000,00	0		
Summen	10.986.300,00			

[1] **Hinweis:** Der Variator gibt den Anteil der variablen Kosten einer Kostenart bei vorgegebener Beschäftigung (Pro-duktionsmenge) an. Aus Vereinfachungsgründen wird der Variator hier als Prozentsatz angegeben.

Außerdem hat die Unternehmensberaterin Folgendes herausgefunden: Die Bergische Metall GmbH produziert nur einen Artikel, Bremsscheiben für Pkw in Standardgröße, in großen Mengen.

a Ermitteln Sie die Gesamtsumme der fixen und der variablen Kosten.

b Ermitteln Sie die variablen Kosten pro Stück. Gehen Sie von einer Produktions- und Absatzmenge von 478 779 Stück aus. Runden Sie Ihr Ergebnis auf zwei Nachkommastellen.

c Ermitteln Sie den Gesamtumsatz des abgelaufenen Geschäftsjahres. Der Barverkaufspreis beträgt 25,00 € pro Stück.

d Berechnen Sie die Kosten sowie die Erlöse für mögliche Absatzmengen von 0, 200 000, 400 000 und 600 000 Stück. Nutzen Sie hierfür die folgende Tabelle.

Menge (Stück)	Fixe Kosten (€)	Variable Kosten (€)	Gesamtkosten (€)	Erlöse (€)
0				
200 000				
400 000	5 333 748	4 724 000	10 057 748	10 000 000
600 000	5 333 748	7 086 000	12 419 748	15 000 000

e Stellen Sie die Verläufe für die fixen, variablen und Gesamtkosten sowie für die Erlöse in einem Koordinatensystem dar.

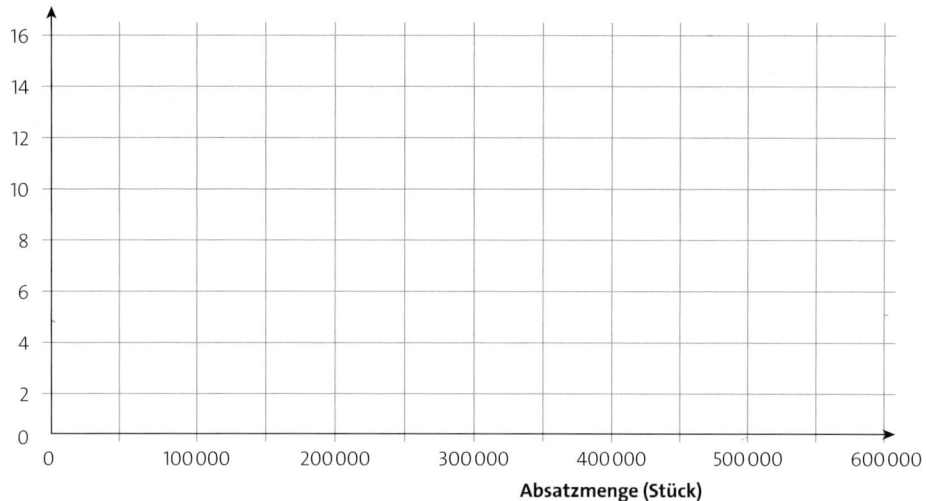

Kosten/Erlöse in Mio. €

Absatzmenge (Stück)

f Ermitteln Sie grafisch und rechnerisch, bei welcher Absatzmenge die Kosten und die Erlöse der Bergischen Metall GmbH gleich hoch sind.

g Machen Sie begründete Vorschläge, wie der Gewinn der Bergischen Metall GmbH gesteigert werden könnte.

Aufgabe 2

Ein Getränkehersteller produziert im Monat September 40 000 Flaschen hochwertigen Likör. Die fixen Kosten betragen 200.000,00 €, die variablen Kosten je Flasche betragen 7,00 €.

Ermitteln Sie

a die Selbstkosten je Flasche,
b den Gewinn, wenn alle Flaschen zum Preis von 15,00 € verkauft werden können,
c den Umsatz, bei dem die Gewinnschwelle erreicht wird.

Aufgabe 3

Ein kleiner Holzverarbeitungsbetrieb produziert für einen Spielwarenhersteller im Auftrag Spielfiguren aus Holz. Der Materialverbrauch und die Produktionszeit je Spielfigur sind bei allen Figuren gleich.
Produktionsmenge August: 100 000 Stück, Gesamtkosten 20.000,00 €
Produktionsmenge September: 120 000 Stück, Gesamtkosten 22.000,00 €

Beachten Sie:

$$k_v = \frac{\text{Gesamtkostenveränderungen}}{\text{Absatzmengenveränderung}}$$

a Ermitteln Sie
  1 die variablen Kosten je Spielfigur,
  2 die fixen Kosten des Holzverarbeitungsbetriebs in einer Abrechnungsperiode (Monat),
  3 den Gewinn im Monat September, wenn der Erlös je Figur 0,225 € beträgt,
  4 die Absatzmenge, die zur Deckung der fixen Kosten notwendig ist,
  5 den Gewinn im Monat Oktober, wenn zusätzlich zum Lohnauftrag des Spielwarenherstellers in Höhe von 110 000 Stück ein Zusatzauftrag (bei gleichbleibenden Kosten- und Erlösverhältnissen) über 15 000 Stück zum Barverkaufspreis von 0,18 € je Stück ausgeführt werden konnte.

b Die Kapazitätsgrenze liegt zurzeit bei 130 000 Spielfiguren je Abrechnungsperiode. Durch eine Neuinvestition könnte die Kapazitätsgrenze auf 150 000 Stück steigen. Durch diese Investition würden die fixen Kosten je Abrechnungsperiode um 2.500,00 € steigen. Erläutern Sie, ob sich diese Neuinvestition für den Holzverarbeitungsbetrieb lohnen könnte.

c Begründen Sie, warum bei Anwendung der Vollkostenrechnung und der Kostensituation des Vormonats als Kalkulationsbasis der Zusatzauftrag für den Monat Oktober hätte abgelehnt werden müssen.

Lernsituation 65

Deckungsbeitragsrechnung im Mehrproduktunternehmen anwenden

● ● ●

Von:	Hans Peters
An:	Margot Rother
Betreff:	**Mountainbike-Produktion**

Sehr geehrte Frau Rother,

wie mir die Abteilungsleiterin Vertrieb, Frau Gerland, mitteilte, gibt es für den kommenden Monat einige Händlerbestellungen für Mountainbikes. Die Bestellmengen belaufen sich auf 1 000 Stück für das Modell „Mountain Dispo", 1 500 Stück für „Mountain Constitution" und 1 800 Stück für „Mountain Unlimited". Die Bestellungen für die beiden letztgenannten Modelle haben absoluten Vorrang, da diese von unseren Stammkunden getätigt wurden.

Leider werden ja einige Wartungsarbeiten an den Montagebändern durchgeführt, wodurch uns nur 202 000 Produktionsminuten zur Verfügung stehen. Bitte informieren Sie mich, ob alle bestellten Mountainbikes hergestellt werden können und wie hoch unser Gewinn im nächsten Monat sein wird.

Herzliche Grüße.

H. Peters

Frau Rother lässt sich von Frau Time und Frau Gerland die notwendigen Informationen geben. Sie möchte das Produktionsprogramm der Sparte Mountainbikes für den kommenden Monat aufstellen. Dabei will sie zwar die Vorgabe der Geschäftsleitung berücksichtigen, gleichzeitig will sie alternativ das Produktionsprogramm aufstellen, mit dem das bestmögliche Betriebsergebnis erzielt werden kann. In beiden Fällen muss sie fixe Kosten in Höhe von 400.000,00 € berücksichtigen.

Modelle	Deckungsbeitrag je Stück	Montagezeit in Minuten	Bestellte Mengen
Dispo 2	240,00	60	1 000 Stück
Constitution	266,00	70	1 500 Stück
Unlimited	180,00	40	1 800 Stück

1 Ermitteln Sie für Frau Rother
   a die Produktionsmengen, die Deckungsbeiträge und das Betriebsergebnis nach Vorgaben der Geschäftsleitung unter Berücksichtigung der begrenzten Produktionszeit,
   b die gewinnoptimalen Produktionsmengen, die Deckungsbeiträge und das Betriebsergebnis unter Berücksichtigung der begrenzten Produktionszeit.

Arbeitsblatt 65.1 | Deckungsbeitragsrechnung (bei Produktionsengpässen)

Ein Betrieb verfügt über eine Fertigungskapazität von 8 000 Fertigungsminuten je Periode. Für die Planung der folgenden Periode müssen nachstehende Daten berücksichtigt werden.

Pro-dukt	Absetzbare Menge (Stück)	Zeitbedarf je Stück (Minuten)	Erzielbarer Preis/Stück (€)	Variable Kos-ten/Stück (€)	Deckungsbei-trag/Stück (€)	Deckungsbei-trag relativ (€/Minute)
A	830	4	50,00	40,00		
B	400	3	100,00	80,00		
C	500	5	70,00	49,00		
D	100	2	30,00	24,00		
E	2 000	1	10,00	5,00		

Ermitteln Sie
a die relativen Deckungsbeiträge je Minute für jedes Produkt und tragen Sie die Ergebnisse in die vorstehende Übersicht ein,
b das gewinnoptimale Produktionsprogramm und tragen Sie die Ergebnisse in die nachfolgende Übersicht ein,
c den Gewinn des Unternehmens, wenn 70.000,00 € fixe Kosten zu berücksichtigen sind.

Priorität	Pro-dukt	Menge (Stück)	Zeitbedarf (Minuten)	Restkapazität (Minuten)	Deckungsbei-trag gesamt (€)
1					
2					
3					
4					
5					
				Summe Gesamtdeckungsbeiträge	
				Fixkostenblock	
				Betriebsergebnis	

Arbeitsblatt 65.2 | Deckungsbeitragsrechnung im Mehrproduktunternehmen

Ein Zulieferer der Fahrradindustrie mit drei Erzeugnisgruppen plant einen Abrechnungsmonat mit folgenden Verkaufserlösen und Kosten. Das geplante Betriebsergebnis muss noch ermittelt werden.

Planwerte in €	Erzeugnisgruppe I			Erzeugnisgruppe II			Erzeugnisgruppe III		
Erzeugnis-Nummer	Nr. 100	Nr. 101	Nr. 102	Nr. 201	Nr. 202	Nr. 203	Nr. 301	Nr. 302	Nr. 303
Verkauferlös/Stück (€)	48,60	46,80	102,00	214,00	260,60	320,00	160,00	180,00	145,00
Variable Kosten/Stück (€)	26,60	32,00	84,90	145,00	110,00	210,50	105,00	185,50	85,00
db/Stück									
Absatzmengen (Stück)	4 000	3 800	3 200	400	500	1 850	6 200	3 200	4 800
DB Erzeugnis (€)									
DB Erzeugnisgruppe (€)									
DB Unternehmen (€)									
Fixe Kosten (€)	1.002.500,00								
Betriebsergebnis (€)									

Ermitteln Sie das tatsächliche Betriebsergebnis auf Basis der Istwerte, wenn das Erzeugnis mit der Nummer 302 nicht mehr produziert wird, die Verkaufserlöse je Stück für die verbleibenden Artikel der Erzeugnisgruppe III um 10 % steigen und die geplanten Absatzmengen der Erzeugnisgruppe III um 5 % sinken. Alle weiteren Istwerte sind der Tabelle zu entnehmen.

Istwerte in €	Erzeugnisgruppe I			Erzeugnisgruppe II			Erzeugnisgruppe III		
Erzeugnis-Nummer	Nr. 100	Nr. 101	Nr. 102	Nr. 201	Nr. 202	Nr. 203	Nr. 301	Nr. 302	Nr. 303
Verkauferlös/Stück (€)	47,60	48,80	101,50	212,00	265,60	326,00			
Variable Kosten/Stück (€)	26,80	32,50	82,90	145,50	110,50	211,50	105,00		85,00
db/Stück									
Absatzmengen (Stück)	4 100	3 420	3 000	100	400	1 670			
DB Erzeugnis (€)									
DB Erzeugnisgruppe (€)									
DB Unternehmen (€)									
Fixe Kosten (€)	1.006.500,00								
Betriebsergebnis (€)									

Aufgaben

Aufgabe 1

Ein Industriebetrieb produziert an der Kapazitätsgrenze. Folgende Aufträge sind noch zu berücksichtigen, obwohl nur noch 120 freie Produktionsstunden zur Verfügung stehen. Das Unternehmen produziert oberhalb der Gewinnschwelle.

	Auftrag A	Auftrag B	Auftrag C
Auftragsmenge (Stück)	200	500	200
db je Stück (€)	300	400	770
Produktionszeit je Stück (in Minuten)	10	8	14

Ermitteln Sie

a die kostenoptimalen Produktionsmengen für die Aufträge A, B und C,

b den maximal erreichbaren zusätzlichen Gewinn.

Aufgabe 2

Ein Fahrradhersteller für hochpreisige Rennräder bietet drei verschiedene Fahrradmodelle auf einer hausinternen Händlermesse zu Sonderpreisen an. Folgende Planwerte (geplante Produktion = geplante Absatzmenge) liegen für die nächste Abrechnungsperiode vor:

Modelle	Erlöse je Stück	Variable Kosten je Stück	Geplanter Absatz
Acer	420,00 €	240,00 €	2 000 Stück
Bee	480,00 €	290,00 €	1500 Stück
Cray	560,00 €	350,00 €	3 000 Stück

Die erzeugnisfixen Kosten betragen für das Modell Acer 200.000,00 €, für das Modell Bee 150.000,00 € und für das Modell Cray 225.000,00 €. Die unternehmensfixen Kosten betragen insgesamt 300.000,00 €. Ermitteln Sie

a den geplanten Deckungsbeitrag je Stück (db I) für das Modell Acer,

b den Gesamtdeckungsbeitrag (DB II) für das Modell Bee, wenn die geplante Absatzmenge realisiert wird,

c den geplanten Betriebsgewinn der Abrechnungsperiode,

d den realisierten Betriebsgewinn der Abrechnungsperiode, wenn der Erlös des Modells Cray um 10,00 € sinkt, die variablen Kosten des Modells Acer aufgrund von Ausstattungsveränderungen auf Wunsch der Kunden um 15,00 € steigen und die tatsächlichen Absatzmengen für das Modell Acer 2 050 Stück, für das Modell Bee 1400 Stück und für das Modell Cray 3 300 Stück betragen.

Aufgabe 3

Die Rad AG produziert die Kinderfahrräder KID, LIT und MID. Alle Erzeugnisse durchlaufen die gleiche Arbeitsgruppe, die eine Kapazität von 92 400 Minuten im Monat aufweist. Für die Erzeugnisse gelten folgende Daten:

Erzeugnis	Variable Stückkosten (k_v) in €	Verkaufs-preis (p)	Dauer des Schneidvorgangs (Stück)	Aufträ-ge	Fixkosten je Monat (K_F) in €
KID	320,00	340,00	4 Minuten	6 000	300.000,00
LIT	230,00	242,50	5 Minuten	7 000	
MID	272,00	300,00	7 Minuten	5 250	

Ermitteln Sie

a den Preis in €, zu dem das Kinderfahrrad KID kurzfristig angeboten werden kann,

b den Deckungsbeitrag je Minute des Kinderrades MID in € sowie die Stückzahl, die von Erzeugnis LIT bei der Realisation des gewinnmaximalen Produktionsprogramms hergestellt wird,

c den Gewinn in €, der bei der Realisation des gewinnmaximalen Produktionsprogramms erzielt wird.

Lernsituation **66**

Lagerkennziffern ermitteln

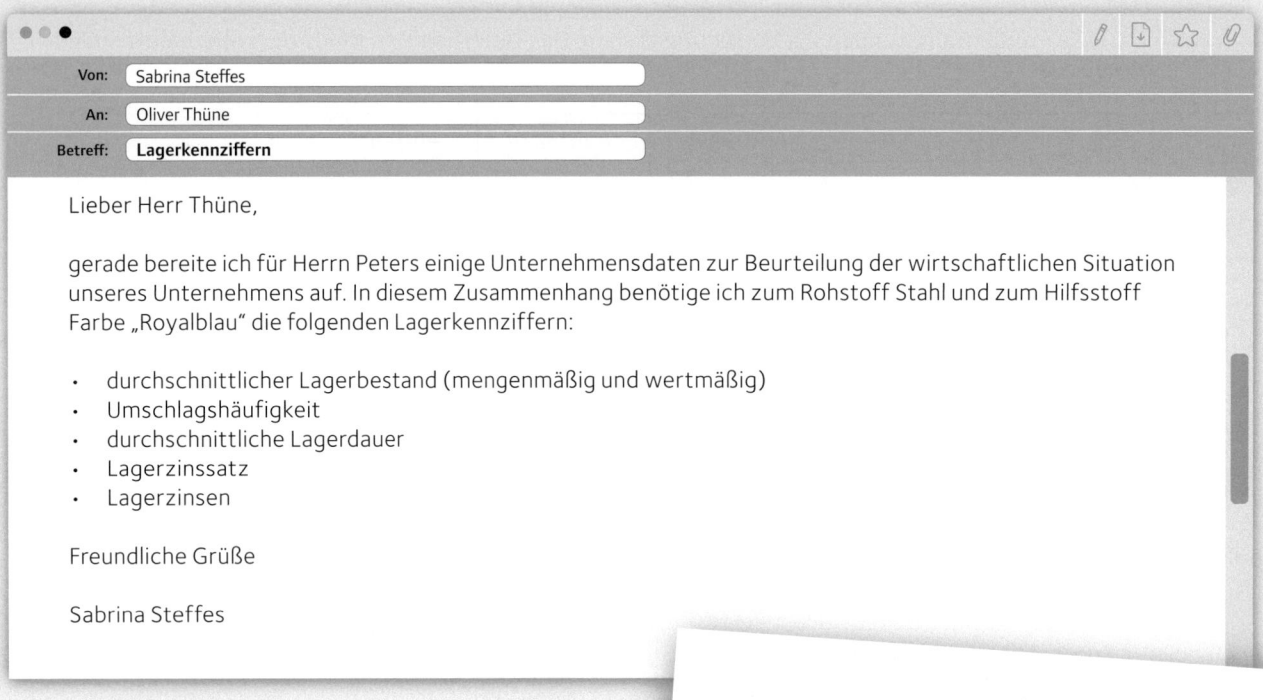

Von: Sabrina Steffes

An: Oliver Thüne

Betreff: **Lagerkennziffern**

Lieber Herr Thüne,

gerade bereite ich für Herrn Peters einige Unternehmensdaten zur Beurteilung der wirtschaftlichen Situation unseres Unternehmens auf. In diesem Zusammenhang benötige ich zum Rohstoff Stahl und zum Hilfsstoff Farbe „Royalblau" die folgenden Lagerkennziffern:

- durchschnittlicher Lagerbestand (mengenmäßig und wertmäßig)
- Umschlagshäufigkeit
- durchschnittliche Lagerdauer
- Lagerzinssatz
- Lagerzinsen

Freundliche Grüße

Sabrina Steffes

Arbeitsaufträge

1 Übernehmen Sie die Aufgabe von Herrn Thüne und ermitteln Sie die von Frau Steffes angeforderten Lagerkennziffern. Nutzen Sie dazu den in Arbeitsblatt 66.1 abgebildeten Auszug aus der Lagerdatei und berücksichtigen Sie auch den aktuellen Jahreszinssatz von 8 %. Vervollständigen Sie zur Vorbereitung Ihrer Berechnungen zunächst das Arbeitsblatt 66.2.

2 Erstellen Sie in Arbeitsblatt 66.3 einen Überblick zu den Lagerkennziffern. Geben Sie für jede Lagerkennziffer eine kurze Erläuterung und beschreiben Sie, was eine Veränderung der Kennziffer über die Wirtschaftlichkeit der Lagerhaltung aussagt.

3 Erläutern Sie, zu welchem Zweck Frau Steffes die von Ihnen ermittelten Daten benötigt.

4 Beurteilen Sie die Aussagekraft der von Ihnen ermittelten Lagerkennziffern und arbeiten Sie heraus, welche zusätzlichen Informationen nützlich wären, um den Daten höhere Aussagekraft zu verleihen.

5 Beschreiben Sie, aus welchen Bestandteilen sich Lagerkosten zusammensetzen.

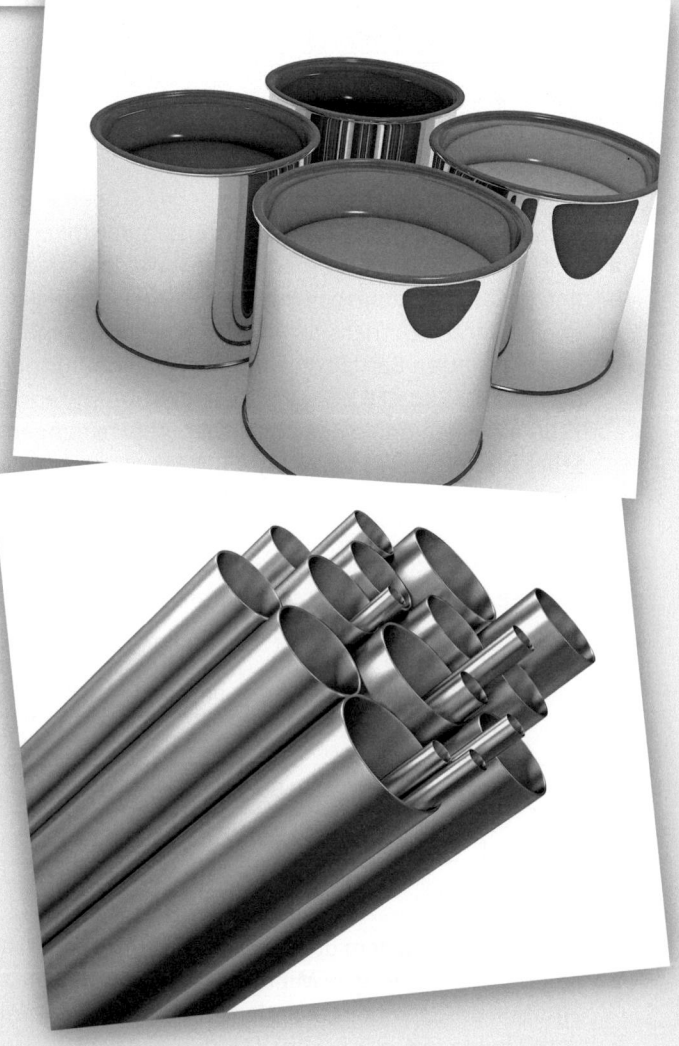

Arbeitsblatt 66.1 | Auszug aus der Lagerdatei

Fly Bike Werke GmbH				
Lagerdatei				
Artikel	**Stahl**	durchschnittl. Bezugspreis: 620,00 € pro Tonne		
Datum	**Beleg**	**Zugang Lager**	**Abgang Lager**	**Bestand**
02.01.	Inventurbestand			12 500 kg
23.01.	Ausgangslager-schein (ALS) 89		6 000 kg	
02.02.	ALS 102		5 000 kg	
18.02.	Eingangslager-schein (ELS) 768	12 000 kg		
13.03.	ALS 189		10 000 kg	
28.04.	ALS 309		2 000 kg	
11.05.	ELS 1100	24 000 kg		
12.05.	ALS 344		24 000 kg	
10.06.	ELS 1302	26 000 kg		
23.07.	ALS 500		14 000 kg	
13.08.	ALS 538		12 000 kg	
24.09.	ELS 2066	28 000 kg		
18.10.	ALS 728		14 500 kg	
02.11.	ALS 755		13 500 kg	
24.11.	ELS 2066	27 000 kg		
12.12.	ALS 839		27 000 kg	
14.12.	ELS 2212	6 000 kg		
21.12.	ALS 874		5 500 kg	
28.12.	ELS 874	25 500 kg		
31.12.				

Fly Bike Werke GmbH				
Lagerdatei				
Artikel	**Farbe Royalblau**	durchschnittl. Bezugspreis: 8,50 € pro Kilogramm		
Datum	**Beleg**	**Zugang Lager**	**Abgang Lager**	**Bestand**
02.01.	Inventurbestand			12 kg
20.01.	ELS 105	20 kg		
01.02.	ALS 100		11 kg	
02.02.	ELS 101	10 kg		
25.03.	ALS 323		10 kg	
26.05.	ALS 377		2 kg	
28.06.	ELS 504	14 kg		
28.07.	ALS 504		24 kg	
08.08.	ELS 344	18 kg		
11.08.	ALS 522		14 kg	
20.09.	ALS 524		12 kg	
17.10.	ELS 657	43 kg		
21.11.	ALS 793		41 kg	
31.12.				

Arbeitsblatt 66.2 | Formeln zur Berechnung der Lagerkennziffern

1. Durchschnittlicher Lagerbestand

a) =

b) =

c) =

2. Umschlagshäufigkeit

=

3. Durchschnittliche Lagerdauer

=

4. Lagerzinssatz

=

5. Lagerzinsen

=

Arbeitsblatt 66.3 | Bedeutung der Lagerkennziffern

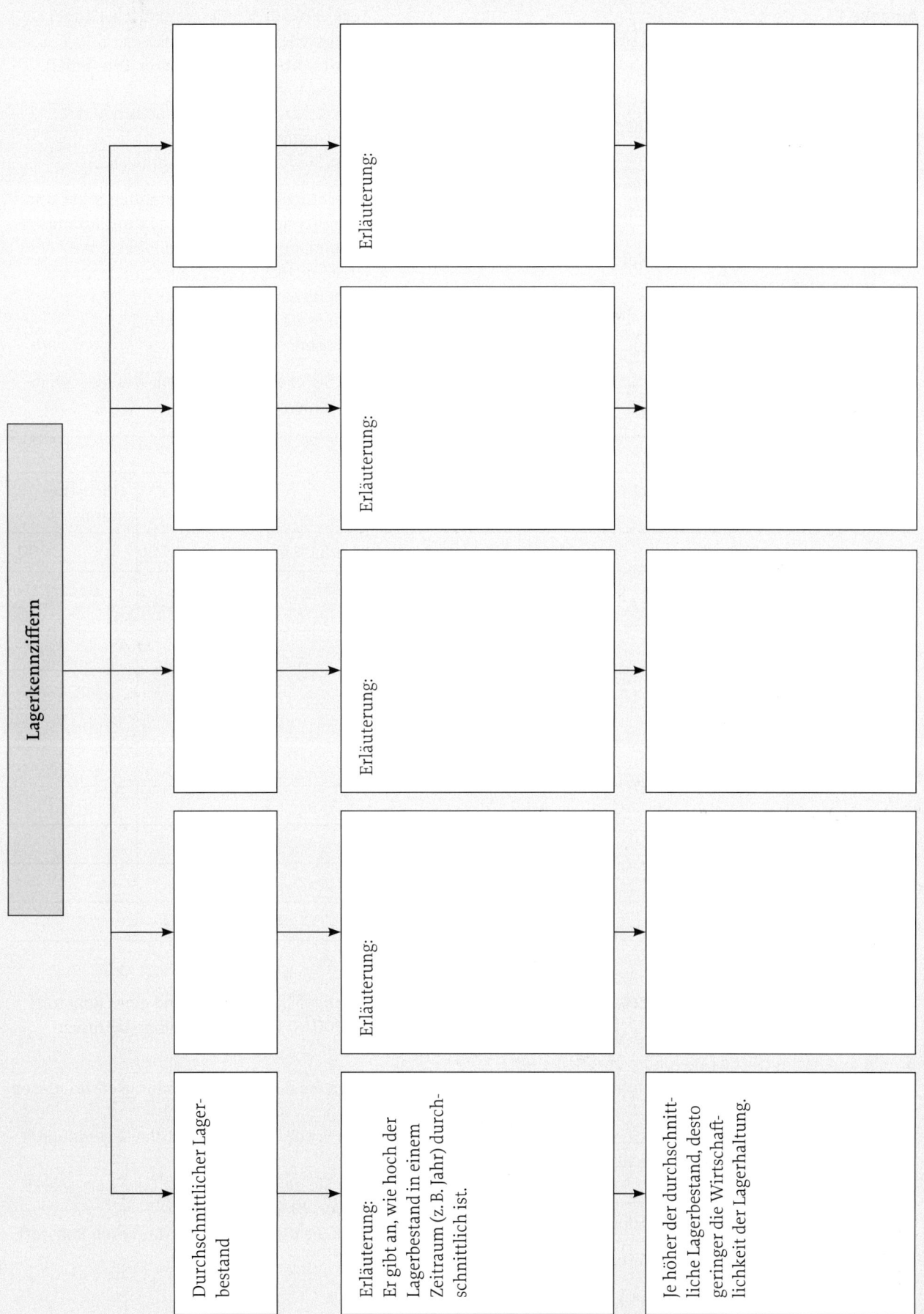

Lagerkennziffern

Durchschnittlicher Lagerbestand

Erläuterung:
Er gibt an, wie hoch der Lagerbestand in einem Zeitraum (z. B. Jahr) durchschnittlich ist.

Je höher der durchschnittliche Lagerbestand, desto geringer die Wirtschaftlichkeit der Lagerhaltung.

Erläuterung:

Erläuterung:

Erläuterung:

Erläuterung:

Aufgaben

Aufgabe 1

Aufgrund eines EDV-Problems sind sämtliche Daten einer Artikeldatei gelöscht worden.

a Führen Sie die Lagerkarte für den Artikel Nr. 228 (siehe unten) per Hand und tragen Sie folgende Vorgänge ein:

- 2. Januar, Inventur, aktueller Bestand 130 Stück
- 31. Januar, Verbrauch von 70 Stück im Januar lt. Lagerausgangsschein 198
- 8. Februar, Einkauf Mühlen Nett GmbH, Lagereingangsschein 18, 140 Stück
- 27. Februar, Verbrauch von 75 Stück im Februar lt. Lagerausgangsschein 217
- 30. März, Verbrauch von 65 Stück im März lt. Lagerausgangsschein 302
- 6. April, Einkauf Mühlen Nett GmbH, Lagereingangsschein 26, 140 Stück
- 30. April, Verbrauch von 40 Stück im April lt. Lagerausgangsschein 456
- 31. Mai, Verbrauch von 80 Stück im Mai lt. Lagerausgangsschein 584

b Berechnen Sie folgende Lagerkennzahlen:

- durchschnittlicher Lagerbestand in Stück und in € (Berücksichtigen Sie den Jahresanfangsbestand und die fünf Monatsendbestände.)
- durchschnittliche Lagerdauer
- Umschlagshäufigkeit
- Lagerzinssatz (Marktzinssatz = 5,5 %)
- Lagerzinsen

c Erläutern Sie in eigenen Worten, was die jeweiligen Kennzahlen aussagen.

Lagerkarte						
Artikel Nr.	Bezugspreis/Stück		Bruttoverkaufspreis/ Stück		Meldebestand	Höchstbestand
228	35,00 €		98,00 €		60	200
Datum	Beleg	Vorgang	Zugang	Abgang	Aktueller Bestand	Bedarf
02.01					130	
31.01				70	60	140
08.02			140		200	
27.02				75	125	
30.03				65	60	140
06.04			140		200	
30.04				40	160	
31.05				80	80	

Aufgabe 2

Stellen Sie fest, ob die nachfolgenden Maßnahmen

a die durchschnittliche Lagerdauer verkürzen,
b die durchschnittliche Lagerdauer erhöhen oder
c keinen Einfluss auf die durchschnittliche Lagerdauer haben.

a	Das Unternehmen bietet die Waren zu einem Sonderpreis an.
b	Der eiserne Bestand wird verdoppelt.
b	Die Verkaufspreise für die Waren werden um 5 % erhöht.
a	Die Bestellmenge für Waren wird halbiert.
c	Der Marktzinssatz für die Ermittlung der Lagerzinskosten steigt.

Aufgabe 3

Der durchschnittliche Lagerbestand eines Rohstoffs beträgt 109.000,00 €, der wertmäßige Jahresverbrauch beträgt 342.000,00 €.

a Berechnen Sie die Umschlagshäufigkeit für diesen Rohstoff.
b Ermitteln Sie die durchschnittliche Lagerdauer in Tagen.
c Ermitteln Sie den Lagerzinssatz bei einem Marktzinssatz von 7,3 %.
d Errechnen Sie die Lagerzinsen für diesen Rohstoff.

Optimalen Bestellzeitpunkt ermitteln

Situation

Die Auszubildende Bettina Lotto hat erst vor wenigen Tagen ihren Ausbildungsabschnitt in der Abteilung Einkauf/ Logistik in der Fly Bike Werke GmbH begonnen. Heute macht der Abteilungsleiter Oliver Thüne mit ihr einen Rundgang durch das Lager, um ihr die verschiedenen Bestellverfahren, die das Unternehmen nutzt, zu veranschaulichen.

Oliver Thüne: Fangen wir doch gleich hier mit der Grundierung an. Die wird auf alle Stahlteile aufgebracht, bevor sie lackiert werden. Der wöchentliche Verbrauch an diesem Material ist sehr gleichmäßig. Deswegen können wir den wöchentlichen Bedarf sehr gut vorhersagen. Er schwankt kaum. Für solche Materialien bietet sich das Bestellrhythmusverfahren an.

Bettina Lotto: Wie funktioniert das denn?

Oliver Thüne: Die Materialien werden in einem immer gleichen zeitlichen Abstand, also im gleichen Rhythmus, bestellt. Von der Grundierung bestellen wir beispielsweise alle vier Wochen 500 kg, da wir pro Woche immer ziemlich genau 125 kg verbrauchen.

Bettina Lotto: Aber wenn der Verbrauch steigt, besteht doch die Gefahr, dass die eiserne Reserve nicht ausreicht und Produktionsstillstände entstehen könnten.

Oliver Thüne: Richtig. Deswegen müssen wir beim Bestellrhythmusverfahren auch tendenziell höhere Mindestbestände einrichten, was die Lagerkosten erhöht. Aber dafür ist das Bestellwesen deutlich vereinfacht und wir können Bestellungen mehrerer Materialien eines Lieferanten bündeln und dadurch Bestellkosten sparen und Kostenvorteile durch Großbestellungen erreichen.

Bettina Lotto: Und wie funktioniert das Bestellwesen bei den Farben für die Lackierungen?

Oliver Thüne: Da ist die Situation eine andere. Die Bedarfsmengen der einzelnen Farben hängen ja stark davon ab, welche Farben gerade angesagt sind beziehungsweise von den Kunden bestellt werden. Für solche Materialien, die wir häufig, aber in unregelmäßigen Mengen benötigen, haben wir Meldebestände festgelegt. Wenn die erreicht werden, wird nachbestellt. Das nennt man Bestellpunktverfahren.

Bettina Lotto: Dann müssen Sie den Lagerbestand ja permanent beobachten.

Oliver Thüne: Das ist richtig, aber das erledigt unser Warenwirtschaftssystem. Wenn wir den Lagerbestand permanent im Blick haben, können wir die Mindestbestände tendenziell niedrig halten und Lagerkosten senken. Es fallen aber häufig kleinere Bestellungen an, da Zusammenfassungen verschiedener Materialien schwierig sind. Bestellkosten und Bezugspreise sind dadurch höher.

Arbeitsauftrag

1 Bettina Lotto ist begeistert von dem Rundgang. Sie möchte anschließend die Erkenntnisse bezüglich der beiden Bestellverfahren in Notizen festhalten. Helfen Sie ihr dabei, indem Sie Arbeitsblatt 67.1 mithilfe der Fachkunde und der Informationen aus dem Dialog stichwortartig vervollständigen.

Folgesituation

Am nächsten Arbeitstag bittet Herr Thüne die Auszubildende Bettina Lotto in sein Büro. Er zeigt ihr an seinem Bildschirm den folgenden Auszug aus der Artikeldatei und erklärt ihr: „Wir haben doch gestern den Lagerplatz für Farben gesehen. Ich habe Ihnen hier einmal für die Farbe „Tornadorot" die Artikeldatei aufgerufen. Wissen sie noch, was der Meldebestand ist?

Artikelnummer:	FA-8832681
Artikelbezeichnung:	Farbe „Tornadorot"
Lieferant:	Geffert und Reipke GmbH, Kaiserslautern
Lieferzeit:	6 Arbeitstage
durchschnittlicher Tagesverbrauch:	1,5 kg
Mindestbestand:	6 kg
Höchstbestand:	30 kg
Meldebestand:	
Bestellmenge bei normalem Verbrauch:	

Arbeitsaufträge

Bettina Lotto möchte Herrn Thüne zeigen, was sie bei dem Lagerrundgang über das Bestellpunktverfahren gelernt hat. Helfen Sie ihr, indem Sie die folgenden Arbeitsaufträge bearbeiten.

1 Ermitteln Sie den Meldebestand.

2 Ermitteln Sie die Bestellmenge bei normalem Verbrauch.

3 Begründen Sie, warum ein Höchstbestand festgelegt wurde.

4 Ermitteln Sie, wie lang eine Lieferverzögerung höchstens sein dürfte, ohne Stockungen im Produktionsprozess zu verursachen.

5 Stellen Sie die Lagerentwicklung bei normalem Verbrauch grafisch dar. Unterstellen Sie, dass der Höchstbestand zum Zeitpunkt 0 erreicht ist. Vergleichen Sie anschließend Ihre Ergebnisse aus den Arbeitsaufträgen 1 und 2 anhand Ihrer Grafik.

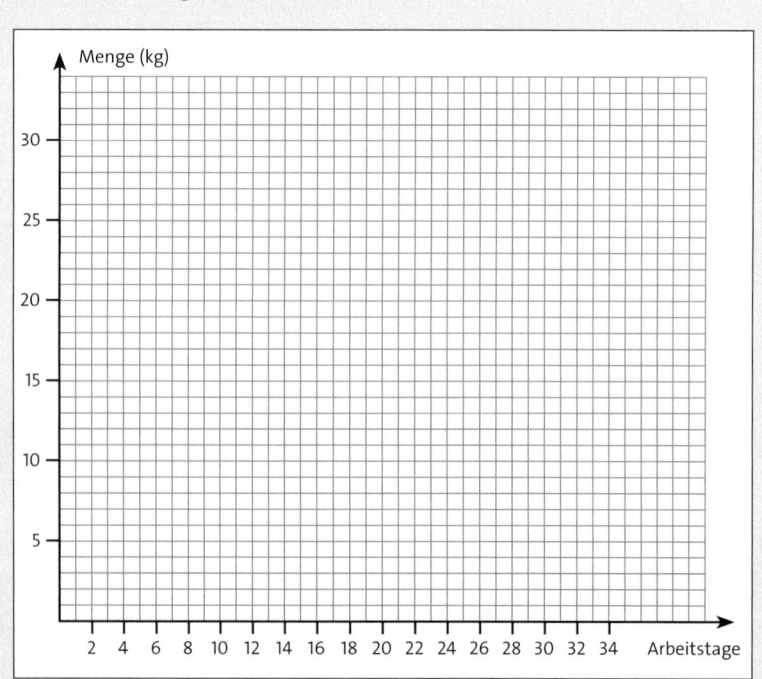

Arbeitsblatt 67.1 | Bestellverfahren

Bestellpunktverfahren	Bestellrhythmusverfahren
Erläuterung:	Erläuterung:
Vorteile:	Vorteile:
Nachteile:	Nachteile:

Erläuterungen der wichtigsten Lagerbestandsgrößen:
Mindestbestand:
Höchstbestand:
Meldebestand (existiert nur beim Bestellpunktverfahren):

Aufgaben

Aufgabe 1
Die Ronsdorf KG in Marburg produziert Bürostühle. Aufgrund der industrialisierten Fertigung besteht ein sehr gleichmäßiger Verbrauch an Gasdruckfedern. Aus diesem Grund hat man sich als Beschaffungsverfahren für das Bestellrhythmusverfahren entschieden. Die folgende Abbildung gibt die Entwicklung des Lagerbestands wieder. Aus der Lagerdatei entnehmen Sie zudem die Information, dass die letzte Bestellung am Ende der 13. Woche erfolgte.

a Ermitteln Sie anhand der Abbildung den Mindestbestand und erläutern Sie, welchen Zweck der Mindestbestand erfüllt. Erläutern Sie auch die Folgen eines zu hohen Mindestbestands.

b Ermitteln Sie anhand der Abbildung den Höchstbestand.

c Ermitteln Sie anhand der Abbildung das Bestellintervall und das Lieferintervall.

d Ermitteln Sie anhand der Abbildung den Wochenverbrauch.

e Ermitteln Sie anhand der Abbildung die Lieferzeit.

f Ermitteln Sie anhand der Abbildung das neue Bestellintervall und die neue Bestellmenge, wenn der Höchstbestand auf 4000 Stück gesenkt wird und der Mindestbestand unverändert bleibt.

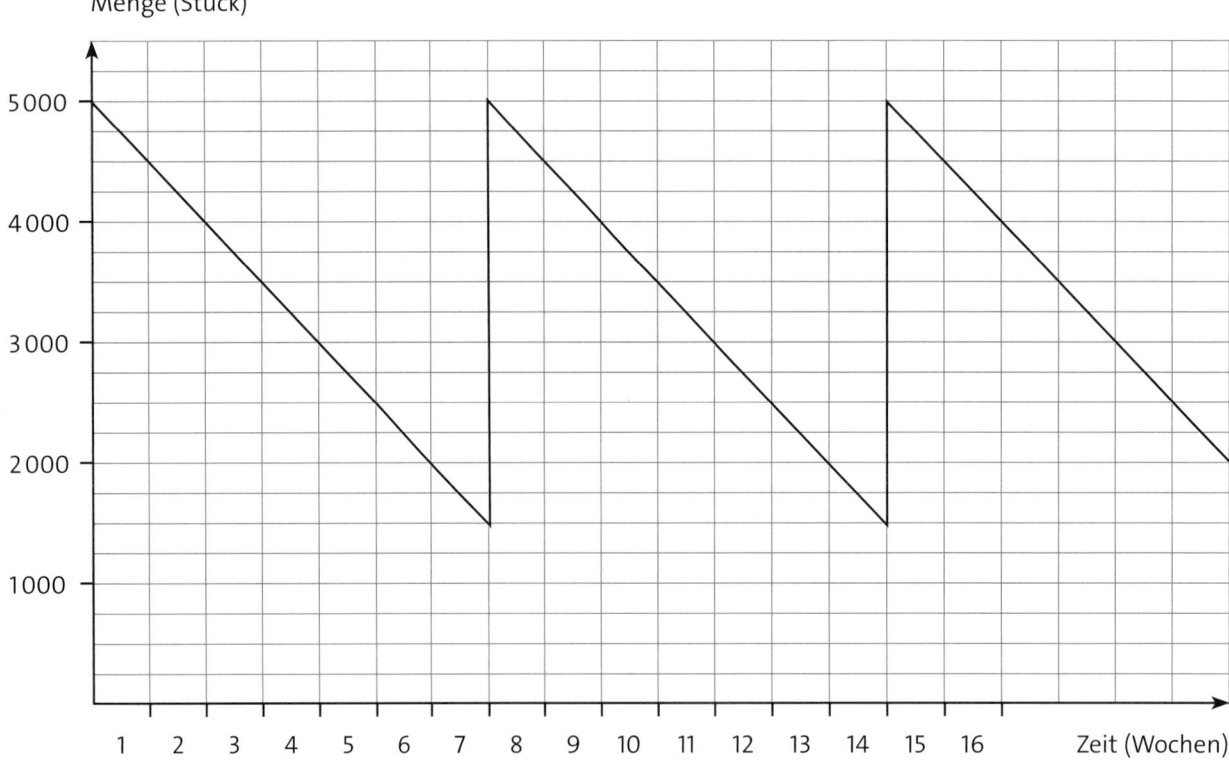

Aufgabe 2
Die Ronsdorf KG bestellt Rollen für Bürostühle nach dem Bestellpunktverfahren. Pro Arbeitstag werden durchschnittlich 500 Stück benötigt. Der Mindestbestand soll eine Reserve für fünf Arbeitstage darstellen. Die Lieferzeit beträgt normalerweise sechs Arbeitstage und der Höchstbestand 10000 Stück.

a Ermitteln Sie den Meldebestand.

b Ermitteln Sie die Bestellmenge bei normalem Verbrauch.

c Beschreiben Sie, wie die Ronsdorf KG ihr Beschaffungsverhalten anpassen sollte, wenn der Lieferant zukünftig eine Lieferzeit von drei Arbeitstagen garantieren kann.

Aufgabe 3

Die Rahu AG benötigt zur Fertigung ihrer Fahrzeugsitze täglich durchschnittlich 500 m² Stoff. Die folgende Grafik zeigt den Verlauf des Lagerbestands der letzten 22 Tage.

a Tragen Sie die folgenden Begriffe in die Grafik ein. Manche müssen mehrfach verwendet werden.
Sicherheitsbestand – Meldebestand – Lagerbestand – Lieferung – Höchstbestand – Bestellzeitpunkt

b Ermitteln Sie anhand der Grafik die Bestellmenge.

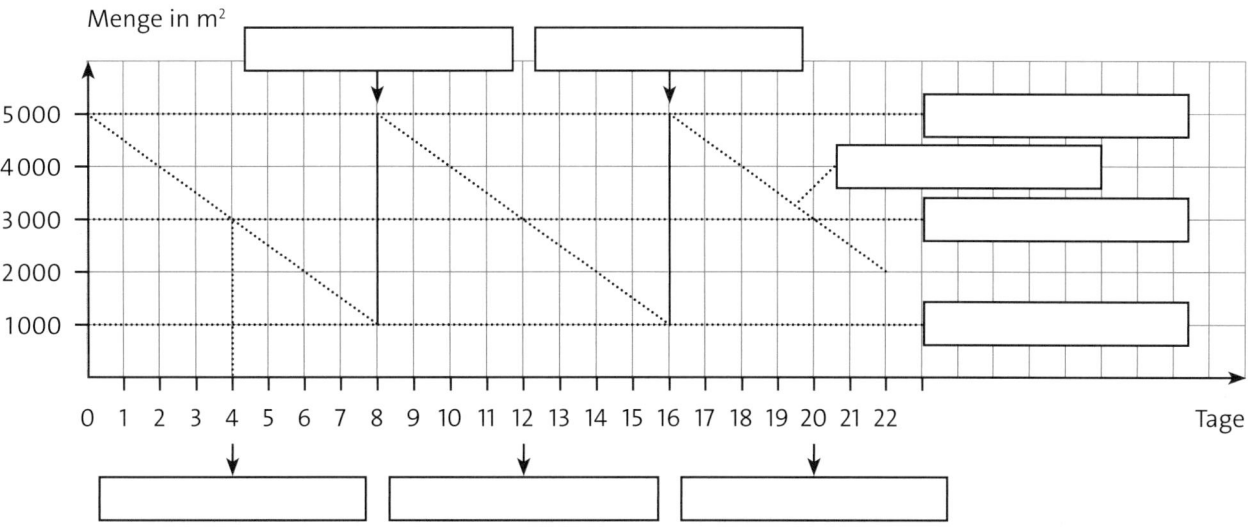

Aufgabe 4

Begründen Sie, warum folgende Grundregel für die Auswahl des Beschaffungsverfahrens bei Vorratsbeschaffung gilt: „Je unregelmäßiger der Materialverbrauch (bzw. der Absatz bei Handelsbetrieben), desto eher eignet sich das Bestellpunktverfahren."

Aufgabe 5

Im Rahmen der Lagerhaltung werden für die einzelnen Lagerartikel in der Regel Mindestbestände festgelegt. Hierbei gilt es, einen grundlegenden Zielkonflikt zu lösen. Beschreiben Sie diesen Zielkonflikt.

Aufgabe 6

Nennen Sie zwei Aspekte, die bei der Festlegung von Höchstbeständen beachtet werden sollten.

Aufgabe 7

Geben Sie an, ob es sich bei den Aussagen in der folgenden Tabelle um

1 Vorteile des Bestellpunktverfahrens,
2 Nachteile des Bestellpunktverfahrens,
3 Vorteile des Bestellrhythmusverfahrens oder
4 Nachteile des Bestellrhythmusverfahrens

handelt.

a Es entsteht ein hoher Verwaltungsaufwand für die permanente Lagerbestandsfortschreibung.	
b Es entsteht insgesamt ein höherer Arbeitsaufwand für die Beschaffungsabteilung, da häufiger bestellt werden muss.	
c Wegen der ständig durchgeführten Lagerbestandskontrolle sind niedrige Mindestbestände möglich.	
d Es sind höhere Mindestbestände erforderlich, da der Lagerbestand nur in größeren zeitlichen Abständen überprüft wird.	
e Bestell- und Beschaffungskosten werden reduziert, da Bestellungen verschiedener Materialien bei einem Lieferanten gebündelt werden können.	
f Eine permanente Beobachtung des Lagerbestands ist nicht erforderlich.	

Optimale Bestellmenge ermitteln

Situation

Oliver Thüne hat in der letzten Woche die internationale Fahrradmesse Eurobike in Friedrichshafen besucht. Unter anderem hat er sich auf dem Stand der Holtmann KG nach neuartigen Rennradsätteln aus Carbon erkundigt. Er hat das Produkt inzwischen von der Produktionsabteilung der Fly Bike Werke GmbH testen lassen und sich im Internet eingehend informiert. Mittlerweile wurde entschieden, die Modelle Renn *Fast* und Renn *Superfast* zukünftig mit diesem neuen Sattel auszustatten. Herr Thüne legt Frau Nemitz-Müller heute das Angebot der Holtmann KG und einen Notizzettel auf den Schreibtisch.

HOLTMANN

Holtmann KG – Portastr. 75 – 01067 Dresden

Fly Bike Werke GmbH
Oliver Thüne
Rostocker Str. 334
26121 Oldenburg

Ihr Zeichen:
Ihre Nachricht vom: 20.09.20XX
Unser Zeichen: sk
Unsere Nachricht vom:

Name: Stefan Kaiser
Telefon: 0351 208-135
Telefax: 0351 208-199
E-Mail: kaiser@holtmann-bike.de

Datum: 26.09.20XX

Angebot über Rennradsattel SX 35

Sehr geehrter Herr Thüne,

schön, dass wir uns in der vergangenen Woche auf der Eurobike einmal wiedergetroffen haben. Bezug nehmend auf unser angenehmes Gespräch bieten wir Ihnen unseren Rennradsattel SX 35 zu einem Preis von 15,00 € an. Wir gewähren Ihnen auch für diese Produktgruppe den vereinbarten Rabatt von 30 % und die gewohnten Zahlungsbedingungen (30 Tage ohne Abzug, 7 Tage mit 2 % Skonto) an. Die Lieferung erfolgt weiterhin frei Haus. Als mögliche Bestellmengen kommen aufgrund unserer Verpackungseinheiten 4 000, 2 000, 1 000, 500, 250 oder 100 Stück infrage.

→ Frau Nemitz-Müller

Bitte optimale Bestellmenge ermitteln!
Wir gehen derzeit aus von:
- Jahresbedarf 4 000 Stück
- bestellfixe Kosten pro Bestellung 80,00 €
- Lagerkostensatz 8 %

Danke, Oliver Thüne

Arbeitsaufträge

1 Ermitteln Sie den Bezugspreis anhand des vorliegenden Angebots.
2 Ermitteln Sie die optimale Bestellmenge tabellarisch mithilfe von Arbeitsblatt 68.1 (oben).
3 Ermitteln Sie die optimale Bestellmenge auch rechnerisch und begründen Sie eventuelle Abweichungen zwischen dem tabellarischen und rechnerischen Ergebnis.
4 Stellen Sie den Verlauf der Bestellkosten, Lagerkosten und Gesamtkosten mithilfe von Arbeitsblatt 68.1 (unten) grafisch dar.
5 Überprüfen Sie anhand Ihrer tabellarischen und grafischen Lösung die Aussage „Bestellkosten und Lagerkosten entwickeln sich gegenläufig".

Arbeitsblatt 68.1 | Optimale Bestellmenge

Anzahl Bestellungen pro Jahr	Bestellmenge in Stück	Bestellkosten pro Jahr in €	durchschn. Lagerbestand in Stück	durchschn. Lagerbestand in €	Lagerkosten in €	Gesamtkosten in €

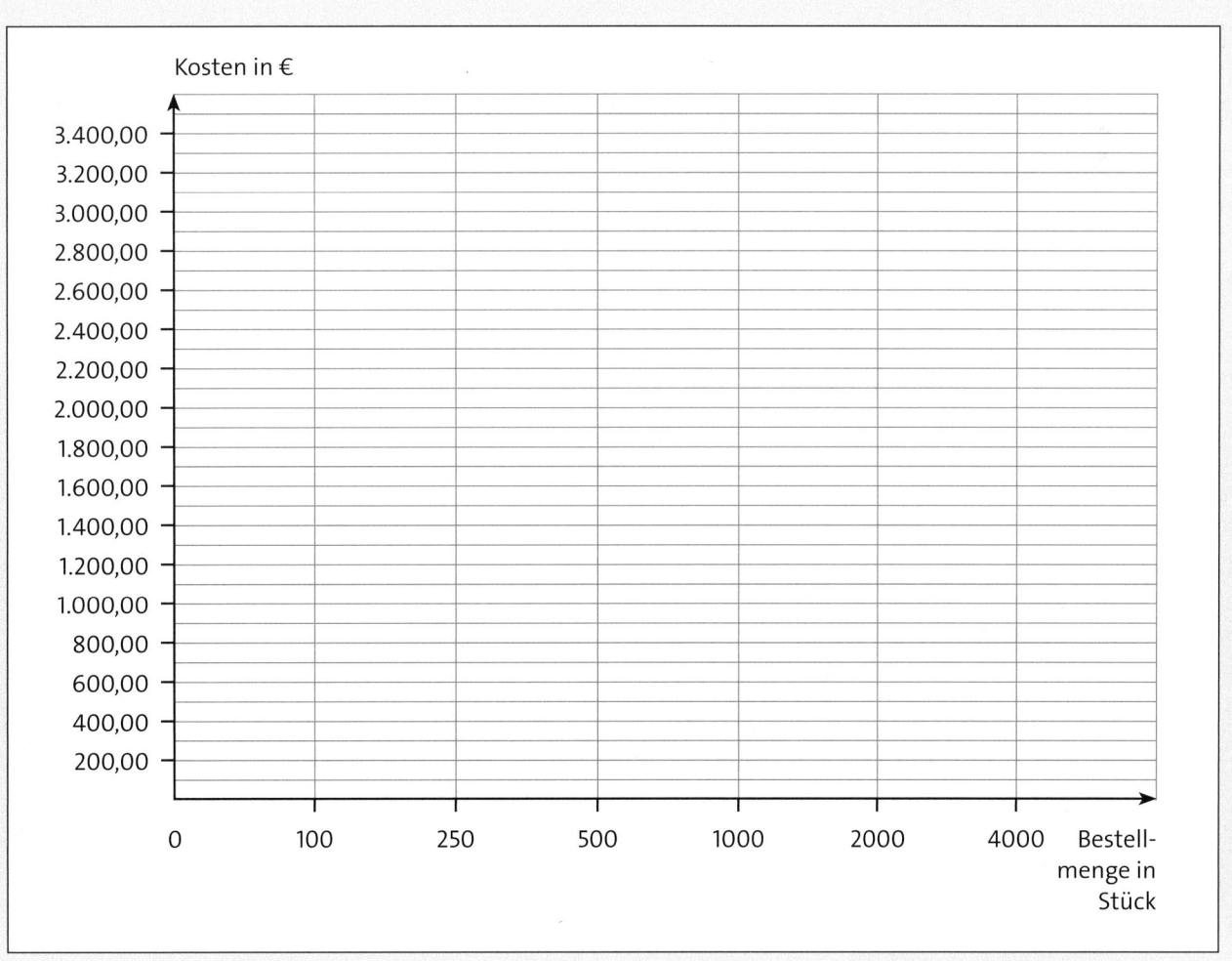

Aufgaben

Aufgabe 1
Beschreiben Sie, woraus sich die Kosten der Lagerhaltung und die Kosten des Bestellvorgangs zusammensetzen.

Aufgabe 2
Begründen Sie, warum sich Lagerkosten und Bestellkosten bei variierender Bestellmenge gegenläufig entwickeln.

Aufgabe 3
Beschreiben Sie, wie das Modell der optimalen Bestellmenge den Zielkonflikt zwischen der Minimierung von Lager- und Bestellkosten löst.

Aufgabe 4
Die Weber-Electronics OHG stellt Schaltsysteme her und benötigt von einem bestimmten Kunststoffgehäuse jährlich 12 000 Stück. Die Kunststoffgehäuse werden zu einem Einstandspreis von 2,60 € bezogen und als Bestellhäufigkeit kommen 1-, 2-, 3-, ..., 12-mal pro Jahr infrage. Das Controlling kalkuliert zurzeit mit einem Lagerkostensatz von 12 % und bestellfixen Kosten von 95,00 €.

a Ermitteln Sie mithilfe der folgenden Tabelle die optimale Bestellmenge.

b Berechnen Sie die optimale Bestellmenge mithilfe der Formel.

c Ein Mitarbeiter meint: „Wir nehmen immer das rechnerische Ergebnis. Das ist doch viel genauer." Mit welchen Argumenten können Sie ihn davon überzeugen, dass die tatsächliche Bestellmenge häufig vom rechnerischen Ergebnis abweicht.

d Nehmen Sie kritisch zu den Annahmen des Modells der optimalen Bestellmenge Stellung.

Anzahl Bestellungen pro Jahr	Bestellmenge in Stück	Bestellkosten pro Jahr in €	Ø Lagerbestand in Stück	Ø Lagerbestand in €	Lagerkosten in €	Gesamtkosten in €

ABC-Analyse durchführen

Situation

Bettina Lotto hat heute ihren letzten Tag als Auszubildende in der Abteilung Einkauf/Logistik in der Fly Bike Werke GmbH. Der Abteilungsleiter, Oliver Thüne, führt ein Abschlussgespräch mit ihr.

Oliver Thüne: Hat es Ihnen in meiner Abteilung denn gefallen?

Bettina Lotto: Sehr sogar. Alle waren sehr nett und haben mir viel gezeigt. Ich hätte gar nicht gedacht, dass bei der Beschaffung und Lagerhaltung so viel zu beachten ist. Bezugsquellenermittlung, Bezugskalkulation, Beurteilung der Lagerkennziffern, Ermittlung der optimalen Bestellmenge – und das für Tausende von Materialien, die die Fly Bike Werke GmbH benötigt. Das macht doch unglaublich viel Arbeit.

Oliver Thüne: Das machen wir ja nicht für alle Materialien so umfangreich. Hat Ihnen denn kein Kollege die ABC-Analyse erklärt?

Bettina Lotto: Nein, die kenne ich nicht.

Oliver Thüne: Dann schauen Sie mal hier am Bildschirm. Ich zeige Ihnen das.

Oliver Thüne ruft am Bildschirm die folgende Tabelle auf.

ABC-Analyse: Benötigte Materialien für die Fertigung des Mountainbikes Mountain *Unlimited*					
Material-Nr.	Jahresverbrauch in Stück	durchschnittlicher Bezugspreis	wertmäßiger Jahresverbrauch in €	Anteil am gesamten Jahresverbrauch in %	ABC-Einstufung
MU-1041	8 000	0,39 €			
MU-1042	24 000	8,95 €			
MU-1043	400	17,60 €			
MU-1044	48 000	1,05 €			
MU-1045	1 200	80,65 €			
MU-1046	200	96,30 €			
MU-1047	80 000	0,40 €			
MU-1048	800	78,50 €			
MU-1049	160 000	0,05 €			
MU-1050	6 000	9,50 €			
MU-1051	16 000	14,80 €			
MU-1052	200	89,00 €			
Summe					

Arbeitsaufträge

Veranschaulichen Sie der Auszubildenden Bettina Lotto den Sinn und die Vorgehensweise der ABC-Analyse mithilfe der folgenden Arbeitsaufträge.

1 Erläutern Sie allgemein, welche Ziele die Fly Bike Werke GmbH mit der ABC-Analyse verfolgt.

2 Vervollständigen Sie die Spalte „wertmäßiger Jahresverbrauch in €" und begründen Sie anhand von Materialien aus der Tabelle, warum eine ABC-Analyse sinnvoll ist.

3 Vervollständigen Sie die Spalte „Anteil am gesamten Jahresverbrauch in %".

4 Erfassen Sie anschließend die Materialien in der folgenden Tabelle, sortiert nach sinkenden Anteilswerten (Material mit dem höchsten Anteilswert zuerst).

ABC-Analyse: Benötigte Materialien für die Fertigung des Mountainbikes Mountain *Unlimited*			
Material-Nr.	Anteil am gesamten wertmäßigen Jahresverbrauch in %	Aufsummierte Anteilswerte	ABC-Einstufung

5 Nehmen Sie nun die ABC-Einstufung der Materialien anhand der folgenden betriebsinternen Richtlinie der Fly Bike Werke GmbH vor:

A Güter enden bei einem aufsummierten Anteilswert von maximal 70 %.

B Güter enden bei einem aufsummierten Anteilswert von maximal 90 %.

C Güter bilden den Rest.

Vervollständigen Sie anhand dieser Ergebnisse auch die erste Tabelle.

6 Leiten Sie aus Ihrer ABC-Analyse Handlungsempfehlungen für die Fly Bike Werke GmbH ab.

Aufgaben

Aufgabe 1

In der Konrad Schmidt GmbH soll die Beschaffungsplanung für die benötigten Materialien zur Fertigung eines Aktenschranks optimiert werden. Der Gruppenleiter Oliver Ewers hat bereits für alle benötigten Materialien den Jahresverbrauch und den durchschnittlichen Bezugspreis des letzten Jahres herausgesucht.

a Erstellen Sie anhand der vorliegenden Informationen zu den benötigten Materialien eine vollständige ABC-Analyse. In der Konrad Schmidt GmbH sollen alle A-Güter zusammen maximal 80 % und alle B-Güter zusammen maximal 15 % des wertmäßigen Verbrauchs ausmachen. Die C-Güter bilden den Rest.

b Beschreiben Sie, welche Handlungsempfehlungen die Konrad Schmidt GmbH aus Ihrer ABC-Analyse ableiten könnte.

Material-Nr.	Jahresverbrauch in Stück	durchschnittlicher Bezugspreis	wertmäßiger Jahresverbrauch in €	Anteil am gesamten Jahresverbrauch in %	ABC-Einstufung
M1	6 000	1,80 €			
M2	300	14,30 €			
M3	12 000	24,35 €			
M4	30 000	84,00 €			
M5	5 000	56,30 €			
M6	800	89,65 €			
M7	950	92,50 €			
M8	12 500	113,80 €			
M9	23 800	6,45 €			
M10	42 000	2,35 €			
Summe					

Aufgabe 2

In der Rahu AG wurde das Ergebnis einer ABC-Analyse grafisch dargestellt (siehe rechts). Beschreiben und erläutern Sie die grafische Darstellung.

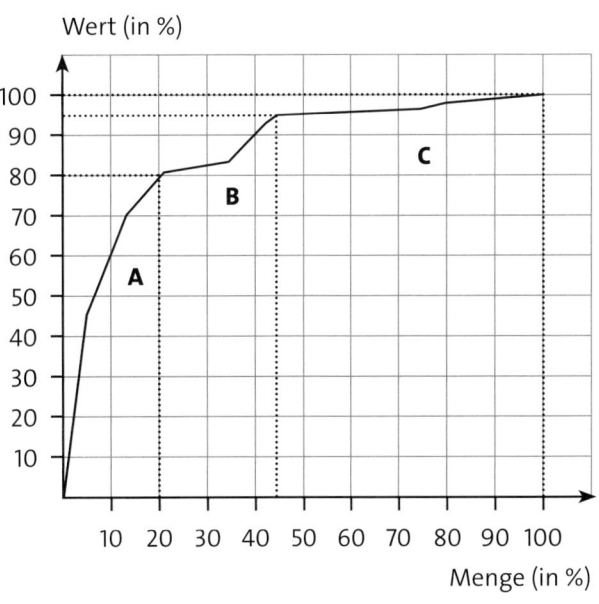

FK → TAF 12.5 | Kap. 4

Einflussfaktoren auf die menschliche Arbeitsleistung beurteilen

Situation

Der Geschäftsführer der Fly Bike Werke GmbH, Hans Peters, hat heute Vormittag in einer Besprechung mit dem Verwaltungsleiter, Christoph Steffes, über das Thema „Gerechte Formen der Mitarbeitervergütung" gesprochen. Die beiden haben verschiedene Möglichkeiten diskutiert, wie die Mitarbeiter des Unternehmens zukünftig vergütet werden könnten. Herr Peters hat entschieden, dass die Mitarbeiter über die Pläne bereits sehr früh informiert werden sollen, und hat heute folgende Information am Schwarzen Brett ausgehängt:

Fly Bike Werke GmbH

Fly Bike Werke GmbH

4. März 20XX

Einladung zur Mitarbeiterversammlung

Termin: 20. März 20XX – 14:00 Uhr
Ort: Besprechungsraum 1

Thema: Formen des betrieblichen Entgelts

Liebe Mitarbeiterinnen und Mitarbeiter,

die Geschäftsleitung plant, das Entgeltsystem umzustellen. Wir möchten mehr Leistungsgerechtigkeit erreichen und planen daher, die pauschalen übertariflichen Zulagen abzuschaffen. Stattdessen möchten wir vermehrt leistungsabhängige Prämien, Provisionen und Akkordlöhne einführen. Mitarbeiter sollen dadurch mehr Möglichkeiten bekommen, ihr Grundgehalt durch leistungsabhängige Entgeltkomponenten deutlich aufzustocken.

Außerdem möchten wir die pauschalen Sonderzahlungen (Urlaubs- und Weihnachtsgeld) durch jährliche Gewinnbeteiligungen ersetzen. Wir möchten, dass unsere Mitarbeiter in erfolgreichen Geschäftsjahren auch angemessen am Unternehmenserfolg teilhaben.

Wir freuen uns darauf, die geplanten Veränderungen mit allen Mitarbeiterinnen und Mitarbeitern konstruktiv zu beraten und ihre Fragen dazu zu beantworten.

Hans Peters

Arbeitsaufträge

1 Die Auszubildenden möchten sich im Vorfeld der Mitarbeiterbesprechung gerne über die verschiedenen „Formen des betrieblichen Entgelts" informieren. Helfen Sie ihnen, indem Sie das Arbeitsblatt 70.1 stichwortartig vervollständigen.

2 Erarbeiten Sie in Gruppen
   a Argumente für und gegen die Vergütung durch Akkordlohn,
   b Argumente für und gegen die Vergütung durch Prämien und Provisionen,
   c Argumente für und gegen die Vergütung durch Gewinnbeteiligungen.

Arbeitsblatt 70.1 | Formen des betrieblichen Entgelts

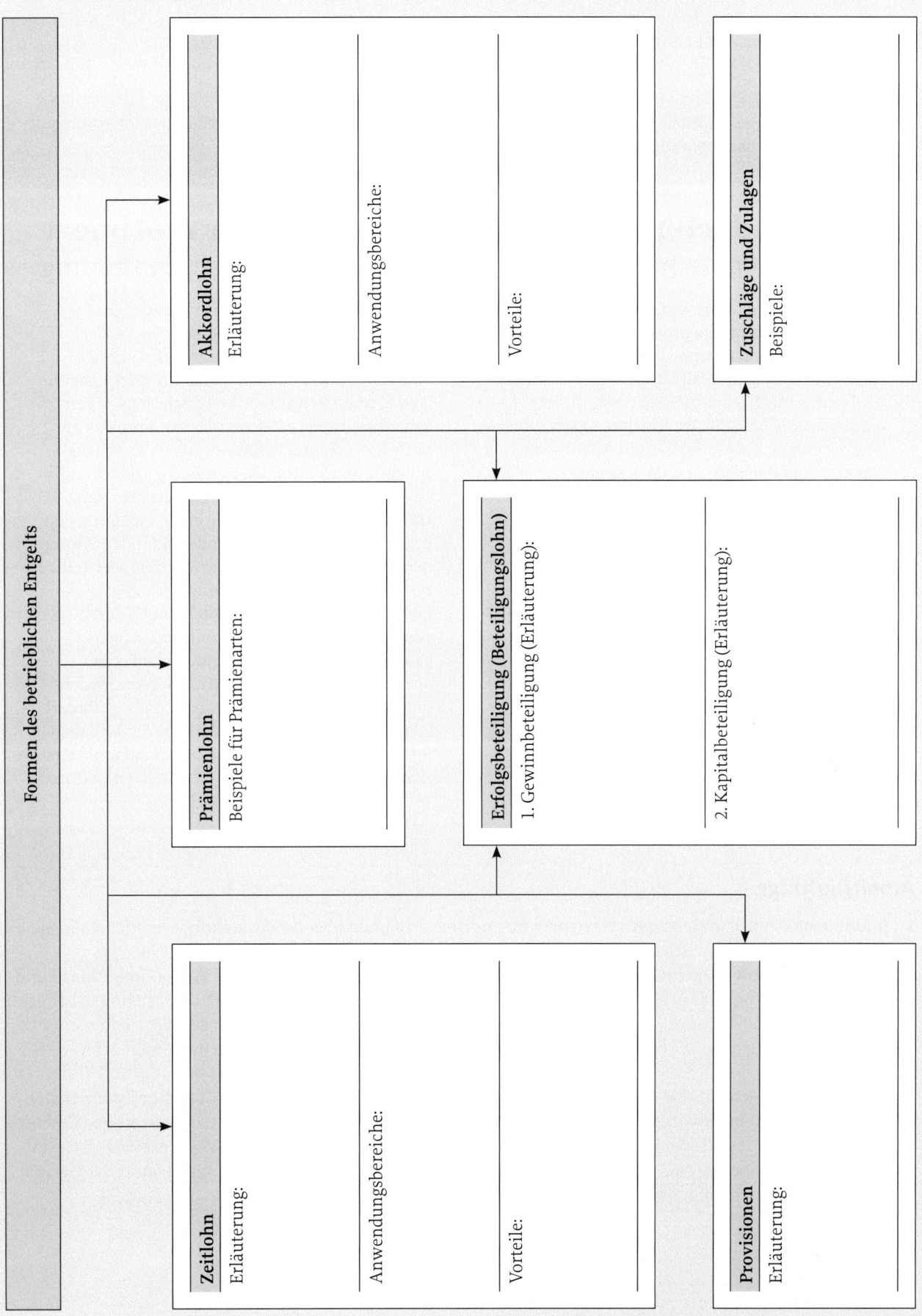

Formen des betrieblichen Entgelts

Akkordlohn
Erläuterung:

Anwendungsbereiche:

Vorteile:

Zuschläge und Zulagen
Beispiele:

Prämienlohn
Beispiele für Prämienarten:

Erfolgsbeteiligung (Beteiligungslohn)
1. Gewinnbeteiligung (Erläuterung):

2. Kapitalbeteiligung (Erläuterung):

Zeitlohn
Erläuterung:

Anwendungsbereiche:

Vorteile:

Provisionen
Erläuterung:

Folgesituation

Den Tag nach der Mitarbeiterversammlung beginnt Hans Peters, wie üblich, mit einem Frühstück in aller Ruhe. Auch eine ausgiebige Zeitungslektüre gehört für ihn immer dazu. Heute stößt er beim Frühstück im Wirtschaftsteil der Tageszeitung auf den folgenden Artikel, der sein Interesse weckt.

Geld ist doch nicht alles – Was Mitarbeiter motiviert
Der demografische Wandel fordert stärkere Mitarbeiterorientierung

Frankfurt am Main. Eine aktuelle Studie des Meinungsforschungsinstituts Telmind wurde am vergangenen Freitag beim jährlichen Kongress der hessischen Unternehmensberater intensiv diskutiert. Das Meinungsforschungsinstitut hat deutschlandweit 5 000 Arbeitnehmer nach ihrer Zufriedenheit und Motivation am Arbeitsplatz befragt. Auffallend ist, dass im Vergleich zu früheren Studien die Höhe des Gehalts deutlich weniger Einfluss auf die Mitarbeiterzufriedenheit hat. Stattdessen wünschen sich viele Arbeitnehmer eine flexiblere Arbeitszeitgestaltung durch Arbeitszeitmodelle wie Gleitzeit oder Teilzeit. Die Vereinbarkeit von Privatleben – insbesondere der Familie – und Beruf ist in den Augen der Befragten bei vielen Arbeitgebern nicht möglich. Auf die Frage „Sind Sie mit Ihrer Work-Life-Balance zufrieden?" antworteten nur 26 % der Befragten mit „sehr zufrieden" oder „zufrieden".

Dr. Jörg Möller von der Unternehmensberatung Heuke & Möller Consulting meint hierzu, dass in vielen Unternehmen ein Umdenken erfolgen müsste. „Der demografische Wandel ist auf dem Arbeitsmarkt längst in Form eines zunehmenden Fachkräftemangels spürbar. Schon jetzt können sich gute Arbeitskräfte jene Arbeitgeber aussuchen, bei denen das Gesamtpaket aus leistungsgerechter Bezahlung, flexibler Arbeitszeitgestaltung, attraktivem Aufgabengebiet und angemessenem Entscheidungsspielraum passt. Unternehmen müssen neben einer angemessenen Bezahlung weitere motivationsfördernde Faktoren berücksichtigen. Modelle wie Gleitzeit oder Teilzeit und ein modernes Führungsverhalten leisten hierzu einen erheblichen Beitrag. Auch durch verschiedene Gestaltungsformen der Arbeitsorganisation wie Job Rotation, Job Enlargement oder Job Enrichment kann Mitarbeiterzufriedenheit – und damit Leistungsbereitschaft – gefördert werden. Die persönlichen Wünsche der Mitarbeiter beschränken sich eben nicht nur auf monetäre Aspekte." *Quelle: Autorentext*

Arbeitsaufträge

1 Informieren Sie sich mithilfe des obigen Artikels und der Fachkunde über Arbeitszeitmodelle und fassen Sie diese in Arbeitsblatt 70.2 stichwortartig zusammen.

2 Nehmen Sie zu Ihren Ergebnissen aus Arbeitsauftrag 1 das Organigramm der Fly Bike Werke GmbH hinzu und formulieren Sie für jedes Arbeitszeitmodell einen begründeten Vorschlag, in welchem Unternehmensbereich das jeweilige Modell sinnvoll einsetzbar ist. Sie können auch vorschlagen, dass es für alle Mitarbeiter einsetzbar ist. Wägen Sie dabei wirtschaftliche Belange des Unternehmens und persönliche Interessen der Mitarbeiter ab.

3 Verschaffen Sie sich mithilfe der Fachkunde einen Überblick über die verschiedenen Gestaltungsformen der Arbeitsorganisation. Vervollständigen Sie anschließend Arbeitsblatt 70.3 mit kurzen stichwortartigen Beschreibungen der vier Gestaltungsformen. Ergänzen Sie dann jeweils ein eigenes Beispiel, wie die jeweilige Gestaltungsform der Arbeitsorganisation in der Fly Bike Werke GmbH zur Anwendung kommen könnte. Nutzen Sie hierfür auch das Organigramm des Unternehmens.

Arbeitsblatt 70.2 | Flexible Arbeitszeitmodelle

Arbeitszeitmodelle mit Erläuterung	Vorteile (für Arbeitnehmer und/oder Arbeitgeber)	Nachteile (für Arbeitnehmer und/oder Arbeitgeber)
Schichtarbeit:		
Gleitzeit:		
Teilzeit:		
KAPOVAZ:		

Arbeitsblatt 70.3 | Gestaltungsformen der Arbeitsorganisation

Gestaltungsform der Arbeitsorganisation (Beschreibung)	Beispiele
Job-Rotation:	Pasquale Cortese und Konstantin Rulle wechseln sich in der Abteilung Endmontage im Wochenrhythmus ab. Herr Rulle montiert in dieser Woche die Kettenspanner und in der nächsten Woche montiert er die Beleuchtungssysteme.
Job-Enlargement:	Bettina Lotto ist seit drei Monaten als Auszubildende in der Verwaltung eingesetzt. Seit heute bearbeitet sie neben der Eingangspost auch die Ausgangspost der Fly Bike Werke GmbH.
Job-Enrichment:	Der Lagermitarbeiter Mert Özal ist für das Ein- und Auslagern von Ware zuständig. Er bekommt jetzt die zusätzliche Aufgabe, Bestellmengen für den Einkauf vorzuschlagen.
Teilautonome Gruppen:	Herr Peters beauftragt die Marketingmitarbeiter Jan Sales und Sylvia Dogan mit einer Werbekampagne für ein neues E-Bike. Die beiden Mitarbeiter erarbeiten das Konzept selbstständig.

Aufgaben

Aufgabe 1

In der Holtmann KG werden Schreibtischplatten im Akkord gefertigt. Zur Ermittlung der Normalleistung wurde die Arbeitsleistung von 16 Mitarbeitern ausgewertet, die an drei normalen Arbeitstagen (je 8 Arbeitsstunden) zusammen 1536 Platten gefertigt haben. Die Holtmann KG zahlt ihren Akkordmitarbeitern auf Grundlage einer Betriebsvereinbarung eine Zulage von 0,70 € zum tariflichen Mindestlohn von 10,50 €. Mit dem Betriebsrat hat man sich zudem auf einen Akkordzuschlag von 10 % auf den betrieblichen Mindestlohn geeinigt. Der Mitarbeiter Max Weber produzierte im zurückliegenden Monat (160 Arbeitsstunden = Regelarbeitszeit lt. Tarifvertrag) 740 Schreibtischplatten. Die Mitarbeiterin Svenja Buhrmester fertigte im selben Zeitraum 520 Platten.

a   Ermitteln Sie die Normalleistung pro Stunde.
b   Ermitteln Sie den betrieblichen Mindestlohn.
c   Ermitteln Sie den Akkordrichtsatz.
d   Ermitteln Sie den Stückakkordsatz.
e   Ermitteln Sie den Gesamtlohn (brutto) von Max Weber.
f   Ermitteln Sie den Gesamtlohn (brutto) von Svenja Buhrmester

Arbeitszeiterfassung der Mitarbeiterin Simone Lübkemann – September 20XX									
Datum	Tag	ANW	PAU	ARB	Datum	Tag	ANW	PAU	ARB
01.09.	Fr	9	1		18.09.	Mo	10	1	
					19.09.	Di	11	1	
04.09.	Mo	9	1		20.09.	Mi	8,75	0,75	
05.09.	Di	9	1		21.09.	Do	8,75	0,75	
06.09.	Mi	9,5	1		22.09.	Fr	8	1	
07.09.	Do	10	1						
08.09.	Fr	7,5	1		25.09.	Mo	9	1	
					26.09.	Di	9	1	
11.09.	Mo	8,75	0,75		27.09.	Mi	9	1	
12.09.	Di	9	1		28.09.	Do	9	1	
13.09.	Mi	9	1		29.09.	Fr	7,5	1	
14.09.	Do	9	1						
15.09.	Fr	6,75	0,75						

ANW = Anwesenheitsstunden, PAU = Pausenzeiten, ARB = Arbeitsstunden

Aufgabe 2

Sie sind in der Klingenberg GmbH für die Vorbereitung der Gehaltsabrechnungen zuständig und müssen in diesem Zusammenhang den Gesamtlohn (brutto) des Monats September von Simone Lübkemann ermitteln. Dem folgenden Ausdruck aus dem Arbeitszeiterfassungssystem können Sie die Anwesenheits- und Pausenzeiten entnehmen.

Ermitteln Sie den Gesamtlohn von Frau Lübkemann. Berücksichtigen Sie die regelmäßige Arbeitszeit von 8 Stunden (Montag bis Donnerstag) beziehungsweise 6 Stunden (Freitag). Für tägliche Arbeitszeiten, die über die regelmäßige Arbeitszeit hinausgehen, wird zeitgenau ein Überstundenzuschlag von 25 % gewährt.

Aufgabe 3

Sven Weidemann arbeitet bei einem Internetversandhandel. Er stellt Bücherpakete versandfertig zusammen. Sein Stundenlohn beträgt 6,50 €. Seine Arbeitszeit beträgt 8 Stunden pro Tag.

a Ermitteln Sie den Bruttotagesverdienst (ohne vermögenswirksame Leistungen o. Ä.).

b Beschreiben Sie die Vor- und Nachteile der Bezahlung nach Zeitlohn für das Unternehmen bzw. für die Mitarbeiter.

Aufgabe 4

Um die Arbeitsergebnisse der Mitarbeiter aus Aufgabe 3 zu verbessern, erfolgt ab nächsten Monat eine Entlohnung durch Zeitakkord. Die Dauer der täglichen Arbeitszeit bleibt gleich. Der Akkordgrundlohn beträgt 9 €/Stunde. Es wurde eine Normalleistung von 10 Paketen/Stunde ermittelt.

a Ermitteln Sie die jeweilige Höhe seines Tagesverdienstes, wenn Sven Weidemanns Arbeitspensum der Normalleistung entspricht, wenn er 7 Pakete/Stunde packt und wenn er 12 Pakete/Stunde fertigstellt.

b Beschreiben Sie, welche Vor- und Nachteile die Entlohnung durch Geldakkord für Unternehmen und Arbeitnehmer nach sich zieht.

Aufgabe 5

Einem Außendienstmitarbeiter der Klingenberg KG wird ein monatliches Grundgehalt (Fixum) von 2.000,00 € gezahlt. Zusätzlich wurde im Arbeitsvertrag eine Umsatzprovision von 1,5 % für den Teil des Monatsumsatzes zugesichert, der 100.000,00 € überschreitet. Errechnen Sie das Gesamtgehalt (brutto) des letzten Monats, in dem der Außendienstmitarbeiter einen Gesamtumsatz von 170.000,00 € erzielt hat.

Aufgabe 6

Ordnen Sie den unten beschriebenen Beispielen jeweils die gewählte Maßnahme zur Arbeitsorganisation zu.

1 Job-Rotation
2 Job-Enlargement
3 Job-Enrichment
4 Teilautonome Arbeitsgruppen

a Daniela Pieper hat in der Vergangenheit in der Porta KG an mehreren Auswahlverfahren mitgewirkt. Zukünftig führt sie die Personalauswahl der neuen Auszubildenden eigenständig durch.

b Für die Entwicklung einer neuen Werbekampagne der Buchenstork Schuhe GmbH wurde ein Projektteam mit Uwe Dittmer, Sabine Meyer und Jacques Schneider gegründet, die die Projektdurchführung selbst organisieren.

c Die Mitarbeiter der Goldregen Einkaufszentrum GmbH werden wochenweise abwechselnd in der Kundenberatung und an der Kasse eingesetzt.

d In der Drogerie AG war Ulrich Knollmann bisher für die Kreditorenbuchhaltung zuständig. Ab sofort kümmert er sich auch um die Debitorenbuchhaltung.

Aufgabe 7

Eine Mitarbeiterbefragung in der Klingenberg KG hat unter anderem ergeben, dass viele Mitarbeiter ihre geringe Motivation mit ihrem zu geringen Handlungsspielraum begründen und sich zu sehr als „ausführende Kräfte" fühlen.

a Erläutern sie, was unter dem „Handlungsspielraum" genau verstanden wird.

b Analysieren Sie anhand der Informationen aus der Mitarbeiterbefragung, welcher Führungsstil in der Klingenberg KG tendenziell vorliegt, und machen Sie begründete Vorschläge für einen „besseren" Führungsstil.

Aufgabe 8

Erläutern Sie, was unter Personalentwicklung verstanden wird.

Aufgabe 9

Nennen Sie fünf Ziele der Personalentwicklung.

FK → TAF 12.5 | Kap. 5

Personalbedarf planen und Personalbeschaffung durchführen

Von: Christoph Steffes

An: Veruschka Linden

Betreff: Personalbedarfsplanung Abteilung Produktion

Liebe Frau Linden,

in der übernächsten Woche muss ich mit Herrn Peters die Personalbedarfsplanung für das nächste Geschäftsjahr besprechen, um eventuell erforderliche Personalbeschaffungen oder -freisetzungen rechtzeitig vorbereiten zu können. Bitte unterstützen Sie mich hierbei und führen Sie die quantitative Personalbedarfsplanung für die Abteilung Produktion schon einmal durch. Um die anderen Abteilungen kümmere ich mich später.

Zurzeit haben wir in dieser Abteilung einen Soll-Bestand von 20 Stellen. Diese sind auch alle mit Vollzeitkräften besetzt, sodass der aktuelle Ist-Bestand dem Soll-Bestand entspricht. Aufgrund unserer anhaltend positiven Umsatzentwicklung möchten wir den Soll-Bestand aber entsprechend der prognostizierten Umsatzzahlen anpassen (Umsatz aktuelles Geschäftsjahr = 7 Mio. € / prognostizierter Umsatz kommendes Geschäftsjahr = 7,35 Mio. €).

Folgende Personalveränderungen in der Abteilung sind bekannt:

- Dirk Sammer, der für den Zuschnitt verantwortlich ist, geht in den Ruhestand.
- Der Auszubildende Ralf Schumacher (wurde bisher im Personalbestand nicht erfasst) beendet aller Voraussicht nach erfolgreich seine Ausbildung und soll in der Produktionsabteilung übernommen werden, wahrscheinlich auf der Stelle von Herrn Sammer.
- Pauline Rekate kommt aus dem Mutterschutz zurück, wird in der Endmontage aber bis auf Weiteres nur mit einer halben Stelle zur Verfügung stehen.
- Der befristete Arbeitsvertrag des Mitarbeiters Oliver Hübner (Endmontage) läuft zum 31.03. aus. Er hat bereits angefragt, ob der Vertrag verlängert wird, und die Abteilungsleiterin Margot Rother und ich haben bereits zugestimmt.
- Lukas Work (Arbeitsplanung) geht ab dem 01.02. (voraussichtlich für drei Jahre) in Elternzeit.
- Die Mitarbeiterin Rika Boberg (Endmontage) möchte in Teilzeit gehen (50%). Wir werden ihrem Wunsch entsprechen.
- Für die Endmontage wurde bereits erfolgreich eine Personalbeschaffung durchgeführt. Luca Brandes wird unser Team zum 01.01. verstärken.
- Die Mutterschutzfrist von Marit Glaner beginnt am 14.02. Sie hat mir bereits mitgeteilt, dass sie danach direkt mindestens zwei Jahre Elternzeit nehmen wird.

Herzliche Grüße

Christoph Steffes

Arbeitsaufträge

1 Helfen Sie Veruschka Linden bei ihrer Aufgabe und führen Sie die quantitative Personalbedarfsplanung für die Abteilung Produktion mithilfe des Arbeitsblatts 71.1 durch.
2 Fassen Sie die Vorgehensweise bei der quantitativen Personalbedarfsplanung in Arbeitsblatt 71.2 stichwortartig zusammen.

Arbeitsblatt 71.1 | Personalbedarfsrechnung

Fly Bike Werke GmbH

Fly Bike Werke GmbH

Personalbedarfsplan

		Abteilung			
		Einkauf/ Logistik	Produktion	Verwaltung	Vertrieb
	aktueller Ist-Personalbestand				
voraussichtliche Personalabgänge	– Renteneintritt				
	– Arbeitnehmerkündigungen				
	– Arbeitgeberkündigungen				
	– Ablauf befristeter Arbeitsverträge				
	– Versetzung				
	– Beginn Mutterschutz/ Elternzeit				
	– Stundenreduzierungen im Rahmen der Teilzeitarbeit				
	– sonstige Gründe				
	= Personalbestand nach Abgängen				
voraussichtliche Personalzugänge	+ Übernahme von Auszubildenden				
	+ Versetzung				
	+ Rückkehr aus Mutterschutz/Elternzeit				
	+ feststehende Einstellungen				
	+ Stundenaufstockungen von Teilzeitarbeitkräften				
	+ sonstige Gründe				
	= voraussichtlicher Personalbestand				
Ergebnis der Personalbedarfsrechnung	Neu- bzw. Ersatzbedarf				
	Minderbedarf				
	zukünftiger Soll-Personalbestand				

Arbeitsblatt 71.2 | Quantitative Personalbedarfsplanung

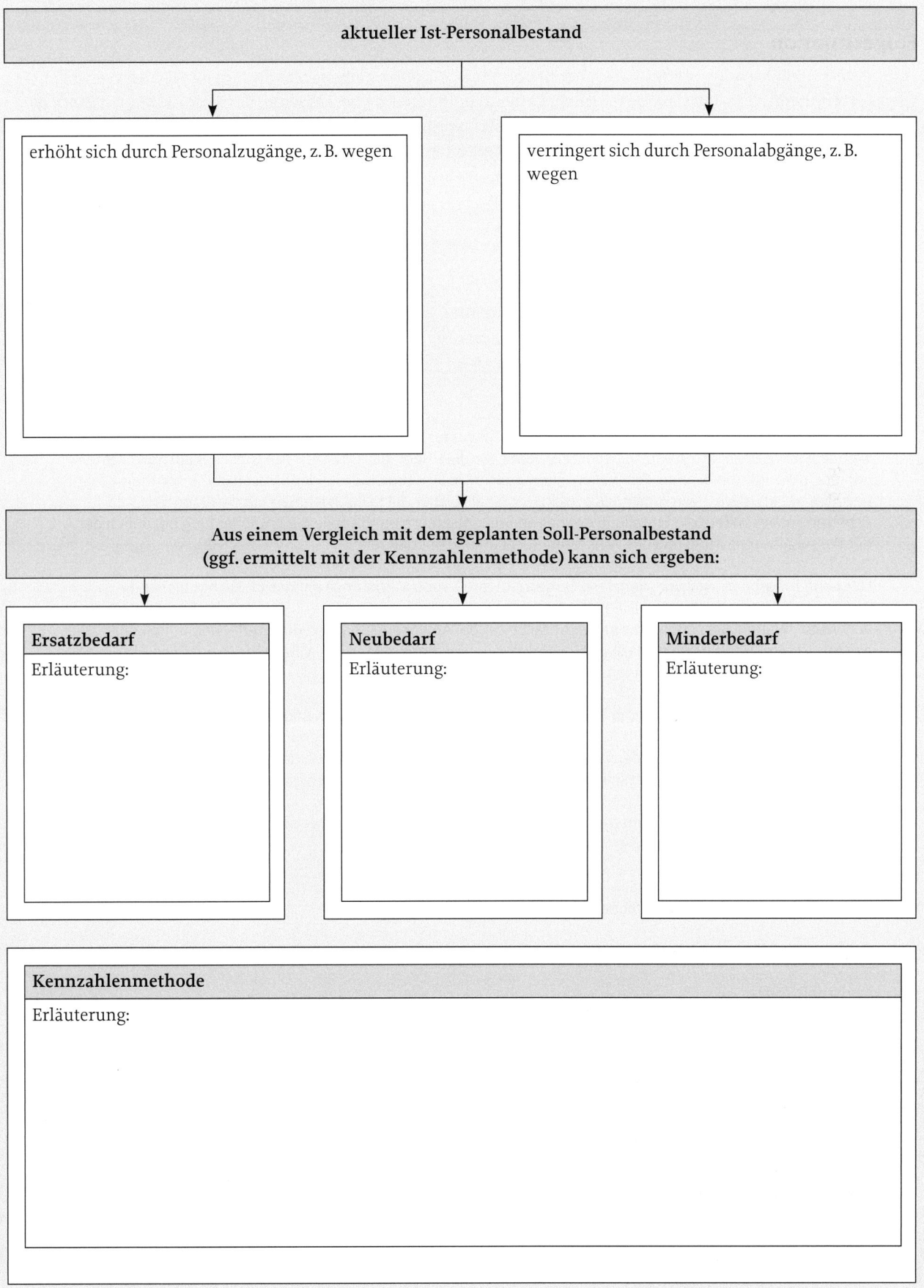

aktueller Ist-Personalbestand

erhöht sich durch Personalzugänge, z. B. wegen

verringert sich durch Personalabgänge, z. B. wegen

Aus einem Vergleich mit dem geplanten Soll-Personalbestand (ggf. ermittelt mit der Kennzahlenmethode) kann sich ergeben:

Ersatzbedarf
Erläuterung:

Neubedarf
Erläuterung:

Minderbedarf
Erläuterung:

Kennzahlenmethode
Erläuterung:

Folgesituation

Hans Peters und Christoph Steffes haben heute Vormittag die Personalbedarfsplanung der Fly Bike Werke GmbH für das kommende Geschäftsjahr besprochen. Unter anderem wurde beschlossen, dass zum 1. August 20XX die neue Stelle eines Webdesigners geschaffen und besetzt werden soll. Die permanente Pflege des Internetauftritts der Fly Bike Werke GmbH, die bisher von einem externen Dienstleister durchgeführt wurde, soll zukünftig durch einen eigenen Mitarbeiter erfolgen. Herr Steffes beauftragt heute mit folgender interner Mail Veruschka Linden mit der Vorbereitung der Personalbeschaffung.

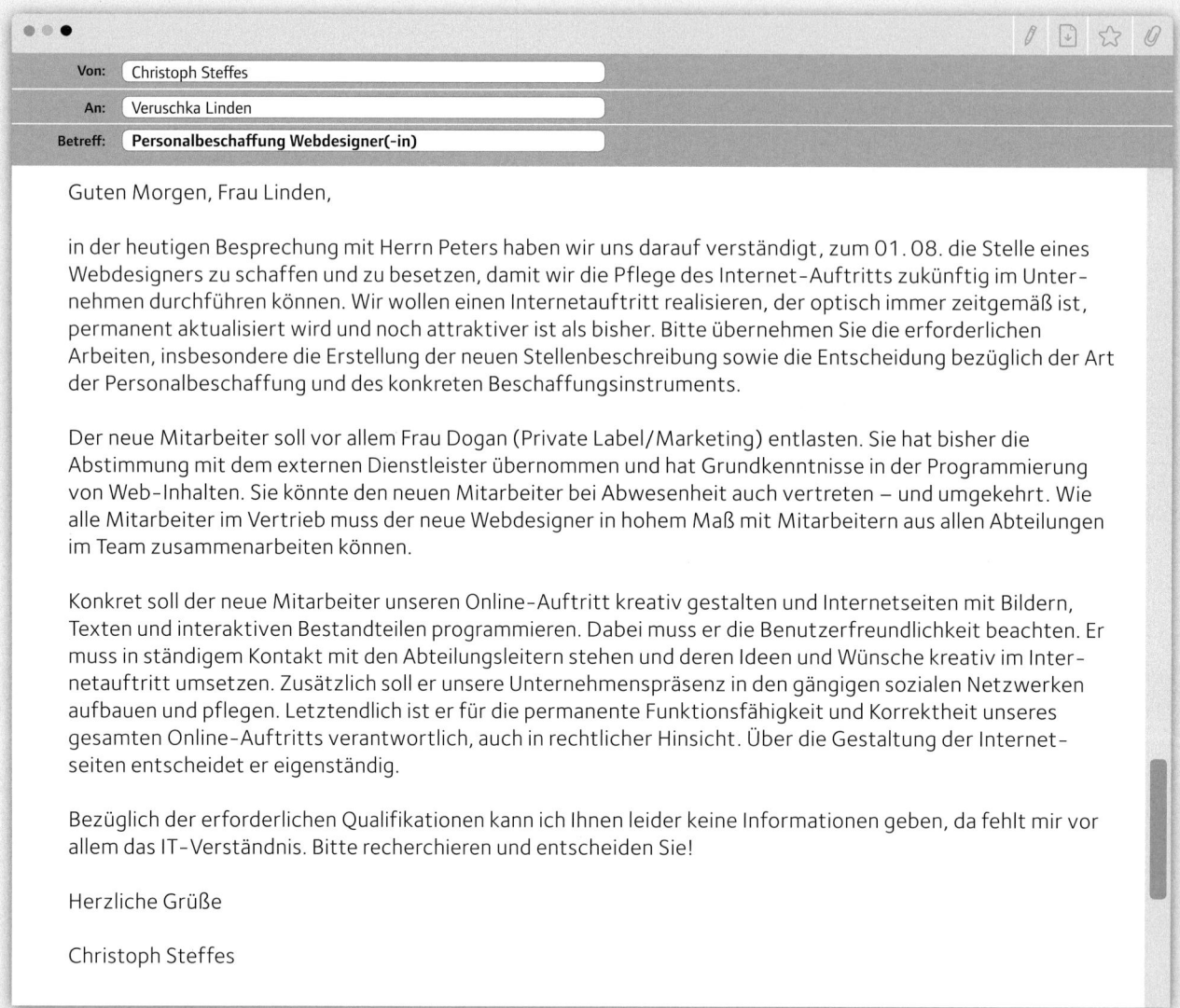

Von:	Christoph Steffes
An:	Veruschka Linden
Betreff:	**Personalbeschaffung Webdesigner(-in)**

Guten Morgen, Frau Linden,

in der heutigen Besprechung mit Herrn Peters haben wir uns darauf verständigt, zum 01.08. die Stelle eines Webdesigners zu schaffen und zu besetzen, damit wir die Pflege des Internet-Auftritts zukünftig im Unternehmen durchführen können. Wir wollen einen Internetauftritt realisieren, der optisch immer zeitgemäß ist, permanent aktualisiert wird und noch attraktiver ist als bisher. Bitte übernehmen Sie die erforderlichen Arbeiten, insbesondere die Erstellung der neuen Stellenbeschreibung sowie die Entscheidung bezüglich der Art der Personalbeschaffung und des konkreten Beschaffungsinstruments.

Der neue Mitarbeiter soll vor allem Frau Dogan (Private Label/Marketing) entlasten. Sie hat bisher die Abstimmung mit dem externen Dienstleister übernommen und hat Grundkenntnisse in der Programmierung von Web-Inhalten. Sie könnte den neuen Mitarbeiter bei Abwesenheit auch vertreten – und umgekehrt. Wie alle Mitarbeiter im Vertrieb muss der neue Webdesigner in hohem Maß mit Mitarbeitern aus allen Abteilungen im Team zusammenarbeiten können.

Konkret soll der neue Mitarbeiter unseren Online-Auftritt kreativ gestalten und Internetseiten mit Bildern, Texten und interaktiven Bestandteilen programmieren. Dabei muss er die Benutzerfreundlichkeit beachten. Er muss in ständigem Kontakt mit den Abteilungsleitern stehen und deren Ideen und Wünsche kreativ im Internetauftritt umsetzen. Zusätzlich soll er unsere Unternehmenspräsenz in den gängigen sozialen Netzwerken aufbauen und pflegen. Letztendlich ist er für die permanente Funktionsfähigkeit und Korrektheit unseres gesamten Online-Auftritts verantwortlich, auch in rechtlicher Hinsicht. Über die Gestaltung der Internetseiten entscheidet er eigenständig.

Bezüglich der erforderlichen Qualifikationen kann ich Ihnen leider keine Informationen geben, da fehlt mir vor allem das IT-Verständnis. Bitte recherchieren und entscheiden Sie!

Herzliche Grüße

Christoph Steffes

Arbeitsaufträge

1 Erstellen Sie mithilfe von Arbeitsblatt 71.3 die erforderliche Stellenbeschreibung. Treffen Sie gegebenenfalls sinnvolle Annahmen oder recherchieren Sie (z. B. die Qualifikationen) im Internet.

2 Verschaffen Sie sich mithilfe der Fachkunde einen Überblick über die verschiedenen Möglichkeiten der Personalbeschaffung und fassen Sie Ihre Erkenntnisse im Arbeitsblatt 71.4 zusammen.

3 Treffen Sie für die zu besetzende Stelle eine begründete Entscheidung für einen Beschaffungsweg und ein (oder mehrere) Beschaffungsinstrument(e).

Arbeitsblatt 71.3 | Stellenbeschreibung

STELLENBESCHREIBUNG

Fly Bike Werke GmbH

---

1. Stellenbezeichnung:

2. Abteilung:

3. Stelleninhaber:

---

4. Vorgesetzter:

5. Weisungsberechtigt gegenüber:

6. Vertritt:

7. Wird vertreten von:

---

8. Hauptaufgabe und Stellenziel:

---

9. Einzelaufgaben:

---

10. Verantwortung und Befugnisse:

---

11. Anforderungen:

Arbeitsblatt 71.4 | Möglichkeiten der Personalbeschaffung

Möglichkeiten der Personalbeschaffung

innerbetrieblich =

Erläuterung:

Beispiele:

Vorteile:

außerbetrieblich =

Erläuterung:

Beispiele:

Vorteile:

Aufgaben

Aufgabe 1

Im Rahmen der Personalbedarfsplanung der Möblia AG, einem Produzenten von Büromöbeln, haben Sie die Aufgabe, den Stellenplan der Verkaufsabteilung auf Grundlage folgender Informationen zu aktualisieren.

– Der aktuelle Ist-Bestand entspricht dem aktuellen Soll-Bestand, mit Ausnahme des Bereichs „Sachbearbeiter/-in Marketing", der aufgrund einer kurzfristigen Arbeitnehmerkündigung um eine Vollzeitstelle unterbesetzt ist.

– Für die Planungsperiode wird mit einem Umsatzrückgang von 8 % gerechnet, der sich direkt auf den Personalbedarf der Sachbearbeiterebene „Auftragsbearbeitung" auswirken soll. Für die weiteren Stellenarten wird davon ausgegangen, dass der Umsatzrückgang den Personalbedarf nicht beeinflusst.

– Marlies Gosda (Sachbearbeiterin Kalkulation) kehrt mit einer vollen Stelle aus der Elternzeit zurück. Sie hat Interesse daran geäußert, mit reduzierter Stundenzahl zu arbeiten.

– Werner Wichers (Gruppenleiter Auftragsbearbeitung) geht zum Ende der Planungsperiode in Ruhestand.

– Die Auszubildende Marina Lewandowski (wurde im Stellenplan bisher nicht erfasst) soll als Sachbearbeiterin (geplant ist der Bereich Auftragsbearbeitung) übernommen werden.

Möblia AG		Stellenplan „Abteilung Verkauf"			
Stellenart	Tarifgruppe	Ist-Bestand	Zu-/Abgänge	Soll-Bestand	Personalbedarf
Abteilungsleiter/-in	G8	1			
Gruppenleiter/-in	G5–6	4			
Sachbearbeiter/-in Auftragsbearbeitung	G3–4	6			
Sachbearbeiter/-in Marketing	G3–4	2			
Sachbearbeiter/-in Reklamationen	G3–4	2			
Sachbearbeiter/-in Kalkulation	G3–4	2,5			

Aufgabe 2

Geben Sie auf Grundlage des von Ihnen aktualisierten Stellenplans der Abteilung Verkauf in der Möblia AG (siehe Aufgabe 1) konkrete Handlungsempfehlungen.

Aufgabe 3

In der BE Partners KG soll zum 1. Januar 20X7 die Stelle der Sachbearbeiterin Post/Versand neu besetzt werden, da die derzeitige Stelleninhaberin Kerstin Voigt gekündigt hat. Wägen Sie ab, ob die Stelle intern oder extern besetzt werden sollte. Berücksichtigen Sie dabei vor allem auch Kostenaspekte.

Aufgabe 4

Bei der Wolff GmbH in Mainz hat der Auszubildende
Jens Lübkemann eine Stellenbeschreibung erstellt.
Leider sind die Zeilen durcheinandergeraten. Ordnen
Sie die folgenden Elemente einer Stellenbeschreibung
zu, indem Sie die Ziffern in die Felder eintragen.

1	Stellenbezeichnung	**5**	Weisungsberechtigt gegenüber	**9**	Einzelaufgaben
2	Abteilung	**6**	Vertritt	**10**	Verantwortung und Befugnisse
3	Stelleninhaber	**7**	Wird vertreten von		
4	Vorgesetzter	**8**	Hauptaufgaben und Stellenziel	**11**	Anforderungen

---

Stellenbeschreibung Wolff GmbH

Abteilungsleiter/-in Allgemeine Verwaltung ⃝

Gruppenleiter/-in Einkauf ⃝

Der Stelleninhaber ist dafür verantwortlich, dass eingehende und ausgehende
Post im Unternehmen zügig, effizient und sicher bearbeitet wird. Er entscheidet
über die Formen der Postbeförderung. ⃝

Sachbearbeiter Posteingang und Sachbearbeiter Postausgang ⃝

Organisation aller Arbeitsabläufe des Posteingangs und -ausgangs ⃝

Sylvia Schrader ⃝

Gruppenleiter/-in Einkauf ⃝

– kaufmännische Ausbildung
– Organisationsfähigkeit
– Mitarbeiterführung
– Kenntnisse über die verschiedenen Möglichkeiten zur Beförderung von Ausgangspost
– Verschwiegenheit ⃝

Gruppenleiter/-in Postwesen ⃝

– Personaleinsatzplanung der Sachbearbeiter Posteingang und Postausgang
– Kontrolle der ordnungsgemäßen Kuvertierung und Frankierung
– Beschaffung der Brief- und Versandumschläge
– ... ⃝

Allgemeine Verwaltung

Aufgabe 5

Erstellen Sie für ein Unternehmen aufgrund der folgenden Daten die Personalbedarfsplanung für das erste Quartal.

Werten Sie die Personalbedarfsplanung anschließend aus und arbeiten Sie erforderliche Maßnahmen heraus.

Personalbedarfsplan 1. Quartal	Abt. Einkauf	Abt. Produktion	Abt. Vertrieb	Abt. Verwaltung	Insgesamt
Bestand zu Beginn der Periode	16	12	18	14	
Bekannte Gründe für Abgänge in der Periode					
Pensionierung		1		1	
Bereits wirksame Kündigungen des Arbeitgebers			1		
Änderungskündigung/abgebende Abteilung			1		
Kündigung durch Arbeitnehmer	1				
Beförderung	1				
Versetzung		1			
Einberufung Bundeswehr					
Abstellung Fortbildung				1	
Mutterschutz/Elternzeit					
Sonstige Gründe					
Summe der Abgänge					
Bestand nach Abgängen					
Bekannte Gründe für Zugänge in der Periode					
Übernahme aus Lehrverhältnis	1				
Beförderung		1			
Versetzung				1	
Änderungskündigung/aufnehmende Abteilung		1			
Rückkehr Bundeswehr	1				
Rückkehr Fortbildung			1		
Rückkehr Mutterschutz/Elternzeit			1	1	
Sonstige Gründe					
Summe der Zugänge					
Bestand am Ende der Periode					
Zu planende Personalfreisetzungen					
Zu planende Neueinstellungen					
Geplanter Personalbestand	14	14	16	10	

Ich kann ...	Kann ich	Kann ich nicht
Produktionsprogramme planen		
1. ... eine bestehende Marktpositionierung analysieren.		
2. ... begründete Empfehlungen für eine Neupositionierung geben.		
3. ... Strategien der quantitativen Programmplanung beschreiben.		
Eine Auftragsplanung vornehmen		
1. ... die Teilziele der industriellen Produktionsplanung und -steuerung sowie deren Zielkonkurrenzen beschreiben.		
2. ... die wesentlichen Inhalte eines Arbeitsplanes beschreiben und mit seiner Hilfe die Auftragszeiten ermitteln..		
3. ... mithilfe eines Balkendiagramms eine vorwärts- und rückwärtsgerichtete Maschinenbelegung durchführen.		
4. ... eine optimale Losgröße in Abhängigkeit von Lager- und Rüstkosten bestimmen.		
Kostenartenrechnung durchführen		
1. ... Ausgaben, Aufwendungen und Kosten unterscheiden.		
2. ... fixe und variable Kosten in Abhängigkeit von der Beschäftigung berechnen.		
3. ... Gemein- und Einzelkosten aus Kostenträgersicht unterscheiden.		
4. ... die Voll- und Teilkostenrechnung für unternehmerische Entscheidungen anwenden.		
Kostenstellenrechnung durchführen		
1. ... typische Kostenstellen für ein Unternehmen erläutern.		
2. ... Gemeinkosten in einem Betriebsabrechnungsbogen auf Kostenstellen verteilen und Gemeinkosten-Zuschlagssätze ermitteln.		
Kostenträgerrechnung durchführen		
1. ... die Bezugs-, Selbstkosten- und Verkaufskalkulation durchführen.		
2. ... die Divisions- und Zuschlagskalkulation anwenden und eine Nachkalkulation durchführen..		
Deckungsbeitragsrechnung durchführen		
1. ... absolute und relative Deckungsbeiträge berechnen.		
2. ... die kurz- und langfristige Preisuntergrenze ermitteln.		
Lagerkennziffern ermitteln		
1. ... die Funktionen der Lagerhaltung beschreiben.		
2. ... die verschiedenen Bestandteile der Lagerkosten unterscheiden.		
3. ... Lagerkennziffern ermitteln, interpretieren und beurteilen.		
Optimalen Bestellzeitpunkt ermitteln		
1. ... das Bestellpunktverfahren vom Bestellrhythmusverfahren unterscheiden.		
2. ... die Begriffe Mindest-, Melde, und Höchstbestand erläutern.		

3. ... Meldebestände auf Grundlage vorhandener Daten berechnen.		
4. ... die Festlegung von Höchstbeständen begründen.		
5. ... Auswirkungen von Veränderungen der Lieferzeit oder des Tagesverbrauchs auf den Meldebestand herausarbeiten.		

Optimale Bestellmenge ermitteln

1. ... eine optimale Bestellmenge auf Grundlage vorgegebener Daten tabellarisch und rechnerisch ermitteln.		
2. ... den Zielkonflikt zwischen der Minimierung der Bestell- und Lagerkosten erläutern und begründen.		
3. ... Bestandteile der Bestellkosten nennen.		
4. ... begründen, warum in der Realität häufig von der theoretisch optimalen Bestellmenge abgewichen wird.		

ABC-Analyse durchführen

1. ... den Sinn und Zweck einer ABC-Analyse erklären.		
2. ... eine ABC-Analyse auf Grundlage vorgegebener Daten durchführen und A-, B- und C-Güter kategorisieren.		
3. ... Handlungsempfehlungen aus einer ABC-Analyse ableiten.		

Einflussfaktoren auf die menschliche Arbeitsleistung beurteilen

1. ... Vor- und Nachteile von Zeitlohn und Leistungslohn abwägen.		
2. ... verschiedene Arten von Zeit- und Leistungslöhnen nennen und erläutern.		
3. ... Gesamtlöhne berechnen (z. B. Akkordlöhne und Provisionen).		
4. ... die verschiedenen Formen der Arbeitsorganisation erläutern.		
5. ... die Arbeitszeitmodelle zur Flexibilisierung der Arbeitszeit erläutern.		
6. ... die Auswirkungen der verschiedenen Arbeitszeitmodelle für Arbeitnehmer und Arbeitgeber beurteilen.		
7. ... den autoritären vom demokratischen Führungsstil unterscheiden.		
8. ... die Bedeutung der Personalentwicklung für Unternehmen bewerten.		

Personalbedarf planen und Personalbeschaffung durchführen

1. ... eine quantitative Personalbedarfsplanung (inklusive der Kennzahlenmethode) durchführen und den Personalbedarf ermitteln.		
2. ... Ersatzbedarf, Neubedarf und Minderbedarf unterscheiden.		
3. ... Inhalte einer Stellenbeschreibung nennen und eine Stellenbeschreibung erstellen.		
4. ... den Nutzen von Stellenbeschreibungen erläutern.		
5. ... die interne von der externen Personalbeschaffung unterscheiden und mögliche Instrumente nennen.		
6. ... die Vor- und Nachteile interner und externer Personalbeschaffung abwägen.		
7. ... die Inhalte einer Stellenanzeige nennen.		

Ziele der Wirtschaftspolitik

Sachverständigengutachten plädiert für eine zukunftsorientierte nachhaltige Wirtschaftspolitik!

Im Gutachten des Sachverständigenrates für 2017/2018 wird der deutschen Wirtschaft ein kräftiger Aufschwung mit starken Zuwachsraten attestiert. Man rechnet mit einer Steigerung des Bruttoinlandsproduktes um 2 % in 2017 und 2,2 % in 2018. Die deutsche Wirtschaft befindet sich derzeit in einer Überauslastung, das heißt, dass die Produktionskapazitäten überlastet sind. Dieser Trend setzt sich im Euro-Raum fort, wo für die Jahre 2017/2018 ein BIP i. H. v. 2,3 % bzw. 2,1 % erwartet wird. „Die gute konjunkturelle Lage bietet beste Chancen für eine Neujustierung der Wirtschaftspolitik, um Deutschland auf zukünftige Herausforderungen vorzubereiten", sagt der Vorsitzende des Sachverständigenrates, Christoph M. Schmidt.

Was ist der Sachverständigenrat der Wirtschaft?

Der Sachverständigenrat ist eine Gruppe aus fünf Mitgliedern, die über außergewöhnliche volkswirtschaftliche und wirtschaftswissenschaftliche Kenntnisse verfügen. Die Mitglieder werden vom Bundespräsidenten berufen und sind für fünf Jahre im Amt. Eine Wiederberufung ist möglich. Den Vorsitzenden wählen sie für drei Jahre gemeinsam aus ihren Reihen. Der Sachverständigenrat arbeitet u. a. eng mit dem Statistischen Bundesamt zusammen, um jährlich im November sein Gutachten zur Einschätzung der wirtschaftlichen Lage, zu möglichen Fehlentwicklungen und zu absehbaren zukünftigen Entwicklungen abzugeben.

Die enorme Aufschwungssituation generiert auch für den Staatshaushalt einen deutlichen Haushaltsüberschuss, der umfassende Handlungsalternativen ermöglicht. Der Sachverständigenrat plädiert für:

– **Wachstumsfreundliche Reformen:** Eine Reform in den Teilbereichen Einkommensteuer, Solidaritätszuschlag und Arbeitslosenversicherung kann die privaten Haushalte entlasten und somit das Wirtschaftswachstum fördern, ohne die Konsolidierung der öffentlichen Haushalte aus den Augen zu verlieren.

– **Erhöhung des Arbeitskräftepotenzials:** Gut ausgebildete Fachkräfte stehen dem Arbeitsmarkt zur Verfügung, wenn weiterhin die Vereinbarkeit von Familie und Beruf ausgebaut wird, Erwerbsmigration für beruflich qualifizierte Fachkräfte vereinfacht wird und der Schwerpunkt Bildung und Weiterbildung besonders im Hinblick auf die Kernpunkte Digitalisierung, Strukturwandel und Reformbedarf vorangetrieben wird.

– **Senkung der Treibhausgasemission:** Ein einheitlicher CO_2-Preis für die Sektoren Strom, Verkehr und Wärme führt idealerweise zu einer Emissionsvermeidung. Parallel dazu muss ein Ausbau des europäischen Zertifikatehandels vorgenommen werden.

Die Globalisierung hat weltweit zu großen Effizienz- und Wohlfahrtssteigerungen innerhalb vieler Volkswirtschaften geführt. Die neue Bundesregierung sollte sich – internationalen Tendenzen zum Trotz – nicht nur auf den Schutz der eigenen Produkte konzentrieren, sondern weiterhin am Ausbau multilateraler Handelssysteme und Freihandelsabkommen arbeiten.

Quelle: Autorentext

Arbeitsaufträge

1 Im Text ist von einer Aufschwungssituation die Rede. Wodurch ist diese gekennzeichnet?

2 Die Ziele der Wirtschaftspolitik sind im Stabilitäts- und Wachstumsgesetz verankert. Stellen Sie diese Ziele auf dem Arbeitsblatt 72.1 dar.

3 Ordnen Sie die vom Sachverständigenrat der Wirtschaft geforderten Maßnahmen diesen Zielen zu.

4 Wirtschaftspolitische Maßnahmen können unterschiedlichen Handlungsfeldern angehören. Stellen Sie die möglichen Handlungsfelder auf dem Arbeitsblatt 72.2 dar.

5 Wo sortieren Sie die oben geforderten Maßnahmen in dieser Struktur ein?

Arbeitsblatt 72.1 | Ziele der Wirtschaftspolitik

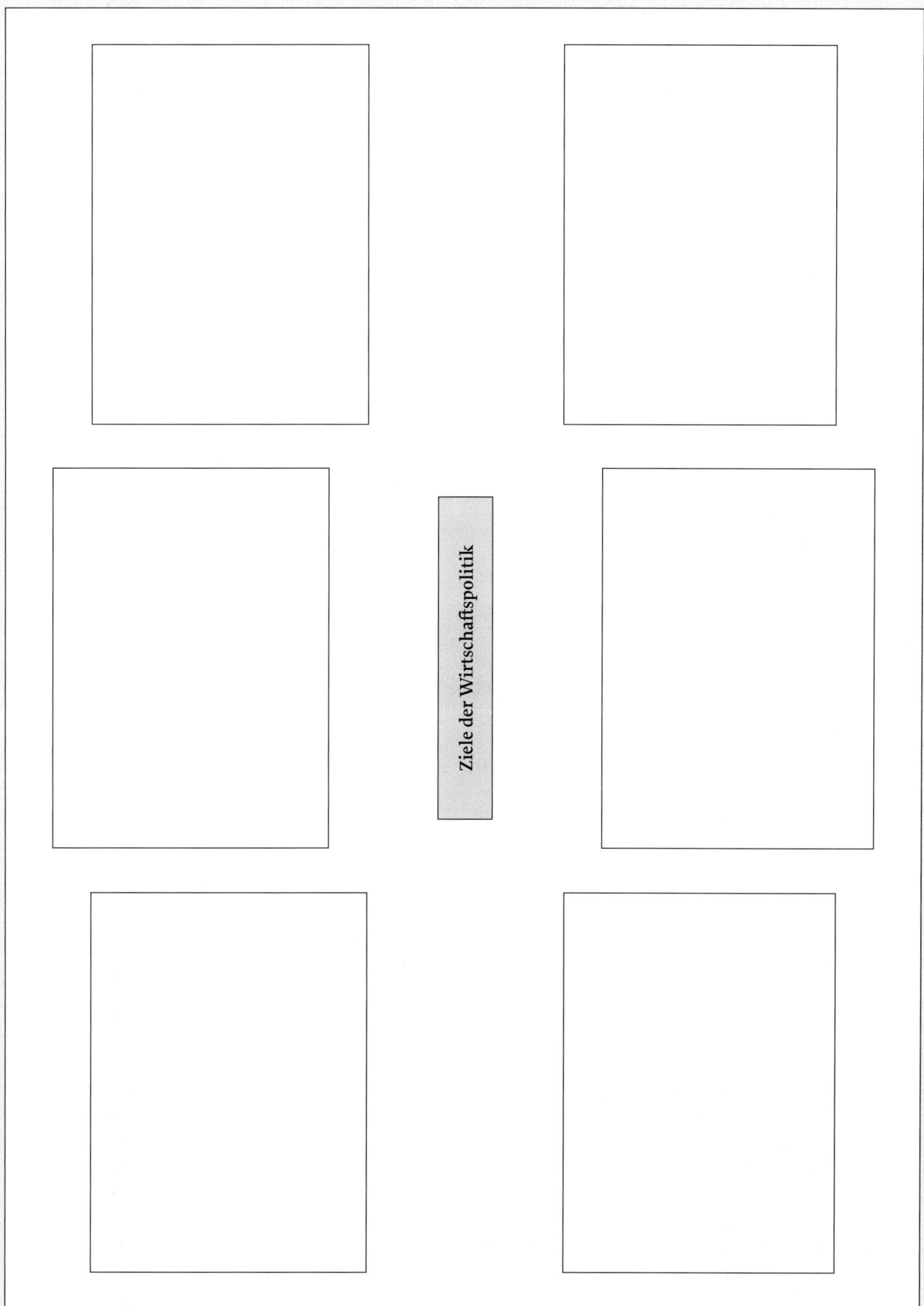

Arbeitsblatt 72.2 | Handlungsfelder der Wirtschaftspolitik

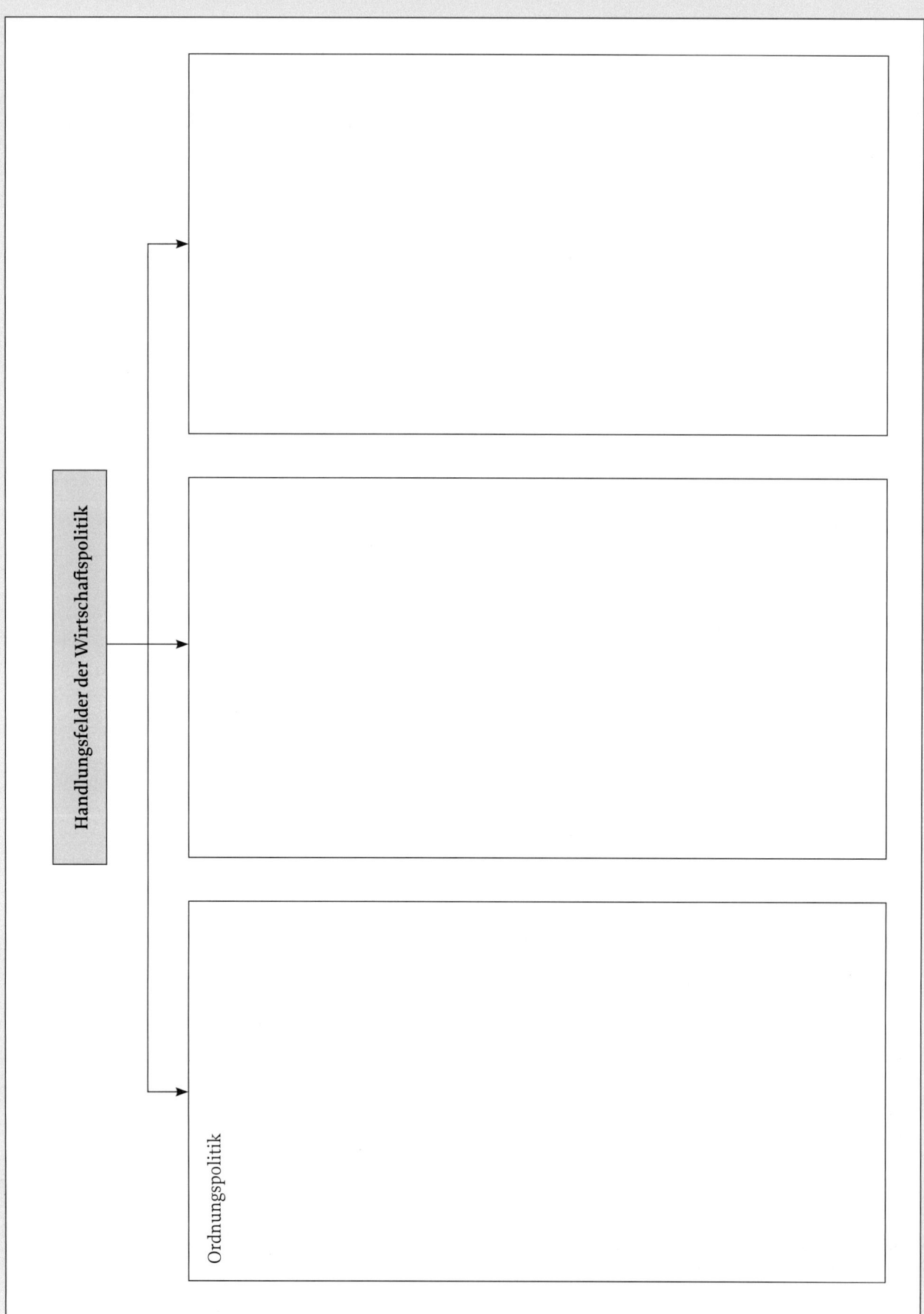

Aufgaben

Aufgabe 1
Erläutern Sie den Zusammenhang zwischen den gesellschaftlichen Grundwerten und den Zielen der Wirtschaftspolitik.

Aufgabe 2
Wie würde sich Ihrer Meinung nach ein Verzicht auf wirtschaftliches Wachstum auf den sozialen Frieden auswirken?

Aufgabe 3
Informieren Sie sich bei der zuständigen Arbeitsagentur über die Entwicklung der Arbeitslosigkeit in Ihrer Region in den letzten fünf Jahren.

Aufgabe 4
Benennen Sie typische Import- und Exportgüter aus deutscher Sicht.

Aufgabe 5
Erleichtert die starke außenwirtschaftliche Verflechtung Deutschlands die Erreichung des gesamtwirtschaftlichen Gleichgewichts?

Aufgabe 6
Wie sollte Ihrer Meinung nach eine gerechte Einkommensverteilung aussehen?

Aufgabe 7
Diskutieren Sie die folgende Aussage: „Das Ziel einer gerechten Einkommensverteilung lässt sich niemals erreichen." Ziehen Sie dazu die folgende Grafik heran.

Aufgabe 8
Diskutieren Sie: Welche sozialen Zustände finden Sie in unserem Staat gerecht bzw. ungerecht?

Aufgabe 9
Stellen Sie sich vor, Deutschland würde aus umweltpolitischen Gründen die Automobilproduktion einstellen. Wie würden die anderen Ziele des magischen Sechsecks beeinflusst?

Aufgabe 10
Nehmen Sie Stellung zu der Aussage: „Das Ziel Umweltschutz steht mit den Zielen Vollbeschäftigung und Wirtschaftswachstum in einem dauerhaften Konflikt."

Aufgabe 11
Nennen Sie zwei Ziele des magischen Sechsecks, die gleichzeitig

- gut zu erreichen sind,
- schwer zu erreichen sind.

Erklären Sie den Zusammenhang.

Aufgabe 12
Ihre Aufgabe ist es, das magische Sechseck zu einem magischen Achteck zu erweitern. Welche Ziele würden Sie ergänzen? Begründen Sie.

Lohnschere in Deutschland

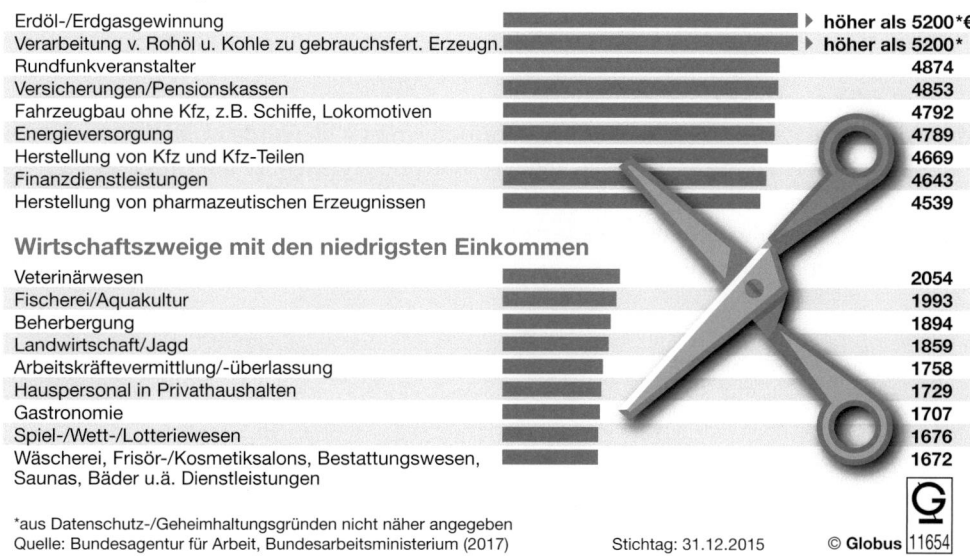

Mittleres monatliches Bruttoeinkommen eines sozialversicherungspflichtigen Vollzeitbeschäftigten in Deutschland in Euro

Wirtschaftszweige mit den höchsten Einkommen

Erdöl-/Erdgasgewinnung	▸ höher als 5200*€
Verarbeitung v. Rohöl u. Kohle zu gebrauchsfert. Erzeugn.	▸ höher als 5200*
Rundfunkveranstalter	4874
Versicherungen/Pensionskassen	4853
Fahrzeugbau ohne Kfz, z.B. Schiffe, Lokomotiven	4792
Energieversorgung	4789
Herstellung von Kfz und Kfz-Teilen	4669
Finanzdienstleistungen	4643
Herstellung von pharmazeutischen Erzeugnissen	4539

Wirtschaftszweige mit den niedrigsten Einkommen

Wirtschaftszweig	Einkommen
Veterinärwesen	2054
Fischerei/Aquakultur	1993
Beherbergung	1894
Landwirtschaft/Jagd	1859
Arbeitskräftevermittlung/-überlassung	1758
Hauspersonal in Privathaushalten	1729
Gastronomie	1707
Spiel-/Wett-/Lotteriewesen	1676
Wäscherei, Frisör-/Kosmetiksalons, Bestattungswesen, Saunas, Bäder u.ä. Dienstleistungen	1672

*aus Datenschutz-/Geheimhaltungsgründen nicht näher angegeben
Quelle: Bundesagentur für Arbeit, Bundesarbeitsministerium (2017)   Stichtag: 31.12.2015   © **Globus** 11654

Lernsituation 73

Ziel 1: Wirtschaftswachstum

Situation

Nach der Schule sitzen die Auszubildenden Ralf und Bettina zusammen und sprechen über den Autounfall, den Maik, ein gemeinsamer Freund, am Wochenende hatte.

Bettina: Gut, dass es nur ein Blechschaden war, das kann man ja alles ersetzen. Und so ein Unfall treibt auch noch das BIP nach oben.

Ralf: Moment mal, Blechschaden, na klar, das ist blöd. Aber mit der Erhöhung des BIP musst du dem Maik nicht kommen, der muss jetzt erstmal sehen, dass er die ganzen Unfallkosten irgendwie bezahlen kann. Da ist ihm die Tatsache, dass das BIP dadurch steigt, wohl ziemlich egal.

Bettina: In der Schule wurde gesagt, dass das BIP auch ein Wohlstandsindikator ist. Je höher das BIP, desto größer der Wohlstand einer Volkswirtschaft.

Ralf: Das mag für die Volkswirtschaft ja gelten, das Autohaus und der Abschleppdienst verdienen ja gut an dem Unfall, aber Maik geht es erst einmal finanziell schlechter. Da kann man vorläufig nicht von Wohlstand sprechen.

Bettina: O.K., aber das mit dem Wohlstand ist auch so eine Sache. Für das BIP und das Wirtschaftswachstum ist es besser, wenn ich Mathenachhilfe bekomme, für die mein Vater bezahlt. Für den Wohlstand meiner Familie ist es besser, wenn mein Vater mir Mathe erklärt. Vielleicht fragen wir wegen des angeblichen Wohlstandsindikators nochmal nach ...

Arbeitsaufträge

1 Stellen Sie in Arbeitsblatt 73.1 die Berechnung des Bruttoinlandsprodukts (BIP) dar.
2 Formulieren Sie in Arbeitsblatt 73.2 Definitionen für die angegebenen Begriffe.
3 Unterscheiden Sie die Kennzahlen Bruttonationaleinkommen (BNE) und Bruttoinlandsprodukt (BIP).
4 Welche Leistungen in einer Volkswirtschaft werden nicht vom BIP erfasst? Nennen Sie mindestens sechs Beispiele und begründen Sie diese.
5 Vergleichen Sie Ihre Ergebnisse aus Auftrag 1 und 4. Welche Probleme ergeben sich daraus, dass scheinbar viele Leistungen nicht vom BIP erfasst werden?
6 Ob das BIP als Wohlstandsindikator geeignet ist oder welche Alternativen es gibt, wurde in den letzten Jahren vielfältig diskutiert. Recherchieren Sie online nach möglichen Alternativen. Erstellen Sie auf Grundlage der recherchierten Informationen einen persönlichen Wohlstandsindikator, beruhend auf den Inhalten, die Ihnen wichtig sind. Begründen Sie das Zustandekommen Ihrer persönlichen Kennzahl schriftlich. Vergleichen Sie im Anschluss Ihre Begründung mit denen Ihrer Mitschüler.

Arbeitsblatt 73.1 | Berechnung des Bruttoinlandsprodukts

Entstehungsrechnung

Verwendungsrechnung

Verteilungsrechnung

Arbeitsblatt 73.2 | Außenbeitrag und Bruttonationaleinkommen

Außenbeitrag	
BNE	

Aufgaben

Aufgabe 1

Entwickeln Sie das Kreislaufbild einer kleinen Volkswirtschaft, die aus vier Unternehmen und den privaten Haushalten besteht. Es werden folgende Annahmen zugrunde gelegt: Bei den Unternehmen handelt es sich um einen Landwirtschaftsbetrieb, eine Mühle, eine Bäckerei und einen Lebensmittelhandel. Ein Landwirt verkauft Weizen im Wert von 700 Geldeinheiten (GE) an eine Mühle. Von dem Erlös bezahlt er seinen Auszubildenden; der Rest ist Gewinn für seinen unternehmerischen Einsatz. In der Mühle wird das Korn gemahlen und das Mehl ausgesiebt. Das Mehl wird für 1400 GE an eine Großbäckerei verkauft. Die dort produzierten Brötchen werden für 2300 GE von einem Lebensmittelhändler gekauft und von diesem für 2900 GE an seine Kunden verkauft.

a Entwickeln Sie das Kreislaufbild.
b Berechnen Sie die Wertschöpfung auf den einzelnen Stufen mithilfe der folgenden Tabelle.

	Landwirtschaft	Mühle	Bäckerei	Lebensmittelhandel
Betrieb				
Produkt				
Verkaufspreis				
Vorleistungen				
Wertschöpfung				

Aufgabe 2

Ergänzen Sie die folgende Tabelle zum Außenbeitrag.

Der Außenbeitrag ist ...	Begründung	Bewertung für die inländische Wirtschaft
< 0		
= 0		
> 0		

Aufgabe 3

Bei der Berechnung des BIP werden vom Bruttoproduktionswert die Vorleistungen abgezogen. Erläutern Sie, warum dieser Abzug notwendig ist.

Aufgabe 4

Bei der Beurteilung des Produktions- und Wirtschaftsstandorts Deutschland wird vor allem das Bruttoinlandsprodukt und nicht das Bruttonationaleinkommen genutzt. Begründen Sie dieses Vorgehen.

Aufgabe 5

Erläutern Sie die grundsätzlichen Unterschiede zwischen Entstehungs-, Verwendungs- und Verteilungsrechnung.

Ziel 2: Hoher Beschäftigungsgrad

Arbeitsmarkt:

Arbeitslosenquote in Hessen auf niedrigstem Stand seit 1991

Herbstbelebung auf dem Arbeitsmarkt: Im September ist die Zahl der Arbeitslosen in Hessen abermals gesunken. Der deutliche Abbau komme überraschend – vor allem mit Blick auf weiterhin fehlende Fachkräfte.

Mit einem deutlichen Abbau der Arbeitslosigkeit ist der hessische Arbeitsmarkt in den Herbst gestartet. Die Zahl der als arbeitslos registrierten Männer und Frauen fiel von August auf September 2017 um gut 6 000 auf noch 161 682 Menschen, wie die Regionaldirektion der Arbeitsagentur am Freitag in Frankfurt mitteilte. Mit 4,8 Prozent wurde die niedrigste Arbeitslosenquote seit Mai 1991 registriert.

Die Herbstbelebung sei überraschend deutlich ausgefallen, kommentierte Regionaldirektionschef Frank Martin. Die Nachfrage nach zusätzlichen Arbeitskräften ist nach Erhebungen der Agentur derzeit so hoch wie noch nie in den vergangenen Jahren. Die Arbeitsagenturen und Jobcenter kennen derzeit mehr als 55 000 offene Stellen.

Schwierige Suche nach Fachkräften

Für viele Betriebe werde es zunehmend schwieriger, die dringend benötigten Fachkräfte zu finden, erklärte Martin. „Das gilt auch für die Suche nach Nachwuchs. Sind weniger Bewerberinnen und Bewerber auf dem Markt, verlängern sich die Besetzungszeiten, mehr Kompromisse müssen geschlossen werden." (...)

Quelle: http://www.faz.net/aktuell/rhein-main/region-und-hessen/hessen-deutlicher-abbau-der-arbeitslosigkeit-15223838/hessen-deutlicher-abbau-der-15223844.html, 29.10.2017

Arbeitsaufträge

1 Im Artikel ist von der sogenannten „Herbstbelebung" die Rede. Was ist damit gemeint und worin könnten die Ursachen für dieses Phänomen liegen?

2 Ein hohes Beschäftigungsniveau, gemessen an der Arbeitslosenquote, ist im Stabilitäts- und Wachstumsgesetz verankert.
   a Wann ist dieses Ziel erreicht?
   b Warum ist ein hohes Beschäftigungsniveau so wichtig für eine Volkswirtschaft?

3 Ergänzen Sie das Arbeitsblatt 74.1.
   a Geben Sie an, aus welchen Bevölkerungsgruppen sich die Wohnbevölkerung zusammensetzt. Charakterisieren Sie die Arbeitslosenquote (Berechnungsformel der Bundesagentur für Arbeit). Was gibt sie an und was macht ihre Bedeutung aus?
   b Recherchieren Sie die aktuellen Zahlen zu Bevölkerungsgruppen und zur Arbeitslosenquote im Internet und tragen Sie sie ein.

Arbeitsblatt 74.1 | Beschäftigungssituation in Deutschland

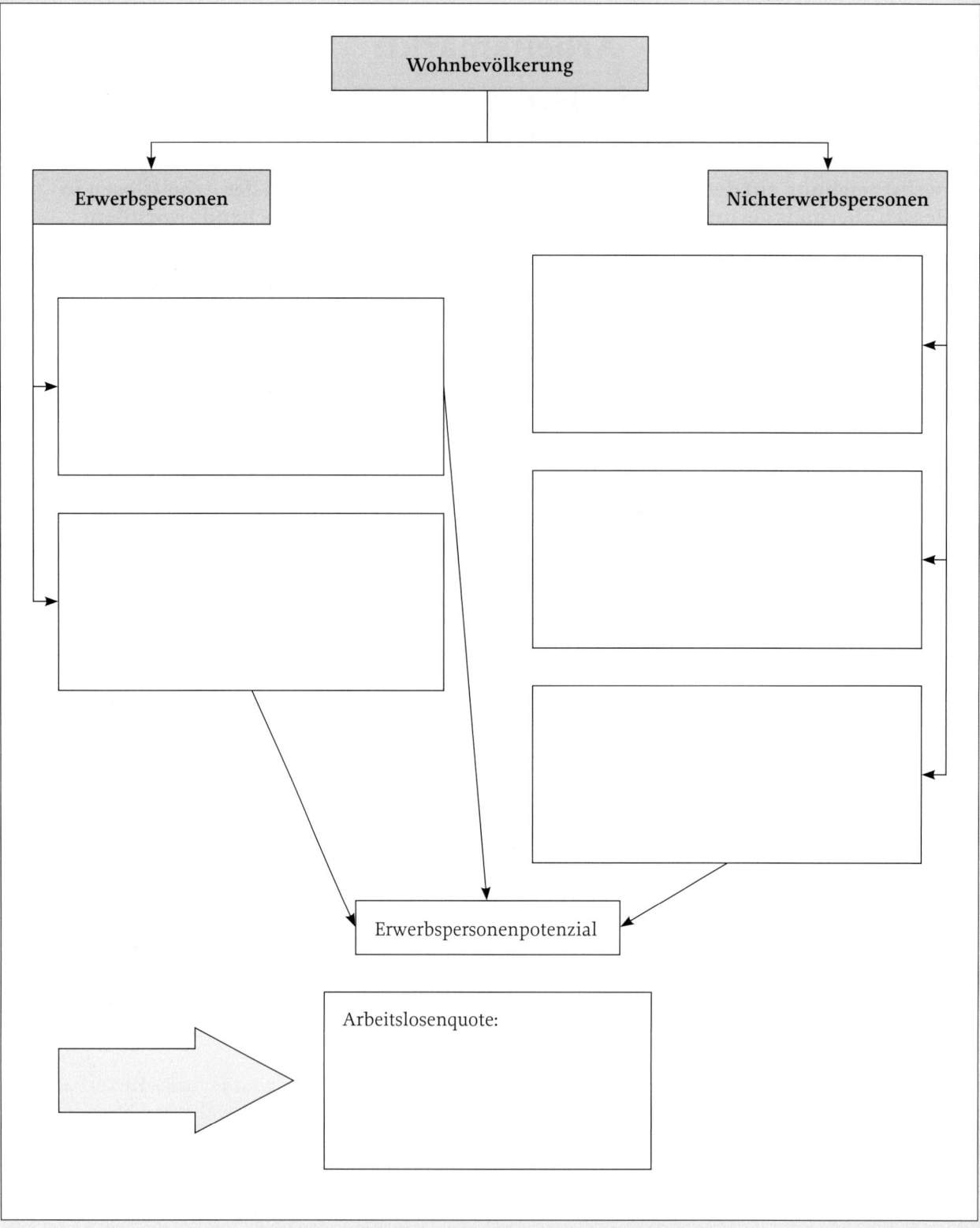

Aufgaben

Aufgabe 1
Aus einem Land sind Ihnen die folgenden Zahlen bekannt: 85 400 Einwohner, 3 130 Arbeitslose, 44 205 Erwerbspersonen. Berechnen Sie die Arbeitslosenquote nach der Formel, die die Bundesagentur für Arbeit zugrunde legt.

Aufgabe 2
Vergleichen Sie die Definition der Arbeitslosenquote der Bundesagentur für Arbeit mit der Definition, die das Statistische Bundesamt gemäß der Definition der Internationalen Arbeitsorganisation (ILO) für ihre Zahlen zur Erwerbsstatistik zugrunde legt. Welche Gründe könnten dafür ausschlaggebend sein, dass die Definition der Bundesagentur für Arbeit von der der ILO abweicht?

Aufgabe 3
Bei der Betrachtung der folgenden Grafik können Sie erkennen, dass die Arbeitslosenquote in Hessen im Jahr 2015 unter dem Bundesdurchschnitt lag. Wählen Sie aus der Übersicht drei Bundesländer aus und nennen Sie jeweils drei Gründe für die dortige Arbeitslosensituation.

Arbeitslosigkeit in Deutschland

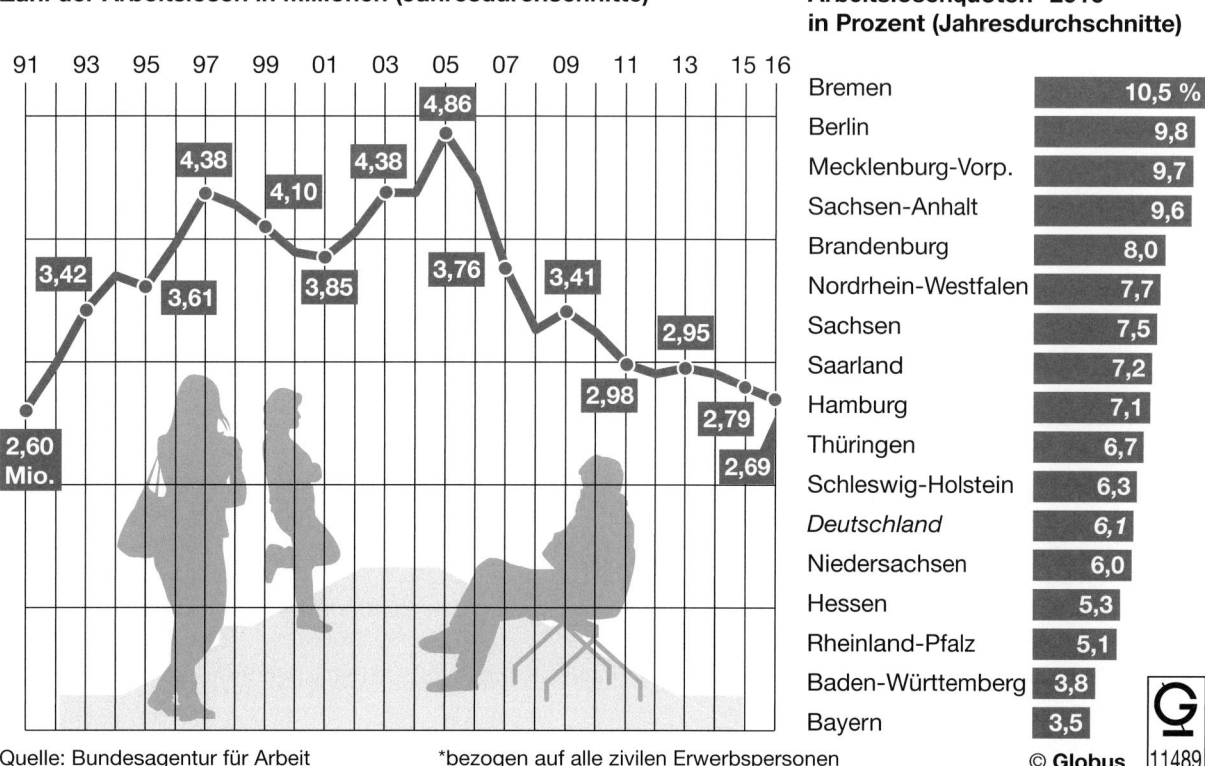

Zahl der Arbeitslosen in Millionen (Jahresdurchschnitte)

Arbeitslosenquoten* 2016 in Prozent (Jahresdurchschnitte)

Bremen	10,5 %
Berlin	9,8
Mecklenburg-Vorp.	9,7
Sachsen-Anhalt	9,6
Brandenburg	8,0
Nordrhein-Westfalen	7,7
Sachsen	7,5
Saarland	7,2
Hamburg	7,1
Thüringen	6,7
Schleswig-Holstein	6,3
Deutschland	6,1
Niedersachsen	6,0
Hessen	5,3
Rheinland-Pfalz	5,1
Baden-Württemberg	3,8
Bayern	3,5

Quelle: Bundesagentur für Arbeit   *bezogen auf alle zivilen Erwerbspersonen   © Globus 11489

Ziel 3: Stabiles Preisniveau

Situation

Verbraucherpreise gegenüber dem Vorjahr um 1,8 % gestiegen

Wiesbaden. Nach Angaben des Statischen Bundesamtes lagen die Verbraucherpreise in Deutschland im Jahr 20X1 um 1,8 % über den Verbraucherpreisen des Jahres 20XX. Preistreibend wirkten sich vor allem die Preise für Mineralölprodukte aus. Günstiger wurde es hingegen bei den Preisen für Telekommunikation. Diese fielen um 0,7 %. (...)

Bettina Lotto, Auszubildende bei der Fly Bike Werke GmbH, ist derzeit in der Abteilung Vertrieb eingesetzt. Lars Baumann legt einen Zeitungsausschnitt und einen Ausdruck des Produktionsprogramms vor Bettina auf den Tisch. Sämtliche Preise wurden leicht erhöht. Die Geschäftsführung hat der Preiserhöhung zugestimmt. Die Gründe liegen hauptsächlich in den gestiegenen Lohnnebenkosten und einem Preisanstieg auf dem Rohstoffmarkt. Mit der Erhöhung der Preise, so betont die Geschäftsführung, liege die Fly Bike Werke GmbH noch immer unter der vom Statistischen Bundesamt ermittelten Inflationsrate für das aktuelle Kalenderjahr.

Produktionsprogramm				
Modell	**Artikel-Nr.**	**Modell-Name**	**Preis 20X1**	**Preis 20X2**
City-Räder	101	City *Glide*	245,00 €	247,50 €
	102	City *Surf*	274,40 €	278,50 €
Trekkingräder	201	Trekking *Light*	299,25 €	299,25 €
	202	Trekking *Free*	350,00 €	357,00 €
	203	Trekking *Nature*	437,50 €	441,88 €
Mountainbikes	301	Mountain *Dispo*	393,75 €	397,00 €
	302	Mountain *Constitution*	598,50 €	605,00 €
	303	Mountain *Unlimited*	997,50 €	1.006,50 €
Rennräder	401	Renn *Fast*	1.260,00 €	1.272,50 €
	402	Renn *Superfast*	2.205,00 €	2.227,00 €
Kinderräder	501	Kinder *Twist*	196,88 €	198,95 €
	502	Kinder *Cool*	262,50 €	265,15 €

Arbeitsaufträge

1 Ermitteln Sie, um wie viel Prozent die Preise für die City-Rad-Modelle *Surf* und *Glide* in der kommenden Saison steigen werden.

2 Nennen Sie zusätzlich zu den im Text genannten Gründen zwei weitere Gründe, die die Fly Bike Werke GmbH dazu veranlassen könnten, die Preise zu erhöhen.

3 Informieren Sie sich in der Fachkunde über die Warenkorbmethode des Statistischen Bundesamtes. Vervollständigen Sie das Arbeitsblatt 75.1.

4 Welchen Einfluss hat die geplante Preiserhöhung der Fly Bike Werke GmbH auf die vom Statistischen Bundesamt ermittelte Inflationsrate?

5 Wie stark weicht Ihre persönliche Inflationsrate von der amtlich ermittelten Inflationsrate ab? Nennen Sie die Bereiche, in denen Ihr persönliches Ausgabenverhalten von dem typischen 4-Personen-Haushalt abweicht. Hinweis: Auf der Internetseite des Statistischen Bundesamtes (www.destatis.de) können Sie Ihre persönliche Inflationsrate ermitteln.

Arbeitsblatt 75.1 | Die Warenkorbmethode des Statistischen Bundesamtes

Mit der **Warenkorbmethode** des Statistischen Bundesamtes wird die _____

gemessen. Der Warenkorb enthält sämtliche _____ ,

die für einen typischen _____ in Deutschland relevant sind. Steigen die

Preise, so _____ die Kaufkraft des Geldes. Man spricht dann von einer _____ .

Je nachdem, wie hoch der _____ für eine Warengruppe an den monatlichen
Ausgaben ist, wirkt sich eine Preiserhöhung einer Ware oder Dienstleistung unterschiedlich stark auf die Inflationsrate aus.

12 Abteilungen	Beispiel	Anteil an den monatlichen Ausgaben in Prozent	
		Ø 4-Personen-Haushalt	mein persönlicher Warenkorb
Wohnung, Wasser, Strom, Gas	Miete, Reparaturen, Müllabfuhrgebühren	31,73 %	
Verkehr	Autos, Fahrräder, Kraftstoffe	13,47 %	
Freizeit, Unterhaltung, Kultur			
Nahrungsmittel, Getränke			
Andere Waren und Dienstleistungen			
Einrichtungsgegenstände			
Bekleidung und Schuhe			
Beherbergung, Gaststätten			
Gesundheitspflege			
Alkohol, Tabak			
Nachrichtenübermittlung			
Bildungswesen			
		100 %	100 %

Aufgaben

Aufgabe 1
Die amtliche Ermittlung und Veröffentlichung der Preissteigerungsrate durch das Statistische Bundesamt bezieht sich immer auf einen durchschnittlichen 4-Personen-Haushalt. Nennen Sie drei weitere typische Haushalte in Deutschland, für die Ihrer Meinung nach eine Preissteigerungsrate ermittelt werden sollte.

Aufgabe 2
In der folgenden Grafik ist die Entwicklung der Verbraucherpreise dargestellt.

a Ermitteln Sie, um wie viel Prozent die Verbraucherpreise im Oktober 2017 gegenüber dem Vorjahr gestiegen sind.

b Zeigen Sie zwei Gründe auf, die dazu geführt haben könnten, dass die Preise für Nachrichtenübermittlung (Telekommunikation) im Oktober 2017 gegenüber Oktober 2016 um 0,6 % gesunken sind.

c In Umfragen zur Inflation ist festzustellen, dass die gefühlte Inflationsrate meist sehr viel höher ist als die tatsächliche Inflationsrate. Arbeiten Sie zwei Gründe heraus, die zu dieser Einschätzung führen.

Aufgabe 3
Weisen Sie nach, dass die Höhe der Inflationsrate allein noch nichts darüber aussagt, ob die Menschen sich weniger oder mehr leisten können.

Aufgabe 4
Erläutern Sie, warum es notwendig war, für die Europäische Union einen harmonisierten Verbraucherpreisindex (HVPI) zu entwickeln.

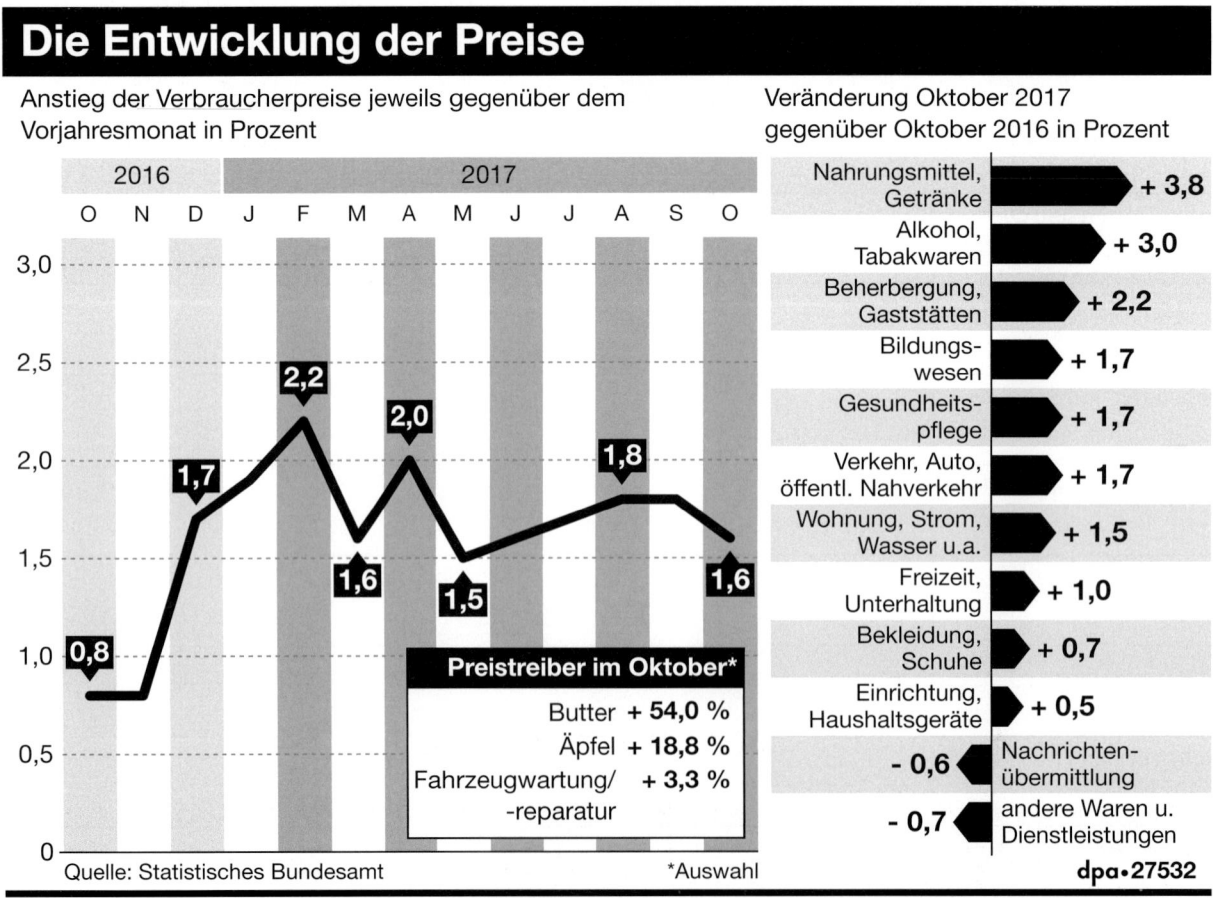

Die Entwicklung der Preise

Anstieg der Verbraucherpreise jeweils gegenüber dem Vorjahresmonat in Prozent

Veränderung Oktober 2017 gegenüber Oktober 2016 in Prozent

Nahrungsmittel, Getränke	+ 3,8
Alkohol, Tabakwaren	+ 3,0
Beherbergung, Gaststätten	+ 2,2
Bildungswesen	+ 1,7
Gesundheitspflege	+ 1,7
Verkehr, Auto, öffentl. Nahverkehr	+ 1,7
Wohnung, Strom, Wasser u.a.	+ 1,5
Freizeit, Unterhaltung	+ 1,0
Bekleidung, Schuhe	+ 0,7
Einrichtung, Haushaltsgeräte	+ 0,5
- 0,6	Nachrichtenübermittlung
- 0,7	andere Waren u. Dienstleistungen

Preistreiber im Oktober*

Butter	+ 54,0 %
Äpfel	+ 18,8 %
Fahrzeugwartung/-reparatur	+ 3,3 %

Quelle: Statistisches Bundesamt   *Auswahl

dpa•27532

FK → TAF 12.6 | Kap. 3.1

Einkommens- und Vermögensverteilung – Das Geld in Deutschland gerecht verteilen

Situation

Bettina Lotto wird am Schwarzen Brett in der Berufsschule auf das folgende Plakat aufmerksam.

Die Studie der internationalen Hilfsorganisation Oxfam hat es gezeigt: Die Welt ist ungerecht. 62 der reichsten Menschen besitzen so viel wie die Hälfte der Weltbevölkerung. Doch wie ist die Situation in Deutschland?

Wird die Schere zwischen Reich und Arm immer größer? Sollen wir mehr umverteilen? Und wenn ja, nach welchem Prinzip? Brauchen wir ein Bedingungsloses Grundeinkommen oder doch eher mehr Leistungsanreize?

Uns interessiert Deine Meinung! Diskutiere bei „Jugend meint" 2020 mit uns über das Thema

Tom, 16: „Umverteilung macht alle Leistungsanreize kaputt."

Marie, 17: „Es gibt genug Vermögen in unserem Land, wir müssen es nur richtig verteilen."

Linus, 20: „Jeden Monat 1.500,00 € vom Staat. Für jeden? Geile Idee. Arbeiten adieu!"

Lena, 18: „Ich würde mich gern mehr sozial engagieren. Mit einem Grundeinkommen vom Staat wäre das möglich."

Einkommensverteilung in Deutschland.

Bewirb Dich jetzt mit Deinem Statement!

„Jugend meint" 2020
MACH MIT!

Arbeitsaufträge

1 Vervollständigen Sie das Arbeitsblatt 76.1 zur Verteilung des Volkseinkommens.
2 Ziel einer Umverteilung ist immer die gerechtere Verteilung von Einkommen in einer Volkswirtschaft. Beschreiben Sie die drei Prinzipien, nach denen die Einkommensumverteilung erfolgen kann.
3 Informieren Sie sich mithilfe des Arbeitsblattes 76.2 über die Idee des Bedingungslosen Grundeinkommens. Stellen Sie übersichtlich Pro- und Kontra-Argumente gegenüber.
4 Bettina Lotto möchte gern mit einem Statement am Wettbewerb teilnehmen. Formulieren Sie Bettinas persönliches Statement zum Thema Einkommensverteilung in Deutschland.
5 Diskutieren Sie das Thema „Einkommensverteilung" in Ihrer Klasse.

Arbeitsblatt 76.1 | Verteilung des Volkseinkommens

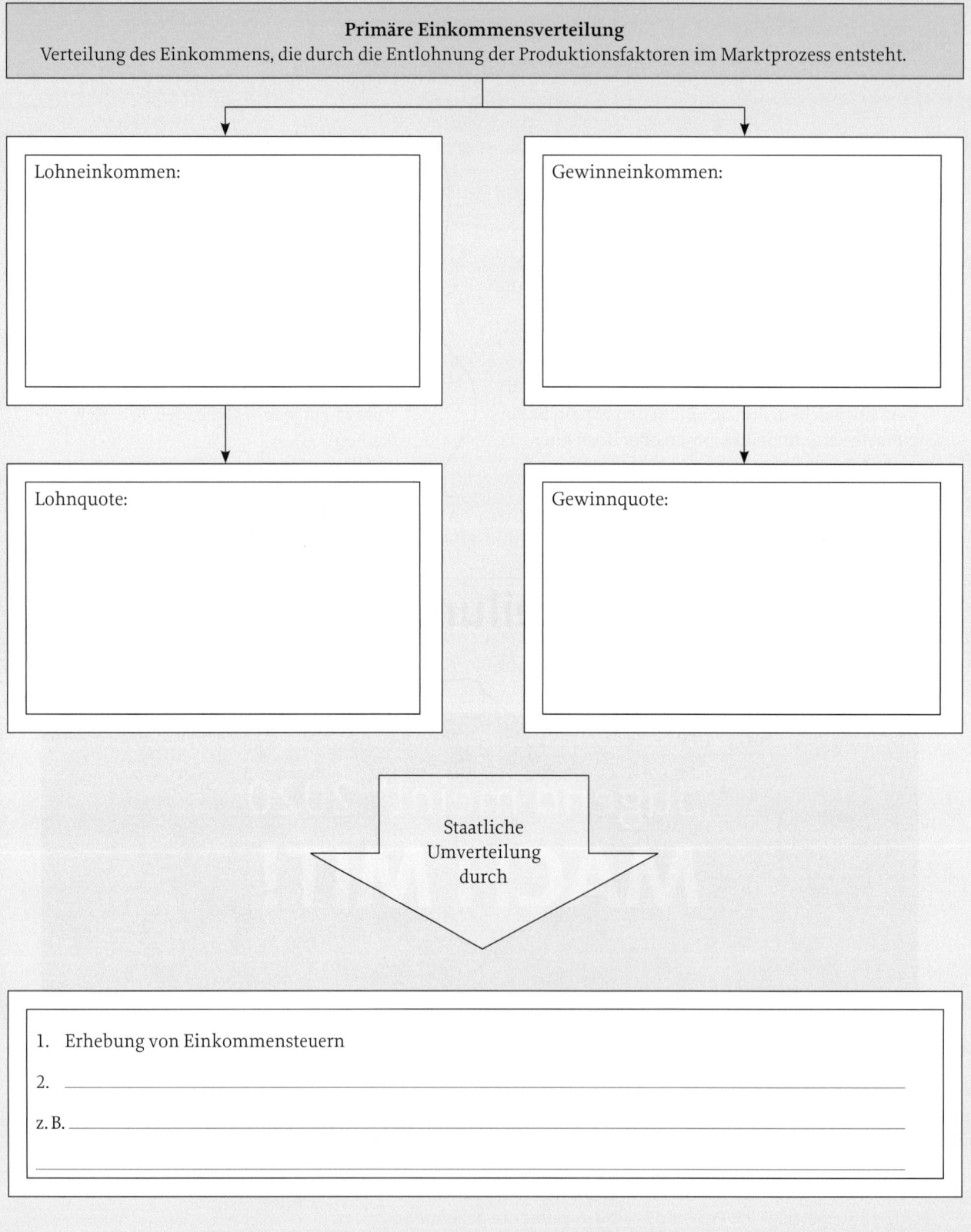

Primäre Einkommensverteilung
Verteilung des Einkommens, die durch die Entlohnung der Produktionsfaktoren im Marktprozess entsteht.

Lohneinkommen:

Gewinneinkommen:

Lohnquote:

Gewinnquote:

Staatliche
Umverteilung
durch

1. Erhebung von Einkommensteuern

2. _____

z. B. _____

_____

Verteilung des Einkommens, die sich nach der Umverteilung der primären Einkommen durch Umverteilungs-
maßnahmen des Staates ergibt.

Arbeitsblatt 76.2 | Das Bedingungslose Grundeinkommen

Das Konzept

Das Konzept des Bedingungslosen Grundeinkommens (BGE) sieht vor, dass jeder Bürger vom Staat ein gesetzlich festgelegtes Grundeinkommen erhält. Die Zahlung erfolgt unabhängig davon, ob der Bürger bedürftig ist oder ob er bereit ist, einer Erwerbstätigkeit nachzugehen. Im Konzept des BGE fallen alle weiteren Sozialleistungen wie Arbeitslosenhilfe, Sozialhilfe, Kindergeld, Ausbildungsförderung, Übernahme von Sozialversicherungsbeiträgen und möglicherweise sogar die Rentenzahlungen weg. Neben dem BGE steht es jedem Bürger frei, durch eine Erwerbstätigkeit Geld zu verdienen, ohne dass das Einkommen auf die Leistung des Staates angerechnet wird.

Pro-Argumente

Ökonomisch betrachtet fällt der Blick zunächst auf die hohen Verwaltungskosten des Sozialsystems, die durch die Bedarfsprüfungen für die unterschiedlichen Transferzahlungen anfallen. Durch das BGE würden diese entfallen. Die Demografie unserer Gesellschaft führt außerdem dazu, dass mit dem deutschen Sozialversicherungssystem immer weniger Erwerbstätige für die Alterssicherung von immer mehr Rentnern aufkommen müssen. Deckt man die Kosten über höhere Sozialversicherungsbeiträge, würde das zu steigenden Lohnnebenkosten für die Betriebe führen, was sich auf die Schaffung von Arbeitsplätzen auswirken könnte. Auch aus humanitärer Sicht sprechen Gründe für ein BGE. Denn obwohl wenn wir in einer grundsätzlich leistungsorientierten Gesellschaft leben, werden nicht alle Leistungen durch Geldleistungen entlohnt. Weder Kinderbetreuung und Betreuung von Familienangehörigen noch soziales und gesellschaftliches Engagement werden in Form einer Geldleistung vergütet. Das BGE kann hier einen ersten Ansatz schaffen. In einer marktwirtschaftlichen Ordnung sind Unternehmergeist und die damit verbundene Risikobereitschaft gefordert. Flexibilität und der Mut sind notwendig, damit das Wettbewerbsprinzip erfolgreich ist. Durch das BGE wird die Voraussetzung für die genannten Werte geschaffen. Grundsätzlich soll das BGE jedem Menschen ein würdiges Leben mit der individuellen Freiheit und Möglichkeit zur Selbstverwirklichung ermöglichen.

Kontra-Argumente

Den vielen Pro-Argumenten stehen an erster Stelle die hohen Kosten gegenüber. Kritiker sehen im BGE insbesondere die Gefahr, dass genau die oben beschriebenen Leistungsanreize fehlen. Durch ein bedingungsloses Einkommen besteht die Gefahr, dass sich Bürgerinnen und Bürger allen Verbindlichkeiten einer Gesellschaft entziehen. Das BGE könne dazu führen, dass die Menschen keinen Anreiz sehen, einer Erwerbstätigkeit nachzugehen. Der ohnehin schon vorhandene Facharbeitermangel könnte sich noch verschärfen. Besonders aktuell ist die Befürchtung, dass das BGE ein Grund für zunehmende Einwanderung sein könne.

Aufgabe: Vervollständigen Sie die Tabelle, indem Sie Pro- und Kontra-Argumente hinsichtlich des Bedingungslosen Grundeinkommens gegenüberstellen.

Pro	Kontra

Aufgaben

Aufgabe 1

Bei der Verteilung des Einkommens in einer Gesellschaft unterscheidet man zwischen der funktionellen und der personellen Einkommensverteilung. Stellen Sie diese beiden Betrachtungsweisen gegenüber.

Aufgabe 2

Zur Umverteilung des Einkommens nutzt der Staat Transferzahlungen und Steuern. Erläutern Sie diese beiden Möglichkeiten der Umverteilung. Nennen Sie jeweils zwei Beispiele.

Aufgabe 3

Stellen Sie dar, inwiefern sich die Leistungen der gesetzlichen Sozialversicherung von staatlichen Transferleistungen unterschieden.

Aufgabe 4

In der folgenden Grafik ist eine Verteilung der Einkommen in Deutschland dargestellt. Entwerfen Sie drei Aussagen, die Sie der Grafik entnehmen können.

Aufgabe 5

Um das Ziel einer gerechten Einkommensverteilung zu erreichen, orientiert sich die Gesellschaft in der Regel am Leistungs-, am Bedürfnis- und am Gleichheitsprinzip.

a Erläutern Sie diese Prinzipien.
b Diskutieren Sie, warum es bei verteilungspolitischen Entscheidungen schwierig ist, gleichzeitig das Bedürfnisprinzip und das Leistungsprinzip zu beachten.

Aufgabe 6

Neben der gesetzlichen Sozialversicherung versichern sich viele Menschen zusätzlich in einer privaten Versicherung gegen die unterschiedlichsten Lebensrisiken. Stellen Sie die grundlegenden Unterschiede zwischen einer gesetzlichen Sozialversicherung und einer privaten Versicherung gegenüber.

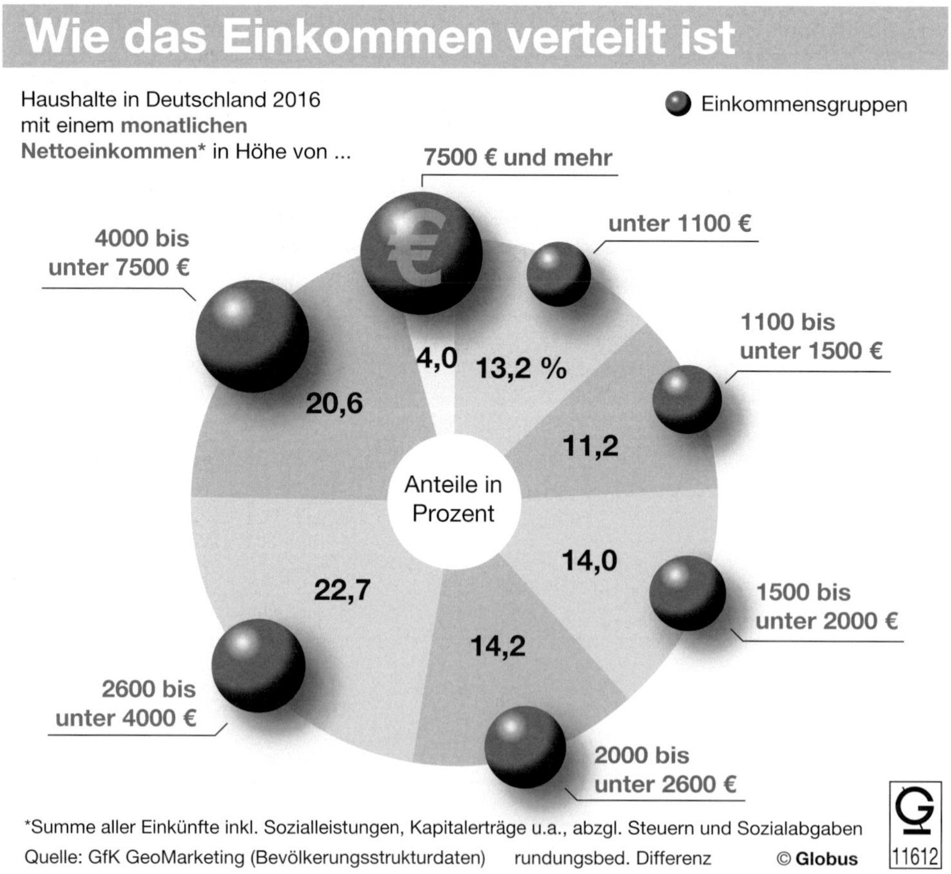

Wie das Einkommen verteilt ist

Haushalte in Deutschland 2016
mit einem **monatlichen
Nettoeinkommen*** in Höhe von ...

● Einkommensgruppen

7500 € und mehr

unter 1100 €

4000 bis
unter 7500 €

1100 bis
unter 1500 €

4,0   13,2 %

20,6

11,2

Anteile in
Prozent

14,0

22,7

1500 bis
unter 2000 €

14,2

2600 bis
unter 4000 €

2000 bis
unter 2600 €

*Summe aller Einkünfte inkl. Sozialleistungen, Kapitalerträge u.a., abzgl. Steuern und Sozialabgaben
Quelle: GfK GeoMarketing (Bevölkerungsstrukturdaten)   rundungsbed. Differenz   © **Globus**   11612

FK → TAF 12.6 | Kap. 3.4

Arbeitslosigkeit – Folgen für den Sozialstaat erkennen

Bettina Lotto, Auszubildende im 3. Ausbildungsjahr bei der Fly Bike Werke GmbH, hat in der Berufsschule gelernt, dass Ihre Ausbildung gar nicht am 31. Juli, also exakt nach 3 Jahren, endet, sondern voraussichtlich bereits am 12. Juni. Dies ist der Tag, an dem sie den letzten Teil ihrer Abschlussprüfung ablegen wird. Besteht sie diesen (und natürlich entsprechend die vorhergehenden), ist ihre Ausbildung damit beendet.

Die Fly Bike Werke GmbH hat ihr bereits signalisiert, dass sie im Anschluss an die Prüfung mit einer Übernahme rechnen kann. Sie wird ab dem 1. September eine dann in Altersrente gehende Kollegin im Rechnungswesen ersetzen können. Bettina freut sich sehr, überlegt aber nun, ob sie im Sommer arbeitslos sein wird oder ob die Fly Bike Werke GmbH ihr einen früheren Vertrag anbieten kann.

Arbeitsaufträge

1 Füllen Sie die obere Reihe in Arbeitsblatt 77.1 „Arten der Arbeitslosigkeit" aus, indem Sie die fünf Arten der Arbeitslosigkeit benennen und jeweils charakterisieren.

2 Bearbeiten Sie nun den unteren Teil des Arbeitsblattes 77.1, indem Sie beschreiben, welche Maßnahmen der Beschäftigungspolitik zur Verfügung stehen, um die verschiedenen Arten der Arbeitslosigkeit konkret zu bekämpfen.

3 Sollte Bettina tatsächlich erst einen Arbeitsvertrag zum 1. September unterschreiben können, wäre sie nach ihrer Prüfung zunächst arbeitslos. Um welche Art der Arbeitslosigkeit würde es sich hier handeln?

4 Im Rahmen der Arbeitsmarktpolitik unterscheidet man aktive und passive Maßnahmen. Unterscheiden Sie diese beiden Arten, indem Sie ihre wichtigsten Merkmale in das Arbeitsblatt 77.2 eintragen. Charakterisieren Sie dann stichwortartig die jeweiligen Maßnahmen.

Arbeitsblatt 77.1 | Arten der Arbeitslosigkeit

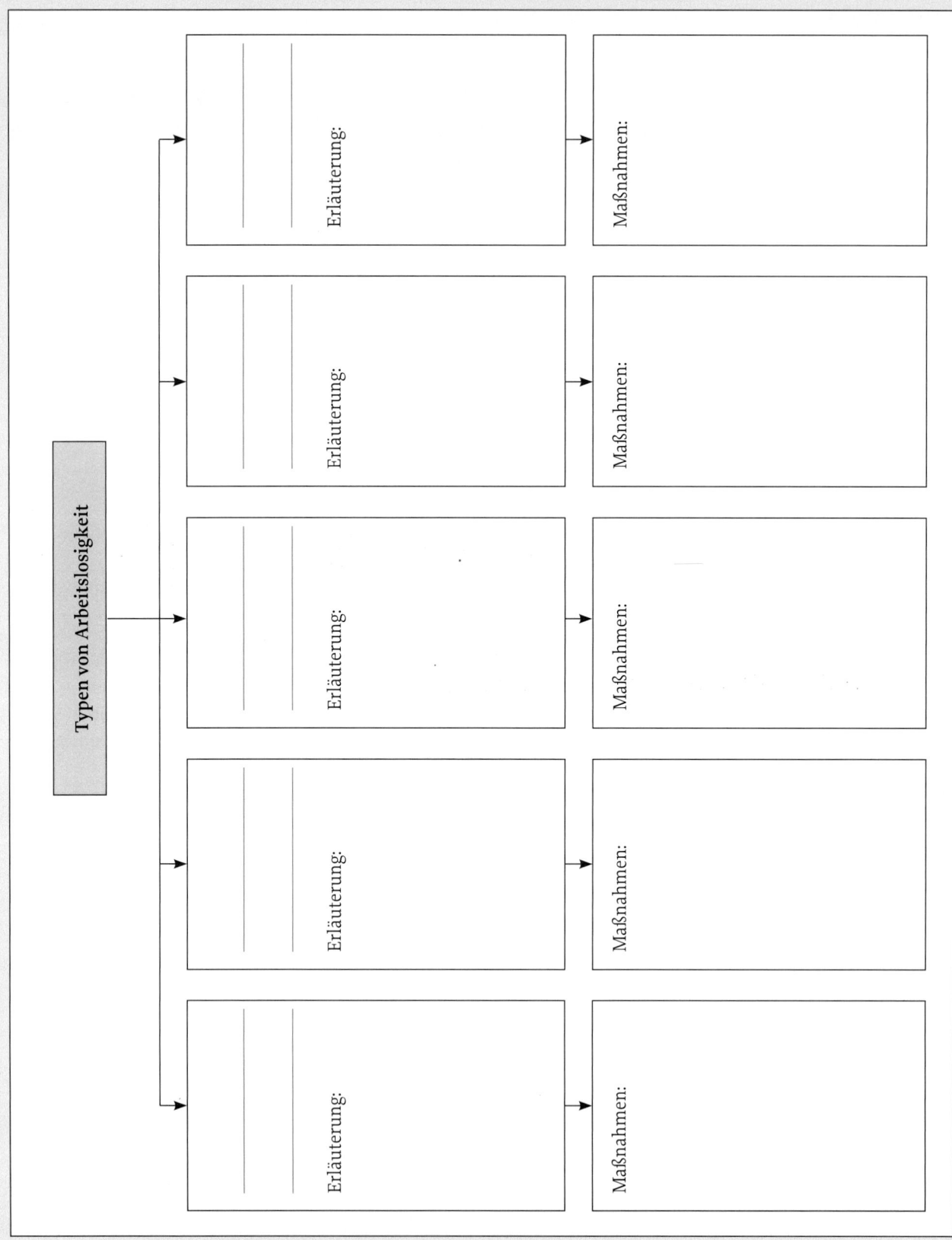

Arbeitsblatt 77.2 | Arbeitsmarkt- und Beschäftigungspolitik der Bundesagentur

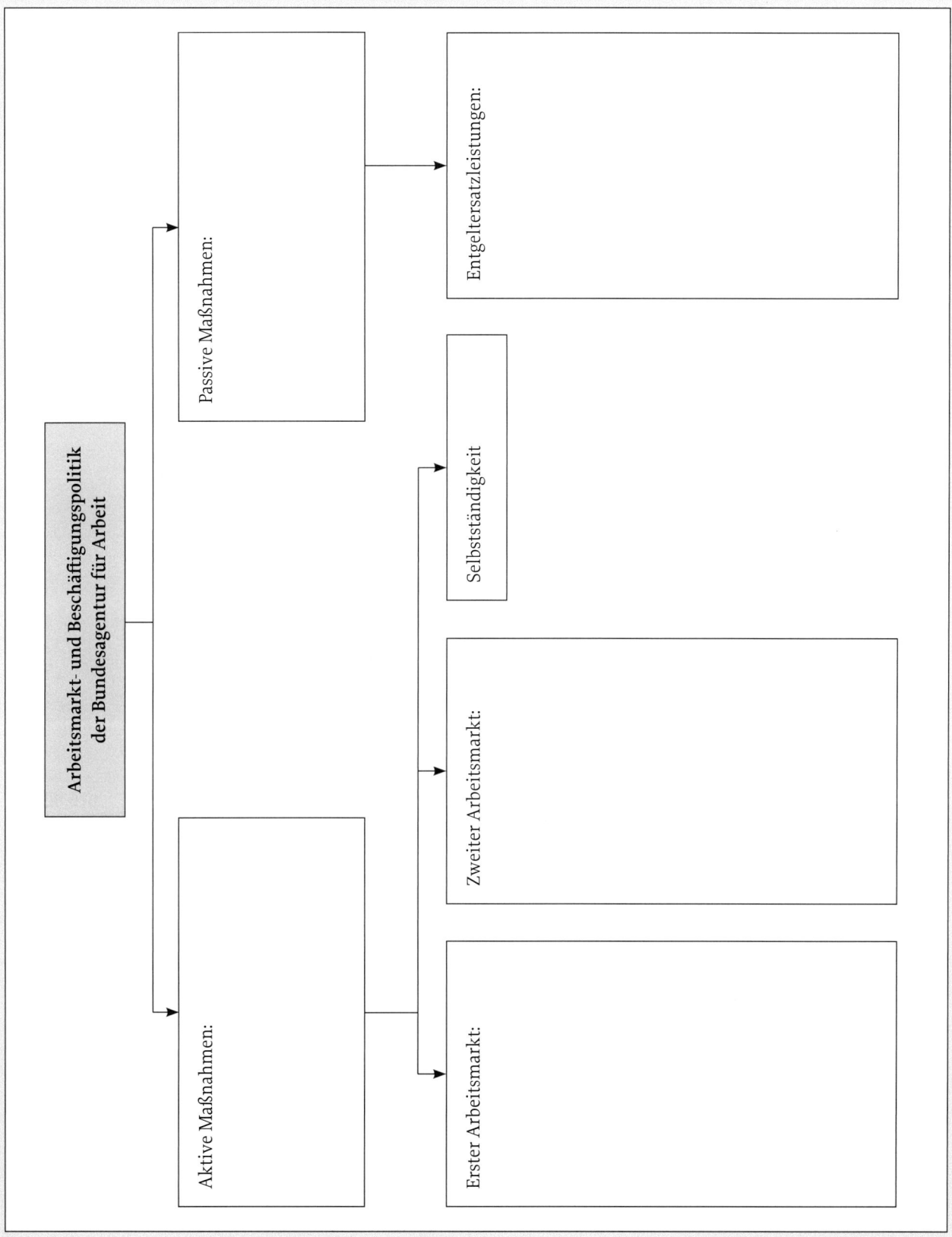

Aufgaben

Aufgabe 1

Zu den aktiven Maßnahmen der Bundesagentur für Arbeit gehört neben dem ersten und zweiten Arbeitsmarkt auch die Förderung der Selbstständigkeit.

a Betrachten Sie die nebenstehende Grafik und finden Sie Gründe für die Verteilung der „Solo-Selbstständigen" auf die genannten Wirtschaftsbereiche.

b Nennen Sie zwei Risiken, denen Arbeitslose ausgesetzt sind, die sich selbstständig machen.

c Neben den Risiken beweisen die hohen Zahlen, dass viele Arbeitslose auch Chancen in der Selbstständigkeit sehen. Nennen Sie zwei mögliche Chancen.

Aufgabe 2

Im Folgenden werden Beispiele für die Freisetzung von Arbeitsplätzen gegeben. Überprüfen Sie, welche Art von Arbeitslosigkeit jeweils vorliegt.

a In den Monaten Dezember bis Februar kann ein Bauarbeiter nicht arbeiten.

b Infolge umfangreicher Rationalisierungsmaßnahmen verliert eine Industriekauffrau ihren Arbeitsplatz in der Buchhaltung.

c Durch zyklische Wirtschaftsschwankungen ist die Produktionsmenge eines Industriebetriebs während der letzten Monate ständig gesunken. Facharbeiter werden entlassen.

d Aufgrund eines Insolvenzverfahrens werden Arbeitskräfte entlassen.

Aufgabe 3

Welche Maßnahmen der aktiven Arbeitsmarktpolitik halten Sie für besonders geeignet, Arbeitslose dauerhaft in den Arbeitsmarkt einzugliedern? Begründen Sie Ihre Meinung.

Aufgabe 4

Um Leistungen von der Bundesagentur für Arbeit beziehen zu können, muss man zum einen eine Anspruchsgrundlage nachweisen, zum anderen gewissen Pflichten gegenüber der Bundesagentur für Arbeit nachkommen. Tut man dies nicht, kommt es zu empfindlichen Strafen. Erläutern Sie mithilfe der nebenstehenden Grafik, aus welchen Gründen diese Strafen hauptsächlich entstehen, und überlegen Sie, warum es in diesem großen Maße dazu kommt. Diskutieren Sie in Ihrer Klasse diese Situation und andere Alternativen, außer Leistungskürzungen oder finanzielle Strafen.

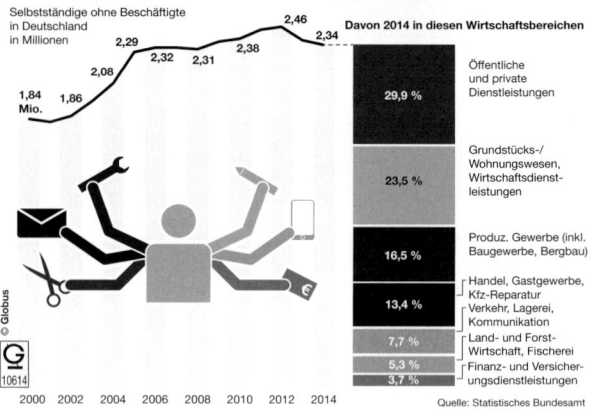

Deutschlands Solo-Selbstständige

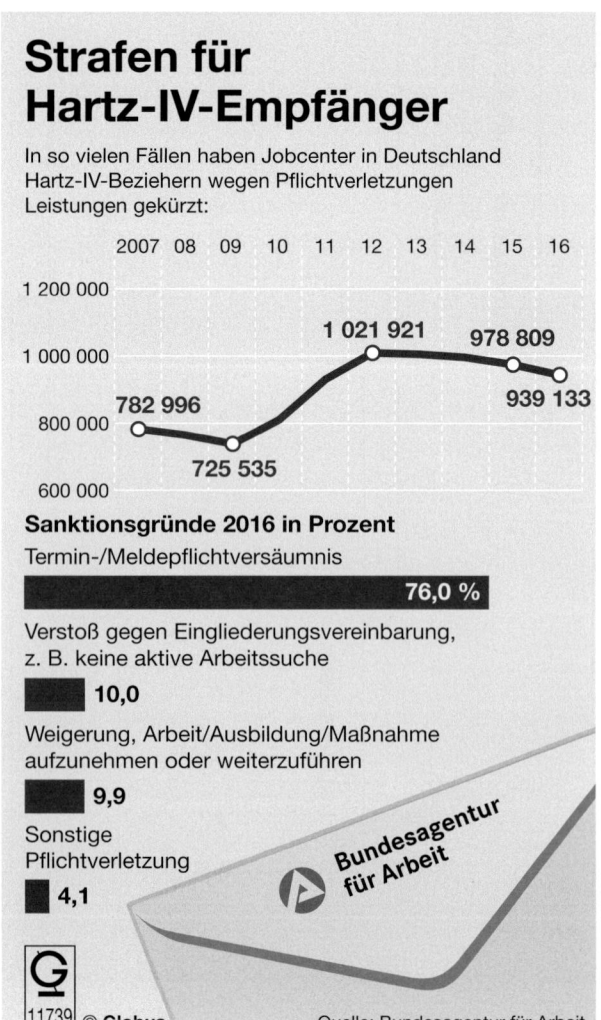

Strafen für Hartz-IV-Empfänger

FK → TAF 12.6 | Kap. 4

Umweltpolitik – Externe Effekte ermitteln und die Kosten verteilen

Situation

Regula Gerland, Leiterin des Vertriebs bei der Fly Bike Werke GmbH, liest in den Oldenburger Nachrichten den folgenden Artikel und den Kommentar dazu..

Die Luft in Oldenburg soll sauberer werden

Oldenburg. „Die Luft in Oldenburg soll sauberer werden." Das ist die Kernaussage eines Antrags, den die Grüne Wählergemeinschaft (GWG) nicht nur in den Oldenburger Stadtrat, sondern auch in den Niedersächsischen Landtag einbringen will. Das betonte Elisabeth Meurer von der Grünen Wählergemeinschaft in einer Pressekonferenz.

„Die Atemluft in Teilen Oldenburgs ist gesundheitsgefährdend", teilte Meurer weiter mit, „die EU-Grenzwerte für Luftschadstoffe, insbesondere für einzelne Stickoxide, werden in Oldenburg regelmäßig überschritten." Die Belastungsgrenze der Bevölkerung sei erreicht. Bereits jetzt entstehen durch den Schadstoffausstoß hohe externe Kosten, die nicht internalisiert werden. Im Wesentlichen verantwortlich für die zu hohen Stickoxid-Belastungen sei der motorisierte Straßenverkehr.

Konkret fordert die GWG die Einführung einer Umweltzone im Stadtgebiet Oldenburg. Die Umweltzone darf nur von Fahrzeugen befahren werden, die bestimmte Abgasstandards einhalten. Für alle anderen Fahrzeuge ist die Zufahrt in die Umweltzone verboten. Die zugelassenen Fahrzeuge (Pkw und Lkw) müssen mit einer grünen Plakette auf der Windschutzscheibe gekennzeichnet sein. Oldenburg wäre bei Umsetzung die 56. Stadt in Deutschland mit einer Umweltzone.

In der kommenden Ratssitzung wird über das Thema entschieden. Die Sitzung ist öffentlich.

Quelle: Autorentext

Der Kommentar

Effektiv ja, aber noch lange nicht effizient.

Jetzt kommt sie also auch in Oldenburg. Die Umweltzone. Feinstaub, Stickoxide, all das ist gesundheitsschädlich. Das ist bekannt. Sie müssen bekämpft werden. Aber wie? Ganz einfach, sagen die Umweltpolitiker. Ein Verbot wird erlassen. Fertig. Problem gelöst.

Das Ordnungsrecht ist die älteste Lösung staatlicher Umweltpolitik. Gebote und Verbote lassen sich politisch gut verkaufen und sind effektiv. Aber effektiv heißt nicht effizient. Da hat die Ökonomie weitaus bessere Lösungen zu bieten. Lässt doch das Ordnungsrecht die relativen Kosten der Vermeidung völlig außer Betracht. Oder anders ausgedrückt: Wie teuer die Vermeidung für jeden Einzelnen ist, spielt keine Rolle.

Die Idee, Umweltschutz marktwirtschaftlich zu gestalten, ist nicht neu. Schon der englische Ökonom Arthur Cecil Pigou hatte diese Idee vor 100 Jahren mit der von ihm entwickelten Pigou-Steuer. Da wird der Sonntagsfahrer, der nur einmal die Woche in die Stadt fährt, weniger belastet als der, der täglich mit dem Auto zum Bäcker fährt.

Doch die Marktwirtschaft hat noch mehr zu bieten. Der Verkauf von handelbaren Zertifikaten zum Beispiel. Die Höchstgrenzen der Schadstoffbelastung sind ja bereits festgelegt. Umweltpolitik kann auch effizient sein. Mit dem bewährten Griff in die Verbotskiste wird sie das aber wohl nie werden.

Arbeitsaufträge

1 Stellen Sie in Arbeitsblatt 78.1 die Instrumente der Umweltpolitik dar.
2 Um welches Instrument handelt es sich bei der im Zeitungsartikel geforderten Einführung einer Umweltzone?
3 Negative externe Effekte und damit verbundene externe Kosten stellen eine besondere Problematik im Umweltbereich dar. Erläutern Sie diese am Beispiel der Feinstaubbelastung in Städten und Ballungsräumen.
4 Beschreiben Sie, was unter der Internalisierung externer Kosten zu verstehen ist.
5 Das Firmengelände der Fly Bike Werke GmbH liegt innerhalb der geforderten Umweltzone. Welche möglichen Auswirkungen hat das für das Unternehmen?
6 Erarbeiten Sie mit Ihren Mitschülern einen Vorschlag für die nächste Ratssitzung der Stadt Oldenburg. Wie könnte die Umweltbelastung mit marktwirtschaftlichen Instrumenten effizient verhindert werden?

Arbeitsblatt 78.1 | Instrumente der Umweltpolitik

Negative externe Effekte entstehen, _____

_____ .

Beispiel: Aufgrund der Luftverschmutzung durch ein Industrieunternehmen sinkt die Lebensqualität der Anwohner und ihre Gesundheit wird beeinträchtigt.

Instrumente der Umweltpolitik

_____ Instrumente

_____

Beispiel:

_____

Beispiel:

_____ Instrumente

_____

Beispiel:

_____

Beispiel:

Aufgaben

Aufgabe 1
Der Umweltschutz ist als wirtschaftspolitisches Ziel fester Bestandteil des magischen Sechsecks. Geben Sie an, auf welcher gesetzlichen Grundlage der Umweltschutz fester Bestandteil der Ordnungspolitik ist.

Aufgabe 2
Im Rahmen der Umweltpolitik steht das nachhaltige Handeln im Mittelpunkt. Eine nachhaltige Entwicklung kann nur unter der gleichzeitigen Berücksichtigung ökologischer, ökonomischer und sozialer Ziele erreicht werden. Setzen Sie sich damit auseinander, wie schwierig es ist, diese drei Dimensionen in Einklang zu bringen (siehe auch in der Fachkunde, TAF 11.4, Kapitel 6.2 Leitbild der nachhaltigen Entwicklung). Weisen Sie durch ein selbst gewähltes Beispiel einen möglichen Zielkonflikt nach.

Aufgabe 3
In der folgenden Grafik sind Angebot und Nachfrage auf einem Markt dargestellt. Externe Kosten, die bei der Produktion verursacht werden, sind nicht berücksichtigt.

a Zeichnen Sie in der Grafik ein, wie sich die Angebotskurve bei Berücksichtigung externer Kosten verschieben würde.

b Ermitteln Sie, welche Auswirkungen das auf den Gleichgewichtspreis und die Gleichgewichtsmenge hätte.

Aufgabe 4
Umweltzertifikate werden insbesondere von Ökonomen als das beste Instrument der Umweltpolitik angesehen. Bestätigen Sie die Behauptung, dass die Vergabe und der Handel von Umweltzertifikaten wirtschaftlich besonders effizient sind.

Aufgabe 5
Der englische Ökonom Arthur Cecil Pigou hatte schon im Jahr 1912 die Idee, durch die Erhebung einer Steuer die Umweltverschmutzung zu verringern. Recherchieren Sie unter dem Stichwort Pigou-Steuer und beschreiben Sie Idee, Ziel und Funktionsweise dieser Steuer.

Aufgabe 6
Bei der Umweltpolitik spielen Interessensgruppen eine besondere Rolle.

a Nennen Sie drei Umweltverbände, die Einfluss auf die Umweltpolitik haben.

b Recherchieren Sie und stellen Sie eine Umweltschutzorganisation näher vor.

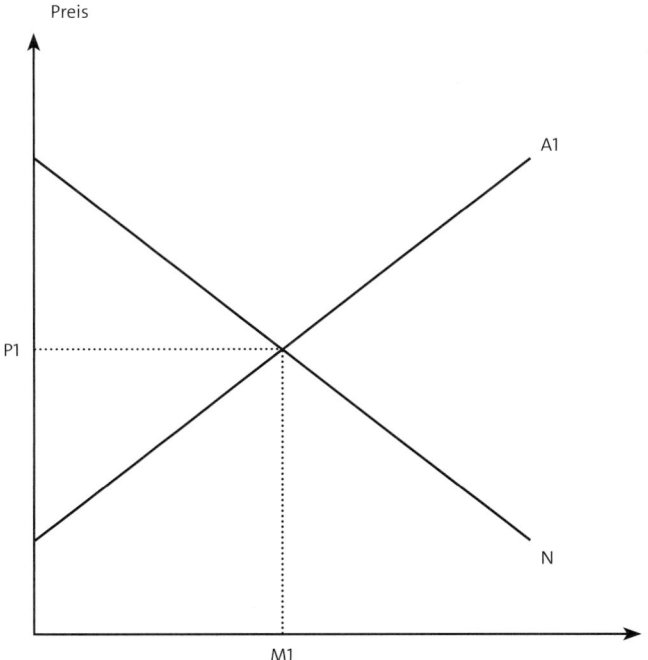

FK → TAF 12.6 | Kap. 5

Konjunkturzyklus – Das Auf und Ab der Wirtschaft beschreiben

Ein gutes Mittel, um sich über das aktuelle Wirtschaftsgeschehen und die wirtschaftliche Entwicklung zu informieren, sind Zeitungen. Sammeln Sie in den nächsten Wochen Berichte, Karikaturen, Statistiken, Grafiken etc. aus der Tagespresse und im Internet, die sich mit Themen wie Konjunktur, Geld- und Fiskalpolitik, Arbeitslosigkeit und Steuerpolitik beschäftigen. Bereiten Sie dann in Gruppen mithilfe des zusammengetragenen Materials eine Präsentation über die wirtschaftliche Lage in der Bundesrepublik vor. Gestalten Sie dafür eine Wandzeitung nach unten stehender Vorlage.

Arbeitsaufträge

1. Ordnen Sie das gefundene Material den oben angegebenen Bereichen zu.
2. Markieren Sie alle Artikel, bei denen jemand aktiv ins Wirtschaftsgeschehen eingreift, blau. Markieren Sie die, bei denen eine wirtschaftliche Entwicklung ohne bewusstes Eingreifen beschrieben wird, grün.
3. Vergleichen und diskutieren Sie Ihre Ergebnisse: Haben Sie gleiche Farben gewählt? Falls nicht, diskutieren Sie besonders die Unterschiede.
4. Die von Ihnen ausgewählten Artikel nehmen sicherlich Bezug auf die aktuelle konjunkturelle Situation. Füllen Sie als Übersicht zur möglichen konjunkturellen Situation das Arbeitsblatt 79.1 aus.
5. Wie schätzen Sie die aktuelle konjunkturelle Situation ein? Begründen Sie Ihre Einschätzung anhand der von Ihnen ausgewählten Artikel.

Arbeitsblatt 79.1 | Konjunkturpolitik

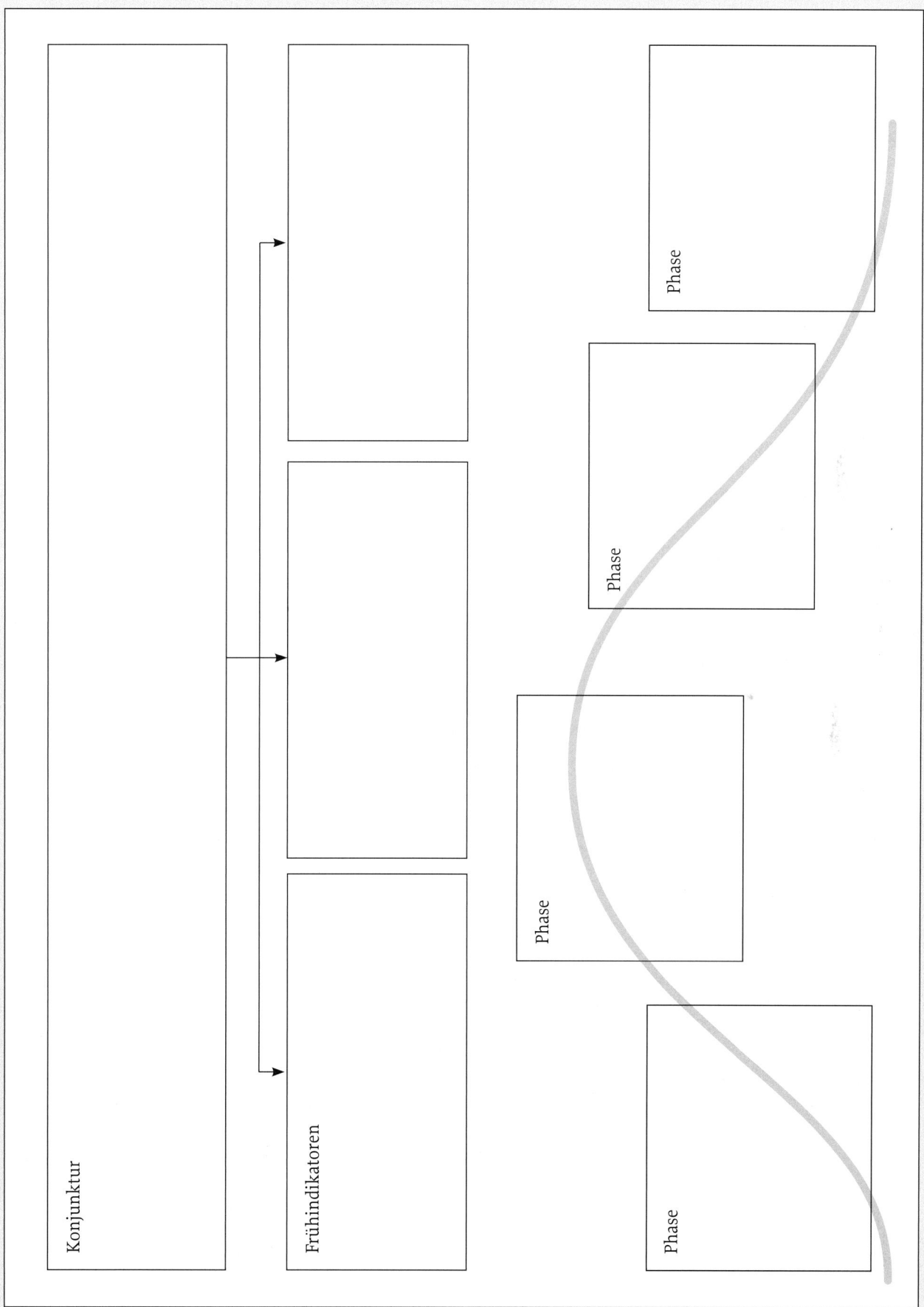

Konjunktur

Frühindikatoren

Phase

Phase

Phase

Phase

Aufgaben

Aufgabe 1

Welche Konjunkturphasen werden in den nachfolgenden gesamtwirtschaftlichen Situationen beschrieben? Ordnen Sie zu.

1 Aufschwung (Expansion)
2 Hochkonjunktur (Boom)
3 Abschwung (Rezession)
4 Tiefstand (Depression)

a Bei niedriger Kapazitätsauslastung und sehr hohen Lagerbeständen geraten Löhne und Preis unter Druck.
b Die Arbeitslosenquote und der Druck auf die Löhne und Preise steigen.
c Die Nachfrage ist größer als das Angebot und die Inflationsrate ist hoch.

Aufgabe 2

Mithilfe von Konjunkturindikatoren können Rückschlüsse und Erkenntnisse auf den Stand und die Entwicklung der Wirtschaft gezogen werden. Welche Indikatoren sind Frühindikatoren?

a Arbeitsmarktentwicklung
b Produktionsentwicklung
c Auftragseingangsentwicklung
d Investitionsvolumen
e Bruttoinlandsprodukt
f Arbeitslosenquote

Aufgabe 3

a Erläutern Sie, wodurch sich die Kondratieff-Zyklen ergeben.
b Wissenschaftler rechnen damit, dass der kommende 6. Kondratieff-Zyklus nur etwa 20 bis 30 Jahre dauern wird. Warum sind die konjunkturellen Schwankungen heute kürzer als vor 60 Jahren?

Aufgabe 4

a Der Konjunkturverlauf hängt von verschiedenen Faktoren ab.
b Erläutern Sie den Einfluss psychologischer Faktoren auf den Konjunkturverlauf.
c Nennen und erklären Sie kurz fünf weitere Faktoren, die für Konjunkturschwankungen mitverantwortlich sein können.

Aufgabe 5

Entscheiden Sie, ob die nachfolgend geschilderten Nachfrageveränderungen der Kunden der Fly Bike Werke GmbH betriebs- oder konjunkturbedingt sind, und begründen Sie.

a Die Fly Bike Werke GmbH startet aufgrund fehlerhafter Bremsen eine Rückrufaktion für das Kinderrad *Cool*. Die Nachfrage nach dem Modell kommt zum Erliegen.
b Aufgrund des wiederholten Ausfalls einer Maschine konnten Liefertermine gegenüber Kunden im Einzelhandel
c nicht eingehalten werden. Zwei wichtige Kunden gehen verloren.
d Wegen länger andauernder Kapazitätsengpässe können Kunden nicht beliefert werden, die daraufhin zu
e anderen Lieferanten wechseln.
f Die Nachfrage nach Freizeiträdern (alle Modelle) sinkt seit drei Monaten kontinuierlich.
g Ein Kunde im Einzelhandel ersetzt Modelle der Fly Bike Werke GmbH durch höherwertige Modelle der Konkurrenz mit einem höheren Verkaufspreis.

Aufgabe 6

Die Lohn- und Gehaltsentwicklungen zählen zu den Spätindikatoren. Sie treten demnach zeitlich nachgelagert zur Konjunktursituation auf, die sie kennzeichnen. Warum ist dies so?

FK → TAF 12.6 | Kap. 6.2

Staat oder Markt – Angebots- und nachfrageorientierte Politik beurteilen

Finanzministerium an Brüssel: „Wir sehen keine Möglichkeit für eine expansive Fiskalpolitik"

Die EU-Kommission regt etwas höhere Staatsausgaben in der Währungsunion an. Bundesregierung und Unionsfraktion erklären, was sie davon halten.

Die Bundesregierung lehnt eine von der EU-Kommission angemahnte lockerere Ausgabenpolitik der Mitgliedsländer der Euro-Währungsunion ab. Ein Sprecher des Finanzministeriums in Berlin sagte: „Angesichts der weiter hohen Schuldenstände in der EU sehen wir keine Möglichkeit für eine expansive Fiskalpolitik."

Weil die Wirtschaft der Währungsunion weiter wachse, sei dies auch nicht nötig. Auch in der Unions-Fraktion stößt die EU-Kommission auf Widerspruch. „Ich finde es völlig absurd, wenn die Kommission für eine Verschuldungspolitik eintritt", sagte ihr haushaltspolitischer Sprecher Eckhardt Rehberg. Mit elf Prozent sei die Investitionsquote im Etat zudem die höchste seit Jahren.

„Wichtig sind Strukturreformen"

EU-Wirtschaftskommissar Pierre Moscovici hatte am Vortag mehr Anstrengungen in der Währungsunion gefordert, um das Wirtschaftswachstum zu unterstützen. Damit zielte er vor allem auf Deutschland, das neben Luxemburg und Estland zu den einzigen Euroländern gehört, die einen Haushaltsüberschuss erzielen.

„Aus Sicht der Bundesregierung ist es wichtig, dass die zentralen Vorgaben des Stabilitäts- und Wachstumspaktes eingehalten werden und Länder Strukturreformen zur Stärkung des Wachstumspotenzials umsetzen", sagte der Ministeriumssprecher. „Angesichts mittelfristiger Herausforderungen besteht kein fiskalischer Spielraum in Deutschland."

Der Bundestags-Haushaltsausschuss hatte in der vergangenen Woche die Arbeiten am Bundeshaushalt für das kommende Jahr 2017 abgeschlossen. Dieser sieht Ausgaben in Höhe von 329,1 Milliarden Euro vor. Das sind 3,8 Prozent mehr als dieses Jahr.

Quelle: www.faz.net/aktuell/wirtschaft/wirtschaftspolitik/finanzministerium-an-bruessel-wir-sehen-keine-moeglichkeit-fuer-eine-expansive-fiskalpolitik-14532121.html, 17.11.2016

Arbeitsaufträge

1 Lesen Sie den obigen Text und listen Sie die Argumente auf, die die Bundesregierung nutzt, um ihre Entscheidung zu untermauern.

2 Bearbeiten Sie das Arbeitsblatt 80.1 zur angebots- und nachfrageorientierten Wirtschaftspolitik.

3 Vergleichen Sie die Argumente der Bundesregierung mit den Ideen von Keynes und Friedman. Wo finden Sie Übereinstimmungen?

Arbeitsblatt 80.1 | Angebots- vs. nachfrageorientiertes Paradigma I

Stellen Sie nachfrage- und angebotsorientierte Wirtschaftspolitik gegenüber.

	Nachfrageorientierte Politik	Angebotsorientierte Politik
Entstehungs-hintergrund	Reaktion auf die Weltwirtschaftskrise 1929/32	
Wichtigster Vertreter		Milton Friedman
Vorrangiges Ziel		
Annahmen		
Instrumente		
Kritik		

Arbeitsblatt 80.2 | Angebots- vs. nachfrageorientiertes Paradigma II

Überlegen Sie, ob die folgenden Aussagen zum nachfrageorientierten Paradigma (N) oder zum angebotsorientierten Paradigma (A) gehören. Begründen Sie Ihre Entscheidung.

Aussage	Paradigma (N oder A)	Begründung (Stichworte)
a „Lieber 5 % Inflation als 5 % Arbeitslosigkeit."		
b „Eine zurückhaltende Lohnpolitik der Gewerkschaften hat einen positiven Einfluss auf den Beschäftigungsgrad. Sie verhindert, dass der Faktor Arbeit durch den Faktor Kapital substituiert wird."		
c „Nach den Jahren der Lohnzurückhaltung brauchen die Arbeitnehmer eine deutliche Einkommenserhöhung. Das steigert den privaten Konsum und ist damit gut für die Konjunktur."		
d „In der gegenwärtigen Lage ist eine Senkung des Zinsniveaus nötig, damit die Unternehmen wieder mehr investieren."		
e „Auch in einer angespannten konjunkturellen Lage sollten die Zentralbanken vor allem darauf achten, dass es keine Inflation durch eine zu hohe Geldmenge gibt."		
f „Wenn die Unternehmer aufgrund negativer Zukunftserwartungen zu wenig investieren, muss es eben der Staat tun und auf diese Weise die Konjunktur wieder in Schwung bringen."		
g „Leistung muss sich wieder lohnen!"		
h „Die Regierung sollte dringend die Steuern senken, damit die Menschen wieder mehr konsumieren und die Unternehmen wieder mehr investieren."		
i „Auch im Bereich der hohen Einkommen sollten die Steuern gesenkt werden, um Anreize für Innovationen zu schaffen."		
j „Ein starker Kündigungsschutz gibt den Menschen ein Gefühl von Sicherheit. Dann konsumieren sie auch mehr."		
k „Der Kündigungsschutz muss gelockert werden. Dann sind die Unternehmen eher bereit, zusätzliche Mitarbeiter einzustellen."		
l „Ein berühmter Ökonom hat mal gesagt: ‚In the long run we are all dead.' Das heißt: Wichtig sind Maßnahmen, die sofort wirken."		
m „Wir brauchen keinen Aktionismus, sondern eine ‚Politik des langen Atems'."		
n „Es zeigt sich immer wieder, dass die ‚unsichtbare Hand des Marktes' nicht alles regeln kann. Wo der Markt versagt, muss der Staat eingreifen."		
o „Politiker neigen dazu, nur populäre Maßnahmen zu ergreifen und unpopuläre Maßnahmen zu vermeiden. Deshalb können staatliche Eingriffe ins Wirtschaftsgeschehen viel Schaden anrichten."		

Aufgaben

Aufgabe 1
Welche Instrumente kann die Fiskalpolitik nutzen? Beschreiben Sie, wie die Maßnahmen während eines Booms aussehen sollen.

Aufgabe 2
Führen Sie in der Gruppe ein Streitgespräch darüber, ob die Fiskalpolitik zur Stabilisierung der Volkswirtschaft eingesetzt werden sollte oder nicht.

Aufgabe 3
In der folgenden Abbildung sind der Konjunkturverlauf und der Trend dargestellt:

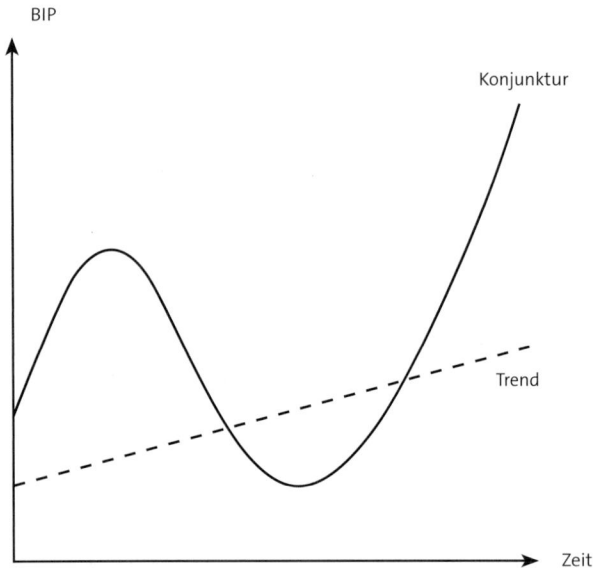

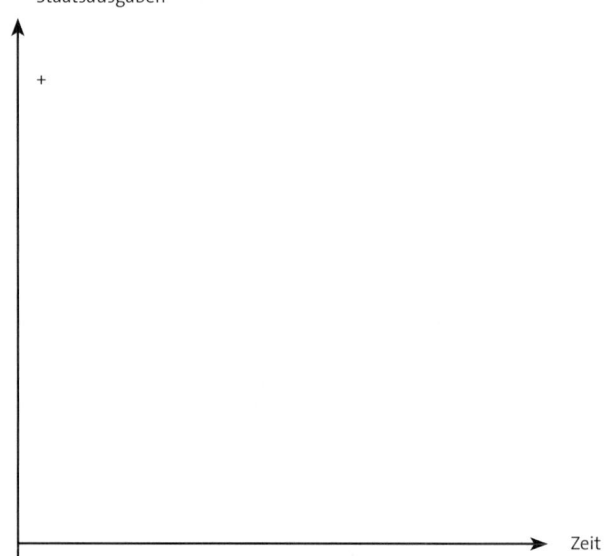

a Zeichnen Sie in der nebenstehenden zweiten Abbildung ein, wie nach Keynes ein sinnvoller Verlauf der Staatsausgaben aussieht.
b Wie sehen Trend und Konjunkturverlauf aus, wenn die keynesianische Wirtschaftspolitik optimal greift? Stellen Sie auch dies grafisch dar.

Aufgabe 4
Nehmen Sie kritisch zur antizyklischen Fiskalpolitik Stellung.

Aufgabe 5
Milton Friedman führt Konjunkturschwankungen auf Staatsversagen zurück. Was ist hier mit Staatsversagen gemeint?

FK → TAF 12.6 | Kap. 7.4

Die Geldpolitik der EZB und ihre Auswirkungen analysieren

Situation

Bettina Lotto, Auszubildende im 3. Ausbildungsjahr bei der Fly Bike Werke GmbH, ist zurzeit in der Finanzbuchhaltung eingesetzt. Bei der Vorbereitung der Buchungsbelege fällt ihr ein Kontoauszug besonders auf:

				Oldenburg-Bank
IBAN DE67 3707 5020 2114 2536 66		**Kontoauszug** Oldenburg-Bank	Auszug 279	Blatt 1
Buchungstag	Wert	Vorgang/Erläuterungen	Beträge in €	
		Kontostand am 31.03.20XX	1.034.200,00 +	
01.04.20X1	01.04.20X1	Zinsen 0,04% (1. Quartal)	103,42 –	
		Kontostand am 01.04.20XX	1.034.096,58 +	

Fly Bike Werke GmbH, Oldenburg

Bettina ist erstaunt. Die Fly Bike Werke GmbH hat ein Guthaben auf dem Konto und muss dafür tatsächlich Zinsen zahlen. Das kann nur ein Fehler sein. Normalerweise erhält man für ein Guthaben einen Habenzins. Sie zeigt der Leiterin der Abteilung, Frau Taubert, den Kontoauszug. Die bleibt entspannt und zeigt Bettina die nebenstehende Tabelle mit der Entwicklung der Leitzinsen der Europäischen Zentralbank. Bettina ist erstaunt und sagt: „Da würde ich aber ganz schnell die Bank wechseln!".

Entwicklung des Leitzinses in den letzten 10 Jahren		
Datum	Leitzins in %	Zinssatz für Einlagefazilitäten in %
10.03.2016	0,00	–0,40
03.12.2015	0,05	–0,30
04.09.2014	0,05	–0,20
05.06.2014	0,15	–0,10
07.11.2013	0,25	0,00
02.05.2013	0,50	0,00
05.07.2012	0,75	0,00
08.12.2011	1,00	0,25
03.11.2011	1,25	0,50
07.07.2011	1,50	0,75
07.04.2011	1,25	0,50
07.05.2009	1,00	0,25
02.04.2009	1,25	0,25
05.03.2009	1,50	0,50
15.01.2009	2,00	1,00
04.12.2008	2,50	2,00
06.11.2008	3.25	2,75
08.10.2008	3,75	3,25
03.07.2008	4.25	3.25
06.06.2007	4.00	3.00
08.03.2007	3.75	2.75

Quelle: Statista GmbH, Hamburg

Arbeitsaufträge

1 Bearbeiten Sie das Arbeitsblatt 81.1.

2 Bearbeiten Sie das Arbeitsblatt 81.2.

3 Am 05.06.2014 hatte der EZB-Rat den Zinssatz für die Einlagefazilitäten auf -0,10 % herabgesetzt. Welche Besonderheit hatte diese Entscheidung mit Blick auf die Veränderung des Zinses in den vergangenen 10 Jahren?

4 Recherchieren Sie, welche Gründe die EZB für ihre Entscheidung hatte.

5 Beurteilen Sie abschließend die Situation der Fly Bike Werke GmbH. Wie sollten sie sich verhalten? Ist es sinnvoll, die Bank zu wechseln?

Arbeitsblatt 81.1 | Instrumente der Geldpolitik

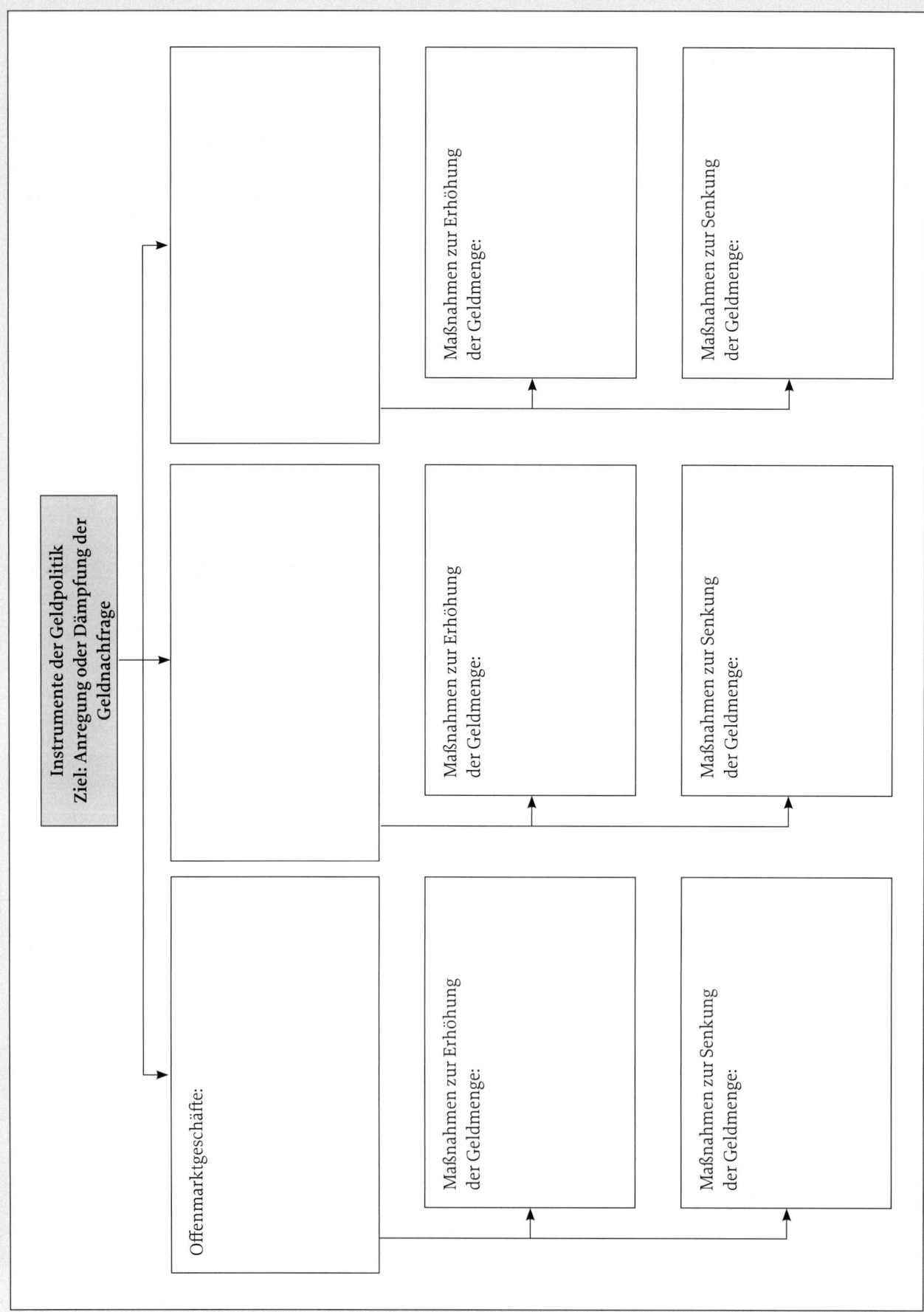

Arbeitsblatt 81.2 | Geldpolitische Strategien

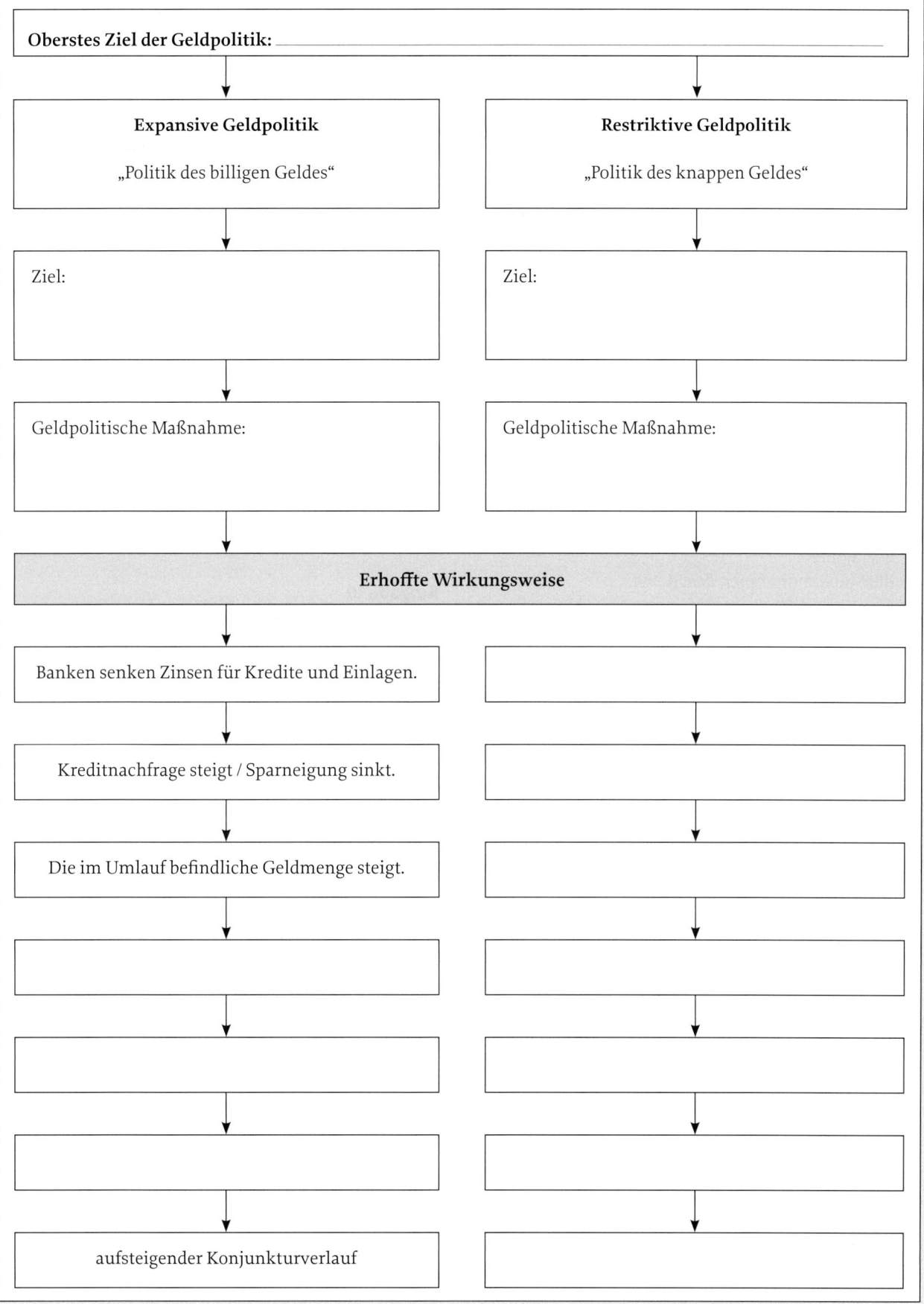

Oberstes Ziel der Geldpolitik: _____

Expansive Geldpolitik	Restriktive Geldpolitik
„Politik des billigen Geldes"	„Politik des knappen Geldes"

Ziel:

Ziel:

Geldpolitische Maßnahme:

Geldpolitische Maßnahme:

Erhoffte Wirkungsweise

Banken senken Zinsen für Kredite und Einlagen.

Kreditnachfrage steigt / Sparneigung sinkt.

Die im Umlauf befindliche Geldmenge steigt.

aufsteigender Konjunkturverlauf

Aufgaben

Aufgabe 1

Entscheiden Sie, welche Funktionen das Geld in den folgenden Beispielen hat:

a Ein Arbeitnehmer erhält monatlich sein Gehalt. Mit dem verdienten Geld kann er wiederum Waren erwerben.

b Es ist sinnvoll, vom monatlichen Verdienst etwas zu sparen.

c Ein neuer Pkw mit einer besseren Ausstattung ist teurer als das gleiche Auto in Standardausführung.

d Innerhalb des Euroraums akzeptiert jeder den Euro als Gegenleistung für zu zahlende Waren. Euromünzen und -banknoten werden selbstverständlich angenommen.

Aufgabe 2

Beurteilen Sie die Auswirkungen einer Inflation auf

a die Funktion des Geldes als Wertaufbewahrungsfunktion,

b die Guthaben von Anlegern und die Schulden von Kreditnehmern,

c die Bezieher von Löhnen, Renten, Pensionen und Sozialhilfen,

d die Steuereinnahmen des Staates.

Aufgabe 3

Unterscheiden Sie die verschiedenen Arten der Inflation.

Aufgabe 4

Skizzieren Sie die volkswirtschaftliche Situation in einer Stagflation.

Aufgabe 5

Im Newsticker lesen Sie folgende Meldung: „Verbraucherpreise sinken wieder. Droht uns jetzt eine Deflation?" Erläutern Sie das Wesen einer Deflation und bestätigen Sie, dass eine Deflation häufig zu einer Wirtschaftskrise führt.

Aufgabe 6

Zählen Sie die EU-Länder, die zum Eurowährungsgebiet gehören, d. h., in denen der Euro als offizielle Währung gilt, auf.

Aufgabe 7

Träger der Geldpolitik ist die Europäische Zentralbank.

a Nennen und erläutern Sie die drei Organe der Europäischen Zentralbank und deren Zusammensetzung.

b Beschreiben Sie die Aufgaben der einzelnen Organe.

Aufgabe 8

Die Europäische Zentralbank trifft ihre Entscheidungen unabhängig von den sonstigen Trägern der Wirtschaftspolitik (Regierungen, Parlamente). Begründen Sie, warum diese Unabhängigkeit so wichtig ist.

Aufgabe 9

Der gesamte Bestand der Geldmenge einer Volkswirtschaft kann in Form unterschiedlicher Geldmengendefinitionen dargestellt werden. Unterscheiden Sie die Geldmengenbegriffe M1, M2 und M3.

Aufgabe 10

Die Europäische Zentralbank möchte Maßnahmen zur Erhöhung der Geldmenge ergreifen.

a Stellen Sie zwei konkrete Maßnahmen dar, die zur Erhöhung der Geldmenge geeignet sind.

b Skizzieren Sie die Auswirkung der Maßnahmen auf

- die Kreditnachfrage,
- das allgemeine Zinsniveau,
- das Wirtschaftswachstum,
- die Preisniveaustabilität.

Internationale Bestandteile des Handels erkennen und analysieren

Situation

Bevor Bettina Lotto ihre Ausbildung bei der Fly Bike Werke GmbH begann, ging sie im Rahmen eines Austauschprogramms ein halbes Jahr in Boston in den USA zur Highschool. Seitdem ist sie begeisterter Fan der Boston Red Socks, einer populären Baseballmannschaft.

Zum Start der neuen Saison hat Bettina sich direkt das neue Trikot und eine neue Baseball-Cap bestellt. Zum Glück geht das über das Internet sehr einfach. Nach der Bestellung erhält sie folgende Rechnung aus den USA.

Dear Mrs. Lotto,

thank you for your recent purchase on BUYYOURTRICOT.COM.
Your order number is WE270969.

Product Name	QTY	TOTAL US-$	TOTAL EURO
Tricot BRS, size M	1	150.00	127,14
Cap BRS, one size fits all	1	45.00	38,14
Total		195.00	165,28

Payment Method: PayPal

Shipping Information:

Bettina Lotto

Hoher Weg 9

26127 Oldenburg

GERMANY

Mit der Lieferung erhält Bettina aber noch eine weitere Rechnung über folgende Beträge.

Zoll 5 %	8,26 €
Einfuhrumsatzsteuer 19 %	32,97 €

Arbeitsaufträge

1 Vervollständigen Sie das Arbeitsblatt 82.1.
2 Entscheiden Sie, um welche Form von Handelshemmnissen es sich bei dem für Bettinas Bestellung erhobenen Zoll handelt.
3 Erläutern Sie, welches Ziel mit der Erhebung von Zöllen verfolgt wird.

Arbeitsblatt 82.1 | Tarifäre und nichttarifäre Handelshemmnisse

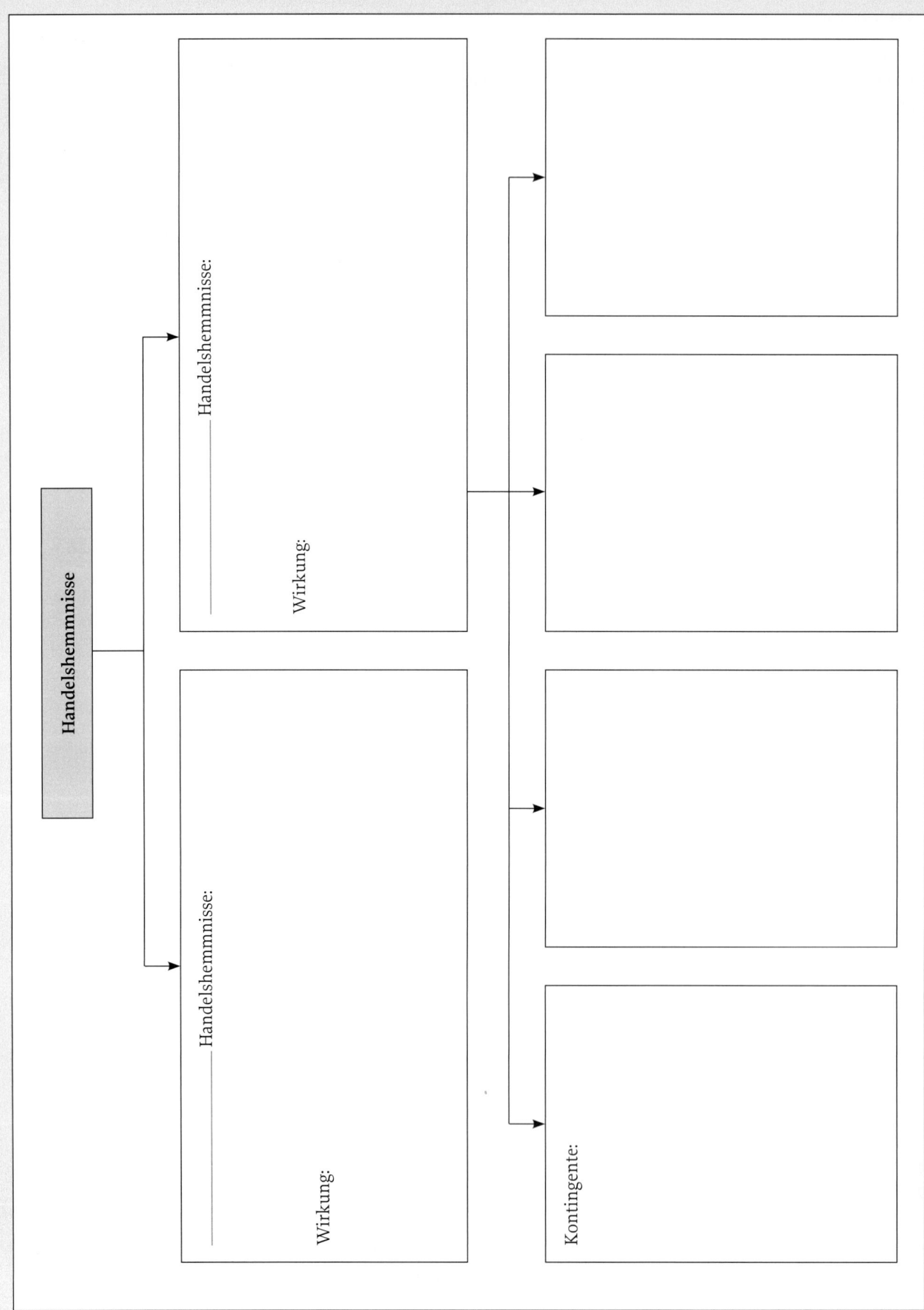

Aufgaben

Aufgabe 1
Im alltäglichen Sprachgebrauch werden die Begriffe „Außenwirtschaft" und „Außenhandel" oftmals im gleichen Zusammenhang verwendet. Unterscheiden Sie diese beiden Begriffe.

Aufgabe 2
Im Nachrichtenticker lesen Sie: „Terms of Trade für Deutschland verbessern sich." Stellen Sie anhand eines konkreten Beispiels dar, welche Ursache eine solche Meldung haben könnte.

Aufgabe 3
Die meisten Autos in den USA haben rote Blinker. In der EU haben die meisten Autos gelbe Blinker. Ordnen Sie ein, inwiefern das ein Handelshemmnis darstellt.

Aufgabe 4
Im Rahmen von Handelsliberalisierungen werden protektionistische Schranken zwischen zwei oder mehreren Ländern abgebaut. Je nachdem, wie stark der Abbau der Schranken ist, unterscheidet man verschiedene Stufen der Integration. Recherchieren Sie und erläutern Sie die Stufen von der Freihandelszone zur Wirtschafts- und Währungsunion in der folgenden Tabelle.

Stufe der Integration	Erläuterung
Freihandelszone	
Zollunion	
gemeinsamer Markt/ Binnenmarkt	
Wirtschaftsunion	
Währungsunion	
Währungsunion	

Aufgabe 5
Recherchieren Sie, was sich hinter dem Freihandelsabkommen TTIP verbirgt. Stellen Sie den aktuellen Stand der Verhandlungen dar.

FK → TAF 12.6 | Kap. 8.4.1 ## Den Außenwert des Geldes bestimmen – Der Big-Mac-Index

Situation

Bettina Lotto hat es fast geschafft. Im Mai wird sie ihre Abschlussprüfung vor der IHK Oldenburg ablegen. Danach möchte sie zusammen mit ihrer Freundin Marie in den Urlaub fahren. Die beiden wissen noch nicht so genau, wo es hingehen soll. Außerdem soll es einigermaßen günstig sein. Bettina schlägt vor, nach Ungarn an den Plattensee zu reisen. Sie hat gehört, das solle recht günstig und sehr schön sein. Marie möchte gern nach Schweden oder Norwegen reisen. Am liebsten bis zum Nordkap, um die Mitternachtssonne zu sehen. Beim Stöbern im Internet in den Urlaubsangeboten stoßen sie auf folgenden Artikel:

KAUFKRAFTVERGLEICH
HIER IST DER URLAUB AM BILLIGSTEN

Bonn. Flug und Unterkunft sind das eine. Doch ob der Urlaub wirklich teuer wird, das entscheidet sich oft erst am Urlaubsort. Wie viel bekommst Du für Dein Geld? Das hängt entscheidend von der Kaufkraft des Geldes im jeweiligen Land ab. Doch aufgrund der Wechselkurse verliert man da schon mal den Überblick. Da hilft ein Blick auf den Big-Mac-Index. Er enthüllt schonungslos das Preisniveau eines Landes. Schließlich wird der Big Mac aufgrund der strengen Vorgaben von McDonalds in über 140 Ländern der Erde nahezu identisch hergestellt. Und genau das macht ihn ökonomisch relevant. Denn obwohl der Burger überall nahezu gleich aussieht und schmeckt, wird er in jedem Land unterschiedlich teuer verkauft. Als Faustregel gilt: Dort, wo der Big Mac billig ist, dort ist auch Urlaub preisgünstig. Teuer wird der Urlaub demnach in der Schweiz. Dort muss man umgerechnet 5,57 Euro für den Big Mac bezahlen. Der Schweizer Franken ist demnach gegenüber dem

Euro stark überbewertet. Günstiger hingegen wird es in der Türkei. Dort kostet der Big Mac 10,75 Türkische Lira. Das sind umgerechnet 2,43 Euro. Mit dem erstmals 1986 veröffentlichten Big-Mac-Index vergleicht das britische Wirtschaftsmagazin „The Economist" die Kaufkraftunterschiede auf der ganzen Welt. (...)

Arbeitsaufträge

1 Bearbeiten Sie das Arbeitsblatt 83.1.
2 Erläutern Sie, warum die britischen Journalisten der Zeitschrift „The Economist" sich gerade für den Big Mac als „Ein-Produkt-Warenkorb" zur Messung der Kaufkraft des Geldes im Ausland entschieden haben.
3 Welche weiteren Produkte könnte man für einen solchen Index nutzen?
4 Berechnen Sie, wie der Wechselkurs lauten müsste, damit zwischen dem Euro und dem Schweizer Franken Kaufkraftparität herrscht. Nutzen Sie für Ihre Berechnung die Zahlen des Arbeitsblattes 83.1.
5 Betrachten Sie den Big-Mac-Index kritisch. Ist er wirklich geeignet, um die Kaufkraft einer Währung im Ausland festzustellen?
6 Geben Sie Bettina einen Tipp. Welches ihrer favorisierten Urlaubsziele sollen Bettina und Marie mit Blick auf die Kaufkraft ihres Geldes wählen?

Arbeitsblatt 83.1 | Der Big-Mac-Indes – Über- und Unterbewertung einer Währung

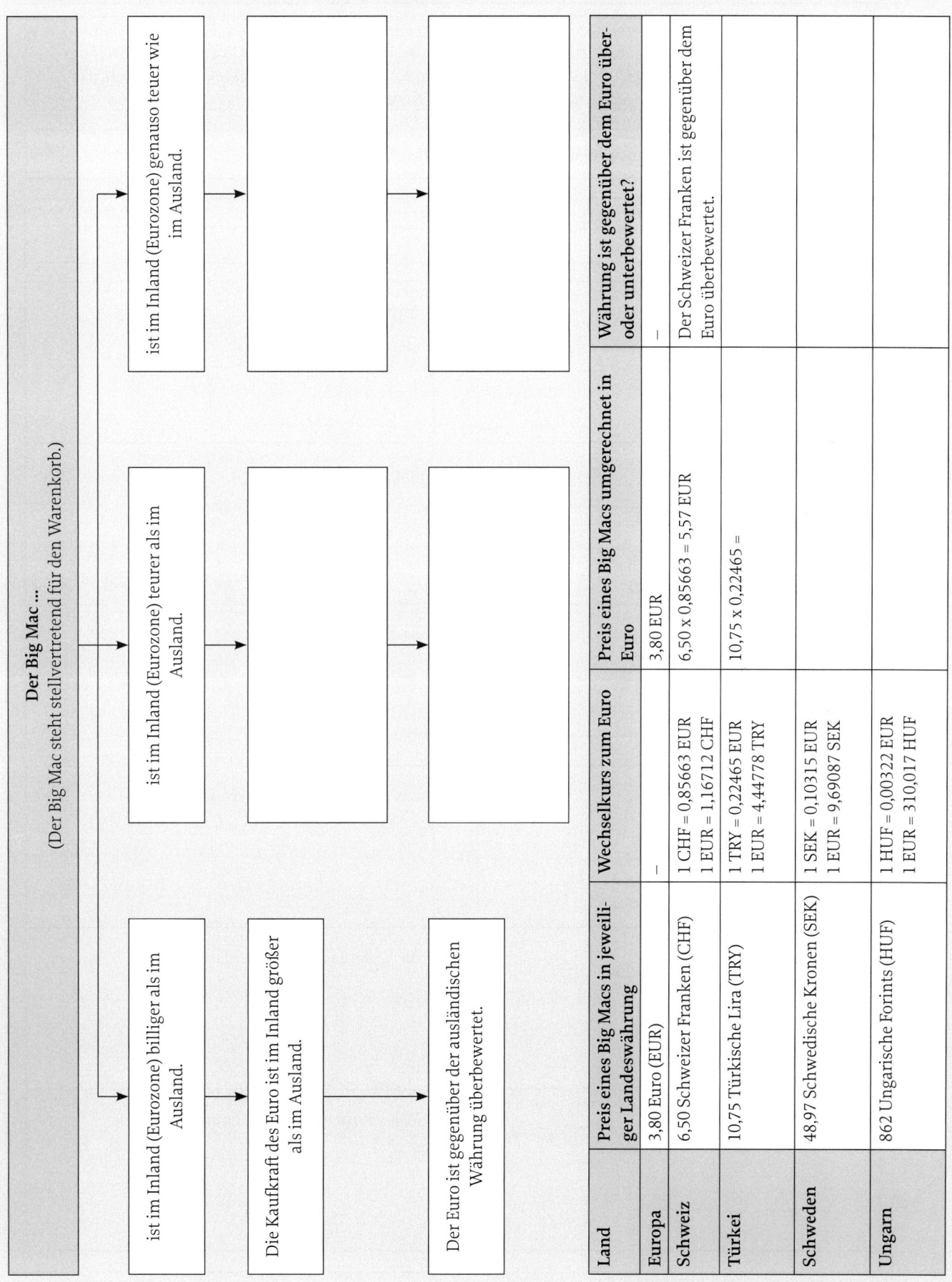

Der Big Mac …
(Der Big Mac steht stellvertretend für den Warenkorb.)

ist im Inland (Eurozone) billiger als im Ausland.

ist im Inland (Eurozone) teurer als im Ausland.

ist im Inland (Eurozone) genauso teuer wie im Ausland.

Die Kaufkraft des Euro ist im Inland größer als im Ausland.

Der Euro ist gegenüber der ausländischen Währung überbewertet.

Land	Preis eines Big Macs in jeweiliger Landeswährung	Wechselkurs zum Euro	Preis eines Big Macs umgerechnet in Euro	Währung ist gegenüber dem Euro über- oder unterbewertet?
Europa	3,80 Euro (EUR)	–	3,80 EUR	–
Schweiz	6,50 Schweizer Franken (CHF)	1 CHF = 0,85663 EUR 1 EUR = 1,16712 CHF	6,50 x 0,85663 = 5,57 EUR	Der Schweizer Franken ist gegenüber dem Euro überbewertet.
Türkei	10,75 Türkische Lira (TRY)	1 TRY = 0,22465 EUR 1 EUR = 4,44778 TRY	10,75 x 0,22465 =	
Schweden	48,97 Schwedische Kronen (SEK)	1 SEK = 0,10315 EUR 1 EUR = 9,69087 SEK		
Ungarn	862 Ungarische Forints (HUF)	1 HUF = 0,00322 EUR 1 EUR = 310,017 HUF		

Arbeitsblatt 83.2 | Auswirkungen von Wechselkursschwankungen am Beispiel des Euro

Der Außenwert des Euros wird durch den **Wechselkurs** bestimmt. Der Wechselkurs gibt an, wie viel Euro man für eine Einheit einer Fremdwährung bezahlen muss (Beispiel: 1 US-Dollar = x Euro). Im System freier Wechselkurse verändert sich der Wechselkurs aufgrund von Angebot und Nachfrage. Diese **Wechselkursschwankungen** haben Auswirkung auf viele Bereiche der Wirtschaft.

Auswirkungen von Wechselkursschwankungen

Auswirkungen einer Aufwertung des Euro auf ...	Auswirkungen einer Abwertung des Euro auf ...
Importe:	Importe:
Exporte:	Exporte:
Auslandsreisen:	Auslandsreisen:
das inländische Preisniveau:	das inländische Preisniveau:
die Güternachfrage im Inland:	die Güternachfrage im Inland:
Wachstum und Beschäftigung:	Wachstum und Beschäftigung:

Aufgaben

Aufgabe 1
Unterscheiden Sie Binnenwert und Außenwert des Geldes.

Aufgabe 2
Im Jahr 2007 hat die australische Bank Commonwealth Securities den iPod-Index veröffentlicht. In Anlehnung an den Big-Mac-Index des Economist soll der iPod-Index helfen, die Kaufkraft in unterschiedlichen Ländern zu vergleichen und so Aufschluss darüber zu geben, ob eine Währung über- und unterbewertet ist. Bestätigen Sie, warum neben dem Big Mac auch der iPod geeignet ist, die Kaufkraft des Geldes im Ausland zu messen.

Aufgabe 3
Zum internationalen Vergleich gesamtwirtschaftlicher Größen, wie z. B. das Bruttoinlandsprodukt, werden neben den Wechselkursen auch Kaufkraftparitäten berechnet. Stellen Sie dar, in welchem Fall zwischen zwei Währungen Kaufkraftparität herrscht.

Aufgabe 4
Grundsätzlich lassen sich drei Arten von Wechselkurssystemen unterscheiden. Beschreiben Sie die einzelnen Wechselkurssysteme. Nennen Sie für jedes Wechselkurssystem ein Land, in dem es zur Anwendung kommt.

Aufgabe 5
Freie Wechselkurse unterliegen dem Marktgeschehen. Recherchieren Sie am Beispiel einer von Ihnen gewählten Währung mit freien Wechselkursen den Verlauf des Wechselkurses

a innerhalb der letzten 24 Stunden,
b innerhalb der letzten 7 Tage,
c innerhalb der letzten 12 Monate,
d innerhalb der letzten 5 Jahre

und stellen Sie diesen grafisch dar.

Aufgabe 6
Im News-Ticker lesen Sie folgende Meldung: „US-Dollar legt gegenüber dem Euro kräftig zu." Erläutern Sie, welche Auswirkungen eine solche Kurssteigerung langfristig hat auf

a Importe aus den USA nach Deutschland,
b Exporte aus Deutschland in die USA,
c das Preisniveau in Deutschland,
d Konjunktur und Beschäftigung in Deutschland.

Aufgabe 7
In der folgenden Grafik sind Angebot und Nachfrage nach Euro auf dem Devisenmarkt dargestellt.

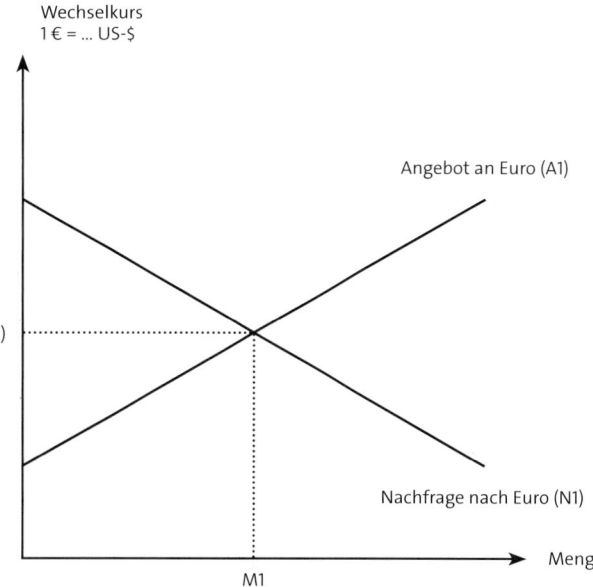

Aufgrund veränderter Rahmenbedingungen kommt es zu einer Erhöhung der Nachfrage nach Euro.

a Zeichnen Sie die Verschiebung der Nachfragekurve ein.
b Markieren Sie das neue Marktgleichgewicht.
c Interpretieren Sie Ihr Ergebnis.

Globalisierung – Chancen und Risiken erkennen

Situation

Bettina und Ralf haben in der vergangenen Woche gemeinsam mit ihren Berufsschulklassen der Weltklimakonferenz in Bonn (cop23) einen Besuch abgestattet. Folgenden Artikelentwurf haben sie für die Website ihrer Berufsschule geschrieben:

Klima & Globalisierung – cop23 schafft Bewusstsein bei den Auszubildenden

Im Rahmen der diesjährigen Klassenfahrtwochen haben die Klassen BK174 und AF171 die Klimakonferenz cop23 in Bonn besucht. Die bewusst umweltfreundliche Anreise mit öffentlichen Verkehrsmitteln wurde vom Veranstalter finanziert und begann mit einer lustigen Zugfahrt nach Bonn. Vor Ort nahmen die Schüler direkt das derzeit internationale Flair der ehemaligen Hauptstadt wahr und begegneten einer Vielzahl von Konferenzteilnehmern aus aller Welt. Die eigens für die Klimakonferenz errichtete

Zeltstadt in der Rheinaue beeindruckte die Schüler sehr und begeistert wurden erste Fotos gemacht. In einer riesigen Weltkugel erfolgte dann der geplante Vortrag. Nicht nur das Zelt hatte das Aussehen eines Globus, auch der vorgestellte Film wurde auf einen Globus projiziert (siehe Foto). Der Film beschäftigte sich mit den negativen Folgen des menschlichen Handels allgemein und denen der Globalisierung im Speziellen auf die Entwicklung des Klimas und war sehr beeindruckend. Anschließend nahmen die Klassen an einer Diskussionsrunde zum Film teil und hatten die Gelegenheit, sich zu verschiedenen Themen detailliert zu informieren. Wir konnten folgende Schülerkommentare auffangen:

„Globalisierung war für mich bislang nur so ein Wort, jetzt kann ich etwas damit anfangen."

„Ich werde keine Wasserflaschen mehr kaufen. Nur noch auffüllen!"

„Uns geht es ja noch ganz gut, aber wenn die klimatischen Veränderungen so weitergehen, wird's ja doch ungemütlich."

„Ich kaufe jetzt nur noch saisonales Obst und Gemüse aus der Region!"

„Arm und Reich werden auch immer ärmer und reicher."

Arbeitsaufträge

1 Formulieren Sie auf Arbeitsblatt 84.1 die Gründe für die fortschreitende Globalisierung.
2 Benennen Sie Folgen der Globalisierung. Erstellen Sie hierzu eine Übersicht mit positiven und negativen Aspekten.
3 Inwieweit sind Sie persönlich betroffen?

Arbeitsblatt 84.1 | Gründe für die fortschreitende Globalisierung

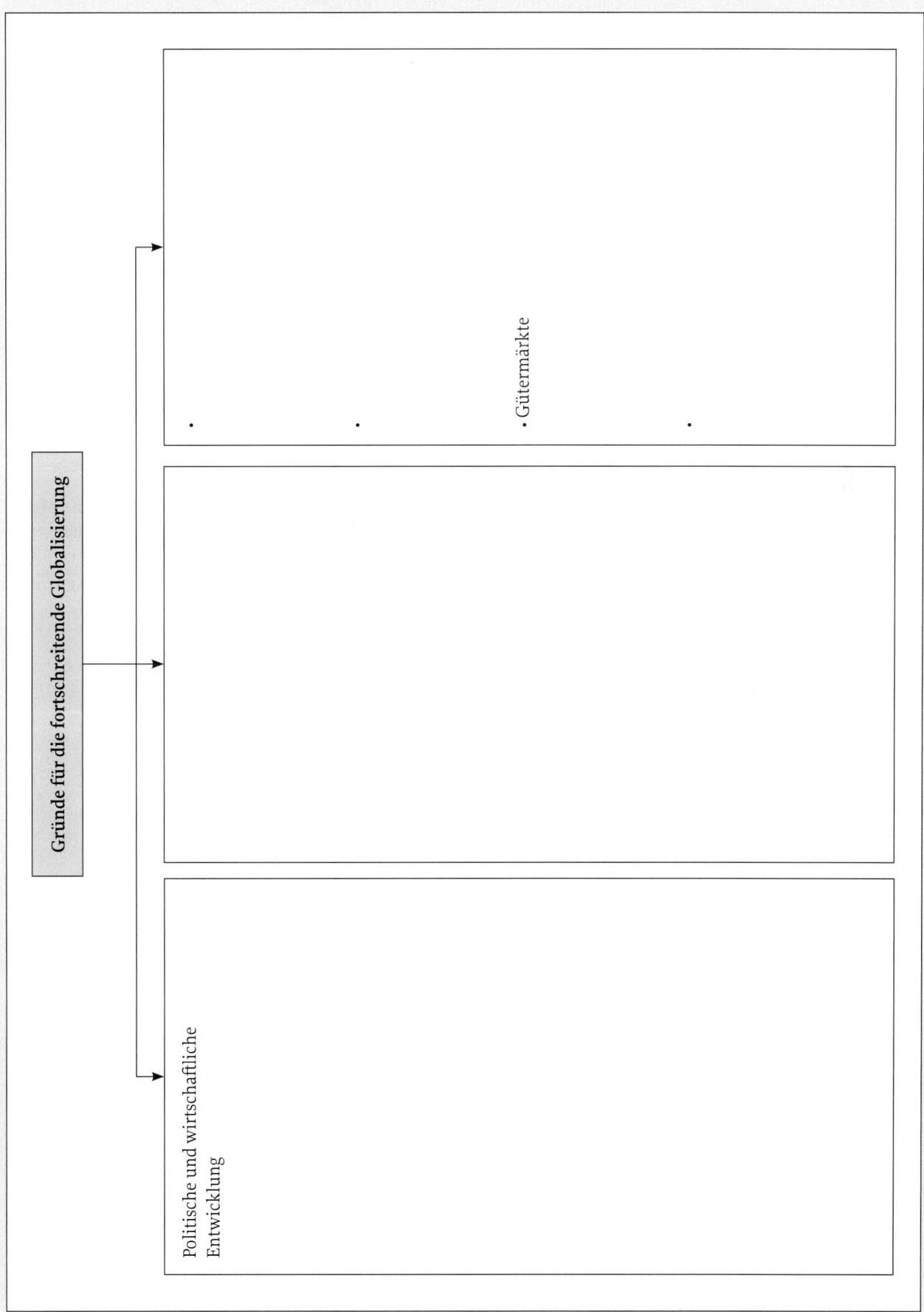

Gründe für die fortschreitende Globalisierung

• Gütermärkte

Politische und wirtschaftliche Entwicklung

Aufgaben

Aufgabe 1

a Erläutern Sie die Zielsetzungen der folgenden internationalen Abkommen bzw. Organisationen: UNO, WTO und OECD.

b Stellen Sie die Bedeutung derartiger Organisationen in einer immer stärker werdenden Globalisierung dar.

Aufgabe 2

Erläutern Sie den Zusammenhang zwischen IWF und Weltbank und stellen Sie je einen Vorteil dar, den reiche oder ärmere Mitgliedstaaten aus der Mitgliedschaft ziehen können. Sehen Sie auch Nachteile? Welche?

Aufgabe 3

Unterscheiden Sie tarifäre und nichttarifäre Handelshemmnisse. Welche Bedeutung haben sie für den internationalen Handel?

Aufgabe 4

Der Begriff Globalisierung umfasst je nach Bereich – Kultur, Politik oder Wirtschaft – unterschiedlichste Strömungen und Vorgänge.

a In welchem Bereich Ihres täglichen Lebens sehen Sie sich mit Folgen der Globalisierung konfrontiert?

b Nennen Sie zwei Punkte und erörtern Sie, ob die Globalisierung Ihr Leben positiv oder negativ beeinflusst.

c Vergleichen Sie Ihre Ergebnisse aus a und b mit Ihren Mitschülern und diskutieren Sie die unterschiedlichen Ergebnisse.

Aufgabe 5

Im Zuge der wirtschaftlichen Seite der Globalisierung nimmt der Außenhandel eine bedeutende Rolle ein.

a Worin sehen Sie die ursprünglichen Gründe für die Existenz des sogenannten Außenhandels?

b Erörtern Sie Chancen und Risiken des Außenhandels aus Sicht eines deutschen Unternehmens.

Aufgabe 6

Grenzen Sie die Begriffe Außenwirtschaft und Außenhandel voneinander ab.

Aufgabe 7

Die Globalisierung bringt vielfältige Folgen mit sich. In diesem Zusammenhang wird oft von Gewinnern und Verlierern der Globalisierung gesprochen. Benennen Sie jeweils einen Gewinner und einen Verlierer der Globalisierung und geben Sie Gründe für diese Einschätzung an.

Aufgabe 8

Globalisierungsgegner listen immer wieder die ökologischen Folgen der Globalisierung auf. Formulieren Sie drei ökologische Auswirkungen und machen Sie je Vorschläge für deren Neutralisierung.

TAF 12.6 Selbsteinschätzungsbogen

Ich kann ...	Kann ich	Kann ich nicht
Ziele staatlicher Wirtschaftspolitik		
1. ... die gesellschaftlichen und wirtschaftlichen Ziele einer Volkswirtschaft unterscheiden.		
2. ... Zielkonflikte im magischen Viereck erkennen und sie begründen.		
3. ... die Ziele des magischen Vierecks benennen und erläutern.		
4. ... die Ergänzungen zum magischen Sechseck benennen und begründen.		
5. ... die Träger und Akteure der Wirtschaftspolitik identifizieren und ihre Legitimation herleiten.		
6. ... zwischen Ordnungs-, Struktur- und Prozesspolitik unterscheiden und die Handlungsfelder voneinander abgrenzen.		
Indikatoren zur Messung der Ziele		
1. ... das Bruttoinlandsprodukt im Kontext der volkswirtschaftlichen Gesamtrechnung einordnen, berechnen und im Vergleich auswerten.		
2. ... Stellung beziehen zur Frage, ob das BIP als Wohlstandsindikator geeignet ist.		
3. ... die Arbeitslosenquote berechnen und ihre Bedeutung für die wirtschaftliche Situation des Landes abschätzen.		
4. ... basierend auf dem Warenkorb den Preisindex berechnen und seine Auswirkungen auf Kaufkraft und Inflationsrate bestimmen.		
5. ... die wirtschaftliche Bedeutung der Bilanzen einer Volkswirtschaft erläutern.		
Sozial- und Verteilungspolitik		
1. ... die Funktionen der staatlichen Verteilungspolitik beschreiben.		
2. ... zwischen funktioneller und personeller Einkommensverteilung unterscheiden.		
3. ... die Prinzipien der Einkommensverteilung (Leistungs-, Bedürfnis- und Gleichheitsprinzip) beschreiben.		
4. ... zwischen Individual- und Sozialversicherung unterscheiden.		
5. ... staatliche Transferzahlungen und ihre Finanzierung erklären.		
Arbeitslosigkeit – Gefahr für den Sozialstaat		
1. ... Ursachen und Folgen der Arbeitslosigkeit beschreiben.		
2. ... die Maßnahmen der passiven und aktiven Arbeitsmarkt- und Beschäftigungspolitik darstellen.		
Umweltpolitik		
1. ... die Ziele und Prinzipien staatlicher Umweltpolitik beschreiben.		
2. ... die Problematik negativer externer Effekte beurteilen.		
3. ... mögliche Instrumente der Umweltpolitik aufzeigen.		
4. ... staatliche und nichtstaatliche Akteure der Umweltpolitik unterscheiden.		

Wachstums- und Konjunkturschwankungen		
1. ... die vier Phasen des Konjunkturzyklus benennen und unterscheiden.		
2. ... die aktuelle Konjunkturlage mithilfe von Konjunkturindikatoren bestimmen.		
Öffentliche Finanzpolitik als Konjunkturpolitik		
1. ... verschiedene Einnahmen und Ausgaben des Staates benennen.		
2. ... die Grundidee des sogenannten „Deficit-Spending" erläutern.		
3. ... den berühmten Satz von Keynes „In the long run we are all dead" vor dem Hintergrund seiner Ideen erklären.		
4. ... erläutern, welche Probleme bei einer nachfrageorientierten und angebotsorientierten Fiskalpolitik jeweils auftreten können.		
5. ... die Grundidee einer angebotsorientierten Konjunkturpolitik erklären.		
6. ... erläutern, welche Probleme bei einer angebotsorientierten Fiskalpolitik auftreten können.		
Geld und Geldpolitik		
1. ... die Funktionen des Geldes erläutern.		
2. ... die Auswirkungen einer Inflation auf die Volkswirtschaft beschreiben.		
3. ... verschiedene Arten der Inflation unterscheiden.		
4. ... die Problematik einer Deflation darstellen.		
5. ... die Zusammensetzung und Aufgaben der drei wichtigsten Gremien der Europäischen Zentralbank darstellen.		
6. ... die Rolle der Deutschen Bundesbank im Europäischen System der Zentralbanken beschreiben.		
7. ... die Geldmengen M1, M2 und M3 unterscheiden.		
8. ... den Vorgang der passiven und aktiven Geldmengenschöpfung erklären.		
9. ... die Instrumente der Geldpolitik benennen.		
10. ... expansive und restriktive Maßnahmen der Geldpolitik und ihren Wirkungszusammenhang erläutern.		
Außenwirtschaftliche Beziehungen und Globalisierung		
1. ... Gründe für den Außenhandel nennen.		
2. ... verschiedene Handelsbeschränkungen erläutern und ihre Anwendung begründen.		
3. ... Beispiele für tarifäre und nichttarifäre Handelshemmnisse aufzeigen.		
4. ... Binnenwert und Außenwert des Geldes unterscheiden.		
5. ... begründen, warum der Big-Mac-Index als Messinstrument für den Außenwert des Geldes geeignet ist.		
6. ... die Folgen der Aufwertung oder Abwertung des Euro gegenüber einer anderen Währung aufzeigen.		

7. ... beschreiben, was gemeint ist, wenn man heute von Globalisierung spricht.		
8. ... die Antriebskräfte der Globalisierung benennen und anhand von Beispielen erläutern.		
9. ... die positiven und negativen Auswirkungen der Globalisierung skizzieren.		
10. ... die wichtigsten internationalen Organisationen und Abkommen benennen und deren Aufgaben beschreiben.		
11. ... die Risiken globaler Finanzmärkte in den Grundzügen beschreiben.		

Bildquellenverzeichnis